CB056668

ALBUQUERQUE E NASSAU

Roberto Chacon de Albuquerque

ALBUQUERQUE E NASSAU

ORIGENS & PERFIS

Portugal, Espanha, Brasil,
Alemanha, Países Baixos

TOPBOOKS

Copyright © 2018 Roberto Albuquerque

EDITOR
José Mario Pereira

EDITORA ASSISTENTE
Christine Ajuz

REVISÃO
Cristina Pereira
José Grillo

PRODUÇÃO
Mariângela Felix

CAPA
Miriam Lerner | Equatorium

DIAGRAMAÇÃO
Arte das Letras

CIP-BRASIL.CATALOGAÇÃO NA FONTE
SINDICATO NACIONAL DOS EDITORES DE LIVROS, RJ

A313a

Albuquerque, Roberto Chacon de
  Albuquerque e Nassau: origens e perfis: Portugal, Espanha, Brasil, Alemanha, Países Baixos / Roberto Chacon de Albuquerque. – 1ª ed. – Rio de Janeiro: Topbooks, 2018.

  393 p.; 23 cm.

  ISBN 978-85-7475-273-0

  1. Portugal – História. 2. Famílias reais – Portugal – História I. Título.

18-48881
CDD: 946.9
CDU: 94(469)

TODOS OS DIREITOS RESERVADOS POR
Topbooks Editora e Distribuidora de Livros Ltda.
Rua Visconde de Inhaúma, 58 / gr. 203 – Centro
Rio de Janeiro – CEP: 20091-007
Telefax: (21) 2233-8718 e 2283-1039
topbooks@topbooks.com.br/www.topbooks.com.br
Estamos também no Facebook e Instagram.

SUMÁRIO

PRIMEIRA PARTE – *Origens*

INTRODUÇÃO 15

OS ALBUQUERQUE

O Reino de Portugal.. 19
A matriz medieval portuguesa 26
O senhorio de Albuquerque 33
    Albuquerque 33
    Meneses e Albuquerque 35
A Casa da Borgonha 38
    D. Afonso I 39
    D. Sancho I 41
    D. Afonso II 42
    D. Sancho II 44
    D. Afonso III 49
    D. Dinis 54
    D. Afonso Sanches 61
A Casa de Albuquerque 64
    Afonso Teles de Meneses 64
    João Afonso Telo de Meneses 66
    João Afonso Teles de Meneses 66
    João Afonso de Albuquerque 67
    Condes e duques de Albuquerque 69

Os Nassau

O Sacro Império Romano-Germânico 73
A matriz medieval germânica 87
O Condado, Principado e Ducado de Nassau 92
    Nassau 92
    Dilemburgo 93
    Siegen 94
A Casa de Nassau 96
    Condes, príncipes e duques de Nassau 96
    A linhagem otoniana 98
    A linhagem walramiana 99
A Casa de Orange-Nassau 102
    Guilherme I 105
    Maurício de Nassau 120
    Frederico Henrique 125
    Guilherme II 130

SEGUNDA PARTE – *Perfis*

INTRODUÇÃO 141

O patriarca Jerônimo de Albuquerque 143
    Uma sucessão de crises dinásticas 143
    A promessa do ouro branco 156
    A salvação pelo mar 166
João Guilherme Friso, o prócer da nova dinastia 182
    O Ano da Catástrofe 182
    A grande tragédia da República Coroada 194
    A crise da Casa de Orange-Nassau 200
A façanha de Jorge de Albuquerque Coelho 213
    As relações de naufrágios 213
    A primeira obra literária brasileira 223
    A consagração popular 230
Os conflitos de Guilherme I com Filipe II,
entre Países Baixos e Espanha 239
    Guilherme I ataca Filipe II 239

Filipe II contra-ataca...250
Guilherme I defende-se de Filipe II..258
Leonor de Albuquerque, rainha de Aragão....................................270
A tragédia de Inês de Castro...270
O primeiro rei aragonês de uma dinastia castelhana..............275
De condessa e rainha rica-mulher a triste rainha...................280
A regente Amália...283
A nora inglesa...283
A paz tão esperada..287
A hábil casamenteira...290
O conquistador Afonso de Albuquerque.......................................296
Primeiras expedições...296
Governador-Geral da Índia Portuguesa..................................303
O legado de uma vida...313
Os dez anos do primeiro Maurício de Nassau................................316
Os primeiros embates..316
A continuação do conflito...320
Os últimos embates...325
A capitoa Brites de Albuquerque..329
O inventor da América portuguesa..329
A ameaça francesa...334
Uma mulher abandonada e determinada..............................337
A regente Maria Luísa..340
A origem de uma nova dinastia..340
Regências..342
Reputação...344
D. Afonso Sanches de Albuquerque, o infante trovador..............345
Cantigas de amigo..345
Cantigas de amor...348
Cantigas de escárnio e maldizer..353
João Maurício de Nassau-Siegen, o Brasileiro...............................360
A ascensão da Prússia..360
Frederico Guilherme e os Países Baixos................................362
O legado nassoviano do Brasileiro na Prússia.......................368
A proeza de Matias de Albuquerque..372
Os Quarenta Conjurados...372
A Guerra da Restauração..375
A Batalha de Montijo..379

João Maurício de Nassau-Siegen, o Brasileiro,
um príncipe a serviço da Reforma Protestante.................................384
    A Reforma Protestante na Alemanha..384
    A Guerra dos Trinta Anos 387
    Uma dinastia dividida..390

PRIMEIRA PARTE

ORIGENS

> A única viagem é a viagem interior.
> RAINER MARIA RILKE

INTRODUÇÃO

Os Albuquerque e os Nassau viveram circunstâncias históricas diferentes, mas não totalmente. A Península Ibérica, Portugal, durante a Reconquista, vivia um processo de agregação, derrotando e anexando territórios que pertenciam aos mouros. Este ímpeto conquistador mais tarde transbordou para além-mar, na África, Ásia e Américas. O Sacro Império Romano-Germânico, ao contrário, vivia um lento processo de desagregação que durou séculos até ser abolido por Napoleão Bonaparte. Da mesma forma que os Albuquerque participaram da Reconquista e da expansão ultramarina, os Nassau contribuíram para que os Países Baixos deixassem de fazer parte tanto da *Germania Magna*, desta Grande Alemanha que foi o Sacro Império Romano-Germânico, quanto do Império espanhol.

A origem dos Albuquerque é a Casa da Borgonha, a primeira dinastia real de Portugal. Os Nassau, pelo contrário, eram condes cujos descendentes, com o passar do tempo, se tornaram reis dos Países Baixos e grão-duques do Luxemburgo.

As duas linhagens familiares, pelas realezas e suas ramificações, compõem em grande parte as histórias dos seus países.

Neste livro, adotamos uma sequência paralela para expor a procedência dos Albuquerque e Nassau, duas dinastias que se encontram da Europa ao Brasil.

Primeiro, no que diz respeito aos Albuquerque, as origens do Reino de Portugal, imersas num conflito multissecular contra muçulmanos e castelhanos, do qual a Casa da Borgonha participou ativamente com os reis d. Afonso I, d. Sancho I, d. Afonso II, d. Sancho II, d. Afonso III e d. Dinis. Ao tratarmos da matriz medieval portuguesa, analisamos o contexto social e político no qual se formou o senhorio de Albuquerque, herdado por d. Afonso Sanches. Em sua origem, os senhores do feudo de Albuquerque eram Meneses – Afonso Teles de Meneses, João Afonso Telo de Meneses, João Afonso Teles de Meneses –, tendo, a partir de João Afonso de Albuquerque, adotado o respectivo topônimo como sobrenome.

Quanto aos Nassau, seguindo a estrutura utilizada para expor a procedência dos Albuquerque, começamos com um estudo do Sacro Império Romano-Germânico e da matriz medieval germânica. Em vez de um senhorio, os Nassau foram detentores de um condado, principado e ducado. Em Nassau, Dilemburgo e Siegen estão as origens desta dinastia teuto-holandesa. Os reis dos Países Baixos pertencem à linhagem otoniana da Casa de Nassau, autointitulada Casa de Orange-Nassau, e os grão-duques do Luxemburgo, à linhagem walramiana. Em seu apogeu, a Casa de Orange-Nassau legou à história estatuderes, soberanos, do quilate de Guilherme I; Maurício de Nassau, primo do governador do Brasil Holandês; Frederico Henrique; e Guilherme II, responsáveis pela conquista e manutenção da independência dos Países Baixos perante o Império espanhol e pela tentativa de estabelecer uma colônia neerlandesa no Brasil com capital no Recife, a Nova Holanda.

Não faltaram tanto aos Albuquerque como aos Nassau grandes personagens históricos, mas *Albuquerque e Nassau – Origens* não é uma obra apenas sobre grandes personagens, mas também a respeito de grandes acontecimentos históricos. Acontecimentos algumas vezes inusitados e imprevisíveis que moldaram os Albuquerque e Nassau, e foram moldados por eles.

OS ALBUQUERQUE

O REINO DE PORTUGAL

Tropas muçulmanas, lideradas por Tariq ibn Ziyad (670-720), estrategista e general do Califado omíada (661-750), comandando um exército composto quase somente por berberes, invadiram em 711 a Península Ibérica, controlada por visigodos.[1] Antes de derrotar, em 19 de julho de 711, na Batalha de Guadalete, em Jerez de la Frontera, Andaluzia, Rodrigo (?-714), rei dos visigodos, Tariq e seus homens desembarcaram junto ao rochedo que hoje leva seu nome, Gibraltar (*Jabal Tariq*, Montanha de Tariq), as míticas Colunas de Hércules. Logo depois de o seu exército ter chegado à Europa, ele mandou atear fogo aos navios. Em cerca de dois anos, Tariq controlou, sem encontrar muita resistência, quase toda a Península Ibérica. Cidades e regiões inteiras foram conquistadas num curto espaço de tempo – Mérida, Saragoça, Tarragona, Pamplona, Galiza. Divididos por intrigas palacianas e rivalidades insuperáveis, não foram poucos os visigodos que colaboraram ativamente com os invasores do Califado omíada, cuja capital era Damasco. Continuamente reforçados durante quase oitocentos anos por uma série de deslocamentos militares e populacionais provenientes da África do Norte, os muçulmanos deram origem ao *al-'Andalus* (711-1492), a Península Ibérica islâmica.

Como costumava ocorrer entre os povos germânicos, a monarquia visigótica não era hereditária; ela era eletiva. Morto o rei Vitiza (ca. 687-710), as Cortes, o Parlamento, a assembleia política visigótica de caráter consultivo e deliberativo, reuniram-se para eleger o sucessor. Os visigodos dividiram-se em

---

[1] Tariq ibn Ziyad foi o primeiro conquistador muçulmano a adentrar na Península Ibérica (Cf. TALIB, Abdul Latip. *Tariq Bin Ziyad: The Conquerer of Andalusia*. Kuala Lumpur: PTS Publishing House, 2016).

duas facções. Um grupo apoiou Ágila II (681-716), filho de Vitiza, enquanto outro decidiu ficar ao lado de Rodrigo, que para muitos não passava de um usurpador do trono visigótico.² Esta não era a primeira vez que um povo germânico se dividia em torno da eleição do seu rei, mas para os visigodos foi a última. Indignados com o que consideravam ser um golpe de Estado, a ascensão ao trono visigótico por Rodrigo, os partidários de Ágila II solicitaram a intervenção de Musa bin Nusayr (640-716), governador e general do Califado omíada na África do Norte em Ifríquia, atual Tunísia, para debelar a guerra civil que opôs os seguidores de Ágila II aos de Rodrigo.³ Musa atendeu ao pedido dos visigodos, enviou seu homem de confiança, Tariq ibn Ziyad para invadir a Península Ibérica e, pouco tempo depois, juntou-se a ele. Na derrota de Rodrigo na Batalha de Guadalete, os muçulmanos, que contaram com a colaboração dos partidários de Ágila II, dizimaram a nobreza visigótica, deixando acéfala a Península Ibérica.

Da mesma forma que a divisão política entre os visigodos, que degenerou em guerra civil, contribuiu para a vitória incontesce na Península Ibérica dos muçulmanos, o *al-'Andalus* também foi minado por múltiplos conflitos internos. Não faltaram muçulmanos que colaboraram com a Reconquista (718-1492), o movimento cristão de retomada da Península Ibérica.⁴ O *al-'Andalus* passou por três grandes períodos históricos. O primeiro (711-756) compreende a conquista muçulmana da península com a consequente criação de um emirado dependente do Califado omíada. Depois, no segundo período (756-1031), sob Abd al-Rahman I (731-788), fundador de uma dinastia muçulmana europeia, grande parte da Península Ibérica fez parte do Emirado de Córdoba (756-929), sucedido pelo Califado de Córdoba (929-1031).⁵ Embora a independência do *al-'Andalus* em relação ao Califado

---

² BARKAI, Ron. *El enemigo en el espejo. Cristianos y musulmanes en la España medieval.* 3ª ed. Madri: Ediciones Rialp, 2007, p. 64.
³ QURESHI, Mohammad Abdulhai. *Muslim Rule in Spain. Muslim Rule in India. Memories of two Failures.* Central Milton Keynes: AuthorHouse, 2012, p. 10: "Count Julian informed Musa bin Nusayr that Spain was under the tyrannical rule of Roderick and it was the duty of Musa bin Nusayr to save the Spanish people."
⁴ VERSKIN, Alan. *Islamic Law and the Crisis of the Reconquista. The Debate on the Status of Muslim Communities in Christendom.* Leiden/Boston: Koninklijke Brill, 2015, p. 6: "While some sympathized with their plight as the tragic victims of war, they were nonetheless suspicious of their collaboration with Christian authorities."
⁵ JENKINS, Everett Jr. *The Muslim Diaspora: A Comprehensive Chronology of the Spread of Islam in Asia, Africa, Europe and the Americas.* v. 1: *570-1500.* Jefferson/Londres: McFarland, 1999, p. 61.

abássida (750-1258/1261-1517), a partir do Emirado de Córdoba, tenha tido suas vantagens, ela abriu as portas para o acirramento das rivalidades, o que levou à dissolução do Califado de Córdoba e a um longo período de anarquia em todo o *al-'Andalus*, o que facilitou a Reconquista, com a consequente expulsão dos muçulmanos da Península Ibérica. A anarquia (*fitna*) que vitimou o Califado de Córdoba de 1009 a 1031, uma verdadeira guerra civil patrocinada por inúmeros comandantes militares, foi marcada por assassinatos políticos, golpes de Estado, deposições. Vários rivais recorreram à intervenção dos reis cristãos da península, fazendo o caminho inverso dos seus predecessores visigodos. Em meio à confusão generalizada, Córdoba foi saqueada várias vezes, tendo sido praticamente destruída. Como se não faltasse mais nada, depois da queda do último califa, Hisham III (975-1036), que fugiu às pressas da capital para salvar a própria vida, foi proclamada a República de Córdoba (1031-1091), em que o emir governava ao lado de um conselho de estado composto por ministros e juízes; esta taifa, emirado, principado, a República de Córdoba, foi uma das primeiras em que se fragmentou o Califado de Córdoba após sua dissolução em 1031.[6] O fim da anarquia levou ao terceiro período (1031-1492) do *al-'Andalus,* marcado pela desagregação política, no qual a Península Ibérica sob controle muçulmano foi dividida em vários países independentes e rivais entre si, as taifas. Um cenário ideal para os cristãos.

No norte da Península Ibérica, um grupo de visigodos, liderado por Pelágio (?-737), fundador e primeiro monarca do Reino das Astúrias (718-925), retardou o avanço muçulmano e deu início à Reconquista, que provocou o fim, em 1492, do *al-'Andalus*. A Reconquista começou com a Batalha de Covadonga, em 722, nas proximidades dos Picos de Europa. Descendente do que restara da nobreza visigótica, Pelágio conseguiu a proeza em plena cordilheira Cantábrica de derrotar o Califado omíada, detendo seu avanço. Em Portugal, a Reconquista foi concluída mais de dois séculos antes do que na Espanha, com a conquista definitiva de Faro, a principal cidade do Algarve, em 1249, pelas tropas de d. Afonso III (1210-1279), o Bolonhês.[7] O sul de Portugal, a partir de uma linha imaginária passando por Évora e Santiago do Cacém, em virtude da violência dos combates, ficou pratica-

---

[6] SYED, Muzaffar Husain (ed.). *A Concise History of Islam*. Nova Déli: Vij Books India, 2011, p. 111.

[7] MARTINS, Miguel Gomes. *A arte da guerra em Portugal: 1245 a 1367*. Imprensa da Universidade de Coimbra, 2014, p. 29.

mente deserto, precisando ser repovoado com homens vindos do norte de Portugal.

Foi precisamente a partir do norte da Península Ibérica, que nunca foi controlado pelos invasores muçulmanos, composto por montanhas e serras, como o Reino das Astúrias, que os cristãos se reuniram para dar início à Reconquista. As origens desta população cristã eram heterogêneas; havia uma miscelânea de povos, parcialmente miscigenados, com raízes ibéricas, celtas, romanas, suevas e visigóticas. O elemento germânico predominante no território que hoje corresponde a Portugal era o suevo; na Espanha, o visigodo. À Hispânia (218 a.C.-400), à Península Ibérica romana, os suevos chegaram em 409, para fundar o Reino Suevo (411-585) com capital em Braga (*Bracara Augusta*); este reino não teve uma vida longa. Em 585, ele foi anexado pelo Reino Visigótico (418-711), extinto com a conquista muçulmana. Na Península Ibérica, ao contrário do que ocorreu para lá dos Pireneus, como no Sacro Império Romano-Germânico (800-1806),[8] o principal reino de origem bárbara, o Reino Visigótico, fundado em função do desmantelamento do Império romano do Ocidente (27 a.C.-476 d.C.), não teve muito tempo para organizar-se antes da sua dissolução definitiva com a chegada dos invasores vindos da África do Norte. Apesar disto, os cristãos formaram, à medida que reconquistaram a Península Ibérica, novos reinos que foram ampliando suas fronteiras rumo ao sul. O Reino de Portugal (1139-1910) foi o resultado deste movimento de reagrupamento cristão, com o objetivo de retomar o controle da Península Ibérica. A Reconquista durou toda a Idade Média e terminou em plena Idade Moderna, em 1492, com a expulsão dos muçulmanos pelos Reis Católicos, Isabel I de Castela (1451-1504) e Fernando II de Aragão (1452-1516). A colonização das Américas por portugueses e espanhóis foi o resultado do desdobramento deste ímpeto conquistador.

---

[8] O Sacro Império Romano-Germânico nunca foi um Estado centralizado como o Reino de Portugal. O imperador, a mais importante autoridade deste Império, era escolhido por um colégio eleitoral, os príncipes-eleitores, que detinham uma série de direitos e prerrogativas de natureza quase soberana. O principal órgão legislativo do Império, a Dieta Imperial, era composta por príncipes-eleitores, alta nobreza e representantes das cidades livres imperiais, como Bremen, Hamburgo, Lübeck, que respondiam apenas perante o imperador; sem o apoio da Dieta Imperial, o imperador não podia aprovar leis. Devido ao caráter descentralizado do Sacro Império, o destino da Reforma Protestante (1517-1648) foi decidido localmente, fragmentando-o. Interessados em emanciparem-se do imperador e do papa, vários príncipes aderiram ao luteranismo.

A origem do Reino de Portugal é o Condado Portucalense (868-1139). O primeiro conde de Portucale foi um conquistador, de origem galega, Vímara Peres (820-873). Guerreiro, vassalo de Afonso III das Astúrias (ca. 848-910), ele reconquistou a faixa de terra que ia do rio Minho ao rio Douro, expulsando os muçulmanos desta região.[9] Suas credenciais perante Afonso III eram muito boas. Antes de envolver-se ativamente na Reconquista, conseguindo expulsar os muçulmanos do Porto (*Portus Cale*), ele derrotara em 858 os vikings da Galiza.[10] Guimarães, a cidade de Vímara (*Vimaranis, Guimaranis*, Guimarães), a primeira capital do Condado Portucalense, foi fundada por ele.[11] Em 868, Afonso III nomeou Vímara Peres conde de Portucale. Portugal nasceu como um feudo do Reino das Astúrias, em seguida do Reino da Galiza (409-1833) e mais tarde do Reino de Leão (910-1230). O Reino da Galiza não teve uma longa existência; foi absorvido, na prática, pelo Reino de Leão, sob o reinado de Ordonho II (ca. 873-924), rei da Galiza e Leão. Pouco tempo depois da absorção do Reino da Galiza pelo Reino de Leão, a princesa Urraca, futura Urraca I (1080-1126), rainha de Leão, Castela e Galiza, filha de Afonso VI (ca. 1040-1109), o Bravo, rei de Leão e Castela, casou-se em 1095 com Raimundo da Borgonha (1070-1107), um cruzado que viera à Península Ibérica, proveniente do Ducado da Borgonha (880-1477), parte do Sacro Império Romano-Germânico, atualmente da França, para participar da Reconquista e da consequente presúria, a distribuição das terras tomadas dos muçulmanos entre os nobres cristãos.[12] Raimundo tornou-se em seguida conde da Galiza, que incluía o Condado Portucalense, o qual fora dissolvido como punição por suas pretensões independentistas. O último conde de Portucale da Casa de Vímara Peres, Nuno Mendes (?-1071), fora derrotado, em 1071, na Batalha de Pedroso.[13] Em seguida, o conquistador Henrique da Borgonha (1066-1112), primo de Raimundo e pai de d. Afonso Henriques (1109-1185), primeiro rei de Portugal, casou-

---

[9] ERTL, Alan W. *Toward an Understanding of Europe. A Political Economic Précis of Continental Integration*. Boca Raton: Universal Publishers, 2008, p. 299.
[10] LÓPEZ, Emilio González. *Grandeza e decadencia do Reino de Galicia*. Vigo: Editorial Galaxia, 1978, pp. 150-151.
[11] RING, Trudy (ed.). *International Dictionary of Historic Places. Southern Europe*. v. 3. Chicago: Fitzroy Dearborn Publishers, 1995, p. 311.
[12] BARBOSA, José. *Catalogo chronologico, historico, genealogico e critico das rainhas de Portugal e seus filhos*. Officina de Joseph Antonio da Sylva: Lisboa, 1727, p. 21.
[13] MENESES, Francisco de Alpoim de. *Historia antiga e moderna da sempre leal e antiquissima villa de Amarante*. Londres: T.C. Hansad, 1814, p. 25.

se com d. Teresa de Leão (ca. 1080-1130), também filha de Afonso VI, Imperador de Toda a Espanha (*Imperator totius Hispaniae*), e tornou-se conde de Portucale.[14]

A morte de Henrique em 1122 levou sua viúva, d. Teresa, a sucedê-lo no governo do Condado Portucalense durante a menoridade do seu filho Afonso. O futuro do Condado Portucalense não parecia ser dos mais brilhantes. Afonso VI colocara em prática um ambicioso projeto de unificação da Península Ibérica, buscando reproduzir o modelo do Sacro Império; um autêntico império ibérico, tendo como monarca um legítimo descendente dos reis visigodos, sucessores do Império romano. Em 26 de maio de 1135, seu neto, Afonso VII (1105-1157), rei de Leão, Castela e Galiza, também se tornou Imperador de Toda a Espanha.[15] À semelhança dos sacros imperadores romano-germânicos, que eram coroados pelo papa, a coroação de Afonso VII foi confirmada pelo papa Inocêncio II (?-1143).[16] Ao contrário dos outros soberanos peninsulares, d. Afonso Henriques não lhe prestou vassalagem.[17]

D. Teresa optou durante sua regência pela aproximação do Condado Portucalense com o Reino da Galiza, sujeito a Afonso VII; ela nunca aspirou à independência portuguesa. Em 1120, o papa Calisto II (ca. 1065-1124), com a bula *Omnipotentis dispositione* elevou a diocese de Santiago de Compostela à categoria de arquidiocese metropolitana, em detrimento de Braga, acirrando a rivalidade entre galegos e portugueses. D. Teresa, próxima do nobre galego Fernando Pérez de Traba (ca. 1090-1155), agente do rei Afonso VII, aparentemente, não percebeu a seriedade das pretensões independentistas do seu filho, disposto a seguir o caminho trilhado um século antes por Nuno Mendes. Apoiado por aristocratas portugueses e pelo arcebispo de Braga, durante séculos o principal arcebispado da Península Ibérica, Primaz das Espanhas, rival do de Santiago de Compostela, sobretudo após o roubo das relíquias de São Frutuoso de Braga, em 1102, chamado eufemisticamente de pio latrocínio, a mando do arcebispo de Santiago

---

[14] RESENDE, André de. As antiguidades da Lusitânia. In: *Portugaliae Monumenta Neolatina*. v. 3. Imprensa da Universidade de Coimbra, 2009, p. 336.
[15] O'CALLLAGHAN, Joseph F. *A History of Medieval Spain*. Cornell University Press, 1975, p. 223.
[16] FUENTE, Vicente de la. *Historia eclesiástica de España*. v. 2. Barcelona: Librería Religiosa, 1855, p. 258.
[17] NOGUEIRA, Ricardo Raymundo. Prelecções de direito público de Portugal. In: *O Instituto, Jornal Scientífico e Litterario*. v. 6. Imprensa da Universidade de Coimbra, 1858, p. 277.

de Compostela, Diego Xelmírez (ca. 1068-ca. 1149); as relíquias do santo bracarense foram devolvidas ao seu local de origem apenas em 1966, 864 anos depois. Em 1139, d. Afonso Henriques foi proclamado rei de Portugal como d. Afonso I, dando início à Casa da Borgonha, da qual descendem, por meio de d. Dinis (1261-1325), o Rei Lavrador, o Rei Poeta, e seu filho d. Afonso Sanches (1289-1329), os Albuquerque. O papa Alexandre III (ca. 1100-1181), em 23 de maio de 1179, com a bula *Manifestis Probatum*, reconheceu a independência de Portugal.

A Casa da Borgonha (1096-1383), fundadora do Reino de Portugal, foi uma dinastia de reis guerreiros. Logo consolidada a independência de Portugal, d. Afonso Henriques lançou-se à Reconquista dos territórios ocupados por muçulmanos. Santarém foi ocupada em 1148; Lisboa, em 1147; Alcácer do Sal, em 1158; e Évora, em 1165. D. Sancho I (1154-1211), o Povoador, conquistou, em 1189, Silves, uma das cidades mais prósperas do *al-'Andalus*, controlado pelo Califado almóada (1121-1269). D. Afonso II (1185-1223), o Gordo, uniu-se em 16 de julho de 1212 a um exército cristão peninsular contra os muçulmanos na Batalha de Navas de Tolosa. Enquanto d. Sancho II (1209-1248), o Piedoso, derrotou os muçulmanos no Alentejo, d. Afonso III, o Bolonhês, submeteu o Algarve ao controle português. D. Dinis, o Rei Poeta, o Lavrador, o Pai da Pátria, o Rei Trovador, enfrentou uma guerra civil fratricida, entre dois de seus filhos, o futuro d. Afonso IV (1291-1357), o Bravo, e d. Afonso Sanches, o que não o impediu de ser um dos reis mais laboriosos da história de Portugal. D. Pedro I (1320-1367), o Justo, continuou o processo de centralização administrativa de Portugal, tendo seu filho, o último rei da Casa da Borgonha, d. Fernando I (1345-1383), o Belo, tentado, sem sucesso, tornar-se rei de Castela. Inábil politicamente, mas extremamente ambicioso, este faleceu sem deixar herdeiros, o que levou a um interregno, um período de guerra civil, sem nenhum rei no trono de Portugal, que durou de 1383 a 1385. Na Batalha de Aljubarrota, travada em 14 de agosto de 1385, d. João, mestre da Ordem de Avis, uma ordem militar religiosa de cavaleiros portugueses, venceu as tropas castelhanas, assegurando a independência de Portugal. Filho natural de d. Pedro I, d. João I (1357-1433), o de Boa Memória, deu início à Casa de Avis (1385-1580), protagonista da expansão ultramarina, sendo ela mesma, em virtude da ascendência de Pedro I, um ramo da Casa da Borgonha.

A MATRIZ MEDIEVAL PORTUGUESA

A sociedade medieval portuguesa, como no resto da Europa Ocidental, era constituída basicamente por três grandes grupos, estamentos, típicos da Idade Média (ca. 476-1453) – nobreza, clero e povo. Houve com variada intensidade, dependendo das circunstâncias histórias, o que atualmente se costuma chamar de *minoria étnica*, estrangeiros provenientes sobretudo de outros países europeus, muçulmanos, tanto de origem árabe como berberes, e judeus, que chegaram com os romanos e os mouros.

Os senhorios eram divididos em duas categorias. Havia os senhorios laicos (honras e reguengos) e os senhorios eclesiásticos (coutos). Os proprietários destes senhorios, os senhores, exerciam, em sua plenitude, a autoridade, tanto sob o ponto de vista administrativo quanto judicial, em seus domínios, sobre seus servos. Verdadeiros potentados locais, não foram raros os casos em que eles entraram em conflito com o centralismo monárquico. Os reis de Portugal também tiveram senhorios, os reguengos, com servos próprios.[18]

Nos senhorios, havia duas espécies de trabalhadores, os servos e os trabalhadores livres. Numerosos, os servos vinculavam-se, por liames de tradição e costume, ao senhorio no qual viviam, bem como ao seu respectivo senhor. Se, por um lado, eles não podiam deixar o torrão natal, por outro não podiam ser dele expulsos. Os servos pagavam rendas anuais e tributos, bem como tinham o dever de prestar serviços aos seus senhores. Não só havia servos rurais, do eito, mas também servos domésticos; os servos domésticos viviam nas casas e castelos dos senhores, realizando uma série de tarefas caseiras

---

[18] HERCULANO, Alexandre. *Opúsculos. Controversias e estudos historicos.* v. 6. 3ª ed. Lisboa: Antiga Casa Bertrand-José Bastos & Cia., p. 267: "Os reguengos eram os bens patrimoniaes do rei."

e artesanais. Próximos aos seus senhores, eles desenvolviam laços afetivos com estes, tendo uma vida mais confortável e menos atribulada do que a dos servos rurais. Nas casas e castelos dos senhores medievais portugueses, havia duas categorias de trabalhadores livres. Trabalhadores rurais e artífices, englobando artesãos e obreiros. Ao contrário dos servos rurais, os trabalhadores livres podiam deixar o torrão natal, o senhorio no qual ganhavam a vida, sem maiores dificuldades. Sujeitos economicamente aos senhores, a situação dos trabalhadores livres não era muito diferente da dos servos. Embora não estivessem vinculados fisicamente ao senhorio, podendo abandoná-lo, podiam ser despedidos e expulsos arbitrariamente do local onde trabalhavam e da casa em que viviam. Pelas incertezas que sua condição social impunha, a vida dos trabalhadores livres podia ser pior do que a dos servos.

Os senhores tinham uma origem laica (nobres) ou religiosa (clero secular e clero regular). Desde o colapso do Império romano do Ocidente, com a invasão bárbara liderada por suevos e visigodos, houve nobreza em Portugal. Durante o *al-'Andalus*, ela não desapareceu completamente, mas permaneceu num estado de letargia, aguardando a oportunidade para ressurgir com igual ou maior força do que aquela de que dispunha antes da invasão muçulmana. Com a Reconquista, ela reapareceu com toda a força. A maior parte das linhagens nobres portuguesas surge a partir dos séculos XI e XII – com o início da Reconqusita e o nascimento de Portugal.[19]

A origem da alta nobreza portuguesa foi a guerra. Lutar ao lado do monarca, ser-lhe leal no campo de batalha, enfrentar o risco de morte sem soçobrar. Como retribuição, ascender socialmente com isenções, privilégios, recompensas, títulos. Fazer, assim, parte de um segmento social exclusivo, favorito do rei, com vastos domínios e um grande número de servos. Nem toda a alta nobreza portuguesa tem uma origem autóctone. Alguns vieram, durante a Reconquista, de Castela, Galiza, Leão, França, Sacro Império Romano-Germânico, para ajudar a expulsar os muçulmanos da Península Ibérica. Uma destas famílias, proveniente da Borgonha, como acabamos de mencionar acima, rebelou-se contra Leão, do qual fazia parte o Condado Portucalense, tornando-o um país independente. Homens conscientes do que faziam, acreditando em ideais cavalheirescos e cristãos difundidos por trovadores, ou meramente aventureiros, que não gozavam dos benefícios

---

[19] RUCQUOI, Adeline. *História medieval da Península Ibérica*. Lisboa: Editorial Estampa, 1995, p. 246.

da primogenitura, à procura da sorte e dando vazão aos seus instintos. Em pleno século XIII, a alta nobreza portuguesa não contava com mais de cem famílias. Situada logo abaixo da alta nobreza, dos ricos-homens, estava a baixa nobreza. A baixa nobreza, formada por antigas famílias de proprietários, era descendente de romanos e dos invasores suevos e visigóticos; sua origem, portanto, podia ser bem mais antiga do que a de muitas famílias da alta nobreza. Em maior número do que os ricos-homens, compunha-se em sua maior parte de cavaleiros, escudeiros e infanções. A baixa nobreza, sobretudo durante os reinados de d. Afonso II e d. Sancho II, ao tomar o partido do monarca, envolveu-se em conflitos abertos com os ricos-homens.

O clero nunca foi um segmento social uniforme. Havia o clero secular, das dioceses, e o regular, das ordens religiosas. Estes viviam em mosteiros e conventos, sujeitos a uma regra, afastados do mundo. Sob o ponto de vista hierárquico, o clero dividia-se, ainda, entre alto clero (abades, bispos, mestres das ordens religiosas e militares, priores), em sua maior parte proveniente da alta nobreza, e o baixo clero (clérigos, frades, irmãos conversos, monges). Os membros do baixo clero provinham da baixa nobreza e do povo, o que compreendia burgueses, servos e trabalhadores livres. Portugal, nascido com a Reconquista, era um país profundamente católico. O clero não exercia um poder puramente espiritual, mas também temporal. Seus membros detinham dinheiro, poder e terras. Dependendo das circunstâncias, eles podiam exercer sobre o rei um poder superior ao da nobreza. Quando os interesses econômicos e políticos do clero foram prejudicados, o Papado não hesitou em excomungar monarcas portugueses, para, assim, fazê-los mudar de curso. Durante a Idade Média, o clero, com seus centros de ensino, foi o principal bastião da cultura na Europa, tendo fundado as primeiras universidades.

A partir de 711, com o início da invasão muçulmana, grupos cristãos, de origem ibérica, celta, romana, sueva e visigótica, conviveram, quando não eram perseguidos ou deportados para a África do Norte, com o resto da população, árabe e berbere, que chegou à Península Ibérica junto com os invasores ou em seguida à sua vitória contra os cristãos, e com os judeus. Os moçárabes assimilaram características da cultura e do idioma árabes, sem terem necessariamente de abandonar sua religião de origem, a cristã. Como cidadãos de segunda classe, cristãos e judeus, os *dhimmī*, viviam em comunidades separadas. Obrigados a pagar um imposto especial, a *jizya*, uma espécie de dízimo que cabia apenas aos não muçulmanos que viviam em países muçulmanos, atualmente em desuso, eles não podiam exercer uma série de direitos políticos reservados aos árabes e berberes.[20] Embora, em suas respectivas comunidades, os cristãos e judeus pudessem exercer o direito de autogestão, eles viviam, na prática, submetidos aos invasores.

Na Península Ibérica conquistada pelos muçulmanos, não havia, como na Europa cristã, uma separação clara entre o poder secular, do monarca e da nobreza, e o poder religioso, do Papado e do clero. Estado e religião confundiam-se. O poder era concentrado nas mãos de uma oligarquia que, para legitimar-se, podia alegar ser descendente do fundador do Islã, o profeta Muhammad (ca. 570-632). Proprietária de grandes trechos de terra, verdadeiros latifundiários, a oligarquia muçulmana exercia ainda os principais cargos políticos e administrativos. O sul de Portugal, Alentejo e Algarve, foi a região mais arabizada de Portugal, a que primeiro foi conquistada pelos muçulmanos e a última a ser abandonada por eles com a Reconquista. À medida que os cristãos avançavam, muitos mouros refugiaram-se no Emirado de Granada e na África do Norte. Alguns, em sua maior parte os mais pobres e os mais fracos, que não tinham recursos e/ou saúde para fugir, ficaram para trás, em pequenos núcleos isolados do sul de Portugal, vivendo uma existência marginalizada entre os cristãos vitoriosos. Em cidades meridionais como Beja, Évora, Faro, Lisboa, Silves, Tavira, eles foram circunscritos a áreas confinadas, as mourarias, à espera de que, com sua cristianização, fossem assimilados. Os mouros e seus descendentes, como camponeses, foram reduzidos à servidão. Os que sabiam algum ofício ou tinham tino comercial, como artesãos ou caixeiros-viajantes, tornaram-se trabalhadores livres.

A Reconquista, do século XII ao XIV, foi acompanhada pela transformação de Portugal numa sociedade senhorial, com traços feudais, de suserania e vassalagem. As principais cidades do Norte – Braga, Guarda, Lamego, Porto, núcleos de uma burguesia em ascensão –, não foram páreo diante do poder da nobreza e do clero, que não hesitaram em entrar em conflito com vários reis de Portugal, como d. Afonso III, para evitar que seu poder fosse manietado pela Coroa. Com as inquirições, o rei de Portugal inspecionava a natureza das posses da nobreza e do clero; o que houvesse sido tomado ilegalmente podia ser confiscado. Para combater a expansão dos senhorios, proibiu-se, em 1321, o surgimento de novas honras, bem como, em 1325, tornou-se

---

[20] EMON, Anver M. *Religious Pluralism and Islamic Law. Dhimmis and Others in the Empire of Law*. Oxford University Press, 2012, p. 97.

obrigatório constituir prova dos direitos feudais.[21] A história medieval portuguesa é, por um lado, a história da Reconquista, da expulsão dos mouros, e, por outro lado, a história de um contínuo processo de centralização do poder em benefício do monarca em detrimento da nobreza e do clero.[22]

À medida que se aproximava o final da Idade Média, houve um crescente êxodo rural, do campo e das aldeias portuguesas, rumo às principais cidades do país. O aumento do número de habitantes, aliado à estagnação econômica, provocou o crescimento do desemprego. As condições de vida nos centros urbanos pioraram. No interior, passou a faltar mão de obra para a produção agrícola. Verdadeiro ímã para os servos descontentes com seus senhores, as cidades eram vistas como um porto seguro, cheias de oportunidades, muitas vezes ilusórias, mas irresistíveis em parte graças ao esforço dos monarcas portugueses para debilitar o feudalismo. Para sustar o êxodo, foram aprovadas, em 1349 e 1401, leis que pretendiam fixar os servos rurais em seus locais de origem.[23] Leis inúteis, que contrariaram a realidade dos fatos, que não sustaram o êxodo rural.

As cidades incharam, as condições de vida deterioraram-se. Levas de marginais, mendigos e pedintes, dos quais todos, com honrosas e escassas exceções, queriam livrar-se, deambulavam em busca de esmolas, podendo recorrer, depedendo da ocasião, ao crime como último recurso. A segunda metade do século XIV e praticamente todo o século XV foram longos períodos de depressão econômica em Portugal.[24] A Peste Negra (1346-1353) matou a maior parte da população urbana. Os servos acorreram às cidades para preencher os postos de trabalho vagos, despovoando ainda mais o interior do país, que precisava de braços para a produção agrícola. A Lei

---

[21] COSTA, Bruno Marconi. Guerra e poder local na Lisboa de d. Dinis: análise de cavaleiros-vilãos e peões em uma interface político-militar (1279-1325). *Medievalis* 5 (1:10-11), 2014.

[22] Sob a direção de Alexandre Herculano, inspirado na obra *Monumenta Germaniae Historica*, de Georg Heinrich Pertz (1795-1876) e Georg Waitz (1813-1886), surgiu a *Portugaliae monumenta historica*, uma ampla coletânea de fontes primárias da Idade Média portuguesa (Cf. HERCULANO, Alexandre. *Portugaliae monumenta historica: a saeculo octavo post Christum usque ad quintumdecimum*. Academia das Ciências de Lisboa,1856-1917).

[23] TEIXEIRA, Daniel Tomazine. *Enquadramento da pobreza em Portugal no Baixo Medievo: assistencialismo e repressão social (séculos XIV/XV)*. Dissertação apresentada ao Programa de Pós-Graduação em História da Universidade Federal Fluminense. Rio de Janeiro, 2011, p. 44 e p. 55.

[24] Esta foi uma crise europeia, e não apenas portuguesa (Cf. DREES, Clayton J. (ed.). *The Late Medieval Age of Crisis and Renewal 1300-1500. A Bibliographical Dictionary*. Westport/Londres: Greenwood Press, 2001).

das Sesmarias, de 1375, foi mais uma tentativa fracassada de fixar os servos rurais às terras; eles queriam liberdade de trabalho, com o objetivo de livrarem-se dos vínculos feudais. Para atingir esta meta, os servos rurais não se limitaram a fazer parte das multidões que engrossaram o êxodo rural em Portugal. Os levantes populares urbanos ocorridos na segunda metade do século XIV, tanto no Porto como em Lisboa, durante a Crise de 1383-1385, a guerra civil que começou com a morte de d. Fernando I (1345-1383) sem ter deixado herdeiro masculino e a coroação de d. João I, deixaram claro que nada mais seria como antes.

A ascensão da burguesia em Portugal ocorreu neste contexto turbulento e imprevisível. Antigos e bem-sucedidos artesãos tornaram-se, aos poucos, verdadeiros empresários; comerciantes progrediram, apesar de tudo e de todos. Nas cidades, alguns servos rurais conseguiam transformar-se em trabalhadores autônomos. Nenhum deles tinha mais qualquer vínculo de dependência feudal. Parte do dinheiro que passaram a ganhar foi investido na ampliação de suas atividades comerciais e na compra de terras. A burguesia em Portugal, a partir do século XIV, acumulou capital, empregou trabalhadores e participou da Crise de 1383-1385. Ambiciosa, ela queria fazer parte da nobreza, o segmento social que ainda era dominante, seja através de casamentos ou com a compra pura e simples de títulos nobiliárquicos, e participar das decisões tomadas na Corte, influenciando, sempre que possível, direta ou indiretamente, o monarca.

Hábeis politicamente, os burgueses não só foram minando a nobreza, como souberam submeter os trabalhadores ao seu jugo. Em seu interior, surgiram, da mesma forma que com a nobreza, dois segmentos que pouco ou nada se comunicavam entre si. A alta burguesia, rica, influente e com excelentes contatos junto à nobreza, ansiosa em tornar-se, ela própria, parte deste segmento, e a baixa burguesia, bem menos rica e constantente preocupada em não descer, em virtude de más decisões ou da falta de sorte na condução das mais variadas formas de empreendimentos comerciais, para o nível inferior da escala hierárquica portuguesa, o dos trabalhadores. A crise da Baixa Idade Média (ca. 1000-1453) portuguesa, prenúncio da Idade Moderna (1453-1789), com o poder crescente da burguesia, foi superada não com uma revolução, mas com a expansão ultramarina.[25] A burgue-

---

[25] PEARSON, M.N. *The New Cambridge History of India*. v. 1: *The Portuguese in India*. Cambridge University Press, 1987, p. 6.

sia portuguesa apoiou os Descobimentos, e parte da nobreza de Portugal transferiu-se para o Brasil. O êxodo rural foi redirecionado rumo à América portuguesa, e as cidades lusitanas respiraram aliviadas.

A Casa de Avis, sucessora da Casa da Borgonha, continuou o legado desta. A centralização administrativa persistiu, fazendo com que praticamente tudo de importante gravitasse em torno da Coroa. A burguesia continuou sua trajetória ascendente, enquanto a nobreza permaneceu circulando em tornou do rei. O clero das ordens religiosas e militares apoiou decisivamente a expansão ultramarina. Desastres militares como o da Batalha de Tânger em 1437, prenúncio da catástrofe da Batalha de Alcácer-Quibir (1578), que aniquilou a fina flor da nobreza portuguesa, debilitaram os nobres. A pequena nobreza, participante ativa da colonização do Brasil, progrediu na medida das suas possibilidades.

Com a Casa da Borgonha, as minorias não foram perseguidas oficialmente em Portugal. Pelo contrário, beneficiaram-se de proteção régia, a qual, mais de uma vez, associada a outros fatores políticos, provocou a excomunhão de monarcas portugueses. Judeus residiam em cidades ou no campo, em aldeias às vezes remotas, que mais tarde deram origem a cidades como Belmonte. Os judeus que se tornaram membros da burguesia portuguesa enriqueceram com o comércio ou exerceram profissões liberais das mais diversas – advocacia, farmacêutica, medicina. Influentes, foram conselheiros de vários reis tanto da Casa da Borgonha como da Casa de Avis. Os muçulmanos, embora também tenham sido oficialmente expulsos de Portugal, continuaram a viver em algumas cidades do sul de Portugal, como Lisboa, nos guetos das mourarias. Embora em Portugal nunca tenha havido *pogroms*, ataques orquestrados por governos contra minorias que provocam a destruição sistemática de vidas humanas e do meio no qual elas vivem, judeus e muçulmanos sofreram com perseguições religiosas, sendo ocasionalmente mortos em verdadeiras chacinas populares motivadas pelo ódio e pela incompreensão.

O SENHORIO DE ALBUQUERQUE

Albuquerque

Na sociedade medieval portuguesa surgem também os Albuquerque.

Albuquerque é um município na província de Badajoz, na comunidade autônoma da Estremadura, Espanha. Fica muito perto da fronteira com Portugal, já lhe tendo pertencido.[26] Na Idade Média, os títulos de senhor de Albuquerque (de Meneses), em seguida conde de Albuquerque (de Castela) e duque de Albuquerque (de la Cueva) desempenharam em Castela um papel importante. O primeiro conde de Albuquerque foi Sancho Afonso de Castela (1342-1374).[27]

A raiana cidade de Albuquerque conseva até hoje um rico legado histórico, com vestígios romanos, árabes e, sobretudo, da Idade Média; seu centro histórico é encimado por um castelo tido muito tempo por inexpugnável. O condestável Álvaro de Luna (ca. 1388-1453), o favorito do rei João II de Castela (1405-1454), foi proprietário deste castelo, o Castelo de Luna; um dos mais bem conservados da Península Ibérica, ele passou pelas vicissitudes da história. Ocupado, em suas origens mais primevas, por muçulmanos, sucumbiu ao ataque castelhano pouco antes da reconquista, em 1230, de Badajoz. Os reis castelhanos cederam o Castelo de Luna a validos

---

[26] Durante a Guerra da Sucessão Espanhola (1702-1715), por exemplo, Portugal anexou Albuquerque (Cf. CHERMONT, Balthazar de. Summario chronologico da historia de Portugal. Lisboa: Impressão Regia, 1805, p. 232: "O Principe do Brazil, que administrava os negocios durante a moléstia do Rei seu pai, cobre de desprezo o Almirante de Castela; e alcança alguma vantagem na Extremadura; Salvaterra, Valença de Alcantra, Albuquerque, Placencia, Ciudad Rodrigo, cahírão em seu poder."

[27] BITTENCOURT, Adalzira. *Genealogia dos Albuquerques e Cavalcantis*. Rio de Janeiro: Editora Livros de Portugal, 1965, p. 456: "O primeiro Conde de ALBUQUERQUE foi D. Sancho, segundo filho do Rei Afonso XI de Castela."

e nobres de confiança da Coroa, como Álvaro de Luna, em recompensa por serviços prestados. O Castelo de Luna sobressai-se com sua torre, uma notável ponte levadiça e um arco ogival; em seu interior, uma igreja, dependências e pátio de armas. Nas proximidades do castelo, há o bairro gótico-judeu, a Villa Adentro, protegido por uma muralha. Feito de pedra maciça, o Castelo de Luna foi construído com o objetivo de proteger Albuquerque de incursões muçulmanas e de invasões portuguesas.

As guerras com Portugal marcaram a história de Albuquerque. Sua população foi submetida a sucessivas conquistas e reconquistas do seu território, da parte de Portugal e Castela, atravessando períodos de despovoamento, com terras arrasadas por combates. Nobres e plebeus eram recrutados, muitas vezes aleatoriamente, para as lutas, com frequência somente para sucumbir numa batalha qualquer que não poria fim ao conflito. Com o passar do tempo, tendo as fronteiras luso-espanholas sido definidas, o ímpeto guerreiro de Portugal e Castela foi redirecionado às Índias, à África e às Américas. Este apaziguamento permitiu que Albuquerque se recuperasse, lentamente, das lutas entre os dois principais países ibéricos, sendo repovoada por um contingente populacional estável.

Vários nativos de Albuquerque participaram da conquista das Índias e das Américas. Alguns alcançaram a glória, sendo lembrados até hoje por seus feitos; outros morreram na miséria sem que ninguém se dê ao trabalho de lembrar-se deles. Juan Castaño (?-?), além de ter participado da fundação das cidades venezuelanas de El Tocuyo e La Borburata, ajudou na conquista e refundação de Caracas. Na conquista do Peru, tomou parte o famoso capitão Juan Ruiz de Arce (1507-ca. 1570), o qual escreveu uma crônica a respeito da captura do imperador inca Atahualpa (ca. 1502-1533), bem como uma descrição da viagem que os soldados de Francisco Pizarro (ca. 1471-1541) fizeram de Cajamarca a Cusco.

A família Albuquerque é um ramo da família Meneses. Ambas estão ligadas, em suas origens, às casas reais de Portugal e Castela, bem como a todas as grandes famílias da Península Ibérica. Afonso Teles de Meneses (ca. 1161-ca. 1230), II senhor de Meneses e I senhor de Albuquerque, foi o primeiro povoador de Albuquerque. A estirpe feudal dos senhores de Albuquerque é longa: ela teve início no começo da Baixa Idade Média, em pleno século XII. Demorou bastante tempo, cerca de cem anos, para que eles adotassem o nome do senhorio, da localidade – Albuquerque – como seu. Os Meneses, titulares do senhorio de Albuquerque, durante várias gerações, preferiram continuar a chamar-se, simplesmente, de Meneses – Afonso Teles de Meneses, II senhor de Meneses e I senhor de Albuquerque; João Afonso Telo (Teles) de Meneses (?-1268), II senhor de Albuquerque; Rodrigo Anes de Meneses (ca. 1245-?), III senhor de Albuquerque; João Afonso Teles de Meneses (?-1304), IV senhor de Albuquerque; Teresa Martins de Meneses (?-1337), V senhora de Albuquerque. Foi com João Afonso de Albuquerque (ca. 1304-1354), VI senhor de Albuquerque, filho de d. Afonso Sanches e antepassado de Jerônimo de Albuquerque (ca. 1510-1584), um dos primeiros e principais administradores coloniais de Pernambuco, que um senhor de Albuquerque, na realidade o sexto senhor de Albuquerque, adotou o topônimo estremenho como sobrenome.

Meneses e Albuquerque

Meneses de Campos é um município situado na atual comunidade autónoma de Castela e Leão, província de Valência, próximo às Astúrias e ao País Basco. Sua origem remonta à Reconquista, dos séculos X-XI. Com a expulsão dos muçulmanos, uma série de famílias vindas do norte da província de Burgos, nas proximidades do País Basco, mais precisamente do Vale de Mena, os Meneses, fundaram as sete aldeias – Arroyo Meneses, Meneses, Palacios de Meneses, Puebla de Meneses, San Cebrián de Meneses, Villalla e Villalimbierno. Durante a Idade Média, Meneses de Campo foi um senhorio, um feudo, dos Téllez de Meneses, primeiramente atribuído a Tello Pérez de Meneses (?-ca.1200), I senhor de Meneses.[28] Um dos senhores de Meneses de Campo que mais se destacou foi Afonso Teles de Meneses, II senhor de Meneses e I senhor de Albuquerque, filho do primeiro senhor de Meneses, Tello Pérez de Meneses, um dos homens mais influentes da Península Ibérica dos séculos XI-XII.

Em *Os Teles de Meneses*,[29] Lope de Vega (1562-1635), um dos principais escritores do Século de Ouro espanhol (1492-1659), relata uma história que teria envolvido os Meneses. A infanta Elvira, filha do rei Ordonho I de Astúrias (ca. 821-866), tinha de casar-se com o rei mouro de Valência. Para escapar deste destino, ela foge e refugia-se em Meneses de Campos. Lá, ela

---

[28] MORA, Antonio Sánchez. *La nobleza castellana en la plena Edad Media: el linaje de Lara (ss. XI-XIII)*. v. 1. Tese de doutorado. Universidade de Sevilha, 2003, p. 478.
[29] VEGA, Lope de. *Veinte y vna parte verdadera de las Comedias del fenix de España frei Lope Felix de Vega Carpio*. Madri: Biblioteca Nacional, 2009, pp. 223-243.

permanece, em anonimato, trabalhando na casa do rico Tello Pérez de Meneses, que costumava emprestar dinheiro ao rei. Depois de algum tempo, Ordonho I chega sem aviso prévio a Meneses de Campo para agradecer a lealdade de Tello Pérez de Meneses e confirmar-lhe o senhorio. Elvira serve-lhe uma tortilha, com um anel em seu interior. Ao reconhecê-la, seu pai a perdoa, dando-lhe como esposa ao primogênito de Tello Pérez de Meneses.

Durante a Reconquista, Meneses de Campos foi objeto de grandes incursões muçulmanas. A partir do sul, que continuava sob seu controle, os mouros adentravam na região, provocando o pânico entre a população local, cujos poucos bens eram saqueados. Por este motivo pouco auspicioso, o território que mais tarde se tornou Meneses de Campos ficou despovoado durante várias décadas. Assustada, a população cristã fugia, numa autêntica debandada, rumo às montanhas do Norte, em direção à Galiza, às Astúrias e ao País Basco; foi destas regiões montanhosas da Península Ibérica que saíram os primeiros repovoadores. Antes de sua chegada, praticamente não havia cristãos no atual município de Meneses de Campos, parte dos Campos dos Godos (*Campi Gothorum*), local onde a maior parte da população visigótica residiu a partir do século V. Em toda esta área, o nome das aldeias revela a origem, o ponto de partida, dos seus primeiros povoadores, o norte da Península Ibérica – Gallegos de Hornija, Báscones de Ojeda. Com os Meneses, não foi diferente. Do seu vale cantábrico, o vale de Mena, eles partiram para povoar o front da Reconquista.

O vale de Mena desempenhou um papel fundamental na construção da identidade castelhana; nele, nasceu Castela. Lá, no Mosteiro de San Emeterio y San Celedonio de Taranco de Mena, fundado em 15 de setembro de 800, teria sido escrita, pela primeira vez na história, a palavra Castela. O repovoamento de Castela, durante a Reconquista, ocorreu a partir de três vales independentes entre si – o vale de Mena, o vale de Ayala e o vale de Losa. Estes três vales eram protegidos por seis fortalezas – Castrobarto, Espinosa de los Monteros, Medina de Pomar, Sotoscueva, Tudela e Villarcayo, os seis castelos que deram o nome de Castela. Eles defindiam o núcleo inicial castelhano, os três vales, protegendo-os durante a Reconquista.

Portugal teve um rainha da família dos Meneses. D. Leonor Teles de Meneses (ca. 1350-1386), a Aleivosa, casou-se com d. Fernando I, o último monarca português da Casa da Borgonha. Tendo arquitetado uma desastrosa política externa, que resultou em três guerras com a vizinha Castela, d. Fernando I, em virtude do casamento de sua filha d. Beatriz de Portugal

(1373-ca. 1420) com João I de Leão e Castela (1358-1390), quase provocou a anexação de Portugal pelo país vizinho. Aceito como rei de Portugal pelas Cortes de Coimbra, d. João I, o primeiro monarca da Casa de Avis, com a ajuda do Santo Condestável Nuno Álvares Pereira (1360-1431), venceu os castelhanos e seus aliados na Batalha de Aljubarrota, em 14 de agosto de 1385, assegurando a continuação de Portugal como país independente.

A CASA DA BORGONHA

De origem estrangeira, a Casa da Borgonha, responsável pela fundação de Portugal como reino independente, foi uma dinastina guerreira, protagonista da Reconquista. Descendente de Henrique da Borgonha, conde de Portucale, a Casa da Borgonha foi um ramo cadete da Dinastia Capetiana (987-1328), uma das maiores e mais antigas casas reais europeias. De origem germânica, franca, fundada por Hugo Capeto (ca. 941-996), também conhecida como Casa da França, a Dinastia Capetiana governou este país por mais de trezentos anos.

Tendo pouca ou nenhuma chance de herdar o Ducado da Borgonha, cujo território correspondia aproximadamente ao da atual região francesa da Borgonha, Henrique partiu de sua terra natal rumo à Península Ibérica para participar da Reconquista. Depois de conquistar parte do norte de Portugal e da Galiza, em benefício de Afonso VI, rei de Leão e Castela, ele casou-se com a filha deste, d. Teresa, e recebeu o Condado Portucalense como feudo do Reino de Leão. Seu filho, d. Afonso Henriques, tornou-se rei de Portugal depois de derrotar a mãe, em 1128, na Batalha de São Mamede. Os reis que sucederam d. Afonso I continuaram a Reconquista da Península Ibérica contra os mouros. Responsável pela reconquista de Faro, o último bastião muçulmano do Algarve, d. Afonso III adotou o título Rei de Portugal e do Algarve.[30]

Da mesma forma que a Casa da Borgonha, como dinastia real, nasceu em virtude de um conflito entre mãe e filho, ela também terminou em fun-

---

[30] HERCULANO, Alexandre. *História de Portugal desde o começo da monarchia ate o fim do reinado de Affonso III*. v. 3. 3ª. ed. Lisboa: Casa da Viúva Bertrand, 1868, p. 419.

ção de uma disputa entre parentes próximos. D. Beatriz, herdeira do trono de Portugal, casou-se, em 17 de maio de 1383, com apenas dez anos de idade, na cidade fronteiriça de Badajoz, com João I de Leão e Castela. Morto d. Fernando I sem deixar outros herdeiros além da sua filha d. Beatriz, Portugal, prestes a ser anexado, mergulhou num longo período de turbulência, a já citada Crise de 1383-1385. Este período foi encerrado com a vitória portuguesa na Batalha de Aljubarrota (1385) e com o surgimento de uma nova dinastia, a Casa de Avis, fundada por d. João I, meio-irmão de d. Fernando I e tio de d. Beatriz.

D. Afonso I

D. Afonso I, d. Afonso Henriques, foi o fundador do Reino de Portugal. Seu primeiro rei, o Conquistador, o Fundador, o Grande. Filho do cruzado Henrique de Borgonha, e de uma leonesa, d. Teresa. Portugal, à época, não passava de um condado vassalo do vizinho Reino de Leão (910-1230), que mais tarde perderia sua independência para ser absorvido pela Coroa de Castela (1230-1715). Morto o pai, em 1112, Afonso lutou contra sua mãe na Batalha de São Mamede (1128) para fazer do Condado Portucalense um país independente. Derrotada, d. Teresa deixou a cena política. D. Afonso Henrique assumiu, sozinho, o controle do Condado Portucalense. Vencidos leoneses e galegos, ele voltou-se contra os mouros, tendo derrotado na Batalha de Ourique (1139), no Alentejo, o sultão Ali ibn Yusuf (1084-1143) da Casa Almorávida (1040-1147).[31] Após esta vitória, acreditando ter sido escolhido por Deus para tornar-se rei de Portugal, ele convocou as primeiras Cortes da história do país, as Cortes de Lamego, antecessoras da Assembleia da República, o Parlamento português. Nas míticas Cortes de Lamego (1139-1143), a nobreza e o clero do Condado Portucalense proclamaram d. Afonso Henrique rei de Portugal. Nelas, teria sido pronunciado o Grito de Almacave, marco da independência de Portugal: "Nós somos livres, nosso rei é livre, nossas mãos nos libertaram."

Com o Tratado de Zamora, de 5 de outubro de 1143, assinado entre d. Afonso I e seu primo Afonso VII de Leão e Castela, o Condado Portucalense tornou-se oficialmente independente do Reino de Leão. Para que fosse reconhecido como rei no resto da Europa, faltava-lhe que a Santa Sé admi-

---

[31] Muzaffar Husain Syed, ob. cit., p. 120.

tisse a independência de Portugal. O papa Alexandre III, ao reconhecer a independência portuguesa com a bula *Manifestis Probatum*, anteriormente mencionada, confirmou o direito de Afonso ser chamado de rei. Da mesma forma que Afonso VI de Leão e Castela acolhera seu pai para ajudá-lo na Reconquista, d. Afonso I também recebeu cruzados vindos do norte da Europa que o ajudaram a reconquistar Lisboa em 1147. Em seguida, ele empurrou as fronteiras portuguesas ainda mais para o sul, de Leiria ao Alentejo. D. Afonso I mais do que duplicou o território herdado do seu pai. Os muçulmanos chamavam-no de Filho de Henrique (*Ibn Arrik*) e O Português (*El-Bortukali*).

D. Afonso I não manteve uma *entente cordiale* com o Reino de Leão. Da mesma maneira que com a fronteira sul, ele via nas fronteiras norte e leste uma oportunidade para a expansão territorial. Para quem precisara desafiar e vencer a própria mãe para tornar-se rei de Portugal, não foi difícil atacar, de 1166 a 1168, várias praças-fortes leonesas que continuavam sob o controle de seus parentes e contraparentes. O primeiro alvo foi Cuidad Rodrigo, a qual estava sendo repovoada por Fernando II de Leão (ca. 1137-1188), seu genro. D. Afonso I suspeitava que este queria criar uma praça-forte em plena fronteira para atacar Portugal. Esta campanha militar não foi bem-sucedida. Fernando II derrotou os portugueses.

Indignado com a derrota, d. Afonso I, sem dar valor, mais uma vez, a vínculos de parentesco, decidiu conquistar Badajoz. Batendo em retirada, d. Afonso I tentou fugir, ao que tudo indica a cavalo, mas foi capturado por Fernando II. Derrotado, ele teve que aceitar um tratado de paz, uma verdadeira capitulação perante seu genro, assinado em Pontevedra, Galiza, mediante o qual o primeiro rei de Portugal alcançou o que mais ansiava naquele momento – livrar-se do cárcere ao qual fora confinado por Fernando II. As fronteiras de Portugal com Leão foram restabelecidas ao *statu quo ante*, tendo Portugal devolvido cidades da Estremadura como Cáceres, Badajoz, Monfrague, Montánchez, Santa Cruz e Trujilho. D. Afonso I aprendeu, assim, duas lições. Primeiro, não adiantava desafiar parentes mais poderosos do que ele; segundo, suas forças eram limitadas. Embora d. Afonso I tenha conseguido contribuir para inviabilizar o sonho de Afonso VII de Leão e Castela de criar um império ibérico nos moldes do Sacro Império Romano-Germânico, Castela já começava a despontar na Península como a potência hegemônica regional. A Portugal, para não ser reduzido de fato à condição de apêndice castelhano, restava continuar seu processo de expansão rumo ao sul, contra os muçulmanos, e, mais tarde, em direção ao ultramar.

Após a derrota perante seu genro, que passou à história eufemisticamente como "o incidente de Badajoz", as ambições de conquista militar de d. Afonso I terminaram. Passou, a partir daí, a dedicar-se à administração dos territórios, em corregência com seu filho, o futuro d. Sancho I. Além de fixar habitantes nos territórios conquistados, concedeu cartas de foral, promovendo o municipalismo. Ao relutar em conceder feudos, criou as bases de um Estado unitário para Portugal, que até hoje vigora. Os concelhos, municípios, eram autônomos, mas desde que dispusessem de uma carta de foral, concedida pelo rei, e nos limites previstos por esta carta. D. Afonso I tolerou os judeus, permitindo que eles fossem representados por um grão-rabino, nomeado pelo rei. O grão-rabino Yahia ben-Yahi III (1115-1185) tornou-se ministro da Fazenda.[32]

D. Sancho I

D. Sancho I tornou-se rei de Portugal em 9 de dezembro de 1185, há quase mil anos. A distância entre sua coroação e a queda do Império romano, quinhentos anos, era praticamente a mesma que a separava do começo da Idade Moderna. Um período de pobreza, inculto e cheio de perigos; um momento excelente para os heróis. O território português era pequeno, bem menor do que o de hoje; não ia muito além de Coimbra. Portugal continuava sendo um país cercado por inimigos contra os quais não se podia abrir guarda. Ao norte, a Galiza; a leste, Leão e Castela; ao sul, os muçulmanos.

Nascido e falecido em Coimbra, a segunda capital de Portugal, uma das futuras mecas universitárias da Península Ibérica, não sem razões d. Sancho I foi chamado de o Povoador. Nas áreas reconquistadas, ele estimulou a fundação de cidades.

Diante de um Portugal que acabara de nascer, cercado de inimigos poderosos que não hesitavam em atacá-lo ao menor sinal de fraqueza, d. Sancho I deu início a um lento mas inexorável processo de organização do país. As cartas de foral facilitaram a formação de uma classe de comerciantes e mercadores, o que deu início à formação de uma burguesia. D. Sancho I

---

[32] EHRLICH, Avrum M. (ed.). *Encyclopedia of the Jewish Diaspora*. v. 1: *Origins, experiencies, and culture*. Santa Barbara/Denver/Oxford: ABC-CLIO, 2009, p. 893.

também ficou conhecido por ser um patrono das letras. Ele mesmo escreveu vários volumes de poesia, antecipando um dos principais legados deixado por d. Dinis e seu filho dileto. Graças à ajuda de d. Sancho I, portugueses foram estudar direito na Universidade de Bolonha, a mais antiga da Europa. Os últimos anos do reinado de d. Sancho I não foram muito bem-sucedidos. Ele, em 1210, num ato de desespero, atacou as propriedades de um dos seus principais aliados, o próspero Lourenço Fernandes da Cunha (ca. 1145-ca. 1228), com o objetivo de enriquecer os cofres reais.[33]

Três filhas de Sancho foram beatificadas: Teresa de Portugal (1176-1250), Sancha de Portugal (1180-1229) e Mafalda de Portugal (ca. 1196-1256). Um sinal claro da boa vontade da Igreja para com Portugal. Vários dos filhos de Sancho tornaram-se reis e rainhas: d. Afonso II, rei de Portugal; d. Pedro (1187-1258), rei de Maiorca; d. Berengária (ca. 1198-1221), rainha consorte da Dinamarca.

D. Afonso II

Da mesma forma que seu avô d. Afonso I teve de lutar contra sua mãe para fazer de Portugal um país independente, d. Afonso II, em meio a uma violenta guerra civil (1211-1216), para centralizar o poder em suas mãos, precisou enfrentar suas irmãs Teresa, Sancha e Mafalda, às quais d. Sancho I legara em testamento, com o título de rainhas, a posse de vários castelos no centro de Portugal, em Alenquer, Montemor-o-Velho e Seia, com as respectivas vilas e rendimentos. D. Afonso II, ao enfrentar as irmãs, que pretendiam exercer plenos direitos sobre suas terras, lutou contra o surgimento de feudos em Portugal. Para resolver este conflito, foi preciso que o papa Inocêncio III (ca. 1160-1216) interviessse pessoalmente. Depois de indenizar suas irmãs, d. Afonso II entregou os respectivos castelos à Ordem dos Cavaleiros Templários (ca. 1119-1312), antecessora da Ordem de Cristo (1319-), mas o soberano daquelas terras era ele.

No reinado de d. Afonso II, foram adotadas as primeiras leis escritas da história de Portugal, bem como se reuniram pela primeira vez em Coimbra, capital de Portugal, em 1211, as Cortes, com representantes da nobreza e do clero, presididas pelo monarca. Estas leis versavam sobre temas que iam do direito civil, como a propriedade privada, à cunhagem de moedas. Em

---

[33] Miguel Gomes Martins, ob. cit., p. 257, nota de rodapé n. 166.

1220, ocorreram as inquirições a mando de d. Afonso II com o objetivo de determinar a situação jurídica das propriedades rurais, bem como para averiguar a que título se baseavam os privilégios e imunidades dos respectivos proprietários. Mediante as confirmações, d. Afonso II dava o seu beneplácito, assegurando os respectivos privilégios e imunidades. Para garantir a expansão territorial portuguesa, terras conquistadas aos muçulmanos haviam sido entregues em presúria aos mesmos representantes da nobreza e do clero que faziam parte das Cortes. Da mesma forma que este Parlamento medieval português nunca foi soberano, estando sempre sujeito a d. Afonso II, este, com as inquirições e confirmações, deixou claro que, em última instância, era ele quem decidia quem tinha o direito ou não de continuar proprietário das terras doadas por seu pai e por seu avô. Disto, ele já tinha dado provas ao confiscar, recorrendo à força das armas, as terras de suas irmãs. Em pleno século XIII, o Estado absolutista português começava a esboçar-se. Quando se fez necessário, d. Afonso II não hesitou em entrar em conflito aberto com a nobreza e o clero com o objetivo de fortalecer seu próprio poder.

Um dos principais objetivos de d. Afonso II não era conquistar novas terras, mas assegurar a posse daquilo que já tinha sido conquistado por seu pai e seu avô; ele não concebeu um projeto sistemático de guerra contra os vizinhos de Portugal. Galiza e Leão foram deixados em paz. Quanto aos muçulmanos, os resultados desta política de contenção foram ambíguos. Embora d. Afonso II não tenha colocado em prática uma política coordenada de ataque às praças-fortes mouras, várias localidades importantes como Alcácer do Sal, Borba, Monforte, Moura, Veiros, Vila Viçosa foram tomadas em 1217; fica difícil imaginar que estas iniciativas não tenham contado com seu apoio. Esses nobres sabiam que, em última instância, para assenhorearem-se das terras conquistadas, seria necessário contar com a boa vontade de d. Afonso II, que nunca foi um pacifista. Para defender a Península Ibérica dos muçulmanos, ele não hesitou em participar, ao lado de tropas aragonesas e castelhanas, da Batalha de Navas de Tolosa, derrotando o Califado almóada.

As relações de d. Afonso II com a Igreja nunca foram tranquilas. Várias vezes, ele deu sinais mais do que claros de que, se fosse necessário, confiscaria as terras do clero. Suas devotas irmãs não escaparam de sua vontade férrea e centralizadora, que nunca dispensou o recurso às armas. Os tempos do seu avô d. Afonso I, que, com o objetivo de obter o reconhecimento papal da independência de Portugal, concedera vários benefícios à Igreja, faziam parte do passado. D. Afonso II queria um Estado forte e centralizado, e não um Estado feudal e fragmentado. Para alcançar este objetivo, ele continuou a fazer o que estava a seu alcance para minar o poder não somente da nobreza, como também do clero. Nenhum destes dois segmentos foram autorizados a constituir um estado dentro do Estado. A reação da Igreja não tardou; um sério e longo conflito diplomático e religioso surgiu entre Portugal e o Papado. Depois de ser excomungado pelo papa Honório III (1150-1227), d. Afonso II fez promessas no sentido de reparar os prejuízos sofridos pela Igreja, promessas estas que ele nunca cumpriu. Insensível à represália papal, Afonso II morreu excomungado. Ele foi o primeiro, mas não o último, rei português da Casa da Borgonha a ser excomungado, inaugurando uma relação mais do que conflituosa com o Papado. Foi necessário esperar que d. Sancho II, seu filho e sucessor, um dos reis mais contraditórios e fascinantes da história portuguesa, fizesse as pazes com a Igreja para que d. Afonso II pudesse ser enterrado no Mosteiro de Alcobaça, uma abadia cisterciense, o panteão real da Casa da Borgonha. Sua filha Leonor de Portugal (ca. 1211-1231) casou-se com Valdemar (ca. 1209-1231), o Jovem, tornando-se rainha da Dinamarca.[34]

Em 1214, surgiu o primeiro documento régio em português, o testamento de d. Afonso II.[35] Em 1296, d. Dinis adotou o português como língua oficial.[36] Em 1252, d. Afonso X de Leão e Castela (1221-1284), o Sábio, fizera o mesmo com o castelhano.[37]

D. Sancho II

D. Sancho II enfrentou uma crise econômica que se arrastava desde o reinado de d. Sancho I. A política centralizadora colocada em prática desde d.

---

[34] HERCULANO, Alexandre. *História de Portugal desde o começo da monarchia ate o fim do reinado de Affonso III*. v. 2. 3ª ed. Lisboa: Casa da Viúva Bertrand, 1868, p. 300.
[35] MARTINS, Ana Maria. Emergência e generalização do português escrito de d. Afonso Henriques a d. Dinis. In: *Caminhos do português*. Maria Helena Mira Mateus (coord.). Lisboa: Biblioteca Nacional, 2001, p. 24.
[36] FINBOW, Thomas. Writing systems. In: *The Oxford Guide to the Romance Languages*. Adam Ledgeway e Martin Maiden (eds.). Oxford University Press, 2016, p. 691.
[37] GARCÍA, Luis Rubio. *Del latín al castellano en las escrituras reales*. Univiersidad de Murcia, 1981, p. 16.

Afonso I não dera os resultados esperados. Ao invés de prosperar, Portugal mergulhou no marasmo. Longe de colaborar com o rei, a nobreza e o clero, cada vez mais constrangidos a assumir o papel de meros coadjuvantes do monarca na condução da política portuguesa, não hesitaram em fazer de tudo um pouco para minar uma situação que, por si só, não era nada boa. A natureza tampouco ajudava, tendo as más colheitas contribuído para o aumento do preço dos gêneros de primeira necessidade, bem como, pura e simplesmente, da fome. Guerra, àquela época, era sinônimo de pilhagem e saque contra o inimigo vencido.

Coroado em 1223, d. Sancho II era filho de um excomungado, d. Afonso II, um proscrito da Igreja. Além disto, era filho de um casamento que violara a lei canônica. Quando d. Afonso II se casou com d. Urraca de Castela (1186-1220), esta era menor de idade. Durante o seu curto reinado, recheado de contrariedades e dissabores, não faltou quem apontasse obstáculos formais e materiais à sua ascensão ao trono de Portugal. Primeiro, ele não teria sido investido na cavalaria, um ritual julgado essencial. Segundo, no decorrer de sua menoridade, ele não teria sido assistido por um tutor na assinatura dos documentos oficiais. Para desmoralizar d. Sancho II, buscando ressaltar seu caráter fraco, até mesmo o papa Honório III acentuava sua incapacidade de escolher bons assessores. Não foram os defeitos, mas as qualidades de d. Sancho II que despertaram a ira de seus contemporâneos.

O cerne do conflito com a Igreja, da parte dos reis portugueses, residiu na apropriação do direito de padroado, organizando-se o padroado régio. A distribuição de benefícios eclesiásticos passou a ser efetuada entre pessoas de estrita confiança do rei, formando-se uma clientela dependente política e financeiramente do monarca, e não do bispo nem do papa. Pessoas de confiança, dispostas a tudo para manter seus privilégios. Para colocar esta distribuição de benefícios sob controle, proibiu-se a construção não autorizada de igrejas, capelas e mosteiros. Uma das questões que mais incomodava o Papado era o desprezo pela autoridade da Igreja em ministrar sacramentos, chegando-se até mesmo a ignorar excomunhões. Os privilégios e imunidades eclesiásticas foram desconsiderados, obrigando-se o clero a pagar tributos *in natura* – carneiros, porcos, vacas. Os clérigos foram obrigados a prestar serviço militar, sendo encarregados dos trabalhos de manutenção das muralhas e guarda. De quando em quando, as casas dos clérigos eram invadidas, à procura de concubinas. Os reis portugueses também foram acusados de ignorar o determinado pelo Quarto Concílio de Latrão (1215), o qual previa a segregação física e social dos judeus, bem como a obrigação destes de portar sinais distintivos em suas roupas, medidas anteriormente adotadas pelo califa Omar (ca. 583-644) tanto para judeus como para cristãos.[38] Tanto d. Afonso II quanto d. Sancho II continuaram a privilegiar a comunidade judaica, desconsiderando estas exigências, bem como a proibição de os cristãos comerciarem com eles. Acusados de preferir os judeus aos cristãos, d. Afonso II e d. Sancho II foram acusados de valerem-se dos serviços de judeus e muçulmanos como autores materiais de ataques contra a Igreja. Neste sentido, d. Sancho II teria apenas continuado a obra do seu pai. Em 1231, a Santa Sé aprovou um interdito contra Portugal.

Apesar deste conflito, o papa Gregório IX (ca. 1145-1241) estimulou Portugal a continuar a Reconquista, a recuperação das terras perdidas para os invasores muçulmanos da Península Ibérica. Para que d. Sancho II fosse excomungado, seria necessário um mandado especial da Santa Sé, o qual não seria aprovado se ele continuasse a guerra contra os mouros. O Papado, assim, avocou para si o direito de excomungar ou não o rei de Portugal, subtraindo-o dos seus bispos.

A expansão rumo ao sul não cessou. Ao longo do rio Guadiana, a partir de 1230, as tropas portuguesas avançaram continuamente, expulsando os muçulmanos de suas praças-fortes. No Alentejo, Beja e Elvas foram reconquistadas. No Algarve, foi a vez de Aljafar de Pena, Aljustrel, Mértola, Sesimbra, Tavira. Enquanto uns louvavam o ímpeto conquistador de d. Sancho II, outros afirmavam que tudo ocorria por obra e graça da intervenção divina, sem a participação decisiva de d. Sancho II nem de suas tropas para nada. Mesmo sem a necessidade de confronto militar, o Castelo de Elvas teria sido

---

[38] OISTEANU, Andrei. *Inventing the Jew. Antisemitic Stereotypes in Romanian and other Central-East European Cultures*. University of Nebraska Press, 2009, p 101: "It was not the Nazis in the twentieth century who invented the ethnic (or confessional) stigma (Gk. "scar, sign of disrepute"). The earliest record of this kind goes back to the first half of the seventh century, when Caliph Omar decreed that all Jews and Christians (*dhimmis*, non-islamic believers) should wear a distinctive sign (*gyiar*) of identifying colors: a yellow belt for the Jews, a blue one for the Christians. This was only one of all the regulations of segregation and persecution resulting from the so-called 'Pact of Omar'. The principle applied by Omar was a simple one: if you refuse to obey Islam (from Arabic *aslamah*, 'to obey'), you will at least obey the believers of Islam. This edict was renewed in 850 by Caliph al-Muttawakkil (847-861) and remained in force for centuries afterwards. Around the year 900 the Islamic governor of Sicily ordered that all Jews in the island should wear a badge shaped like an ass (or a monkey), while Christians were allotted a badge in the shape of a pig."

tomado pelos portugueses. O fato é que, para estas conquistas no Alentejo e no Algarve, durante o reinado de d. Sancho II, foi necessário recorrer à ajuda de ordens religiosas de cunho militar, como a Ordem de Santiago (1158), que receberam como pagamento pelos serviços prestados diversas povoações. À medida que o território era reconquistado, d. Sancho II doava a tais ordens religiosas de cunho militar castelos e terras circunvizinhas, com a condição de povoá-las. Se, por um lado, d. Sancho II, seguindo o caminho traçado por seu pai, d. Afonso II, apropriou-se do direito de padroado e fez tudo o que estava ao seu alcance para reduzir o poder dos bispos mais poderosos de Portugal, ele, por outro lado, tornou Portugal cada vez mais dependente da Igreja, com as ordens religiosas de cunho militar. Em 1234, d. Sancho II foi excomungado.

Um fim trágico aguardava Sancho II. Isolado politicamente, com inimigos poderosos tanto entre a nobreza quanto entre o clero, ele precisou contar com o apoio de Afonso X de Leão e Castela, que em 1246 invade Portugal para mantê-lo no trono. Para depor o seu irmão, o infante d. Afonso (1210-1279), irmão mais novo de d. Sancho II, futuro d. Afonso III, denunciou oficialmente o casamento desse com Mécia Lopes de Haro (ca. 1215- ca. 1271). Cansado dos conflitos de d. Afonso II e de d. Sancho II com a Igreja, o papa Inocênico IV (ca. 1195-1254) aprovou, em 20 de março de 1245, a bula *Inter alia desiderabilia*, a primeira de uma série de medidas adotadas pela Santa Sé para depor o monarca.[39] Em 24 de julho de 1245, a bula *Grandi non immerito* depõe Sancho II, tornando o infante d. Afonso regente. Aproveitando-se desta circunstância, os nobres rebelaram-se contra d. Sancho II, dando início a uma guerra civil.

Renegando, por convicção, senso de oportunidade ou necessidade, num primeiro momento, o legado de d. Afonso II e d. Sancho II, de combate à feudalização de Portugal, o infante d. Afonso cede no Juramento de Paris, uma assembleia composta por altos dignitários da nobreza e autoridades eclesiásticas, prometendo que reconheceria todos os privilégios, foros e costumes. O infante d. Afonso marchou, em seguida, rumo a Portugal, chegando a Lisboa. O futuro d. Afonso III, por mais que tenha esperado o contrário, não escapou à sina do seu pai e do seu irmão. Terminou, como eles, sendo excomungado.

---

[39] FIGANIÈRE, Frederico Franciso de la. *Memorias das rainhas de Portugal. D. Theresa-Santa Isabel*. Lisboa: Typographia Universal, 1859, p. 93, nota de rodapé n. 1.

Assustado com o rumo dos acontecimentos, d. Sancho II refugiou-se em Coimbra, ainda capital de Portugal. O infante d. Afonso, aproveitando-se da hesitação do irmão, conquistou, a partir de 1246, uma longa série de cidades – Alenquer, Alcobaça, a Covilhã, a Guarda, Leiria, Santarém, Tomar, Torres Novas. Desesperado, d. Sancho II recorreu ao tradicional inimigo peninsular português, Leão e Castela, em busca de ajuda *in extremis*. Dando uma grande demonstração de força, Afonso X de Leão e Castela invadiu Portugal como um bólido, por Riba-Côa, tomando em seguida a Covilhã e a Guarda; Leiria foi devastada. O infante d. Afonso foi derrotado militarmente em 13 de janeiro de 1247, mas ele não perdeu a guerra diplomática com a Santa Sé. Embora Afonso X de Leão e Castela tenha ganho todas as batalhas travadas contra o irmão de d. Sancho II, ele terminou cedendo à pressão do Papado. Abandonando tudo para trás, ele levou para Castela, na qualidade de rei deposto e exilado, d. Sancho II. Pouco tempo depois, em 4 de janeiro de 1248, este morre em Toledo, longe de sua pátria e renegado. Ato contínuo, com a morte do seu irmão mais velho, o infante d. Afonso torna-se rei de Portugal como d. Afonso III.

A guerra civil que terminou resultando na deposição de d. Sancho II não foi o resultado pura e simplesmente nem das medidas que ele adotou para conter o poder da nobreza e do clero, nem tampouco da excomunhão pela Igreja. A partir de 1245, Portugal atravessou um período conturbado, com muita agitação social. Em plena expansão territorial, com a Reconquista, o país enfrentava um amplo processo de reordenação territorial e populacional. Havia uma grande quantidade de locais que precisava ser ocupada o mais rápido possível para repelir novas incursões mouriscas. Temia-se, não sem razão nem fundamento, que os muçulmanos, a partir do Marrocos, enviassem reforços, com o objetivo de restituir tudo ao *statu quo ante*. Era preciso agir rápido e com destreza, pois o tempo urgia. Daí a rapidez com a qual d. Sancho II, muitas vezes, distribuía os territórios recém-conquistados à nobreza e ao clero, em suas ordens religiosas militares. D. Sancho II reconhecia, assim, a necessidade de adotar dois pesos e duas medidas. Nas terras já tradicionalmente ocupadas pelos portugueses, fazer o que estava ao seu alcance para reduzir o poder dos nobres e dos bispos, evitando, assim, o surgimento de feudos em Portugal. No que diz respeito às terras recentemente conquistadas aos muçulmanos, distribuí-las entre o mesmo gênero de pessoas que, alhures, ele combatia com uma perseverança notável. Esta contradição, aparentemente inevitável, não terminou bem.

Em meio à confusão, ditada pela necessidade de promover, ao sul, uma estrutura social que era combatida ao norte de Portugal, bandos armados de fidalgos, compostos por nobres que se sentiam perseguidos ou preteridos por d. Sancho II, aterrorizavam o campo, semeando a desordem e o caos, como se desta desordem pudessem auferir algum benefício duradouro, além do que era roubado dos incautos e inocentes. O povo temia tanto os marginais como os fidalgos desgarrados, movidos pelo desejo de vingança, despeito, desespero, dispostos a tudo por um punhado de vinténs e pela duvidosa glória de semear o terror. Entre a nobreza e o clero, tampouco faltaram lutas fratricidas.

Ao combater contra os privilégios da Igreja, à semelhança do que fizera seu pai d. Afonso II, d. Sancho II antecipou-se ao que ocorreria muito mais tarde, séculos depois, no resto do continente europeu.[40] Uma espécie de líder secularizador *avant la lettre*, típico do Iluminismo (1715-1789), à altura de déspotas esclarecidos como Frederico II da Prússia (1712-1786), o Grande, ou Catarina II da Rússia (1729-1796), a Grande, muito provavelmente sem ter bem noção do que estava fazendo, ele quase implementou em Portugal um modelo de sociedade não teocrático; isto em plena Idade Média. Cheio de contradições, d. Sancho II fez de tudo para aumentar o seu poder, que era também o de Portugal. Como todo homem adiante de seu tempo, ele pagou um preço altíssimo em sua tentativa, sem muita base teórica nem coerência, de ir adiante dos seus contemporâneos. O rei inútil (*rex inutilis*) tomou decisões difíceis, sofreu retaliações, foi excomungado e deposto. Um percurso imprevisível e ousado, digno do seu pai.

D. Afonso III

Sobre d. Afonso III, pesou a pecha de ter ascendido ao trono de Portugal com a deposição do seu irmão mais velho, d. Sancho II, o qual estava doente fisicamente e abalado psicologicamente por um longo conflito com a Igreja. Um dos principais argumentos utilizados para a deposição do seu irmão, sua excomunhão, que não foi a primeira nem seria a última a atingir um rei da Casa da Borgonha, também recaiu sobre d. Afonso III.

---

[40] PINA, Ruy de. *Chronica del rey d. Sancho II. Quarto rey de Portugal*. Lisboa: Officina Ferreyriana, 1728. p. 5: "Papa Innocencio IV foy Presidente na Igreja de Roma, nunca por El Rey Dom Sancho nos maales, e danos passados, se fez alguma emenda, nem deu satisfaçam, nem menos avia rigor de justiça, por cujo temor elles se deixassem de fazer."

D. Afonso III tornou-se em 1248 rei de Portugal. Para sua sorte, seu irmão d. Sancho II não deixou nenhum herdeiro legítimo; ninguém que pudesse a justo título desafiá-lo, arrogando-se o direito de ser rei de Portugal em seu lugar. Como segundo filho de d. Afonso II, o infante d. Afonso não tinha nenhuma pretensão sólida para herdar o trono destinado ao primogênito, Sancho. Por estas e outras razões, ele viveu boa parte de sua vida longe de Portugal, na França, onde conheceu e se casou, em 1235, com d. Matilde II (1202-1259), condessa de Bolonha, sua primeira esposa, que não lhe deu filhos. O infante d. Afonso vivia como um forasteiro, em terra estrangeira, distante do seu Portugal natal, sem outras ambições além de ser aceito como um nobre por seus pares europeus e viver de uma forma condigna. Graças ao seu casamento com d. Matilde, ele tornou-se conde *jure uxoris* de Bolonha.[41] Encontrou sua verdadeira vocação como líder militar ao lutar em prol de Luís IX (1214-1270), São Luís, rei da França, seu primo. A destreza em assuntos militares que ele adquiriu durante este período foi-lhe muito útil durante a guerra civil na qual ele se envolveu para depor seu irmão do trono de Portugal.

O infante d. Afonso não teria se tornado rei de Portugal se a Igreja não houvesse se tornado o mais poderoso inimigo de d. Sacho II. A partir de 1246, com o acirramento dos conflitos entre este monarca português e o Papado, trilhou-se um caminho sem volta, que pavimentou o caminho para a ascensão do infante d. Afonso ao trono. D. Sancho II tornou-se, com sua política contrária aos interesses da Igreja, um inimigo pessoal e irredutível do papa Inocêncio IV (ca. 1195-1254). A reação da Santa Sé, como acabamos de demonstrar acima, não tardou. Para o Papado, deposto Sancho II, d. Afonso III tinha de acabar com os conflitos com a Igreja em Portugal, partir para a Terra Santa em Cruzada e continuar a enfrentar os muçulmanos na Península Ibérica.

Aproveitando a oportunidade, a nobreza, que se sentia prejudicada, como o clero, pelas políticas centralizadoras e antifeudalizadantes de d. Sancho II, levantou-se em uníssono, com raras exceções, contra o rei lançado ao opróbio pela Santa Sé. Foi mais por falta de opções que o infante d. Afonso cedeu às exigências da nobreza e do clero no Juramento de

---

[41] ENNES, António et alii. *Historia de Portugal*. v. 1. Empreza Litteraria de Lisboa, 1876, pp. 326-327.

Paris, emasculando-se politicamente, tornando-se um rei fraco, sério candidato ao título de rei inútil. Animados com o aparente alinhamento do futuro rei aos seus interesses, clero e nobreza apoiaram a coroação em Lisboa de d. Afonso III, que renunciou às suas terras na França e marchou em direção a Portugal.

O sério candidato a rei inútil soube surpreender. Embora tenha ascendido ao trono manietado pelo Juramento de Paris, d. Afonso III contornou com muito tato os obstáculos, raciocinando muitas vezes com uma frieza de fazer inveja a qualquer político profissional, preparando o caminho para que seu filho, legítimo sucessor do trono português, d. Dinis, conduzisse um dos mais brilhantes reinados da história de Portugal. D. Afonso III repudiou Matilde e abdicou de Bolonha. Perfazendo um claro ato político, em agradecimento e reconhecimento ao apoio velado de Afonso X de Leão e Castela a suas aspirações, verificada a impossibilidade de manter d. Sancho II no trono português, d. Afonso III casou-se com d. Beatriz de Castela (ca. 1242-1303). Chamado de pai do Estado português, o sério candidato a rei inútil, diante dos erros e ousadias cometidos por seu irmão, soube ouvir as queixas dos mercadores e pequenos proprietários, a nascente burguesia portuguesa, bem como evitar que as praças-fortes conquistadas aos muçulmanos se tornassem uma terra de ninguém, distribuindo alcaides pelos castelos e juízes pelas vilas. Uma estrutura política, com representantes indicados por d. Afonso III, floresceu em Portugal. Embora a nobreza e o clero continuassem com seus privilégios, foros e costumes, algo de novo surgia, contribuindo para que o feudalismo não prosperasse em Portugal como em outros países da Europa.

Lembrado até hoje como um grande administrador, d. Afonso III fundou vilas, concedeu várias cartas de foral, organizou a administração pública. Ficou conhecido como tendo feito o possível para restringir os abusos cometidos pela nobreza e pelo clero contra o povo, em meio ao qual havia segmentos em plena ascensão rumo à burguesia. Iniciadas em 1258, as inquirições gerais continuaram a ser um instrumento fundamental não apenas para conter o poder da nobreza, mas também para fazer verdadeiras auditorias em que se verificava que bens e direitos pertencentes à Coroa estavam sendo usurpados. Como que antevendo o papel que uma cidade litorânea, dotada quase de um mar interior, o estuário do Tejo, desempenharia séculos depois na expansão ultramarina portuguesa, d. Afonso III fez, em 1255, de Lisboa a capital de Portugal, em lugar de

Coimbra, transferindo a sede do poder político do centro para o sul do país, o front da Reconquista.[42]

Não faltava muito para que Portugal atingisse a configuração territorial continental que ele tem até hoje. Basicamente, restava que o Algarve fosse conquistado aos muçulmanos, para que a Reconquista fosse concluída. A partir daí, teria início um longo processo de acomodação política interna, em que os reis portugueses, durante séculos, se dedicaram não apenas a assegurar sua permanência no trono, mas também a preparar o país a continuar este ímpeto de conquista militar alhures, no além-mar. Faro, a principal praça-forte muçulmana no Algarve, foi definitivamente conquistada em 1249. Diante do sucesso de d. Afonso III, Afonso X de Leão e Castela não se resignou. Para Castela, o Algarve pertencia-lhe, e não a Portugal. Uma longa guerra engolfou então os dois principais países ibéricos. Em 16 de fevereiro de 1267, d. Afonso III e Afonso X de Leão e Castela assinaram o Tratado de Badajoz, reconhecendo a anexação do Algarve por Portugal e aceitando parte do rio Guadiana como a fronteira com Castela.

O casamento de d. Afonso III com d. Beatriz de Castela em 1253, conhecida popularmente como d. Brites, foi acompanhado de controvérsias. Ele repudiou, pura e simplesmente, por razões de Estado, d. Matilde, sem nenhum outro motivo além dos seus próprios interesses pessoais, bem como aqueles do Reino de Portugal – cimentar, com um casamento dinástico, com a filha de Afonso X de Leão e Castela, uma aliança estratégica; ou, ao menos, limitar a ameaça que este poderia constituir contra Portugal. Afonso X já tinha invadido Portugal. Por pouco, ele não manteve d. Sancho II no poder. Se quisesse, poderia, dependendo da evolução dos acontecimentos, voltar a invadir o país vizinho, desta vez para depor d. Afonso III. O melhor era tomar todas as precauções possíveis e imagináveis contra um dissabor maior. Por melhores que fossem as intenções políticas de d. Afonso III, a polêmica instalou-se. Não foi fácil encontrar justificativas para o fato de um homem casado com a ilustre d. Matilde II, condessa de Bolonha, resolver casar-se com outra mulher. Para começo de conversa, d. Matilde não se intimidou. Queixou-se diretamente ao papa Alexandre IV (ca. 1199-1261). Este determinou, sem delongas, que d. Afonso III abandonasse

---

[42] GERLI, E. Michael. *Medieval Iberia. An Encyclopedia*. Londres/Nova York: Routledge, 2003, p. 495.

d. Beatriz, em respeito ao seu casamento com d. Matilde, que jamais foi anulado. D. Afonso III fez-lhe, literalmente, ouvidos de mercador. Não abandonou d. Beatriz e preferiu aguardar em silêncio que a saúde delicada de d. Matilde completasse sua obra; d. Matilde faleceu em 1259. A questão, então, foi resolvida, e a ordem dada pelo papa Alexandre IV caiu no vazio. D. Dinis, nascido durante a vigência de um casamento considerado nulo pela Igreja, foi, em 1263, legitimado.[43]

O casamento entre d. Afonso III e d. Beatriz funcionou a contento. Embora não se possa excluir a possibilidade de ter surgido entre ambos uma justa e sincera afeição, o importante é salientar que as hostilidades entre Portugal, Leão e Castela, embora jamais tenham cessado de todo, ao menos reduziram-se consideravelmente. O principal conflito surgido entre os dois reinos ibéricos foi, como salientamos anteriormente, o Algarve, uma querela territorial que degenerou em guerra aberta. Não houve, no entanto, da parte de Leão e Castela, uma tentativa de destronar d. Afonso III, tampouco de anexar Portugal. A própria guerra travada contra Portugal, tendo o Algarve como objeto, demonstrou que Afonso X de Leão e Castela considerava os portugueses não apenas um interlocutor à altura, mas também uma ameaça que não podia ser desconsiderada.

Da mesma forma que seu pai d. Afonso II e seu irmão mais velho d. Sancho II, d. Afonso III não conseguiu escapar da excomunhão, embora tenha tido a habilidade política necessária para, antes de morrer, conseguir revertê-la. Mais uma vez, esta excomunhão de um rei de Portugal não foi provocada por uma violação do direito canônico punida com a exclusão da comunidade religiosa católica, mas por um conflito político envolvendo a limitação ou supressão de privilégios que a Igreja considerava como seus de direito. A excomunhão constituía não apenas uma punição, mas um convite para que o atingido se arrependesse e modificasse seu comportamento, retornando à plena comunhão com a Igreja.

O libelo acusatório contra d. Afonso III, aprovado pelo clero português, era extenso, contendo nada menos do que 43 queixas contra o rei.[44] O rei era acusado, por exemplo, de impedir os bispos de cobrar o dízimo. Ele teria ainda desviado recursos destinados à construção de igrejas, obrigando os clérigos a trabalhar em obras públicas, de interesse exclusivo do poder

---

[43] LIÃO, Duarte Nunez do. *Primeira parte das chronicas dos reis de Portugal.* v. 1. Lisboa: Manoel Coelho Amado, 1774, p. 263.
[44] António Ennes et alii, ob. cit., p. 330.

temporal, como a construção das muralhas das vilas, e ordenado a prisão e execução de religiosos sem a autorização dos respectivos bispos. Para intimidar a Igreja, com o objetivo de submetê-la aos seus ditames, d. Afonso III era acusado também de ameaçar de morte o arcebispo de Braga e os bispos de Coimbra e do Porto. Em meio a todo este imbróglio, d. Afonso III teria nomeado judeus para cargos de alta relevância na administração pública portuguesa, adotando a mesma linha de conduta do seu pai Afonso II, contrariando reiteradas diretrizes do Papado. Seguindo a linha traçada pela Casa da Borgonha, d. Afonso III continuou a fortalecer o poder real nos municípios, em detrimento do poder da nobreza e do clero. Para a Santa Sé, não foi fácil entender nem aceitar esta postura centralizadora, sobretudo se considerarmos que a Itália, em especial o norte da Itália, foi uma das regiões da Europa em que o feudalismo mais prosperou.

Para sua sorte, d. Afonso III foi um rei popular. Os portugueses gostavam genuinamente dele, em função de decisões como a abolição da anúduva, semelhante à corveia, o trabalho braçal gratuito que obrigava o povo a labutar na construção e conserto de castelos, palácios, muralhas. Em 1274, Afonso III recebeu o apoio das Cortes, reunidas em Santarém. Uma comissão, composta por aliados do rei, foi constituída para analisar as acusações feitas pelo arcebispo de Braga e pelos bispos de Coimbra e do Porto. Como se podia esperar, ela concluiu em favor da inocência de d. Afonso III, absolvendo-o. Recusando a decisão tomada pelas Cortes, o papa Gregório X (ca. 1210-1276), em 1276, excomungou com a bula *De Regno Portugaliae* o rei e lançou um novo interdito sobre Portugal. Perto de morrer, em 1279, Afonso III jurou obediência à Igreja, bem como prometeu restituir-lhe tudo o que lhe fora tirado. Diante deste arrependimento, a excomunhão foi revogada, permitindo-se que ele fosse sepultado no Mosteiro de Alcobaça. Ao seu filho d. Dinis, coube a árdua missão de levar adiante a tarefa de continuar o processo de modernização centralizadora de Portugal.

D. Dinis

D. Dinis, o Rei Poeta, o Lavrador, o Pai da Pátria, o Rei Trovador, sexto rei de Portugal, herdou dos seus antepassados um país que, em seus limites europeus continentais, podemos chamar de definitivo. As fronteiras com o grande vizinho ibérico, Castela, permaneceram as mesmas pelos próximos oitocentos anos. Ao sul, não havia mais muçulmanos para ameaçar os portugueses, tampouco para atiçar-lhes o espírito de reconquista. O Portugal de d. Dinis era o mesmo retângulo ibérico que continua a existir até hoje, aguardando uma expansão insular, com os arquipélagos da Madeira e dos Açores, e uma ultramarina que só viria a realizar-se vários séculos depois, sob outra dinastia, a da Casa de Avis. Além de ter dado um grande estímulo à agricultura, para evitar o surgimento de sangrentas rebeliões populares, provocadas pela fome, o Lavrador, além de ter sido um grande administrador público, também soube se destacar por seus dotes literários. Em que pese a azáfama diária na qual teve de mergulhar, tentando, quase sempre com êxito, colocar em ordem Portugal, d. Dinis, o Rei Poeta, o Rei Trovador, também legou à posteridade uma obra literária própria. Sinal de que ele não só tinha talento intelectual, como também que Portugal já era capaz de gerar, com a ordem política que se ia instalando, um excedente econômico que justificava ambições que iam bem além da lida diária.

O filho de d. Afonso III e d. Beatriz de Castela, coroado em Lisboa em 1279, subiu ao trono com apenas dezessete anos de idade. Como já era tradição, d. Dinis casou-se, em 11 de fevereiro de 1282, com uma ibérica, a aragonesa d. Isabel (1271-1336), a Rainha Santa. Durante um longo reinado, que durou quase meio século, mais precisamente 46 anos, d. Dinis, rei de Portugal e dos Algarves, cristalizou a obra iniciada por seu antepassado d. Afonso I, o primeiro rei de Portugal, a da construção da identidade nacional, legando à posteridade um Estado-nação reconhecido pelos demais países europeus. Concluída a Reconquista por d. Afonso III, d. Dinis, com o Tratado de Alcanizes, assinado em 12 de setembro de 1297, confirmou as fronteiras de Portugal nos limites que continuamos a conhecer. Além de ter feito importantes reformas judiciais, ele adotou a língua portuguesa como idioma oficial; fundou em 1290, com a carta régia *Scientiae thesaurus mirabilis*, o Estudo Geral (*Studium Generale*), a primeira universidade de Portugal, antecessora da Universidade de Coimbra, nele se ensinando direito canônico, direito civil, medicina, primeiramente situada no atual Largo do Carmo, em Lisboa, depois transferida em 1308, por ele mesmo, para Coimbra;[45] nacionalizou as Ordens Militares, afastando-as do controle estrangeiro; e,

---

[45] LEITE, Serafim. *Estatutos da Universidade de Coimbra (1559)*. Universidade de Coimbra, 1963, p. 13.

como todos os seus predecessores, membros da Casa da Borgonha, acelerou o processo de centralização de Portugal, em detrimento dos interesses da nobreza e do clero. Dotado de um invejável espírito prático e objetivo, o Rei Lavrador e Poeta criou concelhos, explorou minas de cobre, estanho, ferro e prata, exportando os excedentes para outros países europeus.

D. Dinis foi o primeiro rei português a ver na Inglaterra um aliado estratégico em potencial contra Castela. Além de fundar a Bolsa de Comércio do Porto, em 1308 ele assinou o primeiro acordo comercial entre Lisboa e Londres.[46] Percebendo que o destino de Portugal não era continental, mas oceânico, ele fundou em 1312 a Marinha portuguesa.[47] Como as repúblicas marítimas italianas estavam em plena ascensão, ele contratou o genovês[48] Manuel Pessanha (ca. 1280-?), Emanuele Pessagno, primeiro almirante de Portugal.[49] Ainda seria necessário esperar quase dois séculos para que, com a queda de Constantinopla, em 29 de maio de 1453, a Rota das Índias, circunavegando a África, fosse descoberta.

Culto e sem medo de expor-se à crítica ferina de seus desafetos, com a divulgação de sua obra, ele tornou-se trovador, recorrendo a estilos variados, como as cantigas de amor e de amigo. Provavelmente o primeiro rei de Portugal que tenha sido completamente alfabetizado, capaz não apenas de ler, mas também de interpretar textos e de escrever, d. Dinis contribuiu genuinamente, com suas trovas, para a literatura ibérica. Fiel à herança intelectual do seu avô, o Rei Poeta promoveu a tradução da obra de d. Afonso X de Leão e Castela, o Sábio.

Ao final de sua vida, d. Dinis teve um grande dissabor. O Rei Poeta queria que seu filho favorito, d. Afonso Sanches, herdasse o trono, e não o primogênito, o futuro d. Afonso IV. De 1320 a 1324, Portugal mergulhou

---

[46] ANDERSON, James M. *Daily Life through Trade. Buying and Selling in World History*. Santa Barbara: ABC-CLIO, 2013, p. 134: "In addition, Dinis brought about agreements with Flemish and English commercial organizations for the mutual protection of traders. Commercial relations with Flanders had already been established sometime before, as noted by Portuguese attendance at a fair in Lille in 1267. England and Portugal signed their first commercial agreement in 1308."

[47] RODRIGUES, José Nascimento e DEVEZAS, Tessaleno. *Portugal – o pioneiro da globalização. A herança das descobertas*. Centro Altântico: Vila Nova de Famalicão, 2009, p. 529.

[48] James M. Anderson, ob. cit., p. 134: "Before Dinis died in 1325, he made a contract with a Genovese, Manuel Pesagno, who would become his admiral, and by which Portugal would have trading privileges at Genoa in exchange for 20 warships and their crews. Employed against pirates, the ships formed the basis for the Portuguese navy. The arrangement also gave rise to a Genove trading community in Lisbon."

[49] José Nascimento Rodrigo e Tessaleno Devezas, ob. cit., p. 69.

em mais uma guerra civil por motivos sucessórios. Debilitado fisicamente, com idade avançada para a época, d. Dinis não conseguiu fazer com que sua vontade prevalecesse. Embora não tenha se tornado rei de Portugal, d. Afonso Sanches honrou a memória do Rei Poeta, tornando-se trovador.

Para a sorte de Dinis, d. Afonso III, desde cedo, teve o cuidado de familiarizá-lo com os principais aspectos da administração de Portugal. Ao ascender ao trono, o país continuava mergulhado num conflito com o Papado. Três antepassados de d. Dinis haviam sido excomungados pela Igreja, lançando Portugal no interdito, o opróbio da Cristandade. Ao invés de tornar a situação pior do que já era, acirrando a tensão entre Portugal e a Santa Sé, buscando vingança tanto pelos erros como pelos acertos cometidos por seus antepassados, d. Dinis optou pela conciliação. Procurando enterrar um diferendo inútil, provocado muitas vezes por mal-entendidos, d. Dinis fez as pazes com o papa Nicolau IV (1227-1292), dando o dito pelo não dito. Em resumo, ele prometeu proteger a Igreja em Portugal. Aproveitando o fato de a Ordem dos Templários (ca. 1119-1312) ter sido extinta, ele transferiu-lhe o patrimônio em Portugal para a Ordem de Cristo, uma ordem religiosa e militar portuguesa fundada em 1319, doravante um verdadeiro braço direito dos reis portugueses quando eles precisassem fazer valer o seu poder.[50] No que diz respeito à Ordem de Santiago, d. Dinis apoiou sua separação do mestre castelhano. Na expansão ultramarina portuguesa, a cruz da Ordem de Cristo adornou as caravelas.

Dinis não estava interessado em alargar as fronteiras de Portugal para além do que lhe fora legado por seu pai. Sem nunca se ter destacado como guerreiro nem como conquistador, seja perante Castela, seja perante os muçulmanos, os quais não ocupavam mais o Algarve, a extremidade sul do país, o Rei Poeta liderou, em 1295, uma breve guerra, mais uma vez contra os castelhanos, tendo cessado as hostilidades em troca da cessão definitiva, em benefício de Portugal, de Moura e de Serpa. As fronteiras que até hoje vigoram entre Portugal e Espanha, repetimos, são as que foram asseguradas, em 1297, por d. Dinis com o Tratado de Alcanizes. Este tratado previu ainda uma espécie de paz perpétua, que durou quarenta anos, em que a amizade e a defesa mútuas, entre Portugal e Castela, foram respeitadas por ambas as partes.

---

[50] BOXER, C. R. *Four Centuries of Portuguese Expansion, 1415-1825: A Succint Survey*. University of California Press, 1969, p. 65.

O Rei Poeta, em sua ânsia por continuar o processo de organização administrativa de Portugal, também foi um rei legislador. Para acelerar a centralização do Estado português, era necessário que houvesse não apenas leis que valessem para todos, embora pudesse haver variações em função do estado ao qual se pertencesse – nobreza, clero, povo –, mas sobretudo leis que fossem conhecidas universalmente tanto por seus aplicadores quanto, quando fosse possível, em sendo as mesmas alfabetizadas, pelas respectivas partes. Para que este intento fosse alcançado, o Rei Poeta não hesitou. Direito não apenas substantivo, mas também adjetivo, de natureza processual, estavam na mira de d. Dinis. Com o direito processual, direcionar a aplicação do direito substantivo aos interesses do ainda frágil Estado nacional português. Com as nulidades processuais, efetivar o poder régio, afastando o risco de que desvios de natureza formal ocorressem com o objetivo de subtrair competências, direitos e recursos. D. Dinis não estava interessado num poder apenas nominal sobre seus súditos, exercido na prática por nobres e clérigos encastelados em seus feudos. O Rei Poeta deixou bem claro a todos que a origem da legitimidade das leis e dos costumes vigentes era ele.

A escolha de Lisboa como capital de Portugal, principal local em que residia a Corte, ocorreu devido a uma questão de natureza política sumamente importante para d. Dinis. O norte de Portugal, liberado do controle muçulmano há mais tempo, vários séculos antes do sul, era controlado por uma grande quantidade de nobres, antigos senhores feudais cujas famílias precediam até mesmo à fundação de Portugal com d. Afonso I; suas origens remontavam ao Reino da Galiza, ao Reino de Leão, ao Condado Portucalense, às mais priscas eras. Diante do Rei Poeta, como de seus antepassados, eles não se viam como inferiores, mas em pé de igualdade, ou até mesmo como superiores. A linhagem de alguns senhores feudais nortenhos podia ser mais antiga e ilustre do que a dos descendentes de d. Afonso I, cujas origens eram estrangeiras, borgonhesas; uma convivência difícil. O sul de Portugal, pelo contrário, recentemente conquistado aos muçulmanos, era uma região de amplas planícies, sem antigos senhores feudais contra os quais lutar para assegurar a centralização do país. Naquela terra de ninguém em que o Alentejo e o Algarve se tornaram com a expulsão dos muçulmanos, d. Dinis encontrou o local ideal para que os domínios régios e as ordens religiosas militares vicejassem. Foi por este motivo que ele escolheu, em pleno sul de Portugal, uma cidade meridional por excelência, Lisboa, como capital de Portugal. Não havia razão para o Rei Poeta optar pelo centro ou pelo norte do país, que o desafiavam, em detrimento do sul, que lhe oferecia o que ele mais necessitava para reforçar o exercício do seu poder – a ausência de rivais. Por tais motivos, a primeira universidade portuguesa teve tantas vezes Lisboa como sede até que d. João III (1502-1557), o Colonizador, dois séculos depois de sua fundação, certo de ser o senhor inconteste de Portugal, tê-la sediado definitivamente, a partir de 1537, em Coimbra, centro de Portugal.[51] Lisboa, centro político, econômico e administrativo de Portugal, continua até hoje a fazer a articulação entre um norte industrioso e um sul majoritariamente agrícola.

O Rei Lavrador distribuiu terras, fundou comunidades rurais, incentivou a produção agrícola em Portugal. Para além de ter sido este rei agricultor, d. Dinis também se adiantou aos seus contemporâneos, tendo-se revelado um ilustre antecessor dos ambientalistas contemporâneos. Para proteger as eiras do avanço do areal litorâneo, ele determinou a conservação do Pinhal de Leiria. Dois séculos mais tarde, deste pinhal foi retirada a madeira para construir as caravelas que singraram os sete mares.

Seguindo a trilha dos seus antepassados, como foi ressaltado acima, d. Dinis revelou-se um exímio trovador. Ele não só gostava de ler as obras mais renomadas, como se tornou um poeta de peso e um dos mais prolíficos trovadores da história. Nada menos do que 137 cantigas de sua autoria chegaram à nossa época, *O Cancioneiro de D. Dinis*,[52] compreendendo todos os gêneros. D. Dinis transformou sua Corte num dos maiores centros literários da Europa.

De alguém que passou para a história como o segundo fundador de Portugal, tendo, com o seu legado político e administrativo, cimentado seu processo de consolidação como país independente, iniciado por d. Afonso I, só se podia esperar uma personalidade forte e obstinada. Dando prosseguimento ao projeto da Casa da Borgonha, da qual foi o máximo representante, d. Dinis deu continuidade ao processo de centralização de Portugal sem hesitar. Tido como um homem extremamente determinado, as inquirições que ele ordenou foram tidas como devastadoras, sujeitando de forma absoluta e irreversível os inimigos do seu projeto de poder.

Estrategista nato, suas decisões não foram tomadas ao acaso; eram deliberadamente concatenadas umas às outras, de acordo com os objetivos que

---

[51] SILVA, José Justino de Andrada e. *Collecção chronologica da legislação portuguesa. Compilada e annotada*. v. 2. Lisboa: Imprensa de F.X. de Souza, 1856, p. 130.
[52] DINIS, d. *O Cancioneiro de d. Dinis*. São Paulo: FTD, 1995.

queria alcançar. Seu ideal era um Portugal forte e centralizado, com a nobreza e o clero submissos a suas decisões. As fronteiras foram fortificadas, com castelos amuralhados que até hoje dão testemunho do desejo de d. Dinis de transformar Portugal numa espécie de fortaleza em meio a uma Península Ibérica cheia de incertezas e perigos; ainda seria necessário esperar dois séculos para que a Reconquista fosse concluída, com a capitulação do Emirado de Granada (1492). Tendo decidido, no sul de Portugal, para contrabalançar o poder da nobreza e do clero no norte, contar, em primeiro lugar, com a ajuda das ordens religiosas militares, d. Dinis preparou o caminho para uma crescente dependência dos monarcas lusitanos em relação à Ordem de Cristo.

Considerado por seus contemporâneos e pela posteridade como sendo um homem astuto, ele, ao fazer o que podia para fortalecer o poder régio, seu próprio poder, sabia contemporizar; d. Dinis não só sabia morder, como assoprar. Dotado, ao que tudo indica, de uma instintiva capacidade de compreender o que seus súditos queriam, bem como plenamente consciente de até onde podia ir sem despertar reações violentas de amigos que, de uma hora para a outra, podiam transformar-se em seus inimigos, o Rei Poeta soube, com sua ambiguidade, evitar que intrigas de bastidores o levassem a seguir a sina de alguns de seus antepassados, a de ser excomungado. D. Dinis atacava, mas sabia recuar quando fosse necessário. Para fortalecer seu poder, ele precisava continuar a enfraquecer o poder da nobreza e do clero. Embora tenha continuado a confiscar e incorporar ao patrimônio real bens destes dois estados, d. Dinis adotou leis que minimizaram a deterioração dos patrimônios senhoriais. O Rei Poeta soube administrar bem os domínios régios, enriquecendo-se. Europa afora, ele ficou conhecido como um rei rico, algo do que Dante Alighieri (ca. 1265-1321) demonstrou ter tomado conhecimento na *Divina comédia*.[53]

Sua fama de rei justo deve-se ao seu esforço de dotar Portugal de um direito processual mais célere e imparcial. Quanto mais prolongados fossem os processos, maior a possibilidade de interesses escusos da nobreza e do clero sobreporem-se aos interesses do campesinato, da nascente e frágil burguesia e do próprio poder régio. Para que advogados e procuradores praticassem abusos, além de sua própria concupiscência, não se podia excluir a possibilidade de nobres e clérigos estarem por trás deles, corrompendo-os,

---

[53] *Divina comédia*, Paraíso, canto XIX, versos 139-140: "O Rei de Portugal será notado/E o Rei de Noruega e mais aquele."

para prejudicar a parte contrária. Ao acelerar o andamento dos processos e combater abusos de advogados e procuradores, d. Dinis procurou sanear o funcionamento da Justiça em benefício também da consolidação do seu projeto de poder.

De trato geralmente lhano, embora pudesse ser ocasionalmente teimoso e prepotente, sinal de que seu sucesso como rei de Portugal às vezes lhe subia à cabeça, d. Dinis podia ser cruel com seus parentes mais próximos. O príncipe d. Afonso, herdeiro do trono, nunca lhe agradou muito. O Rei Poeta, acusado de querer que seu outro filho d. Afonso Sanches se tornasse o próximo rei, enfrentou o dissabor de ver o país mergulhado numa guerra civil em função desta querela. À sua esposa d. Isabel, em meio a esta atmosfera envenenada, não faltaram razões para queixar-se; a tranquilidade no ambiente familiar nunca esteve muito presente.

O Pai da Pátria era ruivo. Com seu aspecto nórdico, destacava-se entre seus conterrâneos meridionais. As origens deste aspecto fisionômico residiam nas raízes germânicas de d. Dinis; o sacro imperador romano-germânico Frederico I (1122-1190) Barbarossa, o Barba Ruiva, foi seu tetravô. Robusto, d. Dinis faleceu aos sessenta e três anos de idade. Dotado de boa saúde, nunca deixou de fazer suas viagens e de participar de batalhas; com sessenta anos de idade, um verdadeiro prodígio, ainda caçava. Até os seus últimos dias de vida, não parou de demonstrar sua preferência e afeição por seu filho dileto, d. Afonso Sanches. D. Dinis teve o dissabor de, como tivemos a oportunidade de mencionar anteriormente, em seus últimos anos de vida, ver eclodir uma guerra civil fratricida entre o herdeiro do trono português, o futuro d. Afonso IV, e seu filho preferido, d. Afonso Sanches. O legítimo herdeiro do trono desafiou, lutou e derrotou d. Dinis.

D. Afonso Sanches

D. Afonso Sanches, o filho dileto de d. Dinis, teve uma vida atribulada. Seu pai queria que ele se tornasse rei de Portugal, mas a reação ferrenha do herdeiro legítimo do trono impediu que este desejo se tornasse realidade. Meio a contragosto, d. Afonso Sanches envolveu-se numa guerra civil cujos resultados lhe foram adversos. Se ele houvesse ganho esta disputa sucessória, muito provavelmente não teria conseguido colocar tão bem em prática sua vocação intelectual; o filho do Rei Poeta revelou-se um grande trovador.

Afastado das intrigas da Corte, ele consagrou-se àquilo que, provavelmente, mais gostava, escrever, no que teve quase tanto sucesso quanto seu pai.

Nascido longe de Lisboa, na pequena cidade nortenha, praticamente uma aldeia, de Cerva, Trás-os-Montes, d. Afonso Sanches morreu longe da pátria, em Escalona, próximo a Toledo, capital da Coroa de Castela. O pretendente ao trono português tornou-se senhor de Albuquerque, em plena Estremadura espanhola, senhor do castelo onde Inês de Castro (ca.1320-1355) viveria exilada. Afonso Sanches e sua esposa, Teresa Martins de Meneses, fundaram o Convento de Santa Clara, na Vila do Conde, Minho, onde os dois foram sepultados. Apesar da luta fratricida na qual se envolveu com o seu irmão, abriu-se em 1722 um processo de beatificação deste casal.[54] Fernando da Soledade (?-?), frade franciscano, escreveu o livro *Memoria dos infantes D. Affonço Sanches, e Dona Thereja Martins, fundadores do Real Mosteiro de Santa Clara de Villa do Conde*,[55] atestando suas virtudes, para instruir o processo junto à Santa Sé.

Os filhos de d. Dinis foram todos criados pela Rainha Santa, d. Isabel. D. Dinis sentia uma natural empatia por d. Afonso Sanches, nutrindo por ele uma afeição especial que magoou o príncipe d. Afonso. Vendo em d. Afonso Sanches um tino político e administrativo que faltariam ao legítimo herdeiro do trono português, d. Dinis fez de d. Afonso Sanches o mordomo-mor da Coroa, um cargo que hoje, nas monarquias parlamentaristas europeias, corresponde ao de primeiro-ministro. Não só como filho preferido, mas também como mordomo-mor da Coroa, d. Afonso Sanches tinha acesso direto ao seu pai, participando e tomando decisões políticas que não só beneficiavam, mas prejudicavam muitas pessoas, a começar por seu irmão, o futuro d. Afonso IV. Não faltou quem, com algum ou sem nenhum fundamento, intrigasse os dois irmãos, que nunca foram muito próximos. Surgiram rumores de que d. Dinis deixara, em testamento, o Reino de Portugal para d. Afonso Sanches. Para o irmão deste, isto, ainda que fosse uma mera suspeita, era demais.

---

[54] Em virtude de milagres que aconteciam com peregrinos diante de sua tumba no Mosteiro de Santa Clara, d. Afonso Sanches tornou-se o *santo heroico*. Tidos como humildes e magnânimos, o processo de beatificação de d. Afonso Sanches e de d. Teresa Martins foi aberto no século XVIII. Ele continua em processo de tramitação (Cf. VASCONCELOS, Carolina Michaëlis. *Glosas marginais ao cancioneiro medieval português*. Imprensa da Universidade de Coimbra, 2004, p. 502).

[55] SOLEDADE, Fernando. *Memoria dos infantes D. Affonço Sanches, e Dona Thereja Martins, fundadores do Real Mosteiro de Santa Clara de Villa do Conde*. Lisboa: A. Menescal, 1726.

A guerra civil (1319-1324), com d. Dinis e d. Afonso Sanches de um lado, e o futuro Afonso IV do outro, não tardou. Quase cinco anos de desavenças e lutas que não tinham mais nada de veladas, um conflito aberto que fez dos dois irmãos inimigos jurados. Na Batalha de Alvalade (1323), a intervenção da Rainha Santa evitou um desfecho imprevisível e traumático.

Ao tornar-se rei de Portugal, d. Afonso IV não tardou em adotar represálias contra o seu irmão derrotado. D. Afonso Sanches foi exilado em Castela. Mesmo com a morte do pai, privado do seu maior aliado, ele não esmoreceu. Continuou a arquitetar projetos militares e políticos para conquistar o trono português, muitos dos quais foram colocados em prática. D. Afonso Sanches tentou ocupar Portugal várias vezes, tendo sido a invasão de 1326 a mais importante. Mesmo longe de Portugal, d. Afonso Sanches conseguiu mobilizar aliados e interesses contrários ao legítimo herdeiro do trono; capital político era o que não lhe faltava. Mais tarde, com o beneplácito da Rainha Santa, os dois irmãos assinaram um tratado de paz.

A CASA DE ALBUQUERQUE

Afonso Teles de Meneses

Nos tempos dos referidos reis cresceram também os Albuquerque.

Segundo senhor de Meneses e I senhor de Albuquerque, Afonso Teles de Meneses, o Velho, nobre de origem castelhana, foi um participante ativo da Reconquista e o conquistador de Albuquerque. Afonso participou da Batalha de Navas de Tolosa, citada anteriormente, um dos pontos altos da Reconquista, em que uma coligação ibérica composta pelo rei d. Afonso II de Portugal, d. Afonso VIII de Castela (1155-1214), o Nobre, e Pedro II de Aragão (1178-1213), o Católico, derrotou o Califado Almóada.[56] As origens do primeiro senhor de Albuquerque remontam ao vale de Mena, o berço de Castela. Nobre de quatro costados, seu pai Tello Pérez de Meneses foi um importante desbravador durante o reinado de Afonso VII de Castela, tendo sido encarregado de repovoar o vale do rio Guadiana, que até hoje é a fronteira natural entre o Alentejo e o Algarve com a Estremadura e a Andaluzia. A mãe de Afonso Teles de Meneses, I senhor de Albuquerque, foi Gontroda García de Villamayor (ca. 1140-?), que fazia parte da linhagem dos Flaínez. Afonso chefiou várias tenências, feudos, como Cea, Cabezón, Carrión de los Condes, Madri, Mayorga e Montealegre. Foi senhor de Montalbán, Meneses e, em virtude do seu segundo matrimônio, I senhor de Albuquerque.

Autêntico conquistador, Afonso foi membro da Ordem de Calatrava (1158-), diretamente envolvida na Reconquista. O I senhor de Albuquerque fez o que estava ao seu alcance para que o vale do rio Guadiana fosse ocupado por cristãos, com o objetivo de impedir que esta região se tor-

---

[56] ZÚQUETE, Afonso Eduardo Martins (ed.). *Armorial lusitano: genealogia e heráldica*. Lisboa: Editorial Enciclopédia, 1961, p. 93.

nasse uma terra de ninguém, o que poderia ter levado à sua perda para os muçulmanos. Da mesma forma que os conquistadores dos Impérios asteca (1428-1521) e inca (1438-1533), Afonso tinha à sua disposição um verdadeiro exército de mercenários, que podia incluir prófugos árabes, prontos para praticamente tudo contra os mouros. Como recompensa por sua contribuição, eles podiam, dependendo do desempenho no campo de batalha, ganhar terras, transformando-se em vassalos do I senhor de Albuquerque. Afonso desempenhou um papel importante na crise sucessória ocorrida em função da morte precoce, aos treze anos de idade, de Henrique I de Castela (1204-1217), o que levou, com Fernando III de Leão e Castela (1201-1252), o Santo, o primeiro rei espanhol a ser canonizado, à união pessoal do Reino de Leão (910-1230) com o Reino de Castela (1065-1230). O rei Afonso VIII de Castela doou a aldeia de Palazuelos ao I senhor de Albuquerque. Nela, Afonso Teles de Meneses fez construir um mosteiro cisterciense para comemorar a Batalha de Navas de Tolosa. No Mosteiro de Santa María de Palazuelos, em Castela e Leão, repousam o I senhor de Albuquerque e II senhor de Meneses, bem como vários de seus descendentes.[57]

O bem relacionado Afonso Teles de Meneses casou-se com Teresa Sanches[58] (1205-1230), filha do rei português d. Sancho I.[59] Este, como dote de casamento, doou Albuquerque à sua filha. Esta doação foi um convite, ou uma ordem, dependendo do ponto de vista, para que Afonso repovoasse Albuquerque, o que foi feito. Para assegurar a reconquista de Albuquerque, o papa Honório III ordenou que a Ordem de Santiago defendesse Albuquerque se os mouros tentassem invadi-la. O I senhor de Albuqueque fundou em Talavera de la Reina, em Castela-Mancha, em 1226, um hospital, entregue a esta ordem. Do casamento, em segundas núpcias, com a filha

---

[57] ÁLVAREZ, Raquel Alonso. Los promotoras de la Orden del Císter en los Reinos de Castilla y León: familias aristocráticas y damas nobles. *Anuario de Estudios Medievales* 37 (2:679), jul.-dez. 2007.
[58] PIZARRO, José Augusto de Sotto Mayor. *Os patronos do mosteiro de Grijó (Evolução e estrutura da família nobre – Séculos XI a XIV)*. Porto, 1987, pp. 225-226: "Dona TERESA SANCHES, que como sua irmã recebeu 7000 morabitinos de seu pai, foi a segunda mulher de Dom AFONSO TELES DE ALBUQUERQUE, o Velho (4a), com quem já estava casada em 1220, tendo dois anos depois autorizado o seu marido a doar os castelos de Dos Hermanos e Malamoneda à Sé de Toledo. Foi 2º senhor de Meneses, Medelin, Montealegre, Valladolid e Madrid, fundando, por volta de 1218, o castelo de Albuquerque."
[59] Raquel Alonso Álvarez, ob. cit., p. 681: "Alfonso Téllez estuvo casado en primeras nupcias con Elvira Ruiz Girón, perteneciente a la familia fundadora de La Vega. Fue su segunda mujer Teresa Sánchez, una de las hijas de Sancho I de Portugal y Dulce de Barcelona, activa promotora cisterciense ella misma como se verá."

de d. Sancho I, a infanta d. Teresa, em 1211, nasceu João Afonso Telo de Meneses, o II senhor de Albuquerque. Afonso Teles de Meneses morreu em 1230, em idade avançada para a época, enquanto participava da comitiva que acompanhava o rei Fernando III a Leão.

João Afonso Telo de Meneses

Da mesma forma que seu pai, João Afonso Telo de Meneses, bem como seus filhos, continuou a adotar o sobrenome Meneses, e não Albuquerque. O II senhor de Albuquerque foi alferes-mor (1250-1255) do rei português d. Afonso III. Além de ter sido pertigueiro-mor de Santiago de Compostela, foi, em Castela, rico-homem, membro da alta nobreza, do rei Afonso X de Leão e Castela. Casou-se com Elvira Gonçalves Girão (?-?), com quem teve Rodrigo Anes de Meneses, o Raposo, III senhor de Albuquerque.[60] Rodrigo Anes de Meneses casou-se com Teresa Martins de Soverosa[61] (?-?), filha de Martim Gil de Soverosa (?-1259), um dos nobres que ficaram ao lado de d. Sancho II contra seu irmão d. Afonso III. Rodrigo e Teresa foram pais de João Afonso Teles de Meneses.[62]

João Afonso Teles de Meneses

O rico-homem João Afonso Teles de Meneses, IV senhor de Albuquerque, foi sogro de d. Afonso Sanches, tendo a este trasmitido o respectivo senhorio.[63] Participou de uma conspiração contra o rei Sancho IV de Leão e

---

[60] José Augusto de Sotto Mayor Pizarro, ob. cit., p. 227: "Dom JOÃO AFONSO TELO, 2º senhor de Albuquerque, foi alferes-mor de D. Afonso III e com esse cargo confirma documentos entre 1250 e 1255. Depois desta data encontra-se em Castela onde foi rico-homem de Afonso X e Pertigueiro-mor de Santiago, vindo a falecer em 1268. Casou com Dona ELVIRA GONÇALVES GIRÃO (8a), de quem teve: 12 – Rodrigo Anes, que SEGUE; 13 – Dom GONÇALO ANES RAPOSO foi rico-homem em Castela, confirmando documentos régios de 1283 a 1286. Foi casado com Dona URRACA FERNANDES DE LIMA (13a), de quem teve filhos que serão tratados na alínea b."
[61] COSTA, Mário Alberto Nunes. *Reflexão acerca dos locais ducentistas atribuídos ao Estudo Geral*. Imprensa da Universidade de Coimbra, 1991, p. 32.
[62] José Augusto de Sotto Mayor Pizarro, ob. cit., p. 227: "Dom RODRIGO ANES TELO foi 3º senhor de Albuquerque e rico-homem de Castela. Casou com Dona TERESA MARTINS DE SOVEROSA (12a), que era filha de Dom Martim Gil de Soverosa, aquele valido de D. Sancho II que em 1245 matou o tio-avô de seu marido, o bastardo Rodrigo Sanches. Deste casamento tiveram um único filho: 16 – João Afonso."
[63] Em 1312, o tribunal régio concedeu a d. Afonso Sanches o senhorio e castelo de Albuquer-

Castela (1258-1295), o Bravo; foi salvo da morte pela intercessão da rainha consorte Maria de Molina (ca. 1265-1321). Em Portugal, chegou a ser mordomo-mor de d. Dinis. Participou das negociações do Tratado de Alcanizes.[64] Em 1298, tornou-se I conde de Barcelos, sendo, assim, o primeiro conde de Portugal.[65] Até então, os condes eram temporários, administrando territórios que, em virtude de sua extensão, constituíam condados; o título de João Afonso Teles de Meneses foi vitalício, tendo, com ele, recebido o respectivo senhorio. Em 1302, foi embaixador de d. Dinis em Castela. Casou-se com Teresa Sanches (?-?), filha de Sancho IV, com quem teve Teresa Martins de Meneses, V senhora de Albuquerque. Teresa Martins de Meneses casou-se com d. Afonso Sanches, filho dileto do rei d. Dinis.[66] Foram pais de João Afonso de Albuquerque, VI senhor de Albuquerque, valido do rei Pedro I de Castela (1334-1369), o Cruel. João Afonso de Albuquerque, legítimo representante da Casa Teles de Meneses, foi o primeiro senhor de Albuquerque a adotar este topônimo como sobrenome.

João Afonso de Albuquerque

João Afonso de Albuquerque, VI senhor de Albuquerque, filho de Afonso Sanches, neto do rei de Portugal d. Dinis, era antepassado de Jerônimo de Albuquerque. Rico-homem tanto em Portugal quanto em Castela, João nasceu em Lisboa e faleceu em Medina del Campo, Castela e Leão, atual província de Valhadolide.

O VI senhor de Albuquerque foi membro da alta nobreza, descendente direto das casas reais de Portugal e de Castela. João foi alferes-mor do rei

---

que (Cf. REI, António. *Os Riba de Vizela, senhores de Terena (1259-1312)*. Câmara Municipal de Vila Viçosa: *Revista Callipole* (9: 13-22), 2001.

[64] José Augusto de Sotto Mayor Pizarro, ob. cit., 1987, pp. 227-228: "Dom JOÃO AFONSO TELO foi o 4º senhor de Albuquerque e rico-homem de Castela, passando a Portugal, a servir o rei d. Dinis, onde se encontrava a 9 de dezembro de 1295. Já era mordomo-mor do monarca em 1279, quando a 1 de março, confirmou o foral de Alfaiates. Teve importante papel nas negociações que levaram à assinatura do tratado de Alcanices, em cujo texto é referido na sua qualidade de mordomo. Provavelmente em paga dos seus serviços, foi feito conde de Barcelos, por carta dada em Santarém, a 8 de Maio de 1298. Continuou ao serviço de D. Dinis, sendo embaixador a Castela em 1302 e confirmando vários diplomas régios."

[65] O título de conde de Barcelos não foi transmitido a d. Afonso Sanches (Cf. REI, António. *Os Riba de Vizela, senhores de Terena (1259 – 1312)*. Câmara Municipal de Vila Viçosa: *Revista Callipole* (9:13-22), 2001.

[66] José Augusto de Sotto Mayor Pizarro, ob. cit., p. 229: "Dona TERESA MARTINS (TELO) foi 5ª senhora de Albuquerque e casou com Dom AFONSO SANCHES (25a)."

Afonso XI de Castela (1311-1350), o Justiceiro, seu primo, e mordomo-mor e aio do infante Pedro, posteriormente Pedro I de Castela;[67] também foi chanceler-mor do rei Afonso e do seu filho. Quando o rei Afonso morreu, Pedro tinha quinze anos de idade. Na qualidade de mordomo-mor e aio do herdeiro do trono de Castela, o VI senhor de Albuquerque tornou-se seu favorito, homem de confiança, substituindo a figura paterna. Esta relação de confiança com Pedro permitiu a João, durante toda a sua vida e para além dela, desempenhar um papel político de suma importância na Corte castelhana. O VI senhor de Albuquerque, convicto de que Castela devia buscar fora da Península Ibérica aliados, patrocinou uma aliança entre este reino ibérico e a França. Muitos séculos antes de os Bourbon terem se tornado a dinastia reinante na Espanha, permanecendo até hoje, o que só ocorreu a partir de Filipe V (1683-1746), neto de Luís XIV (1638-1715), o Rei Sol, João foi padrinho do casamento em 1353 de Pedro I de Castela com Branca de Bourbon (1339-1361).

As relações entre o VI senhor de Albuquerque com Pedro ficaram cada vez mais atribuladas com o passar do tempo. Se, por um lado, João continuava a insistir numa aproximação cada vez maior com a França, Pedro passou a considerar ser mais favorável para Castela vincular-se à Inglaterra. O fato é que o VI senhor de Albuquerque era muito poderoso, a ponto de despertar a desconfiança do rei. Seu antigo pupilo queria alçar voos próprios e não desejava mais permanecer sob tutela explícita ou velada de quem quer que fosse. Para evitar um conflito direto com Pedro I de Castela, com consequências desastrosas, João optou pelo exílio. Para refugiar-se, recolheu-se ao senhorio de Albuquerque. Pedro demitiu incontinenti todos os homens de confiança de João.

Disposto a arriscar tudo, o VI senhor de Albuquerque aliou-se ao infante Henrique, o futuro rei Henrique II de Castela (1334-1379), o Fratricida, que formou uma coalizão contra o seu meio-irmão. Albuquerque tornou-se, assim, o centro de uma conspiração entre o infante Henrique e o antigo mordomo-mor e aio de Pedro. O objetivo não podia ser mais claro. Derrubar o rei Pedro I de Castela. Teve início uma guerra civil. Como senhor feudal, suserano, que era, João liderou seus vassalos, aliados e simpatizantes na ocupação de Badajoz. Em seguida, os rebeldes partiram para Medina

---

[67] Pedro I, o Cruel, é lembrado nos *Contos da Cantuária*, pelo pai da literatura inglesa, o primeiro a escrever uma grande obra neste idioma, e não em francês ou latim, Geoffrey Chaucer (ca. 1343-1400): "Pedro, King of Spain: O noble, O worthy Pedro King of Spain" (CHAUCER, Geoffrey. *The Canterbury Tales*. Bridgeport: Insignia, 2016, p. 314).

del Campo, aproximando-se do coração da Península Ibérica. O VI senhor de Albuquerque morreu em 1354 nesta cidade, supostamente envenenado a mando de Pedro I.⁶⁸ Morto, João Afonso de Albuquerque teve um destino que lembra o do Cid (1043-1099), o herói ibérico medieval.⁶⁹ O VI senhor de Albuquerque demorou para ser enterrado. Seus seguidores, inimigos ferrenhos de Pedro, decidiram levar o caixão com o corpo de João Afonso de Albuquerque, o do Ataúde, em suas campanhas militares. O VI senhor de Albuquerque só foi enterrado depois da vitória definitiva contra o inimigo. Após a derrota e a deposição de Pedro I, João foi enterrado no Mosteiro de Santa Maria de la Santa Espina, em Castromonte, junto com sua esposa e seu filho. Em seu testamento, ele determinou que não queria ser enterrado até que Pedro parasse de atacar seus feudos.⁷⁰

Condes e duques de Albuquerque

Depois da morte de João, Sancho Afonso de Castela, filho do rei Afonso XI de Castela, tornou-se I conde de Albuquerque, título nobiliárquico que foi transmitido à sua descendência. Fernando de Castela (1373-1385), filho de Sancho Afonso de Castela, II conde de Albuquerque, morreu em tenra idade lutando pela anexação de Portugal a Castela na Batalha de Aljubarrota, ao lado das hostes do seu primo João I de Castela, contra seu tio João, grão-mestre da Ordem de Avis, futuro d. João I de Portugal. Fernando de Castela foi sucedido por Leonor Urraca de Castela (1374-1435), III condessa de Albuquerque, rainha consorte de Aragão, filha de Sancho Afonso de Castela. Seu filho, Henrique de Aragão (1400-1445), foi o IV e último conde de Albuquerque, com a extinção deste título em seguida à sua morte. Os descendentes de Sancho foram, portanto, condes de Albuquerque até a primeira metade do século XV.

---

⁶⁸ José Augusto de Sotto Mayor Pizarro, ob. cit., p. 231: "Dom JOÃO AFONSO DE ALBUQUERQUE, o do 'Ataúde', foi 6° senhor de Albuquerque, aio e mordomo de Pedro I de Castela, contra quem mais tarde se revoltou, vindo a morrer em Medina del Campo, com suspeitas de envenenamento, em 28 de Setembro de 1354."
⁶⁹ Morto Rodrigo Díaz de Vivar (ca. 1048-1099), senhor de Valência, o Cid, sua esposa, Jimena Díaz (ca. 1046-ca. 1116), teria se recusado a enterrá-lo. Colocado em cima de um cavalo, ele teria animado o moral das tropas fiéis a Jimena. Além de herói, o Cid foi mercenário.
⁷⁰ PIZARRO. José Augusto de Sotto Mayor. *Linhagens medievais portuguesas. Genealogias e estratégias (1279-1325)*. v. 1. Dissertação de Doutoramento em História da Idade Média, apresentada à Faculdade de Letras da Universidade do Porto. Porto, 1997, p. 193.

O título de duque de Albuquerque foi conferido em 26 de novembro de 1464. O primeiro duque de Albuquerque foi Beltrán de la Cueva (ca. 1435-1492), tido como companheiro de d. Joana de Portugal (1439-1475), esposa de Henrique IV de Castela (1425-1474). A filha de Joana de Portugal e de Henrique IV, Joana de Trastâmara (1462-1530), foi chamada, em Castela, de a Beltraneja. Em Portugal, ela recebeu o tratamento oficial de a Excelente Senhora. Joana de Trastâmara tornou-se rainha em 1474, mas foi deposta, em seguida à Guerra de Sucessão de Castela (1475-1479), por sua tia, Isabel I de Castela, a Católica.

Após o nascimento de Joana, Beltrán de la Cueva foi expulso da Corte, tendo recebido, como compensação pela renúncia ao cargo de grão-mestre da Ordem de Santiago, o título de duque de Albuquerque. Beltrán mandou construir, em 1461, o Castelo de Mombeltrán, na província de Ávila, em Castela e Leão. O Castelo de Mombeltrán permanece vinculado, até hoje, à Casa de Albuquerque (1161-). Em 1464, os Reis Católicos Isabel I de Castela e Fernando II de Aragão concederam-lhe a cidade e o Castelo de Cuéllar, o castelo-palácio dos duques de Albuquerque, sede da dinastia, na província de Segóvia, também em Castela e Leão. Francisco Fernández de la Cueva, VIII duque de Albuquerque, foi vice-rei da Nova Espanha (1653-1660), o México, e vice-rei da Sicília (1668-1670), ambos territórios espanhóis.[71] A maior cidade do estado americano de Novo México chama-se Albuquerque em sua homenagem. O título de duque de Albuquerque pertence ao rol dos Grandes de Espanha, a máxima dignidade da nobreza espanhola na hierarquia nobiliária, situada logo depois da de infante, reservada aos filhos e filhas do rei da Espanha que não são herdeiros do trono.

---

[71] SOUSA, António Caetano de. *Historia genealogica da Casa Real portugueza: desde a sua origem até o presente*. v. 8. Lisboa: Regia Officina Sylviana/Academia Real, 1742, p. 395.

os NASSAU

O SACRO IMPÉRIO
ROMANO-GERMÂNICO

Também é muito complexa a sociedade na qual surgem os Nassau.

O Sacro Império,[72] resultado direto das invasões bárbaras (ca. 375-568), nunca precisou enfrentar uma ameaça como a dos muçulmanos, que se instalaram na Península Ibérica por quase oitocentos anos. Com a queda do Império romano do Ocidente, os povos germânicos que se instalaram no centro da Europa não precisaram lutar contra a conquista maciça e incontestada de ninguém, tampouco precisaram se unir, a duras penas, para reconquistar o que fora seu. Neste contexto de relativa tranquilidade, no qual os principais inimigos dos povos germânicos, além dos hunos, eram eles próprios – tribos rivais que, com a pretensão de serem consideradas nações, não paravam de agredir-se mutuamente –, surgiram feudos, praticamente independentes entre si, que, ao longo da história, foram sendo governados por senhores que se nobilitaram, tornando-se barões, condes, duques, sempre em busca da ampliação da sua esfera de influência. O Sacro Império,

---

[72] Em latim, o Sacro Império Romano-Germânico era conhecido como *Sacrum Imperium Romanum*. Em alemão, *Heiliges Römisches Reich*. Antes de 1157, ele era designado tão somente como Império Romano. A palavra "sacro" (*sacrum*), no sentido de consagrado, junto com a expressão Império Romano, de origem medieval, começou a ser utilizada em 1157 com Frederico I Barbarossa ("Sacro Império"); isto refletiu a ambição de Frederico de dominar o Papado e a Itália. A partir de 1254, a expressão "Sacro Império Romano-Germânico" foi adotada correntemente. Após a Dieta de Colônia de 1512, o nome foi alterado por decreto para Sacro Império Romano da Nação Alemã (*Heiliges Römisches Reich Deutscher Nation/Imperium Romanum Sacrum Nationis Germanicae*). A nova designação refletiu a perda da maior parte dos territórios italianos. Seguindo o conceito da *translatio imperii*, houve, com o surgimento do Sacro Império, uma transferência de poder do imperador Constantino para Carlos Magno e para o imperador Oto I (Cf. ALTHOFF, Gerd e KELLER, Hagen. *Heinrich I. und Otto der Grosse: Neubeginn auf karolingischem Erbe [Persönlichkeit und Geschichte]*. v. 1. Northeim: Muster-Schmidt, 1994).

esta espécie de confederação de feudos que foram se transformando em principados, reinos e até mesmo num império, como no caso do Império Austríaco (1804-1867), testemunhou no século XVII o surgimento, a partir de suas entranhas, do Estado-nação, com a independência da República das Sete Províncias Unidas dos Países Baixos (1581-1795), sob a égide também, como Portugal, de uma dinastia de origem germânica, os Orange-Nassau. Napoleão Bonaparte (1769-1821) determinou, de papel passado, o fim do Sacro Império Romano-Germânico, que já vinha sendo fragmentado de longa data entre o Império Austríaco e o Reino da Prússia (1701-1918). A trajetória dos Nassau, parte integrante do Sacro Império, também é diferente da dos Albuquerque. Os Nassau, em sua origem senhores feudais, deram origem a dinastias de monarcas europeus. Os Albuquerque, em vez disso, tiveram sua origem numa dinastia europeia, a Casa da Borgonha, tornando-se, em seguida, senhores feudais, de Albuquerque.

O Sacro Império foi uma monarquia que abrangeu os atuais territórios da Alemanha, Áustria, Bélgica, Eslováquia, Eslovênia, Luxemburgo, Países Baixos, República Tcheca e Suíça, bem como partes do leste da França, norte da Itália e oeste da Polônia. Surgiu com a coroação do rei franco Carlos Magno (ca. 742-814) como imperador dos romanos, *imperator romanorum*, pelo papa Leão III (?-816) em 800, em pleno dia de Natal. O Império romano do Ocidente, acéfalo desde 476, foi assim restaurado, tendo como soberano um monarca de origem bárbara. O Império carolíngio (800-888) não durou muito tempo. Dividido por lutas intestinas, envolvendo os sucessores de Carlos Magno, seus filhos e netos, ele foi dividido em menos de um século após o seu surgimento. O Império romano do Ocidente, restaurado com a coroação do rei franco Carlos Magno, ficou sem imperador até a coroação de Oto I (912-973), duque da Saxônia, em 2 de fevereiro de 962. À época, a coroação do imperador, feita pelo papa, era encarada como uma cerimônia mediante a qual se transferia o cargo de imperador romano, césar, para um soberano germânico.

Um amálgama formado por principados alemães, o Sacro Império foi criado para substituir o Império romano do Ocidente, cujas estruturas políticas e jurídicas se deterioraram durante os séculos V e VI até a sua total ruína. O cargo de imperador romano ficou vacante depois de Rômulo Augusto (ca. 461-ca. 476) ter sido deposto em 476. Durante a Idade Média, o conceito de um reino temporal que coexistisse com o reino espiritual da Igreja foi mantido vivo pelos papas em Roma. O Império bizantino (ca. 330-1453), que controlava as províncias do Império romano do Oriente a partir de sua capital, Constantinopla (a atual Istambul, maior cidade da Turquia), chegou a manter uma soberania nominal com relação ao Império romano do Ocidente; tribos germânicas que haviam tomado controle de tais territórios reconheceram formalmente o imperador bizantino como seu suserano. Em parte devido a isto e também por outras razões, como a necessidade de contar com a proteção bizantina contra os lombardos, os papas também reconheceram a soberania do Império romano do Oriente após a deposição de Rômulo Augusto em Ravena pelo bárbaro Odoacro (433-493).

Com a transformação das tribos germânicas em reinos cristãos independentes ao longo dos séculos VI-VII, a autoridade política dos imperadores bizantinos praticamente desapareceu no Ocidente. À medida que o prestígio político bizantino diminuiu, o Papado tornou-se cada vez mais hostil à interferência das autoridades seculares e eclesiásticas de Constantinopla. Estas tensões aumentaram muito durante o reinado do imperador bizantino Leão III (ca. 685-741), o Isáurio, que tentou abolir o uso de imagens, por acreditar que as vitórias árabes eram uma punição a esta suposta idolatria.[73] A resistência papal aos decretos de Leão resultaram, em 730-732, na ruptura com Constantinopla. Fraturados os laços com o Império bizantino, a Igreja passou a sonhar com o renascimento do Império romano do Ocidente. Continuamente acossada pelos lombardos e sem Forças Armadas próprias capazes de fazer frente a esta ameaça, o Papado abandonou a ideia de construir um reino temporal e espiritual, aceitando conferir ao rei dos francos, Carlos Magno, o título de imperador.[74] O Sacro Império nasceu, assim, como uma união instável entre a Alemanha e a Itália do norte, para depois transformar-se numa confederação de estados alemães.

Carlos Magno conquistou em 773 a Lombardia, a principal ameaça que pairava sobre o Papado; ao coroá-lo em 25 de dezembro de 800, o papa Leão III recompensou-o por este serviço prestado. Depois de mais de três séculos, o cargo de imperador do Ocidente voltou a existir. Os carolíngios continuaram a deter o título de imperador até 899. Por quase

---

[73] ROSSER, John H. *Historical Dictionary of Byzantium*. 2ª ed. Lanham/Toronto/Plymouth: The Scarecrow Press, 2012, p. 243.
[74] A evolução do Sacro Império Romano-Germânico ocorreu lentamente. Ao longo dos séculos, o cargo de imperador foi sendo moldado de acordo com uma série de modificações institucionais. A coroação de Carlos Magno pode ser encarada como a origem do Império, e a de Oto I, seu começo.

700 anos, pelo menos sob o ponto de vista teórico, os papas passaram a ter o direito de selecionar, coroar e depor os imperadores do Ocidente. O sucessor de Carlos Magno, Oto I, era amigo e tradicional defensor da Igreja. Durante a fase teuto-italiana, o Império desempenhou um grande papel na política e nos assuntos eclesiásticos. Uma característica fundamental deste período foi a luta mortal entre papas como Gregório VII (ca. 1015-1085) e imperadores como Henrique IV (1050-1106), que não conseguiam estabelecer um equilíbrio entre os poderes espiritual e temporal. Com a Concordata de Worms (1122), entre o papa Calisto II e o imperador Henrique V (ca. 1081-1125), este renunciou ao direito de investidura espiritual, ou seja, a nomeação de bispos. Como as ambições e os deveres imperiais absorviam praticamente todas as atenções dos imperadores, que sempre foram soberanos de origem alemã, questões locais passaram amiúde para segundo plano. Como resultado, a Alemanha, que poderia ter se transformado num Estado centralizado, tornou-se uma multiplicidade de principados sob controle aristocrático.

A Concordata de Worms removeu uma das principais fontes de atrito entre papas e imperadores, mas ao longo do século XII a luta pela ascendência política continuou. Em 1157, Frederico I Barbarossa, um dos maiores imperadores da história alemã, usou a designação de Sacro Império com o objetivo de salientar a santidade da Coroa; ele tentou restaurar e perpetuar o Império romano do Ocidente, suprimindo as ambições dos nobres alemães mais irrequietos e a autonomia das prósperas cidades italianas, especialmente Milão. Suas intervenções na Itália foram combatidas pela Liga Lombarda (1167-1250), prejudicando suas relações com o Papado. Frederico, com o apoio dos bispos alemães, chegou a sustentar que era imperador por direta intercessão divina. Depois de quase duas décadas de guerra na Itália, ele foi derrotado na Batalha de Legnano em 29 de maio de 1176 pela Liga Lombarda, o que permitiu às cidades da Itália do norte tornarem-se independentes *de facto* do Sacro Império. O imperador Frederico II (1194-1250) tentou vencer o Papado e as cidades italianas, mas fracassou.

Ainda no século VIII, Carlos Martel (ca. 686-741), Pepino (ca. 714-768), o Breve, e Carlos Magno haviam expandido o Reino franco (481-843), tornando-o um dos mais poderosos da Europa. Seus dois principais concorrentes eram o Império Bizantino e o Emirado de Córdoba. Ao coroar Carlos Magno imperador dos romanos, o papa Leão III reconheceu a hegemonia franca. A fragmentação do Reino franco entre os descendentes de

Carlos Magno provocou uma divisão linguística que permanece até hoje. Ao oeste, o Reino da Frância Ocidental (843-987), com a língua francesa, antecessora da atual França; ao leste, o Reino da Frância Oriental (843-962), com a língua alemã, predecessora da atual Alemanha. No meio, o Reino da Frância Média (843-855), uma região que durante séculos foi objeto de disputas territoriais entre a França e a Alemanha. Durante os séculos VIII-X, a Europa Ocidental foi invadida por húngaros, muçulmanos e vikings. Quando as invasões cessaram, a Alemanha viu surgir em seu território uma série de principados feudais semi-independentes ancorados em antigas divisões tribais germânicas que continuaram a existir. O saxão Oto I, rei da Itália em 961, coroado em 962 imperador dos romanos pelo papa João XII (ca. 930-964), notabilizou-se ao vencer os húngaros em 955. Embora o termo "Sacro Império Romano" só tenha sido usado regularmente a partir do século XII, a coroação de Oto I é o início deste fenômeno tipicamente alemão que só terminou no século XIX.

O território do Sacro Império era imenso, ocupando praticamente toda a Europa central; da atual França à contemporânea Polônia. Ao norte, defrontava-se com o mar do norte e o mar Báltico, bem como com a Dinamarca. Ao sul, ele ultrapassava os Alpes, chegando à Itália. Ao longo de toda a sua história, o Sacro Império nunca teve fronteiras bem definidas. Sua população falava, em sua maioria, dialetos de origens germânica, eslava e italiana. Situado no centro do continente, o comércio europeu circulava ao longo dos rios que cruzavam o Sacro Império – o Danúbio, o Elba, o Meno, o Reno. Diante destes rios, ficavam algumas de suas cidades mais importantes, como Viena, no Danúbio; Hamburgo, no Elba; Frankfurt, no Meno; Estrasburgo e Colônia, no Reno. A riqueza, o bem-estar e o tamanho das cidades do Sacro Império impressionavam os visitantes estrangeiros.

Ao termo "Império romano", adotado com a coroação de Carlos Magno, o imperador Frederico I Barbarossa agregou em 1157 o adjetivo "sagrado" (Sacro Império Romano/*Sacrum Imperium Romanum*) com o objetivo de apresentar o Império como um igual dos Estados Pontifícios (754-1870), de Roma.[75] Ao passar a chamar-se, a partir de 1474, de Sacro Império Romano-Germânico, deixou-se bem claro que ele se tratava de uma unidade política alemã. Os povos germânicos, assim, tinham como destino manifes-

---

[75] WESTPHALEN, Raban Graf von (ed.). *Deutsches Regierungssystem*. Munique: Odenbourg Wissenschaftsverlag, 2001, p. 3.

to constituir, bem como liderar, um império sagrado universal, o império da cristandade. Reis não germânicos não podiam reivindicar o cargo de imperador. Francisco I (1494-1547), rei da França, tentou assumir o trono imperial, mas o escolhido foi o habsbúrgico Carlos V (1500-1558).

O Sacro Império Romano-Germânico tinha uma estrutura política e jurídica extremamente complexa, feudal e confederada. Para começar, o imperador cercava-se de um cerimonial, prerrogativas e pretensões universais dignas de um imperador romano. O cargo de imperador, aparentemente todo-poderoso, não era hereditário. Seguindo a tradição germânica, os imperadores eram eleitos por uma espécie de assembleia, colégio eleitoral, formada pelos príncipes mais importantes do Império, os príncipes-eleitores; de forma semelhante, o papa também é eleito, até hoje, pelos príncipes da Igreja, os cardeais. Na prática, ao assumir o cargo, o imperador não passava muito de um suserano perante seus vassalos – príncipes que nem sempre lhe eram fiéis nem leais. O direito destes príncipes, de origem eclesiástica e secular, de eleger seu rei, foi codificado pelo imperador Carlos IV (1316-1378), com a Bula Dourada (1356), a Lei Fundamental (*Grundgesetz*), constituição, do Sacro Império.[76] A Bula Dourada determinou que três príncipes eclesiásticos – o arcebispo de Colônia, o arcebispo de Mogúncia e o arcebispo de Trier – e quatro príncipes seculares – o rei da Boêmia, o conde do Palatinato do Reno, o duque da Saxônia-Wittenberg e o marquês do Brandemburgo – tinham o direito exclusivo de eleger o "rei" do Império romano do Ocidente.[77] O rei dos romanos tornava-se imperador com a coroação feita pelo papa. A partir de Maximiliano I (1459-1519), que assumiu o título de imperador romano eleito, esta tradição começou a perder-se. Seu sucessor, Carlos V, foi o último imperador a ser coroado em Roma pelo papa. Os imperadores continuaram a ser coroados rei dos romanos pelos príncipes-eleitores, assumindo o título de imperador sem necessidade de outra coroação.

---

[76] Foi a dificuldade para eleger o imperador que levou ao surgimento de um colégio fixo de príncipes-eleitores (*Kurfürsten*), cuja composição e funcionamento foram previstos pela Bula Dourada, que continuou em vigor até 1806. O título de príncipe-eleitor tornou-se hereditário. Três séculos antes da Bula Dourada, o papa Nicolau II, em 1059, debelou o problema da investidura papal ao adotar a bula *In nomine Domini*, determinando que os príncipes da Igreja, os cardeais, fossem os únicos eleitores do Papado.
[77] WENDEHORST, Stephan e WESTPHAL, Siegrid (eds.). *Lesebuch Altes Reich*. Munique: Odenbourg Verlag, 2006, p. 274.

Em 1438, Alberto II da Germânia (1397-1439), o Magnânimo, foi eleito rei dos romanos; ele foi sucedido por seu primo Frederico III (1415-1493), o Pacífico. A Casa de Habsburgo (séc. XI-1780), a partir da Áustria, passou, assim, a ocupar, durante séculos, o trono imperial, transformando-o, na prática, num cargo hereditário. Com a exceção de um breve interlúdio, de 1742 a 1745, quando o príncipe Wittelsbach Carlos Alberto da Baviera foi imperador como Carlos VII (1697-1745), os Habsburgo ocuparam ininterruptamente o cargo de imperador desde Alberto II até o final do Sacro Império. O imperador foi, durante todo este tempo, mais um administrador do que um soberano. Dividido numa multidão de principados, alguns grandes e poderosos como o Reino da Baviera (1805-1918), outros pequenos mas influentes, estes principados, e não o Império, exerciam uma série de prerrogativas soberanas. Eram os príncipes do Império, e não o imperador, que coletavam tributos, administravam a Justiça, cunhavam moedas e faziam a guerra. Muitos principados tinham seus próprios parlamentos.

A ambição desmedida de muitos príncipes, bem como um complexo sistema de partilha hereditária feudal, criou um verdadeiro quebra-cabeça de principados, do qual o Condado de Nassau (1125-1806) era parte integrante e atuante, que desafiava qualquer imperador. Em 1450, o Sacro Império Romano-Germânico tinha nada menos do que sete principados eleitores; vinte e cinco grandes principados seculares, como os Ducados da Áustria (1156-1453) e da Baviera; cerca de noventa arcebispados, bispados e abadias imperiais; mais de cem feudos independentes; e setenta cidades livres imperiais, sujeitas apenas ao imperador, como Bremen, Colônia, Hamburgo, Lübeck, ao norte; Frankfurt e Mülhausen, ao centro; e Augsburgo, Estrasburgo, Nuremberg e Ulm, ao sul. Seguindo um caminho totalmente diverso do de Portugal, no Sacro Império o monarca, no decurso da história, em vez de centralizar o poder em seu benefício, delegou-o aos príncipes eclesiásticos e seculares. O barão Samuel Pufendorf (1632-1694), em sua análise da constituição imperial, *Da situação do Império germânico,*[78] publicada sob o pseudônimo Severino de Monzambano, reconhece que, se por um lado, os imperadores foram negligentes, os príncipes souberam, com sua ambição, transformar o Sacro Império num Estado desprovido de harmonia interna, uma monarquia limitada, na qual o rei dos romanos

---

[78] PUFENDORF, Samuel von. *De statu imperii germanici ad Laelium fratrem, dominum Trezolani, liber unus*. Genebra, 1667.

mandava muito pouco. Dependendo do ponto de vista, uma confederação ou uma federação de principados germânicos.

Em toda a história europeia, poucas unidades políticas foram aparentemente tão confusas como o Sacro Império; ele foi de fundamental importância para a ascensão tanto do católico Império habsbúrgico (1526-1804) como dos protestantes Países Baixos. O Sacro Império, apesar de todos os seus detratores, não só sobreviveu ao caos da Guerra dos Trinta Anos (1618-1648), marcada por extermínios que vitimaram tanto católicos como protestantes, como soube, após este período extremamente turbulento, com um dinamismo econômico inesperado, surgir como o fiel da balança da paz europeia. O centralismo hereditário das monarquias europeias, inaugurado por Portugal vários séculos antes, foi o fim do Sacro Império. Belicosos, os Estados-nação condenaram à obsolescência um império supranacional, multiétnico, descentralizado. Características que no século XIX soavam ultrapassadas, mas que, hoje, a União Europeia tem como suas.

No final do século XV, a importância política do Sacro Império aumentou, o que foi acompanhado pelo desenvolvimento de suas instituições. A região mais pujante eram os territórios onde se falava alemão, sobretudo a chamada Alta Alemanha. Foi na Baviera e na Áustria que as instituições políticas imperiais nasceram e se desenvolveram. A mais importante de todas, a Dieta Imperial (*Reichstag*), surgiu a partir de disputas políticas medievais que obrigaram o imperador a consultar os príncipes, titulares de feudos imperiais, a respeito de questões que afetavam todo o Império. Os principais príncipes, incluindo os sete príncipes-eleitores, duques e condes, bispos, abades e cidades autônomas ficaram conhecidos coletivamente como os estados imperiais (*Reichsstände*), e sua assembleia, como a Dieta Imperial. A Dieta era a instituição imperial na qual eram negociados os conflitos entre o imperador e os estados.

Ao contrário do que ocorreu mais tarde em países onde o absolutismo vicejou, como a França, o sacro imperador romano-germânico jamais foi um déspota. Ele governava dentro dos limites previstos pelas decisões da Dieta Imperial. Embora algumas resoluções da Dieta nunca tenham surtido efeito, como o Édito de Worms (1521), elaborado sob os auspícios do imperador Carlos V, que tentou deter o avanço do luteranismo, ela contribuiu significativamente, com a participação dos estados, para definir o funcionamento do Império. A Dieta, com o passar do tempo, passou a obedecer a uma divisão tripartite, os três colégios (*collegia*), casas – a casa dos príncipes-eleitores imperiais, a casa dos príncipes imperiais e a casa das cidades livres imperiais, na prática repúblicas oligárquicas sujeitas diretamente ao imperador. A Dieta era convocada pelo imperador apenas quando necessário. As sessões ocorriam nas principais cidades imperiais do sul, da Alta Alemanha, geralmente Augsburgo, Nuremberg, Regensburgo e Speyer. Cada colégio deliberava separadamente, resolvia seus diferendos internamente e tinha um voto na Dieta. A partir de 1663, a Dieta transformou-se num órgão representativo permanente, sediado em Regensburgo.

Em seguida à frustração com o longo reinado do imperador Frederico III, carente de uma política de resultados, o imperador Maximiliano I decidiu colocar em prática uma série de reformas, deliberadas conjuntamente com os estados imperiais, para modernizar o funcionamento do Sacro Império. A Dieta de Worms (1495) foi uma verdadeira reviravolta no funcionamento do Império. Conduzida pelo arcebispo-eleitor de Mogúncia, Berthold von Henneberg (1484-1504), a Dieta proibiu todas as guerras e vinganças privadas e estabeleceu o Tribunal da Câmara Imperial (*Reichskammergericht*) para resolver conflitos mediante arbitragem. Os estados imperais reunidos em Worms também votaram para estabelecer uma nova forma de tributo imperial direto, o *pfenning* comum (*gemeiner Pfenning*), com o objetivo de financiar as guerras contra a França e o Império otomano (1299-1923). A divisão do Império em distritos administrativos, os círculos (*Kreise*) imperiais, dotados inclusive de competência tributária, foi outra das inovações de Maximiliano I.

No século XV, continuaram a existir duas concepções de Império. A primeira era a do Grande Império, baseada em reivindicações teóricas, formuladas ao longo da história, de domínio universal, o que compreendia a pretensão de incluir, como território imperial, a Itália do norte, com a exceção da República de Veneza[79] (697-1791), bem como a Antiga Confederação Helvética (ca. 1300-1798). Além do conceito do Grande Império, apoiado, ao menos sob um ponto de vista teórico, por uma série de justificativas com raízes medievais – conexões dinásticas, direito feudal, costumes ancestrais etc. –, formou-se uma outra concepção de Império, a do Império alemão.

---

[79] A pujança de Veneza começou bem antes do século XV. Remontando ao século XIV, no Arsenal Veneziano produziam-se em massa navios de guerra. Antecipando-se à Revolução Industrial, tais navios eram produzidos numa linha de montagem. Graças ao Arsenal Veneziano, a Sereníssima República tornou-se, ao lado do Império otomano (1299-1923), a principal potência marítima do mar Mediterrâneo (Cf. DAVIS, Robert C. *Shipbuilders of the Venetian Arsenal. Workers and Workplace in the PreIndustrial City*. The John Hopkins University Press, 1991).

O Sacro Império Romano-Germânico, na verdade, tinha pouco de romano, italiano ou eslavo. O Sacro Império, na realidade, era, étnica e culturalmente, alemão; suas instituições políticas eram sediadas em território alemão. A Dieta Imperial terminou sendo solenemente ignorada pelos Países Baixos e pela Confederação Helvética. Com a Paz da Vestfália (1648), ambos tiveram sua independência reconhecida.

Enquanto Portugal se viu, durante a Idade Média, ameaçado pelas taifas ibéricas, os principados muçulmanos peninsulares, o Sacro Império, a partir do começo da Idade Moderna, precisou enfrentar o expansionista Império otomano. A ameaça otomana constou de praticamente todas as agendas de cada Dieta Imperial durante os reinados de Maximiliano I e Carlos V. A Áustria viveu sob o risco constante de uma invasão turca, e os imperadores habsbúrgicos, com frequência, convocavam os Estados imperiais para solicitar ajuda. Em 1526, os otomanos conquistaram a maior parte da Hungria. Em seguida, em 1529, Viena foi sitiada por um exército liderado por Solimão (1494-1566), o Magnífico.

Ao concentrar boa parte de sua atenção e dos seus recursos para conter a expansão turca, o Sacro Império não conseguiu enfrentar satisfatoriamente o grande desafio da Reforma Protestante (1517-1648). A diversidade política do Império, com sua tradicional subdivisão numa grande quantidade de principados, ajudou a Reforma. Tendo a Igreja se recusado a adotar as modificações pastorais e teológicas propostas por Martinho Lutero (1483-1546), ele voltou-se, com a obra *À nobreza cristã da nação alemã* (*An den christlichen Adel deutscher Nation*), em 1520, à aristocracia do Sacro Império. Lutero, com este libelo nacionalista, convocou os nobres alemães a reformar a Igreja. A resposta da nobreza alemã foi variada, correspondendo aos seus interesses. Alguns, com o objetivo de apropriarem-se dos bens da Igreja, outros sinceramente convencidos da justeza dos argumentos apresentados, apoiaram a proposta de Lutero, condensada em suas 95 Teses, de 1517. O imperador Carlos V e a maioria dos príncipes alemães rejeitaram-nas, ao mesmo tempo que apoiaram abertamente a Igreja.

Na Dieta de Worms (1521), Carlos V encontrou-se com o teólogo rebelde. Foi a recusa de Lutero em rever suas posições que resultou na adoção do respectivo Édito de Worms.[80] Seus escritos e aderentes foram banidos.

---

[80] KOHLER, Alfred. *Von der Reformation zum Westfällischen Frieden*. Munique: Odenbourg Verlag, 2011, p. 29.

Frederico III (1463-1525), o Sábio, eleitor da Saxônia, evitou que Lutero fosse preso e julgado por heresia. Graças à fragmentação política do Sacro Império, principados e cidades-estado, as cidades livres imperiais, adotaram a fé luterana. Como os principais promotores da Reforma Protestante, em território alemão, eram príncipes que participavam, como membros dos Estados, da Dieta Imperial, o conflito cedo se instalou no Parlamento do Sacro Império. Na Dieta de Speyer (1529), um grupo de príncipes que incluía o eleitor da Saxônia, o landegrave do Hesse e quatorze cidades livres imperiais, apresentou um protesto oficial contra a supressão do movimento evangélico; nascia, assim, a expressão "protestante". A próxima Dieta Imperial de Augsburgo (1530) resultou numa declaração de fé protestante, a Confissão de Augsburgo de Filipe Melanchthon (1497-1560), e no reforço do Édito de Worms. Em 1531, os príncipes protestantes e as cidades livres imperiais formaram a Liga de Esmalcalda (1531-1547), uma aliança que entrou em choque direto com a católica Casa de Habsburgo (séc. XI-1780), lançando o Sacro Império numa guerra que durou décadas.

Príncipes protestantes e cidades livres imperiais, ao adotar o luteranismo, tomaram as terras da Igreja, rompendo os vínculos eclesiásticos e temporais com o Papado. De 1530 até o final do século XVII, o Sacro Império atravessou um período extremamente conturbado, em que católicos e protestantes recorreram amiúde à força das armas para fazer valer princípios que, à primeira vista, tinham um cunho puramente religioso e moral. Nos principados protestantes, banida a influência do Papado, o poder dos respectivos príncipes atingiu uma proporção sem precedentes. Quem professasse uma religião diversa da do seu monarca era julgado, condenado e, dependendo das circunstâncias, expulso ou morto. Em meio à balbúrdia, de todos contra todos, os principados foram se parecendo cada vez mais com países independentes. Aos poucos, esta tendência tornou-se irreversível, e o Sacro Império Romano-Germânico assemelhou-se cada vez mais a uma entidade *pro forma*, o campo de batalha ideal entre a Áustria católica e a Prússia protestante.

Apesar de Carlos V ter vencido na Guerra de Esmalcalda (1546-1547) os príncipes protestantes, ele não conseguiu debelar a Reforma Protestante.[81] Cansado de um conflito que não tinha fim, ele transferiu todas as res-

---

[81] RIEGE, Sebastian. *"Toleranz" im 16. Jahrhundert – Der Augsburger Religionsfrieden von 1555 und das Edikt von Nantes 1598 im Vergleich*. Munique: GRIN Verlag, 2007, p. 4.

ponsabilidades pela questão alemã para o seu irmão, Fernando I (1503-1564), sacro imperador romano-germânico (1558-1564), que participou das negociações que resultaram na Paz de Augsburgo (1555). Este acordo estabeleceu a igualdade jurídica entre as religiões católica e luterana, bem como o direito dos príncipes do Sacro Império de escolher qualquer uma destas religiões como religião oficial em seu território. Com a Paz de Augsburgo, na realidade uma trégua que durou 63 anos, o Sacro Império foi dividido entre essas duas religiões. De 1618 a 1648, o Império foi devastado pela Guerra dos Trinta Anos, contrapondo católicos e luteranos. O conflito, em princípio regional, rapidamente se tornou um conflito continental, envolvendo vários países europeus. Católicos e luteranos alemães recorreram a aliados estrangeiros, atraindo para seus territórios exércitos muitas vezes compostos quase que exclusivamente por mercenários, de monarcas europeus ansiosos por expandir sua esfera de influência e desviar a atenção, de parte dos seus súditos, em relação a problemas internos que eles não conseguiam resolver.

Durante a Reforma Protestante, a Alemanha foi um dos principais palcos do expansionismo escandinavo. Gustavo II Adolfo (1594-1632), fundador do Império sueco, uma das principais potências europeias da época, invadiu o Sacro Império durante a Guerra dos Trinta Anos ao apoiar a causa dos príncipes protestantes. Um dos maiores comandantes militares da história europeia, a principal vitória de Gustavo contra os católicos foi a Batalha de Breitenfeld, em 17 de setembro de 1631. Morto na Batalha de Lützen, ocorrida em 6 de novembro de 1632, um dos principais defensores da Reforma, Gustavo foi sucedido por sua filha única, Cristina (1626-1689). Em 1654, Cristina, rainha da Suécia, converteu-se ao catolicismo e abdicou do trono.

Terminada a Guerra dos Trinta Anos, a constituição do Império não foi modificada significativamente. Não houve uma *translatio imperii*, uma transferência de poder, dos príncipes para o imperador. Se isto não tinha ocorrido antes da Reforma Protestante, quando todos os príncipes tinham a mesma religião, a católica, não havia razão para, com a fragmentação religiosa, acontecer uma transferência de prerrogativas políticas da parte de príncipes protestantes para um imperador católico, austríaco e habsbúrgico. Da mesma forma que Carlos V, os imperadores Fernando II (1578-1637) e Fernando III (1608-1657) não conseguiram criar uma verdadeira monarquia imperial. A Paz da Vestfália (1648) terminou com a Guerra dos

Trinta Anos, mas legou ao Sacro Império a estrutura que ele tinha desde 1555. A França e a Suécia comprometeram-se a garantir o cumprimento do disposto nos Tratados, com o objetivo de assegurar a paz na Europa, tirando do Império qualquer protagonismo na cena política continental. A Paz da Vestfália reforçou a tendência rumo aos Estados-nação, soberanos e independentes, sendo mantidos os principados mais ou menos soberanos do Sacro Império. O Império, o coração da Europa, tornou-se uma presa fácil. Embora a Prússia possa ser considerada o primeiro Estado alemão moderno, um verdadeiro Estado-nação, o Sacro Império, apesar de sua constituição extremamente complexa e profundamente irregular, cumpriu, durante séculos, sua principal função, a de ser uma âncora de estabilidade para todo o continente europeu, embora tenha sido acossado por momentos de grande violência, interna e externa, que, mais de uma vez, colocaram em risco sua própria existência.

No século após a Paz de Vestfália, a aceitação da existência do Império pelas outras potências europeias resultou num período de relativa paz e prosperidade. Durante este período, arte, música e literatura alemãs floresceram. O Império não tinha uma capital como Londres ou Paris que pudesse servir de centro cultural, mas seu policentrismo tinha seus benefícios, estimulando o surgimento e a circulação de diferentes concepções. O sucesso relativo da Reforma Protestante no Sacro Império foi, em boa parte, o resultado da grande variedade de ordens religiosas, universidades, cidades-estado quase independentes e gráficas espalhadas um pouco por toda a parte. O imperador, uma espécie de *primus inter pares*, um primeiro entre iguais, nunca exerceu o poder de forma absoluta.[82]

Durante o século XVIII, a arquitetura barroca no Império desenvolveu-se como em poucas partes da Europa, com Andreas Schlüter (1664-1714) em Berlim, Matthäus Daniel Pöppelmann (1662-1736) na Saxônia, Johann Bernhard Fischer von Erlach (1656-1723) e Johann Lucas von Hildebrandt (1668-1745) nos territórios sob controle habsbúrgico e Balthasar Neumann (1687-1753) em Würzburg; cada igreja ou palácio barroco alemão é um testemunho do poder e da glória de um príncipe do Império. A música também atravessou um momento único na história mundial, com Georg Friedrich Händel (1685-1759) em Hanôver, Johann Sebastian Bach (1685-

---

[82] DOSENRODE, Søren. Federalism. In: *Approaching the European Federation?* Søren Dosenrode (ed.). Londres/Nova York: Routledge, 2016, p. 11.

1750) na Saxônia e Joseph Haydn (1732-1809) e Wolfgang Amadeus Mozart (1756-1791) em Viena. Descentralizado, o Sacro Império, com sua quase infinita variedade de principados, cortes, reinos, professando o catolicismo ou o luteranismo, dependendo das convicções do soberano local, oferecia aos artistas e intelectuais uma quantidade e qualidade de oportunidades inigualáveis.

Dois acontecimentos, a perda definitiva de Estrasburgo para a França em 1681 e o fato de Viena ter sido humilhada ao ser sitiada pelo Império otomano em 1683, considerados uma verdadeira catástrofe, levaram os príncipes mais poderosos a concluir que, para defendê-los de seus inimigos, seria necessário centralizar o Sacro Império Romano-Germânico, conferindo mais poder ao imperador. Diferentes exércitos permanentes, não mais compostos necessariamente por mercenários que eram arregimentados para debelar um conflito específico, surgiram no Sacro Império. Pela primeira vez, em Brandemburgo-Prússia (1618-1701), um exército permanente fundado por Frederico Guilherme I (1688-1740), o Rei Soldado. Os eleitores do Brandemburgo, da Casa de Hohenzollern (séc. XI-), que também eram duques da Prússia, que não pertencia ao Sacro Império, adotaram em 1701 o título de rei *na* Prússia. Uma promoção mais do que honorífica que foi sancionada pelo imperador Leopoldo I (1640-1705) em troca de apoio militar. Durante o reinado de Frederico II, o Grande, a Prússia tornou-se uma das grandes potências da Europa.[83] Para ela e para a Áustria, o Sacro Império constituía um obstáculo a suas políticas expansionistas. Os principados menos poderosos, palco das disputas entre prussianos e austríacos, não contaram com o apoio do Império, crescentemente desmoralizado tanto pela Prússia como pela Áustria, para conservar sua integridade territorial. Francisco II (1768-1835), instigado por Napoleão Bonaparte, abdicou, em 1806, precipitando o fim do Sacro Império Romano-Germânico, para, em seguida, reinar, como Francisco I, não mais rei, mas o primeiro imperador da Áustria.[84]

---

[83] AUERBACH, Berthold. *Friederich der Grosse, König von Preussen. Sein Leben und Wirken.* v. 1. 3ª ed. Stuttgart: Scheible's Buchhandlung, 1837, p. 321.

[84] Francisco II era pai de d. Maria Leopoldina (1797-1826), arquiduquesa da Áustria e imperatriz consorte do Brasil.

A MATRIZ MEDIEVAL GERMÂNICA

Em poucas regiões da Europa o feudalismo vigorou com tanta força como no Sacro Império Romano-Germânico. Suas origens remontam à relação de patronato romano e à hierarquia social germânica, com suseranos e vassalos, obrigados a prestar uma série de serviços aos seus senhores; ambos juravam lealdade recíproca: o suserano abrigava e protegia o vassalo, o vassalo obedecia e ajudava o suserano. Eles tinham o dever de respeitar-se mutuamente; o senhor não podia surrar seu vassalo, nem tampouco humilhá-lo nem forçar sua esposa ou filha a ter relações sexuais com ele. Até o século XIX, havia na Alemanha uma quantidade incomensurável de suseranos. Os mais importantes eram o imperador, os reis e os príncipes, que, como os demais suseranos, podiam conceder feudos aos seus vassalos.

O senhor do feudo transmitia ao seu sucessor hereditário o usufruto do território sob seu controle. O suserano e o vassalo prestavam um juramento de fidelidade recíproco. Os direitos conferidos ao vassalo eram similares aos de um posseiro contemporâneo; ele detinha o domínio útil (*dominium utile*), a utilização do feudo, enquanto ao suserano era reservado o domínio direto (*dominium directum*), o direito, a propriedade do feudo. O feudo compreendia uma propriedade ou uma série de propriedades. Em latim o termo *feudum* vem de *fides* (lealdade), enquanto a palavra alemã para feudo, *Lehen*, está relacionada a *leihen*, emprestar.

No Sacro Império, o rei concedia feudos aos vassalos da Coroa (*Kronvasallen*), os quais os transmitiam aos vassalos inferiores (*Untervasallen*). Os vassalos inferiores emprestavam a terra para ser cultivada por servos. Durante a Idade Média, na Alemanha, formou-se uma escala hierárquica feudal (*Heerschildordnung*) encimada pelo rei (*König*), pelos príncipes eclesiásticos (*Geistliche Fürsten*) e pelos príncipes seculares (*Weltliche Fürsten*).[85] Em seguida, vinham os condes e barões (*Grafen* e *Freiherren*). Depois destes, os altos funcionários (*Ministerialen*), os vassalos dos altos funcionários e os cavaleiros feudais (*Ritterbürtige Mannen*), guerreiros com origem na nobreza que defendiam os interesses do rei ou de outros altos senhores feudais, podendo receber em troca tenência (pagamento em terra) ou soldo (salário). Tanto os vassalos da Coroa como os vassalos inferiores tinham de participar de campanhas militares ao lado do seu suserano; eles também cumpriam regularmente uma série de deveres cortesãos, que iam muito além de questões puramente cerimoniais. Do assessoramento aos suseranos, prestado pelos vassalos, surgiu a Dieta Imperial. Embora tenha havido, com o passar do tempo, uma transmissão hereditária dos feudos, em benefício dos sucessores dos vassalos, os suseranos permaneceram sendo, em última instância, seus proprietários.

No Sacro Império Romano-Germânico, as relações entre governantes e governados continuaram a evoluir a partir do sistema clientelista romano e do sistema clânico germânico.

No Império romano, o cliente (*cliens*), geralmente um plebeu, vivia sob o patrocínio (*patrocinium*) do patrão (*patronus*), geralmente um aristocrata. O cliente, uma condição hereditária, fazia parte da família do patrão, sendo submentido ao seu pátrio poder (*patria potestas*), um poder de vida e de morte sobre todos os quais estavam sob a mão (*sub manu*) do pai de família (*pater familias*), o cidadão livre (*homo sui iuris*) que controlava todos os que pertenciam à sua casa – mulher, escravos, filhos, clientes. Quanto maior o número de clientes, maior o prestígio (*dignitas*) do patrão. Os escravos libertos costumavam tornar-se automaticamente clientes do seu antigo dono. A relação entre o cliente e o patrão era baseada na confiança mútua (*fides*). Parte integrante da família estendida (*gens*) do patrão, o cliente ia à guerra para protegê-lo dos perigos com os quais ele se defrontasse. No ritual diário da saudação matutina (*salutatio matutina*), o cliente ia à casa do patrão para receber comida, dinheiro ou algum presente. O cliente colocava-se, então, à disposição do patrão no que este julgasse necessário – acompanhá-lo, por exemplo, a um ato público para manifestar, publicamente, seu apoio incondicional. O patrão tinha de garantir ao seu cliente todo o apoio de que

---

[85] HAVERKAMP, Alfred. *Aufbruch und Gestaltung Deutschland 1056-1273*. 2ª ed. Munique: Beck, 1993, p. 272.

este precisasse. Nos latifúndios (*latifundia*), as grandes propriedades rurais da Antiguidade tardia (ca. 235-476), os patrões distribuíam a terra entre os agricultores para que ela fosse cultivada, transformando-os em seus clientes. A mando dos patrões, que exerciam uma jurisdição especial sobre seus clientes, prisões podiam ser erguidas nos latifúndios.

Com reinos germânicos ocupando o que outrora fora o Império romano do Ocidente, tornou-se comum que a terra pertencesse ao respectivo rei. Apenas ele, no exercício do seu poder soberano, podia distribuir terras aos seus súditos. Estes súditos costumavam ser membros da própria família real, guerreiros com uma longa folha de serviços prestados em favor do rei, nobres tradicionalmente leais ao soberano. A terra não se tornava propriedade do súdito; ela era-lhe entregue *in persona*. Com a morte seja do rei, seja do súdito, a terra voltava a pertencer exclusivamente ao novo rei. Com o passar do tempo, os povos germânicos desenvolveram o costume de reconhecer que o vassalo ao qual fora transferido um feudo, juntamente com sua família, se tornava vinculado a ele. O vassalo geralmente loteava a terra que lhe fora transferida, distribuindo-a entre vassalos inferiores, os quais tinham de jurar-lhe fidelidade. O rei exigia estrita lealdade tanto do vassalo quanto dos subvassalos. Em caso de guerra, da mesma forma que os clientes, os vassalos tinham de ajudar o rei de todas as formas possíveis – seja comparecendo ao campo de batalha, providenciando soldados ou doando dinheiro.

No Sacro Império, o sistema clientelista romano e o sistema clânico germânico fundiram-se no começo da Idade Média, dando origem ao direito feudal, com o rei como autoridade máxima. Não era o dinheiro, mas a terra e as relações sociais e jurídicas dela derivadas que formavam a base da matriz medieval germânica. Membros do clero também podiam ser vassalos de um rei germânico.

Em geral, o vassalo (*Lehnsmann*) recebia do seu suserano terra ou casas livres (*Freihäuser*), situadas dentro das muralhas da cidade; seus moradores, pertencentes à nobreza e ao clero, eram isentos da jurisdição e dos tributos citadinos. Cargos públicos (*Ämter*) e direitos soberanos sobre um território específico podiam ser concedidos como feudo. No Sacro Império, como em nenhuma outra parte do continente europeu, desenvolveu-se um complexo mecanismo de concessão de feudos que não tinha necessariamente nada a ver com a tradicional entrega de terras a um vassalo. Podiam ser concedidos como feudo a um leigo, ao clero ou a uma instituição religiosa – direitos eclesiásticos; bens de toda espécie (*Stifte*); pagamentos em espécie provenientes do tesouro real; a renda de postos alfandegários etc. Foi assim que a Casa de Thurn e Taxis (1608-) recebeu seu feudo postal (*Postlehen*).[86]

Para que surgisse uma relação feudal, era necessário que o candidato a vassalo, numa cerimônia específica, a recomendação (*commendatio*), prestasse homenagem e jurasse fidelidade. O vassalo apertava as mãos e colocava-as nas mãos do seu suserano, o qual, então, apertava suas mãos em torno das do vassalo. Assim, este recebia, simbolicamente, sua proteção. Com o passar do tempo, este ato passou a compreender um juramento de fidelidade, efetuado sobre uma relíquia religiosa. O juramento confirmava o vínculo de submissão do vassalo em relação ao seu suserano, sem perder sua condição de homem livre, já que apenas ele e mais ninguém podia jurar em nome próprio. Ao prestar homenagem (*Mannschaft*) ao suserano, o vassalo efetuava uma declaração formal de intenções em benefício do seu senhor. Um ato simbólico, como a entrega de um estandarte ou de uma bandeira, podia sedimentar a relação de submissão do vassalo ao suserano. À medida que o Sacro Império se tornou mais culto, um documento, a carta feudal, passou a ser redigido, discriminando o bem jurídico objeto do feudo.

A relação feudal era, em princípio, vitalícia, terminando apenas com a morte do suserano ou do vassalo. Embora só se pudesse ser vassalo de um suserano, com o tempo surgiu a vassalagem múltipla, o que corroeu o dever recíproco de fidelidade. O fato de os feudos passarem a ser herdados diminuiu o poder do suserano de intervir, reduzindo ainda mais o vínculo de submissão do vassalo. Os feudos foram se transformando numa propriedade em relação à qual podia ser necessário efetuar um ritual específico, a mencionada recomendação (*commendatio*), para que o respectivo sucessor pudesse herdá-la. A partir do século XII, todos os ducados e condados eram feudos. Como os serviços prestados pelo vassalo em benefício do seu suserano incluíam o serviço militar, o sistema feudal foi a base sobre a qual se fundamentou o exército imperial. Carente de um poder central bem estabelecido, o feudalismo no Sacro Império Romano-Germânico persistiu durante muito mais tempo do que na Inglaterra ou na França. Na Inglaterra, o feudalismo começou a ser abolido com a Revolução Inglesa (1649), tendo sido extinto, mediante decreto, pelo rei Carlos II (1630-1685) em 1660. Na França revolucionária, a Assembleia Nacional aboliu oficialmente o feudalismo em 1789.

---

[86] WARTH, Anton von. *Vorlesungen über sämmtliche Hauptfächer der Saats – und Rechtswissenschaft*. v. 5. Augsburgo: Jenisch und Stagische Buchhandlung, 1838, p. 274.

Entre 1803 e 1806, a grande maioria dos Estados alemães – principados, cidades livres – do Sacro Império foram mediatizados por Napoleão Bonaparte, passando a fazer parte de Estados maiores; dos cerca de trezentos existentes até então, sobraram aproximadamente trinta. Os Estados, principados, eclesiásticos foram abolidos, em meio a um grande processo de secularização. A Confederação do Reno (1806-1813), criada por Napoleão, surgiu sobre os despojos do Sacro Império. A Constituição de Frankfurt (1849) foi uma tentativa fracassada de unificar, sob princípios democráticos, os Estados sucessores do Sacro Império. Embora o feudalismo houvesse sido oficialmente abolido, foi necessário esperar a vitória aliada na Segunda Guerra Mundial para que, em 1947, os últimos feudos deixassem de existir na Alemanha.

O CONDADO, PRINCIPADO
E DUCADO DE NASSAU

Nassau

Do contexto medieval germânico provêm os Nassau.

Nassau é uma cidade localizada no atual estado alemão da Renânia-Palatinato, no vale do rio Lahn, afluente do rio Reno, entre as cidades de Bad Ems e Limburg an der Lahn. Nassau faz parte da Rota Orange (*Oranje Route*), uma rota turística teuto-neerlandesa que atravessa cidades e regiões ligadas à Casa de Orange-Nassau, a dinastia de origem alemã que há cerca de meio milênio reina nos Países Baixos. A Rota Orange, a partir de Amsterdã, passa por nove estados alemães, todos situados no centro-norte do país. A cidade de Nassau deu seu nome à Casa de Nassau (1093-), à Casa de Orange-Nassau (1544-) e a uma série de entidades políticas, como o Condado de Nassau (1125-1806), sucedido pelo Ducado de Nassau (1806-1866), parte da Confederação do Reno (1806-1813) e mais tarde da Confederação Germânica (1815-1848/1850-1866), regido pela Casa de Nassau, e à província prussiana de Hesse-Nassau, que existiu de 1868 a 1935. O condado de Nassau, no estado americano de Nova York, e a capital das Bahamas, Nassau, prestam homenagem a Guilherme III (1650-1702), Guilherme de Nassau, o príncipe de Orange, que se tornou rei da Inglaterra, Escócia e Irlanda (1689-1702).

Em 915, já se fazia referência à Villa Nassova, uma propriedade pertencente ao Bispado de Worms; o rei Conrado I da Alemanha (ca. 890-918) utilizou-a como centro administrativo entre os rios Lahn e Reno. O Castelo de Nassau, construído por volta de 1100, provavelmente em 1125, pelo conde Dudo von Laurenburg (ca. 1060 – ca. 1123), o reverenciado fundador da Casa de Nassau, numa colina diante do rio Lahn, é o berço ancestral da Casa de Orange-Nassau, uma das mais importantes famílias aristocráticas teuto-neerlandesas.[87] Dela, descendem a atual Casa Real dos Países Baixos e os grão-duques do Luxemburgo. Foi o antigo senhorio associado ao Castelo de Nassau que deu origem a esta dinastia germânica. Roberto I (ca. 1090-ca.1154), conde de Nassau, filho mais velho de Dudo-Heinrich von Laurenburg, foi o primeiro conde de Nassau; os descendentes de Roberto passaram a chamar-se condes de Nassau. O conde Adolfo de Nassau (ca. 1255-1298) foi eleito rei da Germânia e rei dos romanos, tendo ocupado este cargo, o mais importante do Sacro Império Romano-Germânico, de 1292 a 1298. Com a dissolução do Império em 1806, a cidade de Nassau tornou-se parte integrante do Ducado de Nassau.

O imperador Carlos IV do Luxemburgo (1316-1378) concedeu em 1348 uma carta de foral a Nassau, com direitos e liberdades como outras cidades do Sacro Império. A partir deste momento, a cidade tornou-se um polo de desenvolvimento regional. À medida que o comércio e a manufatura floresceram, Nassau logo se dotou de torres e muralhas para proteger-se da cobiça alheia.

Em 1515, Henrique III de Nassau e Breda (1483-1538), irmão de Guilherme I de Nassau-Dilemburgo (1487-1559), o Rico, pai este de Guilherne I (1533-1584), o Taciturno, príncipe de Orange, o patriarca dos Países Baixos, casou-se em segundas núpcias com Cláudia de Châlon (1498-1521), irmã de Filiberto de Châlon (1502-1530), príncipe de Orange.[88] Henrique III e Cláudia tiveram um filho, Renato de Châlon (1519-1544), que herdou o Principado de Orange (1163-1713), estado vassalo do Sacro Império, do seu tio Filiberto. Morto sem descendência Renato de Châlon, seu primo Guilherme I, o Taciturno, herdou o Principado de Orange. Surgiu, assim, a Casa de Orange-Nassau, a família real dos Países Baixos.

DILEMBURGO

Não muito distante de Nassau, um pouco mais ao norte, no atual estado do Hesse, fica Dilemburgo, também parte integrante da Rota Orange mencionada acima. Dilemburgo, construída diante do rio Dill, um afluente do

---

[87] SCHLIEPHAKE, F. W. Theodor. *Geschichte von Nassau, von den ältesten Zeiten bis auf die Gegenwart, auf der Grundlage urkundlicher Quellenforschung*. v. 2. Wiesbaden: Kreidel, 1869, p. 62.
[88] LEEMANS, W.F. e LEEMANS, Elisabeth. *La principauté d'Orange de 1470 à 1580. Une société en mutation*. Hilversum: Verloren, 1986, p. 27.

Lahn, recebeu em 1344 a carta de foral do imperador Luís IV (1282-1347), o Bávaro, antecessor de Carlos IV do Luxemburgo. Dilemburgo é o berço ancestral do ramo Orange da Casa de Nassau.

Entre o final do século XIII e o começo do século XIV, um castelo, provavelmente feito de madeira, começou a ser construído em Dilemburgo. No século XVI, ele foi substituído pelo Castelo de Dilemburgo, a residência principal dos condes de Nassau-Dilemburgo, que, a partir de 1536, se tornou uma fortaleza. Em seu exílio involuntário no Castelo de Dilemburgo, Guilherme I, príncipe de Orange, nascido em Dilemburgo, organizou a resistência da República das Sete Províncias Unidas dos Países Baixos contra o Império espanhol (1492-1975), um fato que até hoje vincula não apenas a família real neerlandesa, como a própria história dos Países Baixos, a esta cidade alemã.

Dilemburgo fez parte do Ducado de Nassau, criado depois da dissolução do Sacro Império A atual região de Nassau é uma área cultural, geográfica e histórica, nos contemporâneos estados alemães da Renânia-Palatinato e do Hesse, que corresponde ao antigo território do Condado de Nassau.

Siegen

Siegen é uma cidade que faz parte hoje do estado da Renânia do Norte-Vestfália, o mais populoso e industrializado da Alemanha. Ela situa-se ao noroeste da tríplice divisa entre a Renânia do Norte-Vestfália, o Hesse e a Renânia-Palatinato. Siegen, igualmente parte da Rota Orange, é a cidade natal do famoso pintor barroco flamengo Peter Paul Rubens (1577-1640), motivo pelo qual também é chamada de Cidade de Rubens (*Rubensstadt*). Siegen é a principal cidade da região de Siegerland, na bacia hidrográfica do rio Sieg. No século XVI, Siegen tornou-se uma praça-forte, dotada de um castelo cercado por grandes muralhas guarnecidas por portões e torres.

O conde João VI de Nassau-Dilemburgo (1536-1606), o Velho, irmão de Guilherme I, o Taciturno, fundou em 1584, em Herborn, uma cidade da região de Siegerland, a Academia Nassauense, uma verdadeira fortaleza da teologia federal (*Föderaltheologie*), reformada e calvinista, seguindo o modelo da Academia de Genebra.[89] O conde João VII de Nassau-Siegen (1561-

---

[89] SCHMIDT, Sebastian. *Glaube – Herrschaft – Disziplin. Konfessionalisierung und Alltagskultur in den Ämtern Siegen und Dillenburg (1538-1683)*. Paderborn/Zürich: Ferdinand Schöningh, 2005, p. 211.

1623), o Intermediário, filho de João VI, no lugar de um antigo convento franciscano, construiu um castelo, o *Unteres Schloss*, também denominado Corte Nassoviana (*Nassauischer Hof*).

João VIII (1583-1638), o Jovem, filho de João VII, ao converter-se ao catolicismo, abandonou o calvinismo. João Maurício de Nassau-Siegen (1604-1679), o governador-geral do Brasil Holandês (1630-1654), ao depô-lo do poder, esforçou-se para protestantizar Siegen. Com a morte do calvinista Frederico Guilherme II (1706-1734), príncipe de Nassau-Siegen, sem deixar herdeiros masculinos, o sacro imperador romano-germânico Carlos VI (1685-1740) transferiu Nassau-Siegen para Guilherme IV (1711-1751), o primeiro estatuder hereditário dos Países Baixos, príncipe de Orange-Nassau e de Nassau-Dietz.[90]

---

[90] O Condado de Dietz tornou-se em 1386 parte dos domínios dos Nassau-Dilemburgo. Em 1607, surgiu a linhagem Nassau-Dietz. João Guilherme Friso, príncipe de Nassau-Dietz, tornou-se, a partir de 1702, príncipe de Orange.

A CASA DE NASSAU

Condes, príncipes e duques de Nassau

A dinastia Nassau vem da Alemanha aos Países Baixos e estende-se pela Europa.

A Casa de Nassau é uma família de origem alemã com ramificações europeias cuja origem remonta ao século X; seu fundador foi o anteriormente mencionado conde Dudo von Laurenburg. O Castelo Laurenburg, localizado a poucos quilômetros da cidade de Nassau, na Alemanha, foi o solar da família. A partir de 1159, o Castelo de Nassau tornou-se a sede da dinastia, a qual tomou o nome da cidade localizada no atual estado da Renânia-Palatinato. Duas casas reinantes europeias contemporâneas, como tivemos a oportunidade de ressaltar, a dos Países Baixos e a do Grão-Ducado do Luxemburgo, fazem parte da Casa de Nassau.

Os senhores de Nassau foram, no começo, chamados de condes de Nassau. Em seguida, eles tornaram-se príncipes, condes principescos (*gefürstete Grafen*) – condes aos quais foram concedidos todos os privilégios aristocráticos e jurídicos de um príncipe do Sacro Império Romano-Germânico.[91] Com o final do Sacro Império, acelerado pelas Guerras Napoleônicas (1803-1815), os senhores de Nassau autoproclamaram-se, com a permissão do Congresso de Viena (1814-1815), duques de Nassau. O Ducado de Nassau, com capital em Wiesbadem, ocupou um território que correponde hoje, em parte, aos estados alemães do Hesse e da Renânia-Palatinato. Tendo-se aliado à católica Áustria durante a Guerra Austro-Prussiana (1866), o ducado foi anexado em 1866 pela protestante

---

[91] SCHEIDERMANTEL, Heinrich Godfried. *Repertorium des Deutschen Staats und Lehnrechts: F-K.* v. 2. Leipzig: Weidemans Erben und Reich, p. 169.

Prússia. Sua incorporação à província prussiana do Hesse-Nassau (1868-1935) acelerou sua perda de identidade em meio a uma Alemanha que se unificava sem a Áustria.

O nome do conde Dudo von Laurenburg foi mencionado em 1093 na carta de fundação da abadia beneditina de Maria Laach, também localizada, como a cidade de Nassau, na atual Renânia-Palatinato. Os senhores de Nassau descendem dos senhores de Lipporn, município alemão igualmente situado na Renânia-Palatinato. Com os irmãos Roberto I e Arnoldo I de Laurenburg (1123-1148), filhos de Dudo von Laurenburg, Nassau e Laurenburg fortaleceram-se politicamente. Roberto, de acordo com o explicado acima, foi o primeiro a chamar-se conde de Nassau, embora o título tenha sido confirmado apenas em 1159, cinco anos depois de sua morte. O filho de Roberto, Walram I (ca. 1146-1198), seguiu a tradição inaugurada por seu pai, intitulando-se oficialmente conde de Nassau. De, aproximadamente, 1093 a 1159, os antepassados da Casa de Nassau costumavam utilizar o título conde de Laurenburg; de Walram I a Walram II (ca. 1220-1276), de 1159 a 1255, eles assumiram-se como condes de Nassau. Durante este período, que se estendeu por quase um século, a Casa de Nassau acumulou uma longa folha corrida de serviços prestados ao Sacro Império. Não apenas a cidade de Nassau, mas várias outras – Beilstein, Dilemburgo, Hadamar, Herborn, Idstein, Siegen, Weilburg, Wiesbaden – fizeram parte dos domínios dos descendentes do conde Dudo von Laurenburg.

Em 1255, houve uma cisão. Os irmãos Walram II e Oto I de Nassau (ca. 1247-1290) dividiram entre si o grande feudo pertencente à Casa de Nassau. Oto I tornou-se conde de Nassau (1255-1289) em Beilstein, Dilemburgo, Hadamar, Herborn e Siegen; Walram II, conde de Nassau (1255-1276) em Idstein, Weilburg e Wiesbaden. Os descendentes de Oto são conhecidos como a linhagem otoniana; deles descendem os reis dos Países Baixos.[92] Os descendentes da linhagem walramiana são os antepassados dos grãos-duques do Luxemburgo.[93] Tanto a linhagem otoniana como a linhagem walramiana deram origem, ao longo dos séculos, a outras linhagens.

---

[92] OERTEL, Friedrich Maximilian. *Genealogische Tafeln zur Staatengeschichte der Germanischen und Slawischen Völkern*. Leipzig: F.A. Brockhaus, 1846, p. 19.
[93] BERGHAUS, Heinrich. *Allgemeine Länder- und Völkerkunde*. v. 4. Stuttgart: Hoffmann'sche Verlagsbuchhandlung, p. 503.

A LINHAGEM OTONIANA

Com a morte de Oto I de Nassau, fundador da linhagem otoniana, seus filhos Henrique (ca. 1288-1343), Emico I (?-1334) e João (?-1328) dividiram entre si a herança paterna. Henrique ficou com Nassau-Siegen, tornando-se conde de Nassau-Siegen; Emico recebeu Nassau-Hadamar, como conde de Nassau-Hadamar; João ficou com Nassau-Dilemburgo, passando a intitular-se conde de Nassau-Dilemburgo. Com a morte de João em 1328, sem deixar descendência, Nassau-Dilemburgo coube a Henrique. Após herdar Nassau-Dilemburgo, Henrique mudou-se para Dilemburgo, e seus descendentes ficaram conhecidos como a linhagem Nassau-Dilemburgo. Com a morte de João VI (1536-1606), conde de Nassau-Dilemburgo, um homem que tanto por sorte como por mérito próprio conseguiu reunificar os domínios pertencentes à linhagem otoniana, seus quatro filhos dividiram a herança paterna da seguinte maneira: Ernesto Casimiro I (1573-1632) ficou com Nassau-Dietz; João VII (1561-1623), com Nassau-Siegen; João Luís (1590-1653), com Nassau-Hadamar; e Jorge (1562-1623), com Nassau-Dilemburgo.

Da mesma forma que a morte de João VI significou a fragmentação de Nassau-Dilemburgo, a de João VII de Nassau-Siegen em 1623 resultou na divisão de Nassau-Siegen entre seus dois filhos. Seu filho mais velho, João VIII, que se convertera ao catolicismo, recebeu a parte do ainda Condado localizado ao sul do rio Sieg, tornando-se conde de Nassau-Siegen. João Maurício de Nassau-Siegen, que foi governador-geral do Brasil Holandês, também filho de João VII, recebeu o trecho do Condado que ficava ao norte do rio Sieg. Até hoje, João VIII continua sendo conhecido como o patriarca da linhagem católica de Nassau-Siegen, enquanto João Maurício é tido como o fundador da linhagem protestante.[94] Em 1652, João Francisco Desiderato (1627-1699), da linhagem católica, filho de João VIII, tornou-se príncipe do Sacro Império Romano-Germânico (*Reichsfürst*) ao lado de João Maurício, da linhagem protestante, também elevado, no mesmo ano, à categoria de príncipe imperial.[95]

---

[94] SCHMIDT, Sebastian. Johan Moritz, Landesherr in den konfessionellen Konflikten seiner Zeit – Kirchenregiment und Staatsbildungsprozess in Nassau-Siegen. In: *Sein Feld war die Welt. Johann Moritz von Nassau-Siegen (1604-1679). Von Siegen über die Niederlande und Brasilien nach Brandenburg*. Gerhard Brunn e Cornelius Neutsch (eds.). Münster: Waxmann, 2008, p. 370.
[95] O imperador Fernando III (católico) tornou João Maurício de Nassau-Siegen príncipe em 25 de novembro de 1652 com o predicado dos bem-nascidos (*Prädikat Hochgeboren*) (Cf.

Em 1734, a linhagem calvinista da Casa de Nassau-Siegen extinguiu-se, como tivemos a oportunidade de mencionar anteriormente, com a morte sem deixar descendência masculina do príncipe de Nassau-Siegen Frederico Guilherme II. Nassau-Siegen chegou a ser brevemente reunificado por Guilherme Jacinto (1667-1743), o último príncipe de Nassau-Siegen da linhagem católica.[96] Quando ele morreu em 1743, também sem deixar descendência masculina, a Casa de Nassau-Siegen extinguiu-se, e o respectivo território, como acabamos de afirmar acima, coube ao príncipe Guilherme IV, da linhagem Orange-Nassau-Dietz, o qual reunificou todos os territórios pertencentes à linhagem otoniana da Casa de Nassau. Os Países Baixos não mantiveram o Principado de Orange-Nassau (1702-1815), uma entidade político-administrativa do Sacro Império Romano-Germânico, por muito tempo. Com a Confederação do Reno, seu filho e sucessor Guilherme V (1748-1806) perdeu-o.

A linhagem walramiana

A linhagem walramiana, surgida com Walram II, como poucas outras dinastias alemãs, foi caracterizada por um longo processo de desagregação e reagregação, mediante o qual surgiram e desapareceram várias casas. Condes, duques, grão-duques, príncipes pertenceram ao longo dos séculos à linhagem walramiana. Até hoje, ela continua viva com os grão-duques do Luxemburgo, à semelhança da linhagem otoniana, que reina nos Países Baixos. Os grão-duques do Luxemburgo descendem de Walram II. Seu filho o conde Adolfo de Nassau, embora tenha sido eleito rei da Germânia e rei dos romanos, como não foi coroado pelo papa, não se tornou imperador. Adolfo morreu na Batalha de Göllheim (1298) lutando contra quem se tornaria seu sucessor, Alberto I de Habsburgo (1255-1308), nascido na Suíça, que também morreu assassinado. Com a morte de Gerlach I de Nassau (ca. 1275-1361), filho e herdeiro de Adolfo, a linhagem walramiana bifurcou-se, dando origem à Casa de Nassau-Wiesbaden-Idstein e à Casa de Nassau-Weilburg. Estas duas dinastias não foram as únicas que fizeram parte

---

EVEN, Pierre. *Das Haus Oranien-Nassau bis zu den Königen der Niederlande*. Werl: Börde-Verlag, 2009, p. 24).

[96] BAIBL, Lorenz. Konversion und Sukzession. In: *Genealogisches Bewusstsein als Legitimation*. Hartwin Brandt et alii (eds.). University of Bamberg Press, 2009, p. 305, nota de rodapé n. 70.

da linhagem walramiana. Seguindo um intricado mecanismo de sucessão hereditária, típico da nobreza alemã, desta linhagem surgiram ainda a Casa de Nassau-Saarbrücken e a Casa de Nassau-Usingen.

A Casa de Nassau-Weilburg (1344-) continua a ter vida própria, no Grão-Ducado do Luxemburgo. Desde 1890, dela são membros os chefes de Estado luxemburgueses. Dentre todas as ramificações da linhagem walramiana, os Nassau-Weilburg são os derradeiros e bem-sucedidos sobreviventes. Ao longo dos séculos, antes de se tornarem a família grão-ducal do Luxemburgo, eles ascenderam, pouco a pouco, na complexa escala nobiliárquica germânica, demonstrando possuir uma habilidade política ímpar, aliada a um bom fado. De 1344 a 1688, os Nassau-Weilburg foram condes; de 1688 a 1816, eles tornaram-se condes principescos (*gefürstete Grafen*). Em 17 de julho de 1806, os condados remanescentes de Nassau-Usingen e Nassau-Weilburg juntaram-se à Confederação do Reno. Pressionados por Napoleão Bonaparte, eles formaram o Ducado de Nassau em 30 de agosto de 1806, governados, conjuntamente, por Frederico Augusto (1738-1816), príncipe de Nassau-Usingen, e seu primo mais jovem Frederico Guilherme (1768-1816), príncipe de Nassau-Weilburg. Como Frederico Augusto não tinha herdeiros masculinos, Guilherme (1792-1839), filho de Frederico Guilherme, tornou-se duque de Nassau, príncipe de Nassau-Weilburg e pai de Adolfo (1817-1905), duque de Nassau. A partir de 1816, a Casa de Nassau-Weilburg e a Casa de Nassau-Usingen juntaram-se. Até hoje, o grão-duque do Luxemburgo declara-se príncipe de Nassau-Weilburg.

Em meio a uma complexa tentativa de unificação dos povos germânicos, liderada por dois inimigos jurados de longa data – a católica Áustria e a protestante Prússia, o Principado de Orange-Nassau foi anexado ao Ducado de Nassau. Mais tarde, este, ao ser agregado à Confederação Germânica, teve Wiesbaden como sua nova capital. Na Guerra Austro-Prussiana, o Ducado de Nassau ficou do lado perdedor, o austríaco. Vitoriosa e cada vez mais hegemônica, a Prússia liderou o processo de unificação dos Estados alemães, com a exclusão deliberada do multiétnico Império austríaco. Naquilo que estava ao seu alcance, a Prússia puniu os Estados alemães, a exemplo do Ducado de Nassau, que haviam se aliado à Áustria. Anexado à Prússia, incorporado como Região de Wiesbaden à Província do Hesse-Nassau, o Ducado de Nassau deixou de existir.

Numa verdadeira reviravolta da sorte, Adolfo, filho de Guilherme, não encerrou, com a anexação prussiana do Ducado de Nassau, seu percurso dinástico. Em parte devido ao Pacto da Família Nassau (*Nassauischer Erbeverein*), adotado em 1783 pelos príncipes da *família nobre e soberana de Nassau*, que dizia respeito a questões hereditárias e sucessórias, ele tornou-se grão-duque do Luxemburgo.[97] O Pacto da Família Nassau previa, basicamente, que se a linhagem sucessória masculina otoniana ou walramiana se extinguisse, a outra seria chamada para sucedê-la como herdeira legítima. Gulherme III (1817-1890), rei dos Países Baixos e grão-duque do Luxemburgo, foi sucedido por uma mulher, sua filha Guilhermina (1880-1962). Como vários de seus parentes, ele não legou à posteridade uma linhagem sucessória masculina. A lei sálica excluía as mulheres da ordem de sucessão. Por este motivo, Guilhermina não se tornou grã-duquesa do Luxemburgo. O Grão-Ducado, que fez parte de uma união pessoal com os Países Baixos desde 1815, coube, então, a Adolfo, o representante da linhagem walramiana masculina, tendo sido extinta, em 1890, a linhagem masculina otoniana. De Adolfo, descende Henrique (1955-), o atual grão-duque do Luxemburgo, da Casa de Nassau-Weilburg. Em 2010, o Pacto da Família Nassau foi modificado para permitir que os primogênitos subam ao trono, independentemente do fato de tratar-se de um filho ou uma filha. Hoje, o grão-duque do Luxemburgo continua a chamar-se duque de Nassau como título secundário. Nassau também faz parte do nome da família real neerlandesa, pertencente à Casa de Orange-Nassau.

---

[97] GERKRATH, Jörg. Constitutional Amendment in Luxembourg. In: *Engineering Constitutional Change. A Comparative Perspective on Europe, Canada and the USA*. Xenophon Contiades (ed.). Londres/Nova York, Routledge, 2013, p. 238.

A CASA DE ORANGE-NASSAU

A história da Europa tem muito da história da neerlandesa dinastia de Orange-Nassau.

A Casa de Orange-Nassau, a dinastia real neerlandesa, um dos ramos da Casa de Nassau, tem desempenhado um papel determinante na política europeia desde que Guilherme I, príncipe de Orange, o Taciturno, liderou o início do processo de independência dos Países Baixos contra o Império espanhol.[98] Vários dos seus membros participaram da Guerra dos Oitenta Anos (1568-1648) contra o Império espanhol, autêntica guerra de libertação nacional, que culminou com o reconhecimento em 1648 da independência dos Países Baixos com a Paz de Münster, parte da Paz da Vestfália.

Henrique III de Nassau e Breda, natural de Siegen, casou-se em 1515, como tivemos a oportunidade de mencionar acima, com Cláudia de Châlon. Seu filho Renato de Châlon herdou em 1530 o soberano Principado de Orange do seu tio materno Filiberto de Châlon. A Casa de Orange (1450-1815) era uma dinastia principesca cujo nome se vinculava ao Principado de Orange, localizado na Provença, região do sul da França próxima à Itália. Parte do Sacro Império Romano-Germânico a partir do século XII, os condes de Orange tornaram-se príncipes. Desde 1163, o Principado de

---

[98] Ao longo de sua vida, Guilherme I teve várias religiões. Foi luterano (1533-1544), católico romano (1544-1573) e calvinista (1573-1584). Chamaram-no de o Taciturno, já que, quando lhe faziam uma pergunta, costumava esquivar-se. A principal inspiração de Guilherme de Orange estava menos em Lutero ou Calvino com suas dogmáticas do que na tolerância de Erasmo – que cada um buscasse a verdade por seus próprios meios (Cf. DEURSEN, A. Th. van. De wereld van de Gouden Eeuw. In: *Gestalten van de Goude Eeuw. Een Hollands groepsportret.* H.M. Beliën, A.Th. Van Deursen e G.J. van Setten (eds.). Amsterdã, Uitgeverij Bert Bakker, 1995, p. 20).

Orange pertenceu à Casa de Châlon. Como o primeiro Nassau a tornar-se príncipe de Orange, Renato poderia ter se chamado Orange-Nassau, mas seu tio estipulou via testamento que ele deveria continuar a usar o nome e o escudo da Casa de Orange. Daí, advém o compromisso *"Je maitiendrai"*, até hoje o lema da Casa de Orange-Nassau e dos Países Baixos. Renato tornou-se assim conhecido como Renato de Châlon, príncipe de Orange. Depois da morte de Renato em 1544 sem deixar filhos, seu primo Guilherme I, conde de Nassau-Dilemburgo, herdou o Principado de Orange. Guilherme I, desfazendo-se de "Dilemburgo" e acrescentando "Orange", tornou-se o fundador da Casa de Orange-Nassau.[99]

O primeiro membro da Casa de Nassau a estabelecer-se nos Países Baixos foi Engelberto I de Nassau (ca. 1370-1442). Em 1403, ele casou-se com a rica nobre neerlandesa Joana de Polanen (1392-1445). Graças a este casamento, a cidade de Breda, localizada no católico Brabante do Norte, tornou-se até hoje o núcleo dos domínios da Casa de Orange-Nassau nos Países Baixos. A importância da Casa de Nassau nos Países Baixos aumentou durante os séculos XV e XVI à medida que eles se tornaram conselheiros, estatuderes e generais da Casa de Habsburgo. Engelberto II de Nassau (1451-1504) prestou seus serviços ao sacro imperador romano-germânico Maximiliano I (1459-1519). Em 1501, Maximiliano nomeou Engelberto II governador-geral dos Países Baixos. Como principal representante da Casa de Habsburgo nos Países Baixos, Engelberto II inaugurou, assim, um processo que levou a Casa de Orange-Nassau à hegemonia na política neerlandesa. O imperador Carlos V nomeou em 1515 Henrique III de Nassau e Breda estatuder dos condados da Holanda e da Zelândia.[100] Renato de Châlon era filho deste, tendo sido sucedido, como príncipe de Orange, de acordo com o que ressaltamos anteriormente, por seu primo Guilherme I.

Com a morte de Guilherme III, o príncipe de Orange que se tornou rei da Inglaterra, Escócia e Irlanda sem deixar nenhum herdeiro, a linhagem

---

[99] A morte de Renato de Châlon em 1544 provocou uma bifurcação na Casa Nassau-Dilemburgo. O filho mais velho de Guilherme I, conde de Nassau-Dilemburgo, Guilherme, o Taciturno, tornou-se príncipe de Orange, senhor de Breda e estatuder da Holanda e da Zelândia. Seu irmão mais moço, João VI, assumiu os domínios da família, tornando-se conde de Nassau-Dilemburgo. Cerca de um século mais tarde, João Guilherme Friso, descendente de João VI, tornou-se príncipe de Orange, monarca dos Países Baixos, já que Guilherme III, descendente de Guilherme, o Taciturno, morreu sem deixar herdeiros.
[100] KIRCHNER, Ernst Daniel Martin. *Die Churfürstinnen und Königinnen auf dem Throne der Hohenzollern*. v. 2. Berlim: Wiegandt & Grieben, 1867, p. 224.

masculina direta a partir de Guilherme I, o Taciturno, acabou. A primeira Casa de Orange-Nassau, portanto, extinguiu-se. João Guilherme Friso de Nassau-Dietz (1687-1711), descendente de um irmão de Guilherme I e de uma filha de Frederico Henrique (1584-1647), ambos príncipes de Orange, herdou este título principesco, mas não o Principado de Orange, o qual foi cedido à França de acordo com o previsto no Tratado de Utrecht (1713), o qual pôs fim às guerras com o rei francês Luís XIV. Da mesma forma que Guilherme I, desfazendo-se de "Dilemburgo" e acrescentando "Orange", tornou-se o fundador da primeira Casa de Orange-Nassau, João Guilherme, desfazendo-se de "Dietz" e acrescentando "Orange", foi o fundador da segunda Casa de Orange-Nassau.

Guilherme V, deposto pela Revolução Batava (1795-1813), a versão neerlandesa da Revolução Francesa, neto de João Guilherme, foi o último estatuder da República das Sete Províncias Unidas dos Países Baixos, a República Coroada neerlandesa. Em seguida à derrota de Napoleão Bonaparte, com a restauração monárquica nos Países Baixos, o novo titular da Casa de Orange-Nassau, Guilherme I dos Países Baixos (1772-1843), deixou de intitular-se estatuder para chamar-se rei. O atual rei dos Países Baixos, Guilherme Alexandre (1967-), é membro da Casa de Orange-Nassau-Dietz, sendo descendente de João Guilherme Friso. Desde Guilherme I, o Taciturno, os monarcas dos Países Baixos utilizaram, além de estatuder ou rei, o título de príncipe de Orange. O príncipe de Orange nunca foi, nos Países Baixos, um nobre *inter pares*, entre iguais. Centro de uma Corte que não devia nada às congêneres europeias, ele era um príncipe soberano de pleno direito, titular do Principado de Orange, o que lhe granjeou muito prestígio. Os Estados Gerais, o Parlamento da República Coroada, trabalhavam em conjunto com o príncipe de Orange, consultando-o com frequência.

A Casa de Orange-Nassau iniciou seu percurso para tornar-se a família real dos Países Baixos na mesma época que outras dinastias europeias. Em 1544, Guilherme, o Taciturno, tornou-se príncipe de Orange e, a partir de 1559, estatuder da Holanda e da Zelândia. Cristiano I (1426-1481), da Casa de Oldemburgo (1448-), foi rei da Dinamarca a partir de 1448. Em 1523, Gustavo I (1496-1560), da Casa de Vasa (1523-1672), tornou-se monarca da Suécia. Em 1525, foi a vez de Alberto de Brandemburgo-Ansbach (1490-1568), da Casa de Hohenzollern, tornar-se duque da Prússia, dando início ao trajeto que levou sua família ao trono alemão. Um pouco mais tarde, Henrique IV (1553-1610), da Casa de Bourbon (1268-), foi em 1589 rei da França. Apenas a Casa de Orange-Nassau continua a reinar até hoje em seu respectivo país de origem.

Guilherme I

Nobre e rico, Guilherme I, o Taciturno, da mesma forma que seus ancestrais, serviu a Casa de Habsburgo. Membro da Corte de Margarida de Parma (1522-1586), governadora dos Países Baixos, Guilherme foi nomeado por Filipe II da Espanha (1527-1598), o Prudente, estatuder da Holanda, Zelândia e Utrecht. Ao tornar-se o principal líder da Guerra dos Oitenta Anos, ele foi considerado um traidor por Filipe II. Insatisfeito com o processo de transferência de prerrogativas que tradicionalmente haviam pertencido aos Estados, os Parlamentos provinciais, e com a perseguição aos protestantes, Guilherme tornou-se o principal financiador e agitador da Guerra dos Oitenta Anos, convertendo-se num inimigo jurado de morte pelo Império espanhol. Filipe II colocou sua cabeça a prêmio em 1580.[101]

Guilherme foi dos que nasceram, literalmente, em berço de ouro. Ele veio ao mundo em 1533, no Castelo de Dilemburgo, Condado de Nassau, no Sacro Império Romano-Germânico, agora parte do estado do Hesse, Alemanha. Destinado a um futuro brilhante, ela era o primogênito de Guilherme I, conde de Nassau-Dilemburgo, o Rico, e de Juliana de Stolberg (1506-1580). Seguindo o exemplo dos seus pais, Guilherme mudou várias vezes de religião. Nascido e educado na fé luterana, ele tornou-se católico em 1544 ao herdar o Principado de Orange. Em meio à guerra contra os espanhóis, seguindo o exemplo dos ricos burgueses da Holanda, em especial dos de Amsterdã, ele aderiu, em 1573, ao calvinismo ao mesmo tempo em acolhia o teólogo Jean Taffin (1529-1602), favorável à liberdade religiosa tanto para os católicos como para os protestantes, como seu orientador espiritual.

Renato de Châlon, príncipe de Orange, ao morrer sem descendência em 1544, deixou para Guilherme o Principado de Orange, desde que ele se tornasse católico. Guilherme, aos onze anos de idade, mal era um adolescente. Para atender ao previsto nas cláusulas testamentárias estabelecidas por Renato, Guilherme, o fundador da Casa de Orange-Nassau, uma das principais dinastias protestantes europeias, foi educado na fé católica. Isto,

---

[101] GOUDSCHAAL, U.P. *Willem van Oranje, de grondlegger van Neêrlands vrijheid*. Winschoten: P. Huisingh, 1868, p. 35.

aliado à circunstância de que há séculos membros da Casa de Nassau haviam ocupado postos políticos do mais alto significado nos Países Baixos, ajudou-o a conquistar a confiança de Filipe II. O fato de Guilherme ter mudado duas vezes de religião pode tê-lo deixado perplexo em meio a tantos conflitos religiosos, não apenas entre católicos e protestantes, mas também entre protestantes das mais diversas orientações, contribuindo para que ele fosse chamado de o Taciturno. O fundador da Casa de Orange-Nassau não apenas herdou o Principado de Orange, mas também grandes domínios nos atuais Países Baixos e Bélgica. Devido à sua tenra idade, o imperador Carlos V foi regente do Principado de Orange até Guilherme alcançar a maioridade. O príncipe não foi educado na Alemanha, em Dilemburgo. Ele recebeu um educação neerlandesa, primeiro na propriedade da família em Breda, mais tarde em Bruxelas, a capital dos Países Baixos habsbúrgicos (1482-1581). A própria irmã de Carlos V, Maria da Hungria (1505-1558), governadora dos Países Baixos, antecessora de Margarida de Parma, encarregou-se de supervisionar sua educação. Em Bruxelas, Guilherme I recebeu uma formação política e militar. Ele foi treinado desde a mais tenra idade pela Casa de Habsburgo para exercer os mais altos cargos.

Em 1551, Guilherme casou-se com Ana de Egmond (1533-1558), nobre e rica como ele. Além de príncipe de Orange, Guilherme tornou-se, assim, senhor de Egmond, o que aumentou ainda mais o seu prestígio junto ao imperador Carlos V e sua Corte. No mesmo ano, ele foi nomeado capitão de cavalaria. Enquanto tal, ele familiarizou-se com estratégias e técnicas militares que foram utilizadas mais tarde na Guerra dos Oitenta Anos. Na qualidade de antigo pupilo e atual favorito de Carlos V, Guilherme ascendeu rapidamente na carreira militar, tornando-se comandante do exército imperial com apenas vinte e dois anos de idade. Desde a mais tenra idade, Guilherme I contou com o apoio incondicional de Carlos V. Com a carreira militar consolidada, restava assegurar a carreira política. Nomeado membro do Conselho de Estado, o mais importante órgão político dos Países Baixos habsbúrgicos, Guilherme passou a aconselhar, direta e oficialmente, o imperador em todas as questões consideradas pertinentes. Na cerimônia de abdicação de Carlos V em benefício de Filipe II, Guilherme estava presente. Já muito doente, o imperador precisou apoiar-se em Guilherme para não cair no chão.[102] Foi

---

[102] PRAK, Maarten. *The Dutch Republic in the Seventeenth Century. The Golden Age*. Cambridge University Press, 2005, p. 7.

por estar convicto da fidelidade do príncipe de Orange que Filipe II nomeou Guilherme em 1559 estatuder da Holanda, Zelândia e Utrecht, as principais províncias, tanto sob o ponto de vista político como econômico, dos Países Baixos. Para Guilherme, o futuro era mais do que brilhante. Praticamente tudo estava em suas mãos, incluindo o Exército. Suas expectativas, por maiores que tenham sido, não foram frustradas.

Como qualquer hábil homem político, consciente do que era e do que podia vir a ser, Guilherme nunca assumiu uma rota direta de colisão contra o Império espanhol até o momento em que surgiram as condições necessárias que lhe permitiram assumir o controle da situação em seu favor. Em meio ao tumulto, ele soube utilizar a experiência administrativa e o capital político acumulados para tornar-se, ao lado de Filipe de Montmorency (1524-1568), conde de Hoorn, e Lamoral (1522-1568), conde de Egmont, o principal líder da violenta rebelião antiespanhola e anticatólica. Hoorn e Egmont, contra a intromissão do Império espanhol nos assuntos internos dos Países Baixos, pagaram com suas próprias vidas pela defesa dos interesses da nobreza neerlandesa. Arguto, Guilherme percebeu que estava em meio a um grande movimento de transformação histórico, do qual não havia mais volta. Permanecer católico, para ele, significava ficar a favor da perseguição dos protestantes. Ser protestante, na Holanda e na Zelândia, àquela altura dos acontecimentos, significava pertencer à mais ascendente burguesia do mundo. Antes luterano, mais tarde católico, Guilherme converteu-se ao calvinismo, a religião da classe dominante dos Países Baixos, em meio à confusão, a qual, por mais séria que tenha sido, não foi capaz de perturbá-lo a ponto de desnorteá-lo. Fugindo da perseguição de Fernando Álvarez de Toledo y Pimentel (1507-1582), grão-duque de Alba, no começo da Guerra dos Oitenta Anos, Guilherme deixou vacante o cargo de estatuder da Holanda, Zelândia e Utrecht. Margarida de Parma, irmã de Filipe II, substituiu-o por Maximilien de Hénin-Liétard (1542-1578), conde de Boussu. Em meio a uma verdadeira guerra civil religiosa, Antonie Perrenot de Granvelle (1517-1586), cardeal Granvelle, primeiro-ministro de Margarida de Parma, alegadamente pretendendo pacificar a situação, chefiou uma inquisição fadada ao fracasso que acirrou ainda mais os ânimos.[103] Assistindo a tudo de longe, refugiado no Castelo de Dilemburgo, que o vira nascer, Guilherme preparava sua volta triunfal aos Países Baixos.

---

[103] GELDEREN, Martin Van. *The Political Thought of the Dutch Revolt 1555-1590*. Cambridge University Press, 1992, p. 98.

O príncipe de Orange, ao assumir a liderança da Guerra dos Oitenta Anos, atacou, em primeiro lugar, a decisão de Filipe II de combater o protestantismo. Guilherme e o grão-duque de Alba, o arquétipo até hoje do espanhol cruel e repressor nos Países Baixos, o Duque de Ferro, eram velhos conhecidos. Os dois haviam sido enviados como reféns pelo cumprimento do Tratado de Cateau-Cambrésis (1559), que colocara fim à Guerra da Itália (1551-1559), permitindo que o Império espanhol, livre das despesas da guerra contra o Reino da França (987-1791), pudesse mobilizar recursos para colonizar as Américas. Em Paris, o rei francês Henrique II (1519-1559) teria discutido com Guilherme um acordo secreto franco-espanhol, negociado pelo grão-duque de Alba, cujo objetivo principal seria eliminar o protestantismo da face da terra. Guilherme teria então decidido, naquele momento, sem, evidentemente, compartilhar seus pensamentos nem com Henrique II nem com o grão-duque de Alba, que faria de tudo para impedir que os protestantes, em especial os dos Países Baixos, tivessem este fim. Interessado em granjear apoio junto aos príncipes protestantes alemães, Guilherme casou-se pela segunda vez, em 1561, com a também nobre e rica Ana da Saxônia (1544-1577). Até 1564, o príncipe de Orange concentrou suas críticas no cardeal Granvelle. A partir do momento em que este deixou os Países Baixos, Guilherme I, talvez incitado pelos príncipes protestantes alemães, satisfeitos com o seu casamento com Ana, passou a atacar diretamente Filipe II. Ao voltar-se contra seu antigo mentor político, Guilherme, talvez sem ter uma noção exata do que estava fazendo, tornou-se mais do que defensor do protestantismo, o próprio arauto da liberdade de consciência. Filipe não podia controlar a alma dos seus súditos. Cada um devia ser livre para decidir por conta própria, sem nenhuma interferência alheia, qual era sua religião. Este princípio não se aplicou, em sua plenitude, aos Países Baixos, uma vez que a burguesia calvinista holandesa e zelandesa, uma minoria tida como esclarecida, impôs, em última instância, sua fé a um povo que permanecia convictamente católico.

A baixa nobreza dos Países Baixos habsbúrgicos, sensível à conversão ao protestantismo, constituiu o Compromisso dos Nobres, uma aliança que teve como objetivo diminuir a amplitude e o impacto da perseguição espanhola contra os protestantes. A petição que eles dirigiram, em 5 de abril 1566, à regente Margarida de Parma, solicitando a interrupção da repressão, não foi completamente acolhida. O Império espanhol estava na defensiva, preparando-se para o pior. Há mais de quarenta anos, precisamente em 1523, em

Zurique, tivera início a Revolta Iconoclasta, um dos prelúdios das Guerras de Religião francesas (1562-1598) e da Guerra dos Trinta Anos, um dos mais longos e sangrentos conflitos da história europeia, que conflagrou católicos e protestantes, levando à fragmentação do Sacro Império Romano-Germânico. Para o desalento dos protestantes mais moderados e o desespero dos católicos, a Revolta, Fúria, Iconoclasta, a *Beeldenstorm*, a Tempestade das Estátuas, de agosto a novembro de 1566, espalhou-se pelos Países Baixos, com multidões calvinistas fora de controle atacando fiéis católicos e destruindo obras de arte sacra em igrejas e logradouros públicos.

A guerra civil religiosa começou em 10 de agosto de 1566, Dia de São Lourenço, em Flandres, uma província dos Países Baixos habsbúrgicos na qual, à época, os calvinistas estavam mais bem organizados do que na Holanda e na Zelândia.[104] Os peregrinos foram atacados em seu percurso de Hondschoote para Steenvoorde. A capela do Mosteiro de São Lourenço foi desfigurada pela multidão. Os amotinados associavam este santo diretamente a Filipe II. Nas proximidades de Madri, o Mosteiro do Escorial, mandado construir por Filipe para ser o palácio-sede da monarquia, símbolo máximo do Império espanhol, dedicado a São Lourenço, estava prestes a ser concluído. A Fúria Iconoclasta (1566) espalhou-se em direção ao norte dos Países Baixos, rumo à Holanda e à Zelândia, provocando a destruição e o saque não apenas de imagens, de obras de arte sacra, mas também de tesouros religiosos. Um dos alvos preferidos das multidões calvinistas foram as residências do clero secular, dos padres, as quais abrigariam preciosidades indizíveis, jamais confirmadas. A Fúria Iconoclasta atingiu em cheio o maior centro comercial e financeiro dos Países Baixos habsbúrgicos, Antuérpia, a cidade mais rica da Europa, onde dezenas de capelas, conventos, hospitais, igrejas e mosteiros foram destruídos. Aos calvinistas, juntaram-se anabatistas e menonitas, igualmente revoltados contra as imagens; elas entrariam em choque direto com o Segundo Mandamento, de acordo com a interpretação protestante, à exceção dos luteranos: "*Não farás para ti imagem de escultura, nem alguma semelhança do que há em cima nos céus, nem em baixo na terra, nem nas águas debaixo da terra.*" (Ex 20, 4). À luz da Bíblia, Deus teria proibido a fabricação de imagens, o que justificaria, plenamente, sua destruição.

---

[104] JANSSEN, H. Q. e Dalen, J. H. van. *Bijdragen tot de oudheidkunde en geschiedenis, inzonderheid van Zeeuwsch-Vlaanderen*. v. 2. Midelburgo: J.C. & W.Altorffer, 1857, pp. 287-288.

Assustada com a Fúria Iconoclasta, Margarida de Parma decidiu que o mais importante era restaurar a ordem. Ela não apenas se mostrou sensível às demandas da baixa nobreza, expressas no Compromisso dos Nobres, como aceitou incluir Guilherme I, um dos mais insignes representantes da alta nobreza dos Países Baixos, num esforço de conciliação condenado ao fracasso. Guilherme aproveitou esta oportunidade para iniciar o processo de consolidação de sua autoridade como líder máximo da Guerra dos Oitenta Anos. Margarida, ao comunicar-se com seu irmão Filipe II, colocou-o a par da situação, admitindo que perdera o controle da situação. Pressentindo o que estava por vir, a reação do Império espanhol, muitos calvinistas adiantaram-se, fugindo dos Países Baixos. Foi por estar alarmado com a Fúria Iconoclasta que Filipe II enviou um dos seus principais generais, o grão-duque de Alba, membro de uma das mais antigas e prestigiosas famílias nobres europeias, a Casa de Alba (1429-), para restaurar a paz e a ordem nos Países Baixos habsbúrgicos.[105]

Fernando, um Grande de Espanha, foi um dos maiores generais da história europeia. Em 1552, Carlos V enviara-o a Viena para defendê-la da invasão otomana. No Sítio de Perpinhã, em 1542, ele infligiu uma das piores derrotas sofridas pelo rei francês Francisco I. Na Alemanha, em 1547, na Batalha de Mühlberg, ele, comandando o exército imperial de Carlos V, derrotou a Liga de Esmalcalda (1531-1547), a aliança de príncipes luteranos alemães. O papa Paulo IV (1476-1559), inimigo da Casa de Habsburgo, retirou em 1556 de Filipe II o título de rei de Nápoles. Alba, em represália, marchou sobre Roma. De 1567 a 1573, Fernando tentou, à sua maneira, como governador dos Países Baixos habsbúrgicos, pacificá-los, o que, seguindo a lógica do Império espanhol, pressupunha a erradicação do protestantismo de Flandres, da Holanda e da Zelândia. Sua carreira, em defesa de Filipe II, prosseguiu, de 1580 a 1582, em Portugal. Com a morte do rei d. Sebastião (1554-1578) sem ter deixado herdeiros, vacante o trono português, o grão-duque de Alba, comandando um exército espanhol de 20 mil homens, invadiu Portugal e derrotou os portugueses na Batalha de Alcântara (1580) e ocupou Lisboa. Filipe II da Espanha tornou-se, então, Filipe I de Portugal, dando início à União Ibérica, a união dinástica que unificou a Península Ibérica de 1580 a 1640.

---

[105] LEÓN, Fernando González de. Spanish Military Power and the Military Revolution. In: *Early Modern Military History, 1450-1815*. Geoff Mortimer (ed.). Nova York: Palgrave Macmillan 2004, p. 32.

Foi contra este homem, antigo conhecido seu, que Guilherme teve de defrontar-se. Para debelar a guerra civil religiosa, o duque de Alba instituiu o Conselho dos Tumultos (1567-1576), com o objetivo de punir os responsáveis pela Fúria Iconoclasta. Milhares de pessoas foram intimadas a comparecer, dentre elas Guilherme I, que preferiu sumir. Declarado réu confesso, destituído de suas funções, com seus bens confiscados, Guilherme assumiu então o papel de líder da Guerra dos Oitenta Anos. Naquilo que se tornaria a primeira guerra mundial já ocorrida, com neerlandeses e espanhóis medindo forças e lutando um pouco por toda parte, Guilherme, um dos homens mais ricos dos Países Baixos, financiou do seu próprio bolso os mendigos do mar (*Watergeuzen*), refugiados protestantes que formaram grupos de piratas que devastaram cidades litorêneas neerlandesas, atacando e matando católicos.[106] Ele também financiou um exécito de mercenários alemães para lutar contra o grão-duque de Alba. Contra o Império espanhol, Guilherme tampouco hesitou em arregimentar alguns dos seus irmãos para o conflito direto contra o inimigo. Adolfo (1540-1568) e Luís de Nassau (1538-1574) venceram a Batalha de Heiligerlee, em 23 de maio de 1568, em Groninga, uma província nortista neerlandesa, contra o exército espanhol comandado por João de Ligne (1525-1568). Adolfo morreu nesta batalha, mesma sorte que teve Luís mais tarde em outro conflito.

A resposta de Alba, tanto ao apoio financeiro de Guilherme aos inimigos do Império espanhol quanto à participação de membros da sua família na Batalha de Heiligerlee, que resultou na morte de João de Ligne, um dos principais aliados de Filipe II nos Países Baixos, foi imediata. Em 5 de junho de 1568, os já mencionados condes de Hoorn e Egmont foram decapitados. Em seguida, o duque de Alba foi para Groninga. De lá, ele expulsou Luís de Nassau dos Países Baixos, derrotando em 21 de julho de 1568 suas tropas compostas por nobres calvinistas, um dos principais contingentes da Guerra dos Oitenta Anos, na Batalha de Jemmingen. Para escapar do grão-duque de Alba, tanto Guilherme quanto Luís fugiram. As Batalhas de Heiligerlee e de Jemmingen foram o começo da Guerra dos Oitenta Anos. Guilherme, antigo aliado e homem de confiança de Filipe II, tornou-se seu maior inimigo.

Animado com o resultado da Batalha de Heiligerlee, Guilherme não desistiu do seu projeto de derrotar militarmente o Império espanhol. Pou-

---

[106] STATE, Paul F. *A Brief History of the Netherlands*. Nova York: Facts on File, 2008, p. 50.

cos meses mais tarde, em outubro de 1568, ele liderou um exército rumo ao Brabante, a província onde ficava Bruxelas, a capital dos Países Baixos habsbúrgicos. O grão-duque de Alba, ao contrário do que Guilherme esperava, evitou um confronto direto. À medida que Guilherme I avançava, seu exército, formado sobretudo por mercenários alemães, que eram mais conhecidos pela brutalidade do que pela disciplina, começou a entrar em colapso. Sem dinheiro para pagar o soldo dos mercenários, bem como para comprar munição e mantimentos, Guilherme desistiu do ataque ao Brabante e bateu em retirada. Desmoralizado com este fracasso, Guilherme não conseguiu colocar em prática, nos anos seguintes, seu projeto de derrota do Império espanhol. Faltaram-lhe simpatizantes dispostos a financiar esta nova empreitada. Em casa, a paz tampouco reinava; seu segundo casamento ia de mal a pior. Acusada de adultério, traída pelo marido, Ana da Saxônia, tida como louca, tentou suicídio antes de morrer na prisão em condições abjetas. Seu advogado, Jan Rubens (1530-1587), pai do pintor Peter Paul Rubens, não conseguiu salvá-la. Hábil na arte da propaganda, Guilherme financiou a publicação e a distribuição de panfletos em favor da causa que ele advogava, uma espécie de *home rule*, um autogoverno, o que o tornou ainda mais popular junto à burguesia calvinista. Guilherme I não estaria lutando contra o soberano legítimo dos Países Baixos, o rei Filipe II, mas contra a nomeação de governadores estrangeiros para os Países Baixos habsbúrgicos, secundados por soldados igualmente estrangeiros para garantir a lei e a ordem. Ao defender este ponto de vista, Guilherme estava reivindicando implicitamente para si o cargo de governador, embora ele mesmo fosse um estrangeiro que dependia de mercenários igualmente estrangeiros para colocar em prática seu plano de conquista do poder. O hino dos Países Baixos, o mais antigo do mundo em uso, *O Guilherme* (*Het Wilhelmus*), cantado desde 1568, ao contar a história da luta de Guilherme contra o Império espanhol, louva até hoje sua *lealdade* a Filipe II: "O rei da Espanha/Eu sempre honrei."[107]

Em 1569, Guilherme tornou-se abertamente o líder da Guerra dos Oitenta Anos, a Revolução Holandesa, a mais longa das revoluções do Oci-

---

[107] *O Guilherme*, primeira estrofe: "(...) den Koning van Hispanje/heb ik altijd geëerd." A morte de Adolfo de Nassau também é lembrada, na quarta estrofe: "Conde Adolfo ficou/ na Físia na batalha". "(...) Graaf Adolf is gebleven/in Friesland in den slag" (Cf. BAREND-VAN HAEFTEN, Marijke et alii. *Wilhelmus en de anderen. Nederlandse liedjes. 1500-1700*. 2ª ed. rev. Amstedam University Press, 2004, pp. 19-20).

dente. Como se chefiasse um governo reconhecido internacionalmente, ele emitia cartas de corso. Os navios eram equipados por Luís de Nassau em La Rochelle, um porto atlântico francês controlado por huguenotes. Ao final de 1569, havia cerca de cem navios ativos, com uma tripulação variada, composta por mendigos do mar, pronta para saquear cidades e embarcações. O boutim era vendido em portos ingleses, que se haviam convertido num refúgio seguro para os corsários. Em 1572, a rainha Isabel I (1533-1603) proibiu-lhes o acesso aos portos da Inglaterra. Num ato de desespero, os mendigos do mar, comandados por Willem Bloys van Treslon (1529-1594), jurados de morte pelo Império espanhol, tomaram em 1º de abril de 1572 Brielle. Em vez de atacá-la e fugir, como de costume, eles ocuparam esta cidade em nome de Guilherme I. Ao assumirem o papel de soldados do príncipe de Orange, com o objetivo de não serem mais considerados um bando de piratas *sans foi ni loi*, eles conseguiram que várias cidades os acolhessem como libertadores. Não tardou para que muitas localidades da Holanda e da Zelândia, com a exceção de Amsterdã e Midelburgo, fossem controladas pelos insurretos. Aproveitando o momento propício, as cidades rebeladas, embora não tivessem competência para tanto, convocaram uma sessão dos Estados Gerais, na qual Guilherme, em 1572, foi reempossado como estatuder da Holanda, Zelândia e Utrecht, o que jamais foi reconhecido por Filipe II.

Exércitos rebeldes capturaram cidades em todo o país. Guilherme avançou com suas próprias tropas para várias cidades do sul, tradicionalmente católico, como Lovaina e Roermond. O apoio que ele recebera dos huguenotes arrefeceu após o Massacre da Noite de São Bartolomeu, ocorrido de 23 a 24 de agosto de 1572, no qual os mais ricos e influentes protestantes franceses foram assassinados. Tendo sofrido um ataque bem-sucedido por parte do Império espanhol, Guilherme fugiu para Enkhuizen, na Holanda. Os espanhóis, como represália, passaram, da mesma forma que os mendigos do mar, a atacar e saquear cidades rebeldes, adeptas de Guilherme, como Mechelen, em Flandres, e Zutphen, em Gueldres. Pega em meio ao fogo cruzado, à população não restou muito além do que torcer por um fim rápido do conflito, o que não aconteceu. Relatos de que, em 17 de novembro de 1572, todos os habitantes de Zutphen haviam sido mortos pelo exército espanhol não foram nada animadores. Filipe II tampouco gostou de saber que quando a cidade de Brielle foi conquistada pelos mendigos do mar, a prefeitura de Haarlem, na Holanda, passou a apoiar abertamente estes corsários. Em 11 de dezembro de 1572, os espanhóis sitiaram Haarlem. Depois de sete meses, esta cidade capitulou. Embora Filipe II tenha na Batalha de Haarlemmermeer (1573) vencido os mendigos do mar, que tentavam romper o Sítio de Haarlem, ele deu uma demonstração de fraqueza que não passou despercebida. Para conquistar Haarlem, o Império espanhol contou com cerca de dez mil homens. A resistência heroica dos adeptos de Guilherme nesta cidade holandesa não foi esquecida. Pelo contrário, tornou-se um exemplo a ser seguido e aprimorado. Quem comandou as tropas do Império espanhol em Haarlem, Mechelen, Naarden e Zutphen, durante o período mais sangrento da Guerra dos Oitenta Anos, foi Fadrique Álvarez de Toledo (1537-1583), primogênito do grão-duque de Alba. O fracasso de Fadrique no Sítio de Alkmaar, na Holanda como Haarlem, foi um dos fatores que provocaram sua desgraça junto a Filipe II. Em meio a estes acontecimentos, com a maré mudando contra o Império espanhol, Guilherme converteu-se novamente em 1573, desta vez ao calvinismo.[108]

O duque de Alba foi substituído ainda em 1573 como governador dos Países Baixos habsbúrgicos por Luís de Requesens y Zúñiga (1528-1576). Em 1572, Luís fora nomeado governador do Ducado de Milão (1395-1797) por Filipe II, um dos cargos mais importantes do Império espanhol. Embora tenha desejado colocar em prática uma política liberal e conciliatória, com a concessão de uma anistia geral, permitindo ainda, aos descontentes, emigrar, a situação militar tendia para um impasse. Na Batalha de Mookerheyde, em 14 de abril de 1574, no Limburgo, próximo ao rio Mosa, os espanhóis tiveram uma vitória avassaladora. Dois irmãos de Guilherme, Henrique (1550-1574) e Luís de Nassau, morreram no campo de batalha. No Sítio de Leiden, de 1573 a 1574, as consequências, para o Império espanhol, foram completamente diversas. Os rebeldes, apoiados por ingleses e huguenotes franceses, venceram. Para homenagear a vitória contra os espanhóis e recompensar os cidadãos de Leiden por sua fidelidade e capacidade de resistência, Guilherme I fundou em 1575 a Universidade de Leiden, a primeira dos Países Baixos. Até hoje, a família real neerlandesa mantém vínculos estreitos com ela. As rainhas Juliana (1909-2004) e Beatriz (1938-) e o atual rei Guilherme Alexandre estudaram na Univerisade de Leiden.

---

[108] HEITINK, Gerben. *Een kerk met karakter: tijd voor heroriëntatie*. Kampen: Kok, 2007, p. 162.

Depois do fracasso das segundas núpcias com Ana da Saxônia, Guilherme decidiu seguir o exemplo de Martinho Lutero, que se casara, em 1525, com uma ex-freira, Catarina de Bora (1499-1552). Em 12 de junho de 1575, ele desposou, em terceiras núpcias, Carlota de Bourbon (1546-1582), uma ex-freira de sangue azul, filha de Luís de Bourbon (1513-1582), duque de Montpensier, um príncipe francês.[109] Em 1572, Carlota fugira do convento, refugiara-se em Heidelberg e anunciara sua conversão ao calvinismo.

A maior contribuição para o fortalecimento dos rebeldes veio do próprio inimigo. O Império espanhol atravessava mais uma crise financeira, tendo sido obrigado a declarar bancarrota. Apesar disto, Filipe II não descurou do pagamento dos seus soldados nos Países Baixos habsbúrgicos, tendo-lhes enviado navios carregando os quatrocentos mil florins exigidos. Os navios que levavam esta soma foram apreendidos por Isabel I ao abrigarem-se de uma tempestade em território inglês. Os terços, a principal unidade militar da Espanha habsbúrgica (1516-1700), amotinaram-se e saquearam em 4 de novembro de 1576 Antuérpia, a joia do Império espanhol, matando cerca de dez mil pessoas. A crueldade dos terços foi tamanha que passou para a história como a Fúria Espanhola (1576). Os rebeldes utilizaram este precedente funesto a seu bel-prazer, transformando-o num dos principais trunfos de sua campanha de propaganda contra o Império espanhol. Novo governador dos Países Baixos habsbúrgicos a partir de 1576, em seguida à morte súbita, por razões não esclarecidas, de Luís de Requesens y Zúñiga, João da Áustria (1547-1578), irmão de Filipe II e responsável pela vitória do Império espanhol na Batalha de Lepanto (1571) contra o Império otomano, encontrou uma situação caótica. Guilherme I conseguiu, com a Pacificação de Gante, assinada em 8 de novembro de 1576, unir a maior parte das cidades e províncias, tanto católicas como protestantes, em torno de uma causa comum – a guerra contra o Império espanhol. O que o príncipe de Orange não conseguiu foi que cidades e províncias católicas concedessem liberdade religiosa aos protestantes, ou que cidades e províncias protestantes concedessem liberdade religiosa aos católicos. Cabia a João da Áustria encontrar um meio de unir os católicos a favor do Império espanhol e de dividir os protestantes, o que, à luz da Fúria Espanhola, não era nada fácil.

---

[109] BLAISDELL, Charmarie. Religion, Gender, and Class: Nuns and Authority in Early Modern France. In: *Changing Identities in Early Modern France*. Michael Wolfe (ed.). Duke University Press, 1997, p. 155.

João e os Estados Gerais assinaram, em 12 de fevereriro de 1577, o Édito Perpétuo. Ambas as partes prometeram honrar o previsto na Pacificação de Gante. As cidades e províncias rebeladas comprometeram-se a reconhecer Filipe II como rei e João da Áustria como governador. Os espanhóis, de sua parte, prometeram retirar todas as suas tropas dos Países Baixos, com exceção das do Luxemburgo. Descumprindo o previsto no Édito Perpétuo, João atacou em 24 de julho de 1577, com as tropas aquarteladas no Luxemburgo, a cidade de Namur, dando um novo impulso à Guerra dos Oitenta Anos. Atiçados, os calvinistas proibiram o catolicismo nas cidades e províncias que haviam caído sob seu controle. A Primeira União de Bruxelas, de 9 de janeiro de 1577, e a Segunda União de Bruxelas, de 10 de dezembro de 1577, acordos promovidos pelos Estados Gerais para assegurar a junção de católicos e protestantes em torno de um projeto comum dos Países Baixos, também fracassaram. Em 6 de janeiro de 1579, as províncias meridionais, católicas, assinaram a União de Atrecht, reconhecendo Filipe II e Alexandre Farnese (1545-1592), duque de Parma, como sucessores de João da Áustria. As províncias setentrionais, protestantes, bem como a maior parte das cidades de Flandres e do Brabante, assinaram, em 23 de janeiro do mesmo ano, a União de Utrecht, um dos atos fundadores da República das Sete Províncias Unidas dos Países Baixos; Flandres e metade do Brabante foram reconquistadas mais tarde pelo Império espanhol. Embora Guilherme I não tenha dado inicialmente seu apoio à União de Utrecht, uma espécie de Constituição informal da República Coroada, já que ele ainda tinha o sonho de unificar todas as províncias, o príncipe de Orange, ao final, aquiesceu. Da mesma forma que a União de Atrecht é a antecessora da Bélgica moderna, a União de Utrecht o é dos Países Baixos contemporâneos. Amsterdã, prestes a tornar-se o principal centro comercial e financeiro da Europa, substituindo Antuérpia, depôs, em 26 de maio de 1578, o governo católico da cidade, colocando em seu lugar um governo protestante.

Num ato de desespero, Filipe II colocou a cabeça de Guilherme a prêmio, prometendo pagar 25 mil coroas de ouro a qualquer um que conseguisse matá-lo. Percebendo que o pior que poderia lhe acontecer era ficar isolado, tornando-se um pária, Guilherme I buscou aliados poderosos que pudessem ajudá-lo. Ele contribuiu decisivamente para que Francisco (1555-1584), duque de Anjou, filho do rei da França Henrique II e de Catarina de Médici (1519-1589), fosse reconhecido pelo Tratado de Plessis-les-Tours (1580), a despeito da oposição da Holanda e da Zelândia, como o novo soberano da República em substituição a Filipe II. Em 22 de julho de 1581, os Estados Gerais repudiaram formalmente, com a Ata de Abjuração, Filipe II como o soberano dos Países Baixos. O duque de Anjou viu-se, assim, legitimado, política e juridicamente, para, ao assumir o poder como novo soberano da República Coroada, ajudar os rebeldes em sua guerra de libertação nacional contra o Império espanhol. Em 10 de fevereiro de 1582, ele chegou aos Países Baixos. Em 18 de março, o basco Juan de Jáuregui (1562-1582) tentou assassinar Guilherme em Antuérpia.[110] Embora o príncipe de Orange tenha sobrevivido, ele não saiu fisicamente ileso deste atentado.

Impopular, o duque de Anjou logo percebeu que sua posição como príncipe e senhor dos Países Baixos dependia diretamente do apoio militar que ele pudesse garantir aos rebeldes contra o Império espanhol. Francisco, no entanto, decidiu ser parte do problema e não da solução ao, imitando o exemplo da Fúria Espanhola, atacar Antuérpia, liderando a Fúria Francesa (1583). Tentando enganar seus moradores, ele solicitou permissão para adentrar na cidade acompanhado de suas tropas, numa grande cerimônia que teria como objetivo prestar-lhe homenagem. Escaldados pelo trauma provocado pelos terços espanhóis, Antuérpia não se deixou enganar. Em 18 de janeiro de 1583, o duque de Anjou chegou à cidade. A milícia de Antuérpia, composta por cidadãos enfurecidos, desferiu-lhe um ataque surpresa, do qual ele mal escapou com vida. Tanto o duque de Anjou como Guilherme saíram desmoralizados. Depois deste massacre, a rainha inglesa Isabel I deixou de considerar Francisco um pretendente digno de ser levado em conta. A fuga do príncipe e senhor dos Países Baixos rumo à sua França natal desacreditou ainda mais o príncipe de Orange. A Holanda e a Zelândia, no entanto, mantiveram-no como seu estatuder. A morte prematura do duque de Anjou em 1584, aos vinte e nove anos de idade, contribuiu para que o huguenote Henrique de Navarra, futuro Henrique IV (1553-1610), se tornasse herdeiro da Coroa francesa, agravando as Guerras de Religião francesas. Em meio a toda esta confusão, Guilherme casou-se em quartas núpcias, em 12 de abril de 1583, com Luísa de Coligny (1555-1620), uma huguenote francesa, filha de Gaspar II de Coligny (1519-1572), cuja tentativa de assassinato foi um dos estopins do Massacre da Noite de São Bartolomeu.

---

[110] VERSCHAFFEL, Tom (ed.). *Koningsmoorden*. Universitaire Pers Leuven, 2000, p. 286.

Guilherme I foi assassinado por Balthasar Gérard (ca. 1557-1584), grande admirador de Filipe II. Gérard era um homem instruído, tendo estudado direito na Universidade de Dole,[111] fundada por Filipe (1396-1467), o Bom. Uma das principais universidades europeias à época, conhecida pelo ensino do direito canônico e civil, a Universidade de Dole foi sucedida pela Universidade do Franco-Condado, até hoje existente. A cidade natal de Gérard era Vuillafans, não muito distante de Genebra, um dos principais centros da Reforma Protestante. Em 1581, ele soube que Filipe II colocara, em 15 de março de 1580, a cabeça de Guilherme I, a "peste de toda a Cristandade" e o "inimigo da raça humana", a prêmio.

Gérard percorreu um longo caminho antes de desferir o tiro fatal que matou Guilherme. Primeiro, ele foi ao Luxemburgo, para sentar praça no exército de Peter Ernst I von Mansfeld-Vorderort (1517-1604), comandante do exército espanhol. Gérard, aparentemente, tinha a esperança de assassinar Guilherme quando houvesse uma batalha entre as tropas deste e as de Filipe II. Como isto não aconteceu dentro do prazo esperado, Gérard saiu do Luxemburgo em 1584 rumo a Trier, uma importante cidade das proximidades, localizada no atual estado alemão da Renânia-Palatinato, na qual ele encontrou jesuítas que o convenceram a procurar Alexandre Farnese em Tournai, na Valônia. Alexandre, um estrategista de primeira grandeza, foi o responsável pela conquista das principais cidades dos Países Baixos do Sul, atual Bélgica, devolvendo-as ao controle do Império espanhol após derrotar os calvinistas. O duque de Parma não ficou muito bem impressionado. Dele, Gérard não recebeu muito mais do que um vago apoio moral. Para Alexandre, o mais importante era que Gérard não fizesse nada em seu nome.

Em maio de 1584, Gérard chegou a Delft, a cidade holandesa onde residia Guilherme. Ele hospedou-se no albergue De Diamant in de Choorstraat, a poucas centenas de metros do Prinsenhof, o antigo Convento de Santa Ágata, que, depois da Reforma, fora transformado na sede da Corte do príncipe de Orange. Gérard, sob o pseudônimo François Guyon, entregou, no Prinsenhof, uma carta dirigida a Guilherme. Apresentando-se como um francês calvinista, huguenote, refugiado nos Países Baixos, Gérard colocou-se aos serviços do príncipe de Orange. Em 10 de julho de 1584, Gé-

---

[111] BOSMA, Nanne. *Balthazar Gerards, moordenaar en martelaar.* Amsterdã: Rodopi, 1983, p. 15.

rard conseguiu encontrar-se com Guilherme I no Prinsenhof. O príncipe de Orange estava almoçando com Rombertus van Uylenburgh (1554-1624), advogado e político frísio, pai de Saskia van Uylenburgh (1612-1642), esposa do pintor Rembrandt van Rijn (1606-1669). Quando Guilherme, tendo terminado de almoçar, descia a escada, Gérard atirou-lhe no peito a curta distância. As últimas palavras de Guilherme teriam sido em francês: *"Mon Dieu, ayez pitié de moi, et de ce pauvre peuple!"* ("Meu Deus, tenha piedade de mim, e deste pobre povo!").[112] Gérard tentou escapar, mas foi pego. Depois de ser duramente torturado, ele foi executado de uma forma extremamente cruel, mesmo para os padrões da época. A mão direita foi queimada com um ferro incandescente; sua carne foi separada dos ossos com pinças. Estripado e esquartejado vivo, o coração foi-lhe arrancado do peito e jogado contra o seu rosto. Ao final do suplício, ele foi decapitado. Gérard não aceitou ser chamado de traidor. Pelo contrário, afirmou ser um leal servidor do rei da Espanha. Seguindo o exemplo de Davi, assassinara Golias. Em vez das 25 mil coroas de ouro, Filipe II entregou aos pais de Gérard uma série de propriedades rurais no Franco-Condado, tendo ainda nobilitado sua família.

Filipe Guilherme (1554-1618), o primogênito de Guilherme I, cujo primeiro prenome foi escolhido em homenagem a Filipe II, foi levado aos treze anos de idade, contra a vontade do pai, para a Espanha. Educado na religião católica, seus estudos na Universidade de Lovaina, fundada em 1425, no Brabante, foram concluídos na Universidade de Alcalá de Henares, nas vizinhanças de Madri. Apesar do apoio da irmã Maria de Nassau (1556-1616), bem como do Império espanhol, ou por causa disto, Filipe Guilherme não conseguiu suceder Guilherme I à frente dos Países Baixos. Os Países Baixos, além da Espanha, também eram cobiçados pela Inglaterra. Pouco depois da morte de Guilherme I, Robert Dudley (ca. 1532-1588), I conde de Leicester, tornou-se em 1586, com a aprovação dos Estados Gerais, governador-geral da República das Sete Províncias Unidas dos Países Baixos. Súdito da rainha da Inglaterra, bem como um dos seus favoritos, ele foi forçado a renunciar depois de ter fracassado como líder político e militar. Coube a Maurício de Nassau (1567-1625), meio-irmão de Filipe Guilher-

---

[112] Em neerlandês, as últimas palavras de Guilherme I teriam sido: *"Mijn god, mijn god heb medelijden met mij en met dit arme volk."* Embora não se tenha como comprovar sua autenticidade, elas têm sido transmitidas de geração em geração há quase meio milênio. Guilherme I não era muito religioso.

me, tornar-se o novo líder da República Coroada.[113] O apoio de Johan van Oldenbarneveldt (1547-1619), tradicional adversário de Robert Dudley, foi fundamental. Maurício tornou-se estatuder,[114] almirante-general e capitão-general, títulos que se tonaram *de facto* hereditários da Casa Orange-Nassau até o advento da República Batava (1795-1806), estado satélite da Primeira República Francesa (1792-1804). Morto Filipe Guilherme em 1618, Maurício, filho de Guilheme I com a repudiada Ana da Saxônia, assumiu, também, o título de príncipe de Orange.

Maurício de Nassau

Houve mais de um Maurício.

O protestante Maurício de Nassau tornou-se príncipe de Orange, um título nobiliárquico católico, a partir de 1618, com a morte do seu irmão mais velho, Filipe Guilherme. Maurício foi estatuder de todas as províncias da República Coroada, com exceção da província da Frísia, de 1585 até sua morte em 1625. Um dos maiores estrategistas de toda a história, ele organizou e colocou em prática por mais de uma década uma campanha militar implacável, coerente e bem-sucedida, contra o Império espanhol, tornando-se o primeiro almirante-general, comandante em chefe, da Marinha dos Países Baixos.

---

[113] Maurício de Nassau nasceu em 14 de novembro de 1567 em Dilemburgo, onde seu pai também tinha nascido (Cf. DEURSEN, A. Th. van. *Maurits van Nassau. 1567-1625. De winnnaar die faalde*. Amsterdã: Uitgeverij Bert Bakker, 2005, p. 7).

[114] Cada província da República Coroada nomeava o seu próprio estatuder. O cargo de estatuder das províncias da Holanda e da Zelândia era exercido em conjunto. Durante a Guerra dos Oitenta Anos, algumas províncias tiveram dois estatuderes – um nomeado pelo Império espanhol, outro pela respectiva província. Em 1572, Guilherme I, por exemplo, foi indicado estatuder da Holanda, Zelândia e Utrecht, como já tivemos a oportunidade de salientar, contra a vontade de Filipe II. O poder, em cada província, era exercido, em primeiro lugar, de forma soberana, pelos próprios Estados provinciais, os Parlamentos das províncias, mas os estatuderes, cujas prerrogativas se aproximavam às de um chefe de Estado, podiam influenciar decisivamente a política dos Países Baixos, sobretudo em época de guerra. Os príncipes de Orange, descendentes de Guilherme I, o Taciturno, foram sempre nomeados estatuderes da Holanda, Zelândia, Utrecht, Overijssel e Gueldres. Enquanto tal, ele era identificado como estatuder dos Países Baixos "eleito" pelos Estados Gerais. Na Frísia, uma província periférica, com um idioma próprio, o frísio, mais próximo do inglês antigo do que do neerlandês, este sistematizado pelos linguistas da Universidade de Leiden a partir do dialeto falado entre Amsterdã e Haia, os estatuderes costumavam pertencer à casa de Nassau-Dietz, e não à de Orange-Nassau. A província de Groninga indicava, como estatuder, o príncipe de Orange-Nassau ou o de Nassau-Dietz. João Guilherme Friso, estatuder da Frísia, tornou-se príncipe de Orange com a morte de Guilherme III. O filho de João Guilherme, Guilherme IV, foi o primeiro estatuder hereditário de todas as províncias.

Na Idade Média, o escritor romano Flávio Vegécio (séc. IV-séc. V), com sua obra *Epitoma rei militaris*, foi a principal fonte clássica a respeito da arte da guerra – como organizar um campo e fortificá-lo, treinar e disciplinar tropas, marchar, envolver-se num conflito. Enfim, tudo o que fosse necessário para o combate, com base nos métodos de treinamento utilizados pelas legiões romanas. Maurício não só colocou em prática os ensinamentos de Vegécio, como os renovou e adotou novas técnicas de treinamento. Um grande líder, Maurício por pouco não se tornou um ditador militar.

Maurício nasceu fora dos Países Baixos, no que hoje é a Alemanha, mais precisamente no Castelo de Dilemburgo. Foi batizado em homenagem ao príncipe-eleitor Maurício da Saxônia (1521-1553), seu avô pelo lado materno, um luterano que traíra sua fé, pondo-se ao lado do imperador católico Carlos V contra a protestante Liga de Esmalcalda, que pretendia destruir o Sacro Império Romano-Germânico. Educado em Dilemburgo por seu tio João VI, conde de Nassau-Dilemburgo, Maurício estudou em duas das mais prestigiosas universidades europeias, Heidelberg e Leiden, na qual ele encontrou Simon Stevin (1548-1620), matemático e engenheiro militar. Maurício tinha dezesseis anos de idade quando seu pai foi assassinado em 1584. Embora oficialmente o cargo de estatuder não fosse hereditário, ele conseguiu assumi-lo rapidamente. Cogitou-se a possibilidade de os monarcas da França ou da Inglaterra tornarem-se soberanos dos Países Baixos, mas este projeto não foi adiante. A ascensão política e militar de Maurício contribuiu para o fracasso do inglês Robert Dudley como governador-geral das Províncias Unidas.

Foi Maurício quem transformou a anárquica rebelião contra o Império espanhol numa revolta sistemática. Ele, junto com seu primo Guilherme Luís (1560-1620), conde de Nassau-Dilemburgo, fez do Exército dos Estados Gerais (*Staatse leger*) dos Países Baixos uma força de combate moderna e eficiente, pronta para enfrentar e derrotar o inimigo.[115] Em Heidelberg e Leiden, bem como por conta própria, Maurício estudou astronomia, estratégia, história militar, matemática e tática, contribuindo,

---

[115] A reforma do Exército dos Estados Gerais permitiu a vitória em Breda, Steenbergen e Roosendaal em 1590; Zutphen, Deventer, Hulst e Nijmegen em 1591; Steenwijk, Ootmarsum e Coevoerden em 1592; Geertruidenberg em 1593; e a conquista em dois meses de Groninga em 1594 (Cf. ZWITZER, H.L. De Soldaat. In: *Gestalten van de Goude Eeuw. Een Hollands groepsportret.* H.M. Beliën, A.Th. Van Deursen e G.J. van Setten (eds.). Amsterdã: Uitgeverij Bert Bakker, 1995, p. 166).

ao colocar em prática o conhecimento acumulado, para o surgimento da Revolução Militar dos séculos XVI e XVII. Prioridade foi dada ao uso da arma de fogo, com a cavalaria cedendo lugar à infantaria. A Guerra dos Oitenta Anos foi encarada por Maurício como um desafio. Utilizando os ensinamentos de Simon Stevin, ele sitiou e conquistou cidades e fortalezas, dando ânimo novo à República. Sua ofensiva desmoralizou a reputação de invencibilidade do Império espanhol. As vitórias de Maurício legaram aos Países Baixos fronteiras seguras, impulsionando a revolta de um pequeno Estado-nação contra o maior império do mundo. Ainda em vida, Maurício de Nassau tornou-se o mais importante general da sua época. Vários dos maiores generais da geração seguinte, como seu irmão Frederico Henrique e os comandantes da Guerra Civil inglesa (1642-1651), aprenderam com ele a arte da guerra. Maurício utilizou técnicas inovadoras, como o uso maciço e implacável da artilharia, o que lhe rendeu fama em toda a Europa.[116]

Com Maurício, o treinamento dos soldados tornou-se essencial. Anteriormente, exercícios eram utilizados para manter a saúde física e aprimorar a disciplina, e não para organizar, sob o ponto de vista tático, o contingente militar. Esta inovação, aparentemente simples, contribuiu decisivamente para a vitória dos Países Baixos. Aos tenentes e sargentos, não cabia mais apenas castigar, disciplinar, punir os soldados, mas também, e sobretudo, com a diminuição do tamanho da infantaria, treiná-los com inteligência, o que implicava reconhecer que, nos limites da estratégia traçada e das ordens dadas, eles não só podiam como deviam ter espírito de iniciativa. Pela primeira vez na Europa, na Batalha de Nieuwpoort (1600), Maurício colocou seus soldados em formação, numa fileira compacta, e ordenou que todos atirassem juntos contra o inimigo. Isto maximizou a eficiência do batalhão, reduzindo o impacto que a falta de habilidade de um ou mais soldados armados de mosquete poderia ter durante o ataque às forças do Império espanhol. Pondo de lado antigas teorias de que a Cristandade deveria unir-se contra a *Ummah*, o mundo muçulmano, Maurício entrou em contato com

---

[116] As mudanças de organização e tática do Exército dos Estados Gerais concebidas por Maurício de Nassau foram colocadas em prática pelo rei sueco Gustavo Adolfo, o inglês Cromwell e o rei francês Luís XIV. Frederico Guilherme, o Grande Eleitor, modelou seu exército de acordo com o modelo dos Países Baixos, formando a base do exército prussiano (Cf. ZWITZER, H.L. De Soldaat. In: *Gestalten van de Goude Eeuw. Een Hollands groepsportret*. H.M. Beliën, A.Th. Van Deursen e G.J. van Setten (eds.). Amsterdã: Uitgeverij Bert Bakker, 1995, p. 166).

o tradutor e enviado especial Ahmad ibn Qasim Al-Hajari (ca. 1570-1640) para discutir uma aliança entre o Marrocos, o Império otomano e os Países Baixos contra o Império espanhol.

A reputação de Maurício não está vinculada meramente à vitória no campo de batalha, mas à sua capacidade inovadora, ao seu profundo conhecimento das principais técnicas militares e ao seu tino organizador. Seu sangue-frio ao sitiar cidades e fortalezas é lendário. Maurício teve como principais adversários no campo de batalha Alexandre Farnese, duque de Parma, que se destacara na Batalha de Lepanto, e Ambrogio Spinola (1569-1630), I marquês dos Barbases, Grande de Espanha, o aristocrata genovês responsável pela captura de Breda em 1625, uma acachapante vitória espanhola, bem como a última batalha de Maurício. Em que pese esta derrota, utilizada por seus detratores para desmoralizá-lo perante a posteridade, Maurício fundou uma escola militar da qual continuamos sendo herdeiros, fundamentada na profissionalização do exército. Sem descurar da clássica tática romana, ele soube adotar técnicas inovadoras tanto em sede de treinamento dos soldados como de logística; uma das maiores inovações que Maurício de Nassau adotou foi a de pagar as tropas em dia. O marechal francês Henri de la Tour d'Auvergne (1611-1675), visconde de Turenne, huguenote, admirador de Alexandre (356 a.C.-323 a.C.), o Grande, e de Júlio César (100 a.C.-44 a.C.), sobrinho de Maurício, começou com este sua carreira militar. O rei Gustavo II Adolfo da Suécia adotou as técnicas de Maurício contra os católicos na Guerra dos Trinta Anos.[117]

Maurício dificilmente teria se tornado estatuder dos Países Baixos se não houvesse contado com o apoio decisivo do advogado da Nação (*Landsadvocaat*) Johan van Oldenbarnevelt (1547-1619). Secretário da nobreza holandesa e consultor jurídico dos Estados da Holanda, na prática primeiro-ministro tanto dos Estados da Holanda como dos Estados Gerais, Van Oldenbarnevelt desempenhou um papel crucial no processo de independência dos Países Baixos; Maurício, ao começar sua carreira política, era seu protegido. Esta aliança não durou por muito tempo e terminou em tragédia.

Como comandante militar bem-sucedido, Maurício não via outra solução para os Países Baixos livrarem-se do Império espanhol além da guerra,

---

[117] GLOZIER, Matthew. *Marshal Schomberg 1615-1690: "The Ablest Soldier of His Age"*. Sussex Academic Press, 2005, p. 28: "The Swedish king had made a point of adopting the revolutionary methods of drill and army deployment developed in the Netherlands by Maurice of Nassau."

do conflito armado baseado na agressão, ataque e destruição do inimigo. Van Oldenbarnevelt, a exemplo de qualquer político que se preze, pelo contrário, encarava a negociação como um meio para dissipar o conflito entre a região mais rica da Europa, os Países Baixos, e o Império espanhol. Embora Maurício, chefe do partido da guerra, tenha sido veementemente contra, Van Oldenbarnevelt, chefe do partido da paz, assinou com o Império espanhol a Trégua dos Doze Anos (1609-1621). A falta de conflito armado imediato com o Império espanhol enfraqueceu politicamente Maurício. Recursos tradicionalmente destinados ao Exército e à Marinha foram desviados para outros setores, desestabilizando e enfraquecendo o partido da guerra. Não tardou muito para que Van Oldenbarnevelt fosse acusado, tanto aberta quanto veladamente, de traição. Um *vendepatria*, aliado não assumido do inimigo, interessado em sucatear o Exército e a Marinha dos Estados Gerais, para que o Império espanhol pudesse, sem maiores dificuldades, dar o golpe certeiro e final. Após a Trégua dos Doze Anos, Maurício foi um dos principais instigadores e financiadores da Guerra dos Trinta Anos na Alemanha, com o objetivo de enfraquecer ainda mais o Sacro Império Romano-Germânico, liderado pela católica Casa de Habsburgo.

O golpe certeiro e final não partiu do Império espanhol, mas de Maurício de Nassau contra Van Oldenbarnevelt. Houve um cisma entre os calvinistas. De um lado, os gomarianos, calvinistas radicais, e, do outro, os arminianos, calvinistas liberais. Van Oldenbarnevelt, que ajudara Guilherme I em sua rebelião contra o Império espanhol, apoiava os arminianos. Em 29 de agosto de 1618, Van Oldenbarnevelt, junto com seus principais seguidores, dentre os quais o jurista Hugo Grócio (1583-1645), foi preso.[118] Acusado perante um tribunal especial, *ad hoc*, formado por seus principais inimigos pessoais, Van Oldenbarnevelt foi decapitado em praça pública diante da multidão como traidor da pátria e herege.

Com o assassinato do seu antigo mentor, Maurício tornou-se o líder supremo da República Coroada, instituindo um regime político que se assemelhou ao de uma ditadura militar. Os Países Baixos, afinal de contas, viviam uma guerra de vida ou morte contra o Império espanhol. Com o fim da Trégua dos Doze Anos, que fora negociada em termos favoráveis aos neerlandeses, os conflitos armados recomeçaram a partir de 1621 com

---

[118] SMIT, J.G. De Rotterdamse jaren van Hugo de Groot. In: *De Hollandse jaren van Hugo de Groot (1583-1621)*. H.J.M. Nellen e J. Trapman (eds.). Hilversum: Verloren, 1996, p. 141.

toda a força. Maurício não podia imaginar que, com Ambrogio Spinola, o Império espanhol vencesse uma série de batalhas, incluindo o Sítio de Breda, conquistando a antiga residência da Casa de Orange-Nassau, uma verdadeira desmoralização para os Países Baixos, um fato que repercutiu muito mal Europa afora. Maurício de Nassau não presenciou esta derrota. Ele morreu na Haia, em 23 de abril de 1625, de cirrose hepática, devido à sua dependência alcoólica, sem nunca ter se casado. O Sítio de Breda, concluído com uma decisiva vitória do Império espanhol, terminou em 5 de junho de 1625. A primeira tentativa de ocupar o Brasil, iniciada com a invasão de Salvador da Bahia em 8 de maio de 1624, por decisão do primeiro Maurício de Nassau, tampouco terminou bem. O almirante napolitano Fadrique de Toledo Osorio (1580-1634), à frente de uma frota da União Ibérica, derrotou em 1º de maio de 1625 a Companhia das Índias Ocidentais, retomando a Bahia dos Países Baixos. A morte de Filipe II em 1598 criou um vácuo político no Império espanhol do qual se serviu Maurício para conquistar boa parte do território do qual fazem parte hoje os Países Baixos.

Frederico Henrique

Morto o primeiro Maurício de Nassau sem deixar descendência legítima, este foi sucedido por seu meio-irmão Frederico Henrique, filho mais jovem de Guilherme I. Em seu leito de morte, Maurício recomendou a Frederico que ele se casasse e tivesse filhos o mais rápido possível. Frederico seguiu à risca o conselho do irmão mais velho. Príncipe de Orange e estatuder da Holanda, Zelândia, Utrecht, Gueldres e Overijssel, de 1625 a 1647, coube-lhe continuar a comandar a guerra contra o Império espanhol. Para tanto, ele tornou-se, da mesma forma que Maurício, capitão-general e almirante-general do Exército e da Marinha dos Estados Gerais dos Países Baixos.

Ao contrário de Guilherme I e de Maurício, Frederico nasceu, em 1584, nos Países Baixos, mais precisamente em Delft, na Holanda. Filho de Guilherme com Luísa de Coligny, ele nasceu seis meses antes de o seu pai ter sido assassinado em 10 de julho de 1584. Desde cedo, Maurício treinou Frederico na arte da guerra. Em 1625, ano da morte do seu irmão mais velho, Frederico, assustado pela possibilidade de Maurício legitimar seus filhos naturais, casou-se com a alemã Amália de Solms-Braunfels (1602-1675), uma das principais responsáveis pelo casamento do seu filho Guilherme II (1626-1650) com Maria Stuart (1631-1660), filha mais velha de Carlos I (1600-1649), rei da Inglaterra, Escócia e Irlanda.

Frederico foi um general tão bom quanto Maurício, tendo-o superado como estadista e político. Ele governou os Países Baixos por vinte e dois anos (1625-1647). Este período, a Era de Frederico Henrique, passou para a história como o apogeu do Século de Ouro (1588-1702) dos Países Baixos, no qual a República Coroada se tornou a primeira potência capitalista, para ser superada, no século XVIII, pela Inglaterra. Durante o Século de Ouro, a ciência, a cultura e o comércio dos Países Baixos não tiveram paralelo nem na Europa nem no mundo. Um dos principais artífices do Milagre Neerlandês, o legado de Frederico inclui grandes vitórias militares, um florescimento artístico e literário sem precedentes, e uma expansão comercial e marítima ultramarina que incluiu a fundação da Nova Holanda, o Brasil Holandês.[119]

Ao tornar-se estatuder, sucedendo o primeiro Maurício de Nassau, seu meio-irmão Frederico deparou-se com um país que continuava em plena ebulição. Não havia mais *um*, mas *dois* Países Baixos, a República das Sete Províncias Unidas dos Países Baixos e os Países Baixos espanhóis (1581-1714), inimigos jurados de morte. Embora nenhum dos dois lados esperasse que esta divisão fosse superada em proveito de um projeto de unificação nacional, a Guerra dos Oitenta Anos continuou a pleno vapor.

Os Países Baixos espanhóis eram um Estado imperial que fazia parte do Sacro Império Romano-Germânico, tendo permanecido em união pessoal com a Coroa espanhola, o Império espanhol habsbúrgico. O Ducado do Brabante, onde se localizava sua capital Bruxelas, era o seu principal núcleo. A Casa de Habsburgo herdara os Países Baixos borguinhões (1384-1482), uma série de feudos que ocupavam os territórios dos atuais Países Baixos, Bélgica, Luxemburgo e parte do norte da França, com a morte de Maria (1457-1482), duquesa da Borgonha, mãe de Filipe I (1478-1506), o Belo, primeiro membro da Casa de Habsburgo a tornar-se rei de Castela. As Dezessete Províncias (1549-1581), que correspondiam à área ocupada pelos Países Baixos habsbúrgicos, haviam sido herdadas por Filipe II com a abdicação do imperador Carlos V. Quando, em 1581, as províncias protestantes decidiram se separar do Império espanhol, formando a República das Sete Províncias Unidas, a República Coroada, as demais províncias ca-

---

[119] VILLIERS, Patrick. L'Angleterre et les Provinces-Unies, puissances maritimes. In: *Les XVIe et XVIIe siècles*. R. Muchembled (ed.). Rosny: Bréal, p. 294.

tólicas constituíram os Países Baixos espanhóis, permanecendo sob controle madrilenho até a Guerra da Sucessão espanhola (1702-1715).

Frederico comandou em 1629 o bem-sucedido Sítio de Bolduque (*Den Bosch*), bem no coração dos Países Baixos espanhóis, o Brabante. Uma verdadeira cidade-fortaleza, ela era a principal base militar do Império espanhol. A conquista de Bolduque resultou na divisão do Brabante até hoje, com o Brabante do Norte fazendo parte dos Países Baixos, e o Brabante do Sul, da Bélgica. Bolduque, católica, permaneceu fiel a Filipe II. Finda em 1621 a Trégua dos Doze Anos, o Império espanhol decidira reforçar suas defesas para torná-la o principal centro do bloqueio terrestre da República Coroada, isolando-a do resto da Europa. O pântano que cercava a cidade era considerado inexpugnável. Não seria possível, num solo constantemente encharcado de água, cavar trincheiras; Bolduque não poderia ser sitiada. Maurício tentou conquistá-la sem sucesso duas vezes.

O bloqueio terrestre da República foi-lhe extremamente nocivo, tendo contribuído para que Maurício mudasse de estratégia, transformando a Guerra dos Oitenta Anos na primeira guerra mundial da história. Para que o Império espanhol fosse enfraquecido em seu principal front europeu, contra os Países Baixos, ele deveria ser atacado em sua retaguarda, em suas colônias americanas, entre elas o Brasil, fontes de ouro, prata e açúcar. Portugal e Espanha, ao comporem a União Ibérica, unificaram não apenas a Península Ibérica, como as colônias portuguesas e espanholas ultramarinas. A situação do Império espanhol, em seguida ao fim da Trégua dos Doze Anos, não era das melhores. Em 1627, com Filipe IV (1605-1665) à frente, ele declarou mais uma vez bancarrota, suspendendo uma série de pagamentos, incluindo despesas militares.[120] Uma das principais retaguardas da União Ibérica, Salvador da Bahia, fora atacada e ocupada em 1624. Pouco tempo depois, em 1628, o almirante Piet Hein (1577-1629) da Companhia das Índias Ocidentais capturou a Frota do Tesouro espanhol no valor de 11.5 milhões de florins. Em 1629, a Companhia pagou os primeiros dividendos de 25%, e no ano seguinte de 50%.[121] Com os cofres cheios de

---

[120] CAMAÑES, Porfirio Sanz. *Diplomacia hispano-inglesa en el siglo XVII: razón de Estado y relaciones de poder durante de la Guerra de los Treinta Años, 1618-1648*. Ediciones de la Universidad de Castlila-La Mancha, 2002, p. 93.
[121] DE JONG, A. et alii. Dutch Corporate Finance, 1602-1850. In: *Handbook of Key Global Financial Markets, Institutions, and Infrastructure*. Gerard Caprio (ed.). Londres: Elsevier, 2013, p. 77.

ouro e prata vindos das colônias ultramarinas ibéricas, Frederico financiou a conquista do Brasil e o Sítio de Breda.

No Sítio de Bolduque, iniciado em 30 de abril e 1629 e terminado em 14 de setembro de 1629, Frederico construiu um dique que cercou a fortaleza do Império espanhol. Este dique impediu que os dois principais rios da região, o Aa e o Dommel, continuassem a desaguar no pântano. Desprovido de seu abastecimento de água, o pântano foi secando aos poucos, formando um pôlder. Até hoje, boa parte do território neerlandês é constituída por pôlderes, baixios alagáveis que são protegidos de inundações por diques; pôlderes começaram a ser construídos nos Países Baixos a partir do século X. O pôlder que surgiu em Bolduque, sob as ordens de Frederico, foi drenado por moinhos que se movimentavam impulsionados por cavalos. O Sítio de Bolduque tornou-se um verdadeiro centro turístico de ocasião, ao qual afluíam dignitários e curiosos em geral, vindos de toda a Europa, que se supreendiam ao ver a arte da guerra associar-se a um dos principais feitos da engenharia holandesa, a conquista da terra ao mar e aos rios. No pôlder já seco, foram construídas trincheiras que se encheram de soldados dos Países Baixos prontos para atacar o bastião do Império espanhol.

Para conter Frederico Henrique, o conde Henrique de Bergh (1573-1638), um de seus primos católicos, invadiu a República Coroada e ocupou Amersfoort, uma das principais cidades da província de Utrecht, próxima à Holanda; Frederico bateu então em retirada para salvar Amsterdã, abandonando Bolduque à sua própria sorte. Inabaladas, as tropas de Frederico bombardearam Bolduque, minaram, explodiram e abriram uma brecha em suas muralhas. Anthonie Schetz (1564-1641), o governador católico que defendera com sucesso Bolduque duas vezes, em 1601 e 1603, contra Maurício de Nassau, rendeu-se. Pouco tempo depois, em 4 de julho de 1635, Anthonie teve sua revanche. Ao derrotar Frederico no Sítio de Lovaina, ele impediu que a República Coroada conquistasse o Brabante do Sul, que até hoje não faz parte dos Países Baixos. Henrique, insatisfeito com o tratamento que recebia do Império espanhol, participou da Conspiração dos Nobres (1632), a tentativa fracassada de dividir os Países Baixos espanhóis entre a República Coroada e a França. Ao juntar-se ao primo protestante, Henrique de Bergh, tendo renegado o Exército de Flandres, o braço armado do Império espanhol nos Países Baixos, contribuiu mais tarde para a vitória da República em vários sítios.[122]

---

[122] BAILEY, Anthony. *Velázquez and the Surrender of Breda: The Making of a Masterpiece.*

Para a população de Bolduque, católica, sua anexação aos Países Baixos foi um verdadeiro desastre. Se lhes tivesse sido concedida liberdade religiosa, o apoio à República, controlada por calvinistas, teria aumentado nos Países Baixos espanhóis. Em especial nas províncias da Holanda e da Zelândia, o catolicismo fora banido, e os católicos, perseguidos. Bolduque passou a fazer parte das Terras da Generalidade, bucha de canhão dos Países Baixos diante do Império espanhol, uma região governada diretamente pelos Estados Gerais, sem representação política. Fruto do direito de conquista, da força das armas, as Terras da Generalidade, uma espécie de colônia dos Países Baixos, nunca tiveram direito de voto. Foi necessário esperar o fim da República das Sete Províncias Unidas dos Países Baixos, com o surgimento da República Batava em 1795, um apêndice da França revolucionária, para que os católicos deixassem de ser cidadãos de segunda classe.

Fazendo jus à sua reputação de grande líder militar, Frederico sitiou e conquistou uma série de cidades controladas pelo Império espanhol – em 1627, Groenlo, em Gueldres; em 1629, Bolduque, no Brabante; em 1632, Maastricht, no Limburgo; em 1637, Breda, no Brabante; em 1644, Sas van Gent, na Flandres zelandesa; em 1645, Hulst, igualmente na Flandres zelandesa. Todas estas cidades, conquistadas por Frederico, com a exceção de Bolduque e Breda, continuam sendo cidades fronteiriças. Groenlo fica no extremo leste dos Países Baixos, na fronteira com a Alemanha. Maastricht, no extremo sul, à beira do rio Mosa, fica diante da Bélgica valã, e Sas van Gent, da Bélgica flamenga. Frederico conseguiu, assim, completar o trabalho do seu irmão mais velho, conferindo aos Países Baixos as fronteiras que estes mantêm quase meio milênio depois. O Sítio de Hulst, cidade localizada na margem esquerda do rio Escalda, permitiu que a República bloqueasse quando quisesse o acesso de Antuérpia ao mar do norte, contribuindo decisivamente para a decadência desta cidade, que fora a mais rica da Europa, em proveito da ascensão de Amsterdã.[123]

Concluído este processo de consolidação das fronteiras da República, Frederico decidiu contemporizar com o Império espanhol. A União Ibérica já não existia mais, tendo sido extinta em 1640 com a Guerra da Restau-

---

Nova York: Henry Holt, 2011, p. 102: "Henry van den Bergh had been at the siege as well but between the end of it and Velázquez's painting of it was declared a traitor and left out of the depiction of this band of honor."
[123] NIMWEGEN, Olaf van. *The Dutch Army and the Military Revolutions 1588-1688*. Woodbridge/Rochester: The Boydell Press, 2010, pp. 277-278.

ração e a consequente ascensão da Casa de Bragança (1442-1910) como a nova dinastia reinante em Portugal, em substituição ao habsbúrgico Filipe III da Espanha (1578-1621), o Piedoso. Convencido de que conseguira tudo o que estava ao seu alcance, Frederico Henrique deixou de lado a tradicional aliança com a França contra o Império espanhol e optou por adotar, em separado, uma negociação de paz com este. Menos de um ano após a morte de Frederico, com o Tratado de Münster, assinado em 30 de janeiro de 1648, o Império espanhol reconheceu formalmente, perante seu filho Guilherme II, a independência dos Países Baixos.

Guilherme II

O príncipe de Orange Guilherme II foi estatuder da Holanda, Zelândia, Utrecht, Drente, Groninga, Gueldres e Overijssel. Embora seu casamento com a princesa inglesa Maria Stuart tenha sido encarado como um fato promissor para os Países Baixos, assegurando a manutenção da aliança com os ingleses contra os espanhóis, o inimigo hereditário da República Coroada, o sogro de Guilherme foi uma personagem política controversa com final trágico. Carlos I passou boa parte de sua vida em conflito com o Parlamento da Inglaterra, que queria restringir suas prerrogativas reais. Da mesma forma que Luís XIV, Carlos acreditava no direito divino dos reis; o governo devia ser conduzido por ele, sem interferência parlamentar. Rapidamente identificado por seus rivais como um monarca absolutista, Carlos chegou a cobrar impostos sem autorização prévia do Parlamento. Casado com uma princesa católica francesa, Henriqueta Maria (1609-1669), que nunca foi coroada pela Igreja Anglicana, calvinistas e puritanos suspeitavam que ele fosse filocatólico. Acusado de não ajudar os protestantes durante a Guerra dos Trinta Anos, Carlos e o Parlamento desencadearam a Guerra Civil inglesa. Mesmo derrotado militarmente, Carlos rejeitou a instalação de uma monarquia constitucional. Decapitado por alta traição em 1649, ele foi sucedido por um governo republicano liderado por Oliver Cromwell (1599-1658). A supremacia do Parlamento inglês, com a monarquia já restaurada, foi estabelecida com a Revolução Gloriosa (1688-1689). Foi em meio a este contexto conturbado, em que se forjou a democracia parlamentar moderna, que Guilherme II viveu. Os riscos, ambições e desafios com os quais seu sogro se deparou moldaram-no, levando-o inclusive a tentar dar um golpe de Estado com o objetivo, à semelhança do pretendido por Carlos I, de transformar-se em ditador dos Países Baixos.

Guilherme não viveu muito tempo; faleceu com apenas vinte e quatro anos de idade, na mesma cidade que o vira nascer, Haia, capital política dos Países Baixos. Tal como um cometa, ou uma estrela cadente, foi estatuder por pouco mais de três anos. Embora nunca tenha lhe faltado inteligência, jamais atuou de forma diplomática na conturbada cena política de sua época. Enquanto era estatuder, foi assinada a Paz de Münster, dividindo definitivamente as Dezessete Províncias que compunham os Países Baixos habsbúrgicos em dois países, a República das Sete Provincias Unidas dos Países Baixos e os Países Baixos espanhóis. Guilherme teve planos ambiciosos que nunca conseguiu colocar em prática. A República Coroada, com sua diversidade política e religiosa, controlada com mãos de ferro por uma seleta e autoritária oligarquia calvinista, não era bem-vista pelo jovem estatuder.[124] Guilherme queria centralizá-la em torno de si mesmo, como um monarca absoluto.

Para vencer resistências ao seu projeto de poder, ele arvorou-se em defensor da mais rigorosa ortodoxia calvinista. Guilherme tornou-se, assim, um adversário convicto de qualquer política de tolerância religiosa em favor dos católicos nas recém-conquistadas Terras da Generalidade, cuja população era, queria continuar a ser e é até hoje majoritariamente católica romana. Belicoso como seus antepassados o foram, tanto por temperamento como em virtude das circunstâncias com as quais se defrontou, Guilherme destacou-se, já em 1643, em meio à Guerra dos Oitenta Anos, na Emboscada de Bergen op Zoom, na qual centenas de soldados espanhóis morreram.

Confiante em sua capacidade de comando militar, bem como em seus dotes estratégicos, em pleno viço da juventude, Guilherme, como o seu tio, o primeiro Maurício, nunca foi muito a favor das negociações de paz com o Império espanhol que resultaram na assinatura da Paz de Münster. Quando Frederico Henrique, pai de Guilheme, morreu em 1647, estas negociações já estavam avançadas demais para que este pudesse desconsiderá-las, embora tenha tentado. Em sua resistência à Paz de Münster, Guilherme não estava sozinho. Ao seu lado, ele tinha a Zelândia, a segunda província mais importante dos Países Baixos depois da Holanda. Com a Paz de Münster,

---

[124] WILSON, Charles. *Profit and Power. A Study of England and the Dutch Wars*. Haia/Boston/Londres: Martinus Nijhoff, 1978, p. 13: "William II, who had succeeded his father during the controversy over the peace in 1647, was by no means prepared to accept the drift of affairs. Bolder and more vigorous than his father, he was prepared to use intrigue, and if necessary force, to prevent the Regents from having their way."

o comércio e a navegação que circulavam pelo rio Escalda foram consideravelmente deslocados para Flandres, nos Países Baixos espanhóis, em prejuízo da Zelândia, o que, somado à ulterior perda do Brasil Holandês, acelerou a decadência desta província em benefício da Holanda.

A Paz de Münster trouxe paz com o Império espanhol, mas não dos Países Baixos consigo mesmos. Nas Terras da Generalidade, sobretudo no Brabante do Norte, com a cidade de Bolduque à frente, Guilherme tentou promover a conversão forçada da população local ao calvinismo, sem grandes resultados. O apoio de Guilherme a esta guerra civil religiosa não foi apenas moral. Por conta própria, ele enviou pastores que substituíram padres em suas paróquias; das igrejas, foram retiradas as imagens. Apesar do zelo de Guilherme II, a população do Brabante do Norte não mudou de religião.

Para convencer os católicos dos Países Baixos a abjurar sua fé, os calvinistas exigiram de Guilherme um exército ainda mais forte e medidas coercitivas mais rígidas. À força da espada, os Países Baixos deveriam ser transformados num país com apenas uma religião, a calvinista, transformada em religião de Estado, como a anglicana na Inglaterra. A província mais rica da República, a Holanda, farta de tantos conflitos, não apoiou os planos de Guilherme e dos calvinistas. Amsterdã, transformada na cidade mais rica da Europa, tendo ultrapassado a flamenga Antuérpia, estava mais interessada, por razões econômicas, em reduzir o tamanho do Exército dos Estados Gerais. A Guerra dos Oitenta Anos, afinal de contas, tinha de fazer parte do passado. O rigor calvinista ortodoxo de Guilherme foi interpretado como um sinal de que ele queria subjugar a própria República. O principal obstáculo com o qual Guilherme II se defrontou para colocar em prática seu projeto de poder foi Amsterdã, rapidamente transformada em seu principal inimigo político.

Em 1650, Guilherme, junto com Guilherme Frederico de Nassau-Dietz (1613-1664), estatuder da Frísia, deu um golpe de Estado.[125] Seu principal objetivo era enfraquecer o poder da mais importante província da República das Sete Províncias Unidas dos Países Baixos, a Holanda. Debilitada a Holanda, sua principal adversária, Guilherme poderia realizar seu maior sonho, transformar-se em monarca absoluto, do direito divino, dos Países Baixos. Preparado com muita antecedência, o golpe de Estado foi precedido

---

[125] PRAK, Maarten. The Golden Age. In: *Discovering the Dutch. On Culture and Society in the Netherlands*. Emmeline Besamusca e Jaap Verheul (eds.). Amsterdam University Press, 2010, p. 102: "In 1650 stadholder William II staged a coup against Amsterdam."

por uma campanha de propaganda que teve como objetivo assustar a população holandesa. Panfletos foram distribuídos anunciando que, em caso de guerra civil, o Parlamento da Inglaterra, responsável pela decapitação do sogro de Guilherme, enviaria tropas militares para ajudar os regentes, os oligarcas, a elite econômica que governava as Províncias Unidas, ocupando os principais cargos políticos dos Estados Gerais, dos Estados provinciais e das Câmaras de Vereadores das cidades neerlandesas. Sem alternativa, ao povo holandês, que nunca simpatizara muito com os regentes, uma verdadeira burguesia aristocrática, nem muito menos com qualquer espécie de intervenção estrangeira, só lhe restaria apoiar o projeto político do principal inimigo da Holanda, Guilherme. Nos Países Baixos espanhóis, o temor de que Guilherme transformaria a Paz de Münster em letra morta aumentara consideravelmente.

A caça às bruxas começou rapidamente. Vários opositores ao projeto de poder de Guilherme foram presos, dentre os quais Jacob de Witt (1589-1674), pai de Johan de Witt (1625-1672), que mais tarde se tornaria grande pensionário, primeiro-ministro, da Holanda. Jacob fazia parte da aristocrática família patrícia De Witt. Formado em direito na Universidade de Leiden, ele fora tesoureiro do Sínodo de Dordrecht, que resultou na vitória da ortodoxia calvinista. Membro dos Estados da Holanda e inimigo pessoal de Guilherme, ele apoiou a Paz de Münster e propôs a diminuição do contingente do Exército dos Estados Gerais. Em 30 de junho de 1650, Guilherme prendeu ainda os burgomestres, prefeitos, das principais cidades holandesas – Delft, Haarlem, Hoorn e Medemblik. Entre suas vítimas, também constou o almirante Witte de With (1599-1658).[126] À sua disposão, Guilherme tinha o Castelo de Loevestein, a principal prisão política da República, na qual fora detido Hugo Grócio, o fundador do direito internacional. Com estas medidas coercitivas, Guilherme pretendeu, sem muito sucesso, intimidar a Holanda.

Da mesma forma que seus antepassados haviam sitiado, atacado e conquistado cidades neerlandesas sob controle espanhol, Guilherme tentou subjugar em 30 de julho de 1650, com a força das armas, Amsterdã; as tropas fracassaram em sua tentativa de invadi-la devido ao mau tempo. Desorientado, o contigente desbaratou-se. O ataque supresa, embo-

---

[126] FRIJHOFF, Willem e SPIES, Marijke. *Dutch Culture in a European Perspective. 1650: Hard-Won Unity*. v. 1. Nova York: Palgrave Macmillan, 2004, p. 73.

ra tenha fracassado, surtiu algum efeito. Os republicanos Andries Bicker (1586-1652) e seu irmão Cornelis Bicker (1592-1654), adversários da militarização da República e da transformação de Guilherme em monarca do direito divino, foram expurgados da Câmara de Vereadores de Amsterdã. Pouco tempo depois, em 6 de novembro do mesmo ano, Guilherme morreu, aparentemente de varíola. Oito dias mais tarde, nasceu seu herdeiro, Guilherme III.

O principal legado político de Guilherme II, depois de ter causado tantos problemas num país que acabara de fazer as pazes com seu principal inimigo, o Império espanhol, tendo mais por falta de tempo do que qualquer outra circunstância fracassado em lançar os Países Baixos em mais uma longa guerra civil fratricida, foi dar um impulso excepcional ao movimento antiorangista, contrário à monarquia. Sobretudo na Holanda, por motivos mais do que compreensíveis, a grande maioria da população não queria mais nenhum estatuder. Guilherme, na realidade, não foi sucedido por seu filho Guilherme III, mas pelo Primeiro Período sem Estatuder (1650-1672), em que o cargo de estatuder ficou vacante em cinco das sete províncias da República Coroada. Durante este momento, que coincidiu com a perda do Brasil Holandês, os Países Baixos, em guerra permanente contra sua fiel e antiga aliada e protetora, a Inglaterrra, atingiram um novo ápice econômico. A política foi controlada por homens como Cornelis de Graeff (1599-1664), membro de uma das mais importantes famílias de regentes da história dos Países Baixos, os De Graeff, um republicano moderado contrário à Casa de Orange-Nassau.

Cornelis foi o principal fundador de uma dinastia patrícia de regentes que controlaram e exerceram o poder nos Países Baixos por vários séculos.[127] Colecionador de obras de arte e mecenas como qualquer regente que se prezasse, ligado por vínculos de consaguinidade a outros regentes à maneira dos aristocratas, ele era parente ou contraparente de vários outros dignitários da República Coroada, como Andries de Graeff (irmão), Andries Bicker (primo), Johan de Wittt (sobrinho), Frans Banning Cocq (cunhado)

---

[127] LESGER, Clé. Merchants in Charge: The Self-Perception of Amsterdam Merchants, ca. 1550-1700. In: *The Self-Perception of Early Modern Capitalists*. Margaret C. Jacob e Catherine Secretan (eds.). Nova York: Palgrave Macmillan, 2008, p. 83: "So Cornelis de Graeff, one of the most powerful men in mid-seventeenth-century Amsterdam, commissioned in 1652 a painting by Jan Victors in which he himself is depicted as the biblical patriarch Isaac, son of Abraham, together with his wife as Rebecca and their children representing Jacob and Esau."

e Pieter Corneliszoon Hooft (tio). Nobilitada desde o século XIX, a Casa de Graeff (1484-) foi a principal protagonista da vida política de Amsterdã durante o Século de Ouro, controlada pela oligárquica classe dos regentes, continuando a existir até hoje.

/ SEGUNDA PARTE

PERFIS

Todos os homens que, na história, tiveram uma ação real no futuro, tinham os olhos fixados no passado.
G.K. CHESTERTON

INTRODUÇÃO

Em *Albuquerque e Nassau – Perfis*, a um Albuquerque, segue-se sempre seu correspondente Nassau. Cada capítulo é dividido em três subcapítulos, que dizem respeito ao meio social, político e familiar no qual eles viveram.

Ao lado do patriarca Jerônimo de Albuquerque, antepassado dos Albuquerque no Brasil, está João Guilherme Friso, do qual descende o atual rei dos Países Baixos, também conhecidos como Holanda. No capítulo referente a Jerônimo de Albuquerque, analisamos as crises dinásticas que por pouco não resultaram no fim de Portugal como país independente, o apelo irresistível do ouro branco, o açúcar, e a salvação de Portugal com a expansão ultramarina. Em João Guilherme Friso, o colapso dos Países Baixos com o Ano da Catástrofe, o assassinato dos irmãos De Witt e a crise da Casa de Orange-Nassau. Ao lado da façanha literária de Jorge de Albuquerque Coelho, o embate literário entre Guilherme I e Filipe II. No capítulo dedicado a Jorge de Albuquerque Coelho, as relações de naufrágios, a primeira obra literária brasileira, *A prosopopeia*, e a inusual consagração popular deste filho de Duarte Coelho; naquele referente a Guilherme I e Filipe II, o conflito aberto, com réplicas e tréplicas, entre dois homens que haviam sido grandes amigos no passado. A Leonor de Albuquerque, rainha de Aragão, neta de Inês de Castro e mulher do primeiro rei aragonês de uma dinastia castelhana, que deixou de ser rica-mulher para tornar-se triste rainha, contrapõe-se a regente Amália dos Países Baixos, a sogra de uma princesa inglesa que, embora ansiando pela paz, não descuidou do seu papel de hábil casamenteira. Ao lado do conquistador Afonso de Albuquerque, capítulo em que tratamos de suas primeiras expedições, do seu papel como governador-geral da Índia Portuguesa e do seu legado à posteridade, outro conquistador, Maurício de Nassau, primo de João Maurício de Nasau-Siegen, o Brasileiro, com seus primeiros embates, a continução do conflito e seus últimos combates contra o Império espanhol.

Mãe dos pernambucanos, Brites de Albuquerque veio ao Brasil com seu marido Duarte Coelho a mando do inventor da América portuguesa, d. João III, para participar do esforço de conter a expansão francesa no Brasil. Abandonada pelo marido e pelos filhos, a determinada Brites tornou-se a primeira governadora das Américas. Ao lado dela, a alemã Maria Luísa, que, como Brites de Albuquerque, deu origem a um nova dinastia, exerceu a regência dos Países Baixos e legou à posteridade uma reputação benfazeja. No capítulo que diz repeito a d. Afonso Sanches, a vertente literária dos Albuquerque, com suas cantigas de amigo, de amor, de escárnio e maldizer, e naquele referente a João Maurício de Nassau-Siegen, o legado artístico nassoviano na Prússia de Frederico Guilherme. Com Matias de Albuquerque, sua grande proeza, a Batalha de Montijo, até hoje, passado quase meio milênio, contestada pelos espanhóis, inserida no contexto dos Quarenta Conjurados e na Guerra da Restauração, capítulo este seguido por outro dedicado ao grande guerreiro que também foi João Maurício de Nassau-Siegen, herói da Reforma Protestante, desencadeadora da Guerra dos Trinta Anos, ativo protagonista da divisão da Casa de Nassau.

Em vez de painéis biográficos, em *Albuquerque e Nassau – Perfis*, painéis históricos. Interpretações do contexto no qual eles não só se inseriram, mas foram inseridos, com consequências que muitas vezes lhes escaparam. Alguns assumiram as rédeas do destino, outros foram dominados por algo maior. Heróis e anti-heróis, dependendo do ponto de vista, seus feitos nem sempre foram tragados pelos fatos, tendo sabido, apesar de todos os pesares, desempenhar o papel que se esperava deles, transformando-se em causa ativa da história.

O PATRIARCA JERÔNIMO DE ALBUQUERQUE

Uma sucessão de crises dinásticas

Para Portugal, a Reconquista terminou mais cedo. Graças a uma série de campanhas militares bem-sucedidas contra os mouros, o Algarve (*Al-Gharb*/O Ocidente) foi definitivamente incorporado no século XIII ao território nacional. Para Castela, a história foi bem diferente. A Reconquista acabou mais de dois séculos depois, com a Conquista de Granada em 1492. Raras foram as ocasiões em que Portugal e Castela juntaram esforços para lutar contra o inimigo comum, um dos fatores pelos quais os mouros permaneceram durante tantos séculos na Península Ibérica. A Batalha do Salado, travada em 30 de outubro de 1340 na Andaluzia, foi uma das exceções à regra, na qual os reis d. Afonso IV de Portugal (1291-1357), o Bravo, e Afonso XI de Castela (1311-1350), o Justiceiro, lutaram lado a lado contra os sultões Abu al-Hasan Ali ibn Othman do Marrocos (ca. 1297-1351) e Yusuf I de Granada (1318-1354).[1] No restante do tempo, Portugal e Castela cobiçaram-se mutuamente, não só mediante intrigas palacianas, mas com o recurso às armas.

Pouco antes do início da expansão ultramarina portuguesa, começada com a conquista de Ceuta em 1415, Portugal e Castela deflagraram-se. D. Fernando I de Portugal (1345-1383), o Belo, liderou três guerras contra Castela, todas fracassadas. Embora não tenha levado Portugal à sua extinção, ele contribuiu decisivamente, com sua política exterior desastrada, para o fim da Casa da Borgonha, dinastia da qual ele era o expoente máximo. Morto Pedro I de Castela (1334-1369), o Cruel, sem deixar herdeiros

---

[1] GERLI, E. Michael. *Medieval Iberia. An Encyclopedia*. Londres/Nova York: Routledge, 2003, p. 723.

masculinos, d. Fernando, bisneto de Sancho IV de Leão e Castela (1258-1295), o Bravo, por parte de mãe, reivindicou o trono castelhano. A mesma ideia teve Henrique de Trastâmara (1334-1379), irmão natural de Pedro, mais tarde Henrique II de Castela, o Fratricida, o primeiro rei da Península Ibérica, desde o Reino Visigótico, a adotar medidas contra os judeus. Para ascender ao trono de Castela, Henrique derrotara Pedro na Guerra Civil Castelhana (1366-1369). Nas Guerras Fernandinas (1369-1382), d. Fernando enfrentou sem sucesso Henrique e seu filho, futuro João I de Leão e Castela (1358-1390); durante mais de uma década, ele lutou pelo trono do país vizinho. Ao terminar a guerra contra Castela, d. Fernando aceitou que sua filha, d. Beatriz de Portugal (1373-1412), se casasse com o filho de Henrique. Ele abriu, assim, caminho para que Portugal fosse anexado por Castela.

Com a morte de d. Fernando, a Casa da Borgonha (1093-1383) chega ao fim. Sua mulher torna-se regente de Portugal, como representante de d. Beatriz e João I. Portugal deixa, assim, de existir como país independente. Durante o Interregno, a Guerra Civil Portuguesa (1383-1385), foi a vez de Castela invadir Portugal. Pelo Tratado de Salvaterra de Magos, assinado em 2 de abril de 1383, pondo fim às Guerras Fernandinas, se d. Beatriz falecesse antes do rei de Castela e sem filhos, bem como se não houvesse outros herdeiros legítimos da parte de Fernando, Portugal faria parte de uma união pessoal com Castela semelhante à que viria existir dois séculos mais tarde sob Filipe II (1527-1598), o Prudente, seu filho (Filipe III) e seu neto (Filipe IV), a União Ibérica (1580-1640).[2]

Durante a regência da rainha viúva d. Leonor Teles de Meneses (ca. 1350-1386), a Aleivosa, João I, rei de Castela, proclamou-se rei de Portugal. Coube a outro João I (1357-1433), o de Boa Memória, Mestre de Avis, meio-irmão de d. Fernando, assumir a liderança da resistência portuguesa contra a tentativa castelhana de anexar Portugal. Para enfrentar a invasão castelhana, vinda pelo Alentejo, o Mestre de Avis confiou a Nuno Álvares Pereira (1360-1431), o Santo Condestável, São Nuno de Santa Maria, a defesa do país. Na Batalha dos Atoleiros, em 6 de abril de 1384, em Fronteira, uma vila portuguesa do distrito de Portalegre, Nuno venceu as tropas invasoras castelhanas. Em meio ao turbilhão, o Mestre de Avis foi aclama-

---

[2] VALDEZ, António. *Annuario portuguez historico, biographico e diplomatico*. Lisboa: Typographia da Revista Universal, 1855, p. 217.

do Defensor do Reino, pela derrota de Castela. Em 1384, as tropas castelhanas cercaram durante quase seis meses Lisboa por terra e mar. A pedido do Mestre de Avis, tropas inglesas, formadas sobretudo por veteranos da Guerra dos Cem Anos (1337-1453), chegaram a Portugal para lutar contra Castela. Em 6 de abril de 1385, em plena guerra de libertação nacional, as Cortes reunidas em Coimbra aclamaram o Mestre de Avis como d. João I de Portugal, o primeiro monarca da Casa de Avis (1385-1580). Em seguida, d. João I nomeou Nuno condestável, generalíssimo, segundo homem da hierarquia militar nacional depois do rei de Portugal.

João I de Castela não desistiu da conquista de Portugal. Adotando uma estratégia de guerra total contra o inimigo, tropas castelhanas invadiram o Alentejo, a Beira e o Minho; cidades foram incendiadas e saqueadas. Na Batalha de Trancoso, em 29 de maio de 1385, os portugueses venceram os espanhóis, num prenúncio do que viria a ocorrer mais tarde na Batalha de Aljubarrota. No mês seguinte, com d. João I à frente, Castela invade mais uma vez Portugal. O exército inimigo em quase sua totalidade, acompanhado pela cavalaria francesa, com cerca de 35 mil homens, entrou pelo norte rumo a Lisboa. Apoiados pelos ingleses na Batalha de Aljubarrota, uma localidade perto de Alcobaça, centro de Portugal, as tropas portuguesas, comandadas por d. João I e pelo condestável d. Nuno Álvares Pereira, em 14 de agosto de 1385, praticamente aniquilaram o exército castelhano. Confiante, Nuno, pouco depois desta vitória, invadiu Castela, entrando por Badajoz rumo a Mérida. Mais uma vez, nesta Batalha de Valverde, em 14 de outubro de 1385, Portugal saiu vitorioso.

Uma das principais consequências do Interregno, além da ascensão do Mestre de Avis ao trono português, foi o Tratado de Windsor, uma aliança diplomática entre Inglaterra e Portugal, assinada em 9 de maio de 1386. D. João I de Portugal, em vez de casar-se com uma infanta castelhana, desposou d. Filipa de Lencastre (1360-1415), uma princesa inglesa da Casa de Lencastre (1267-1361), filha de João de Gante (1340-1399), I duque de Lencastre. Desde então, vigora até hoje, mais de meio milênio depois da assinatura do Tratado de Windsor, a Aliança Luso-Britânica, a mais antiga aliança diplomática e política existente no mundo.[3]

---

[3] PAULINO, Maria Clara. The 'Alien' European: British Accounts of Portugal and the Portuguese, 1780-1850. In: *Britain and the World. The British abroad since the Eighteenth Century*. v. 1: *Travellers and Tourists*. Martin Farr e Xavier Guégan (eds.). Nova York: Palgrave Macmillan, 2013, p. 101.

As Guerras Fernandinas e a Guerra Civil Portuguesa, tampouco a posterior extinção da Casa de Avis, à qual Jerônimo de Albuquerque (ca. 1510-1584) estava ligado, não fizeram com que desaparecesse em Portugal o desejo de colocar em prática um antigo projeto, a unificação da Península Ibérica não com a anexação de Portugal por Castela, mas com a de Castela por Portugal.

D. João II (1455-1495), o Príncipe Perfeito, tentou colocar em prática este anseio. Para consolidar seu poder, ele adotou medidas que restringiram o poder da aristocracia. A resposta dos nobres foi imediata; eles rebelaram-se. Fernando II (1430-1483), III duque de Bragança, o aristocrata mais poderoso do Reino de Portugal, chegou mesmo a conspirar com a rainha Isabel I de Castela, a Católica. A reação de d. João II foi imediata. O duque foi executado em Évora; suas terras, confiscadas; e a Casa de Bragança, banida. Sua esposa fugiu para Castela. Um destino não menos brutal foi reservado a Diogo (1451-1484), IV duque de Viseu. Primo e cunhado de d. João II, ele foi intimado a comparecer pessoalmente ao palácio. Lá, suspeito de arquitetar uma nova conspiração, ele foi esfaqueado até a morte por d. João II. Muitos outros dignitários foram presos, executados, exilados em Castela, ou simplesmente assassinados. Depois desta verdadeira onda de terror, d. João II tornou-se o senhor inconteste de Portugal. Ninguém mais ousou desafiá-lo, com medo de perder a própria vida. O bispo de Évora, d. Garcia de Meneses (?-1484), acusado de conspirar com o duque de Viseu contra João, foi preso no Castelo de Palmela, onde, ao que tudo indica, morreu envenenado.

Seguindo os passos de seus antepassados, a começar pelo infante d. Henrique (1394-1460), o Navegador, d. João II continuou a expansão ultramarina. O objetivo era descobrir uma nova Rota das Índias, um novo caminho de acesso às especiarias asiáticas. Com a queda de Constantinopla em 1453, o monopólio genovês e veneziano fora definitivamente extinto. Para chegar à Índia a partir de Portugal, era necessário circunavegar a África. Seguindo esta lógica, a Mina, em pleno golfo da Guiné, com seu castelo e feitoria, foi fundada em 1482. Apesar do centralismo adotado por d. João II, que contribuiu para, com o confisco de bens pertencentes à nobreza, enriquecer os cofres da Coroa, ele escapou da bancarrota em boa parte devido à vinda do ouro da Guiné. Com a chegada de Diogo Cão (ca. 1440-1486) ao rio Congo, em 1484, Portugal atravessara praticamente a metade do continente africano em direção à Índia. A descoberta da passagem para o oceano Índico não tardou. Em 1488, Bartolomeu Dias (ca. 1450-1500) chegou ao cabo da Boa Esperança, descortinando a tão ansiada nova Rota das Índias. Durante o reinado de d. João II, Portugal também tentou encontrar, com Afonso de Paiva (ca. 1443-ca. 1490) e Pero da Covilhã (ca. 1450-ca. 1530), via Cairo, um caminho de acesso alternativo, não oceânico, à Índia.[4]

Em seguida à descoberta das Américas pelo genovês Cristóvão Colombo (1451-1506), d. João II sustentou que, à luz do Tratado das Alcáçovas, assinado em 4 de setembro de 1479, entre o rei d. Afonso V de Portugal (1432-1481), o Africano, e os Reis Católicos, Isabel I de Castela (1451-1504) e Fernando II de Aragão (1452-1516), aos portugueses cabia a hegemonia no oceano Atlântico. O Tratado das Alcáçovas, além de reconhecer, segundo d. João II, a hegemonia de Portugal no oceano Atlântico, pusera fim à Guerra de Sucessão de Castela (1475-1479), durante a qual, mais uma vez, portugueses e castelhanos digladiaram-se em torno de uma sucessão dinástica, a de Henrique IV de Castela (1425-1474). Joana de Trastâmara (1462-1530), filha presumida de Henrique, não se tornou rainha de Castela, como Portugal queria, tendo sido preterida em favor de Isabel I. Na Batalha de Toro, em 1º de março de 1476, tropas portuguesas lideradas por d. Afonso V e pelo príncipe d. João, como já pudemos ressaltar, não haviam conseguido derrotar as dos Reis Católicos. Na Batalha da Guiné (1478), na África Ocidental, perto de São Jorge da Mina, o resultado foi diferente. Portugal, ao vencer Castela, assegurou para si o controle dos Açores, Cabo Verde, Guiné e Madeira, bem como de tudo o que fosse descoberto ao sul das ilhas Canárias. Para fazer valer seu ponto de vista, d. João II ameaçou entrar, mais uma vez, em guerra contra Castela. A resposta dos rivais foi apaziguadora. As negociações de paz preventiva com Portugal resultaram na adoção do Tratado de Tordesilhas, assinado em 7 de junho de 1494, pelo qual João e os Reis Católicos, Isabel e Fernando, dividiram entre si as terras descobertas por estas duas Coroas fora da Europa. O quadro de guerra latente entre Portugal e Castela não foi dissipado pelo Tratado de Tordesilhas. Mais uma vez, surgiu uma nova crise dinástica no horizonte.

A filha mais velha dos Reis Católicos, d. Isabel de Aragão e Castela (1470-1498), herdeira presuntiva de Isabel I e de Fernando II, casou-se em

---

[4] ALMEIDA, André Ferrand de. Da demanda do Preste João à missão jesuíta da Etiópia: A Cristandade da Abissínia e os portugueses nos séculos XVI-XVII. Universidade Católica Portuguesa. *Lusitania Sacra* 2(11:263), 1999.

primeiras núpcias com o príncipe d. Afonso de Portugal (1475-1491), herdeiro aparente de d. João II. Se Fernando II morresse sem ter gerado um filho, d. Afonso tornar-se-ia rei de Portugal, Aragão e Castela. Da mesma forma que Portugal, em virtude de uma questão sucessória de natureza dinástica, quase desaparecera em sequência à morte de d. Fernando I, o mesmo destino era agora reservado aos rivais peninsulares. A morte misteriosa de d. Afonso, causada por uma suspeita queda de cavalo durante uma corrida à margem do rio Tejo, embora ele fosse à época considerado um exímio cavaleiro, resolveu o impasse. Viúva, d. Isabel não era mais casada com o filho do maior inimigo de Castela. O trono português coube ao IV duque de Beja, o futuro d. Manuel I (1469-1521), o Afortunado, primo de d. João II, que morreu sem deixar herdeiros. Isabel I de Castela costumava chamar d. João II de O Homem (*El Hombre*).[5]

A inimizade que existia entre Henrique IV de Castela, chamado por seus detratores de o Impotente, e a futura rainha Isabel I era antiga. Henrique nunca aceitou o fato de Isabel ter se casado com Fernando sem sua autorização prévia. Com a morte de Henrique, Isabel reivindicou sem muita cerimônia o trono de Castela, tornando sua filha homônima, d. Isabel de Aragão e Castela, herdeira da Coroa. Durante anos, Isabel I fez tudo o que estava ao seu alcance para evitar que Joana de Trastâmara, filha de Henrique, se tornasse rainha de Castela. Corria o rumor de que Joana não era filha de Henrique com sua mulher Joana de Portugal (1439-1475), mas sim de Joana de Portugal com Beltrán de la Cueva (ca. 1435-1492), I duque de Albuquerque. Por conta disto, Joana de Trastâmara foi chamada depreciativamente em Castela de A Beltraneja.

Henrique e Joana de Portugal, netos de Fernando I de Aragão, o Justo, nunca se deram bem. Ao longo da vida, Joana acumulou uma série de amantes. Depois de dar à luz a Beltraneja, Henrique baniu-a da Corte. Em pleno ostracismo, Joana apaixonou-se novamente, desta vez por Pedro de Castilla y Fonseca (?-?), com quem teve dois filhos. Indignado, Henrique divorciou-se em 1468. Castela continuou em guerra contra os muçulmanos até a anexação do Emirado de Granada (1238-1492). No Tratado das Alcáçovas, fora previsto que d. Isabel de Aragão e Castela tinha de casar-se com d. Afonso, filho único de d. João II. A pedido dos Reis Católicos,

---

[5] RUCQUOI, Adeline. *História medieval da Península Ibérica*. Lisboa: Editorial Estampa, 1995, p. 212.

d. Isabel voltou a Castela após a morte de d. Afonso. Embora d. Isabel houvesse declarado que nunca mais se casaria, seus pais tinham uma opinião diferente. D. Manuel I pediu a mão de d. Isabel de Aragão e Castela. Isabel I consentiu, desde que d. Manuel expulsasse de Portugal todos os judeus que não se convertessem ao cristianismo. Aceita esta condição, os dois casaram-se em 1497.

D. Manuel I foi um rei bem-sucedido. Apesar de ter um território pequeno e uma população reduzida, Portugal durante seu reinado tornou-se uma das maiores potências da Europa, erguendo, pela primeira vez na história, um império ultramarino global. Apesar de tanto Portugal quanto Espanha terem, com o final da Reconquista, procurado construir um império colonial além das fronteiras do Velho Continente, crises dinásticas continuaram a alimentar intrigas e guerras que culminariam com a anexação de Portugal à Espanha em 1580 com a União Ibérica. D. Manuel I viveu boa parte de sua juventude em meio às conspirações da aristocracia portuguesa contra seu primo e cunhado, o rei d. João II; Diogo, IV duque de Viseu, era irmão mais velho de d. Manuel I. Ao ser chamado para encontrar-se em 1493 com d. João II, d. Manuel tinha razões mais do que compreensíveis para temer por sua vida. O príncipe d. Afonso acabara de morrer; d. João II não conseguira legitimar seu filho natural Jorge de Lencastre (1481-1550), II duque de Coimbra; e os responsáveis pela morte de d. Afonso não haviam sido descobertos. Neste encontro, d. João II declarou-o herdeiro do trono. Por esta razão, e não por causa da expansão ultramarina do Império português, d. Manuel foi chamado de o Afortunado.

Seguindo o caminho traçado por seu primo d. João II, durante o reinado de d. Manuel I, Vasco da Gama (ca. 1460-1524) encontrou em 1498 a tão ansiada nova Rota das Índias, marítima, com a circunavegação da África. Portugal pôde, então, trazer especiarias asiáticas para a Europa sem a necessidade de buscar a intermediação otomana, um imperativo depois da anteriormente mencionada Queda de Constantinopla.[6] Coube também ao reinado de d. Manuel a descoberta em 1500 do Brasil com um Pedro Álvares Cabral (ca. 1467-ca. 1520) que estava, como a maioria dos seus

---

[6] Além de uma Rota da Seda terrestre, havia de longa data uma Rota da Seda marítima, ligando a China, Indonésia e Índia, via golfo Pérsico e mar Vermelho, a Alexandria, Constantinopla e Veneza. A fragmentação do Império mongol (1206-1368) levou a Rota da Seda terrestre à sua decadência. Com Vasco da Gama e o subsequente estabelecimento do monopólio comercial português no oceano Índico, a Rota da Seda marítima entrou em colapso.

contemporâneos, mais interessado em chegar à Ásia do que em desbravar o Novo Mundo. Em 1505, Francisco de Almeida (ca. 1450-1510) tornou-se o primeiro vice-rei do Estado da Índia (1505-1961), a Índia Portuguesa. O Grande Dom Francisco, depois de lutar ao lado dos Reis Católicos contra os mouros na conquista de Granada, notabilizou-se ao assegurar a hegemonia de Portugal no oceano Índico.[7] De 1503 a 1515, Afonso de Albuquerque (ca. 1453-1515), II vice-rei e governador do Estado da Índia, transformou, com a construção de uma série de fortalezas, o oceano Índico num *mare clausum* português. Dotado de um grande império ultramarino em constante expansão, Portugal assinou tratados comerciais com a China e o Império Persa (550 a.C.-1979). Um novo estilo arquitetônico, o manuelino, colocado em prática em monumentos como o Mosteiro dos Jerônimos, refletiu, com sua exuberância, as conquistas de d. Manuel I. Com as Ordenações Manuelinas, ele compilou o direito português vigente à época, consolidando seu papel na administração da Justiça.

Para continuar a ser chamado de o Afortunado, só faltava a d. Manuel I realizar o sonho de tornar-se rei da Espanha, de Aragão e Castela. Esta ambição, dentre os monarcas portugueses, conforme acabamos de assinalar, não era nova. O principal trunfo de d. Manuel era seu casamento com d. Isabel de Aragão e Castela. Em 4 de outubro de 1497, João de Aragão (1478-1497), príncipe das Astúrias, herdeiro aparente dos Reis Católicos, d. Isabel I e d. Fernando II, morreu subitamente. Sua irmã, d. Isabel de Aragão e Castela, converteu-se, assim, em herdeira destas respectivas Coroas. Uma sucessão de tragédias pessoais impediu que d. Manuel I unificasse a Península Ibérica. Pouco depois de dar à luz em 23 de agosto de 1498 d. Miguel da Paz (1498-1500), herdeiro das Coroas de Portugal, Aragão e Castela, d. Isabel morreu. Em d. Miguel da Paz, príncipe de Portugal, das Astúrias e de Girona, recaíram todas as esperanças neste sentido. Mais uma vez, o projeto dinástico fracassou. D. Miguel da Paz morreu em 19 de julho de 1500 em Granada, nos braços de Isabel I, sua avó materna; ele não tinha ainda completado dois anos de idade.

Com a morte de d. Miguel da Paz, Joana de Castela (1479-1555), a Louca, tornou-se rainha de Castela e Aragão, dando origem à Espanha moderna. Ao casar-se com Filipe I (1478-1506), o Belo, filho do sacro imperador ro-

---

[7] RAMALHO, Américo da Costa. *Para a história do humanismo em Portugal.* v. 5. Imprensa da Universidade de Coimbra, 2013, p. 117.

mano-germânico Maximiliano I (1459-1519) e herdeiro do Ducado da Borgonha, o que incluía os Países Baixos, Joana trouxe o primeiro monarca da Casa de Habsburgo à Península Ibérica, dando origem à *Casa de Austria*, que reinou de 1516 a 1700, período no qual o Império espanhol, com Carlos V (1500-1558) e Filipe II, filho e neto de Joana, atingiu o seu apogeu.[8] Dele, fizeram parte as Américas, as Índias Orientais, os Países Baixos, o Império português durante a União Ibérica, bem como territórios na Alemanha, França, Itália, África do Norte e alhures.

Em Portugal, d. Manuel I, mais uma vez procurando juntar as duas casas reais peninsulares, casou-se com uma irmã mais nova de d. Isabel, d. Maria de Aragão e Castela (1482-1517). Foi este casamento que deu origem, em última instância, à relação dinástica com a Espanha, que resultou na União Ibérica. Morto d. Sebastião de Portugal (1554-1578), o Desejado, sem deixar herdeiros, Filipe II, rei da Espanha, neto de d. Manuel I e de d. Maria de Aragão e Castela, incorporou Portugal ao Império espanhol. Numa reviravolta da história, na primeira e até agora única vez em que a Península Ibérica foi unificada, Portugal foi anexado por Castela.

Por parte de sua mãe d. Joana da Áustria (1536-1573), d. Sebastião era um Habsburgo. Mais tarde chamado o Encoberto, ele não conheceu seu pai, d. João Manoel (1537-1554), príncipe herdeiro de Portugal. Neto do rei d. João III de Portugal (1502-1557), o Colonizador, e do sacro imperador romano-germânico Carlos V, d. Sebastião nasceu duas semanas depois da morte do seu pai. Ao contrário dos seus antecessores, ele não demonstrou interesse na unificação da Península Ibérica. No país vizinho, seu tio Filipe II não hesitou, quando a ocasião se fez presente, em colocar em prática este antigo projeto, anexando Portugal. D. Sebastião mirava mais longe; sua atenção estava concentrada no Magrebe, mais especificamente no Marrocos. Esta região era uma antiga conhecida dos portugueses, desde quando d. João I conquistara Ceuta. Embora se possa afirmar que d. Sebastião estivesse interessado, ao invadir o Marrocos, em dar início a uma cruzada contra os mouros, dando prosseguimento em solo africano à Reconquista, ele montou uma expedição militar atendendo ao apelo de socorro do sultão destronado do Marrocos, Abu Abdallah Mohammed II (?-1578).

Logo depois do nascimento de d. Sebastião, d. Joana da Áustria, filha de Carlos V e irmã de Filipe II, abandonou-o para tornar-se regente na

---

[8] PARSONS, Timothy H. *The Rule of Empires*. Oxford University Press, 2010, pp. 120-121.

Espanha. O casamento de d. Joana com seu primo, o príncipe herdeiro de Portugal, d. João Manuel (1537-1554), fez parte de uma política de aproximação da Espanha com Portugal que culminou com a ascensão de Filipe II ao trono do país vizinho como Filipe I de Portugal, em meio a uma união dinástica controlada pela *Casa de Austria*, o braço espanhol da Casa de Habsburgo. Como Carlos V tinha a intenção de abdicar, d. Joana deixou Portugal em 17 de maio de 1554, entregando seu filho recém-nascido, o futuro d. Sebastião, aos cuidados de sua tia e sogra, d. Catarina da Áustria (1507-1578). De 1554 a 1559, d. Joana foi regente da Espanha, desde a abdicação de Carlos V até a volta de Filipe II da Inglaterra, aonde fora para casar-se com Maria I (1516-1558). Joana, amiga pessoal de Santo Inácio de Loyola (1491-1556), tendo ainda São Francisco de Borja (1510-1572), Grande de Espanha, como diretor espiritual, passou à história como a única mulher jesuíta. Embora a intenção da regente, verdadeira entusiasta da Companhia de Jesus, fosse inadmissível, sendo sua condição feminina um obstáculo intransponivel para a assunção dos votos religiosos, ela tornou-se jesuíta. Em várias ocasiões, d. Joana interviu decisivamente, em especial depois de sua entrada na Companhia, a favor dos jesuítas. Imersa em seu ativismo político e religioso, d. Joana nunca mais voltou a ver seu filho único, d. Sebastião, embora tenha mantido com ele uma assídua correspondência. D. Sebastião tem sido muito incompreendido.

Educado pela avó, uma mulher de gênio forte, d. Sebastião foi um jovem brilhante. Alto e louro, ele parecia com seus antepassados germânicos, da austríaca Casa de Habsburgo. Sebastião, tal como sua mãe, d. Joana, viveu, desde a infância, cercado por jesuítas. Muito religioso, ele costumava carregar consigo obras de autores como São Tomás de Aquino (1225-1274), sendo acompanhado constantemente por dois monges que tinham o objetivo de preservar sua castidade. Longe de ser um obscurantista, d. Sebastião colocou em prática uma série de reformas administrativas, judiciais e militares que modernizaram Portugal. Preocupado com a sorte dos jovens que pretendiam cursar medicina e farmácia na Universidade de Coimbra, sem terem recursos próprios para tanto, ele criou um sistema de bolsas de estudos para financiá-los. Para forjar alianças com brasileiros nativos, ele doou a Arariboia (?-1589), cacique da tribo dos temiminós, em recompensa por este ter ajudado em 1567 os portugueses na conquista da baía de Guanabara contra os franceses e tamoios, uma região na entrada desta baía, na qual hoje se situa Niterói, cidade da qual Arariboia é considerado fundador. Seguindo o exemplo do seu bisavô, d. Manuel I, d. Sebastião promoveu a compilação de todas as leis do Reino de Portugal, dando origem ao Código Sebastiânico. Com a ordenação *Da nova ordem do Juízo*, sobre o abreviar das demandas, e a execução delas, de 1577, d. Sebastião, ao adotar multas para atrasos na tramitação de processos, reduzindo o tempo médio para o julgamento das ações judiciais, disciplinou a atuação dos operadores da lei.

Durante a Grande Peste Negra de Lisboa (1569), d. Sebastião trouxe médicos espanhóis para ajudar os médicos portugueses a controlar a epidemia, tendo ainda criado dois hospitais em Lisboa para cuidar dos pestilentos. Preocupado com o destino das viúvas e dos órfãos cujos maridos e pais haviam sido mortos pela peste negra, ele criou abrigos, o Recolhimento de Santa Marta e o Recolhimento dos Meninos, para acolhê-los. Diante da necessidade de proteger o tráfego comercial colonial, bem como o próprio Império português, diante dos ataques de piratas e de outras potências, d. Sebastião promulgou em 1570 a Lei das Armas, dando início à modernização militar do Reino de Portugal. Ainda em 1570, d. Sebastião, "o monarca religioso, justo e bom", sob a influência da bula *Sublimus Dei*, de 2 de junho de 1537, do papa Paulo III (1468-1549), que proibira a escravidão dos indígenas, estabeleceu critérios de acordo com os quais a escravidão dos brasileiros nativos se tornou ilegal e injusta. Para ajudar camponeses com problemas de colheita, d. Sebastião criou em 1576 na cidade de Évora os *Celeiros Comuns*, estabelecimentos de crédito que lhes adiantavam as sementes, as quais eram pagas em gênero quando a situação do camponês se normalizasse. Durante o reinado de d. Sebastião, Pedro Nunes (1502-1578), um cristão-novo, foi cosmógrafo-mor do Reino de Portugal.[9] Um dos maiores cientistas de sua época, Nunes não só era um grande teórico, como inventou vários instrumentos de medição, entre os quais o nônio, batizado em sua homenagem de *Nonius*, seu sobrenome em latim, um dispositivo de medição que permitia planejar navegações com uma margem de erro de apenas dezenas de quilômetros. Já em 1544, Nunes tornou-se catedrático em matemática da Universidade de Coimbra, tendo ajudado, com seus conhecimentos de cosmografia e cartografia, a praticamente zerar o número de naufrágios durante o reinado de d. Sebastião. Dentre suas

---

[9] LEITÃO, Henrique. Sobre as 'obras perdidas' de Pedro Nunes. In: *Pedro Nunes 1502-1578. Novas terras, novos mares e o que mays he: novo ceo e novas estrellas*. Henrique de Sousa Leitão (ed.). Lisboa, Biblioteca Nacional, 2002, pp. 54-55.

obras mais renomadas, de 1566, consta *Petri Nonii Salaciensis Opera*. Os *Lusíadas*, o épico nacional português, foi publicado em 1572 com o apoio decisivo de d. Sebastião. Dele, Luís Vaz de Camões (ca. 1524-ca. 1580) recebeu uma pensão vitalícia.

O último grande feito de d. Sebastião, a expedição militar em atenção ao apelo de socorro do sultão destronado do Marrocos, Abu Abdallah Mohammed II, não foi um ato gratuito de generosidade. Seu tio Filipe II recusou-se a comparecer pessoalmente à Jornada da África, tendo preferido enviar um pequeno contingente de terços, a conhecida unidade militar do Império espanhol criada pela Casa de Habsburgo. Em 1535, o Reino Háfsida (1229-1574), berbere, cuja capital era Túnis, tornou-se vassalo do Império espanhol, temeroso diante do avanço do Império otomano. Em 1574, os turcos conquistaram Túnis. Em seguida, eles levaram o último sultão do Reino Háfsida para Constantinopla, onde ele foi sumariamente executado por ter colaborado com o Império espanhol. Desde Selim I (ca. 1465-1520), o Implacável, o Império otomano controlava as cidades sagradas de Meca e Medina, o que contribuiu para legitimar as pretensões turcas de ter um califa como soberano. Conquistado o Reino Háfsida, faltava apenas o Marrocos para o Império otomano controlar todo o norte de África.Tanto portugueses como espanhóis temiam que o próximo passo do Império otomano fosse a reconquista da Península Ibérica.

Membros da dinastia Nasrida (1238-1492), descendentes diretos ou colaterais de Muhammad XII (ca. 1460-ca. 1533), o Boabdil, último emir de Granada, poderiam voltar à Andaluzia para reclamar o que outrora lhes pertencera. Tais suspeitas não eram infundadas. Mesmo para os mais otimistas, a situação no Marrocos, o último sultanato independente do Magrebe, era, no mínimo, desesperadora. O tio do sultão Abu Abdallah Mohammed II, Abu Marwan Abd al-Malik I (?-1578), conhecido por sua ambição desmedida e pela escassa solidariedade familiar, tornara-se um fiel aliado do Império otomano, tendo participado ativamente, ao lado dos turcos, da Batalha de Lepanto. Apoiado pelos otomanos, que enviaram dez mil soldados em seu socorro, Abu Marwan Abd al-Malik I depôs em 1576 seu sobrinho Abu Abdallah Mohammed II. Como sultão do Marrocos, Abu Marwan Abd al-Malik I reconheceu o otomano Murad III (1546-1595) como seu califa. Apavorado, Abu Abdallah Mohammed II fugiu para Portugal em busca da ajuda de d. Sebastião. Temendo, com o avanço do Império otomano, ter o mesmo destino de Abu Abdallah Mohammed II, d. Sebastião, acompanhado de praticamente toda a nobreza portuguesa, partiu para o Marrocos. Na Batalha de Alcácear-Quibir, a Batalha dos Três Reis para os árabes, travada entre Tânger e Fez, em 4 de agosto de 1578, morreram o rei português, o tio e o sobrinho marroquinos. Os vinte e cinco mil homens de d. Sebastião foram derrotados pelos sessenta mil homens de Abu Marwan Abd al-Malik I, com o apoio do Império otomano.[10]

A derrota e a morte de d. Sebastião na Batalha de Alcácer-Quibir desencadearam mais uma crise dinástica na Península Ibérica, que levou à perda da independência de Portugal e ao surgimento do sebastianismo, a crença mística na volta do Encoberto. Não há certeza a respeito do local da morte e do sepultamento de d. Sebastião. Em Portugal, alguns soldados disseram que ele teria morrido no campo de batalha; outros afirmaram que ele teria conseguido escapar. Para quem preferisse acreditar nesta última versão, d. Sebastião poderia voltar a qualquer momento para reivindicar a Coroa portuguesa. Depois de assumir o trono português em 1580, Filipe II declarou ter recebido do Marrocos os restos mortais do seu sobrinho, os quais foram enterrados no braço direito do transepto da Igreja de Santa Maria de Belém, no Mosteiro dos Jerônimos em Lisboa, onde até hoje se encontram. Como os restos mortais estavam irreconhecíveis, não podendo ser identificados como pertencendo a d. Sebastião, não faltou quem, descontente e desconfiado de Filipe II, um rei estrangeiro, desmentisse a versão do Império espanhol de que o Enconberto descansava em paz no Mosteiro dos Jerônimos.

A anexação de Portugal à Espanha não foi pacífica. Com a morte de d. Sebastião em 1578, sem deixar nenhuma descendência direta, o cardeal d. Henrique I (1512-1580), o Casto, tio-avô do Encoberto, ascendeu ao trono. Morto este também sem herdeiro, surgiu a nova crise sucessória. Para fazer valer suas pretensões, o rei espanhol Filipe II despachou para Lisboa Fernando Álvarez de Toledo y Pimentel (1507-1582), grão-duque de Alba, à frente de quarenta mil soldados. Na Batalha de Alcântara, travada em 25 de agosto de 1580, o exército espanhol venceu o português, partidário de d. Antônio I de Portugal (1531-1595), o Prior do Crato, também neto, como Filipe II, de d. Manuel I. Felipe II, o monarca mais poderoso do mundo, tornou-se rei de Portugal *manu militari*, graças à campanha do grão-duque de Alba, seu antigo comandante militar nos Países Baixos,

---

[10] MIKABERIDZE, Alexander. *Conflict and Conquest in the Islamic World. A Historical Encyclopedia*. v. 1. Santa Barbara/Denver/Oxford: ABC-CLIO, 2011, pp. 70-71.

conhecida como a Conquista de Portugal. A crença na volta do Encoberto, semelhante à do lendário rei Artur britânico, do sacro imperador romano-germânico Frederico I Barbarossa e do último imperador bizantino Constantino XI (1405-1453), que voltaria para tirar Constantinopla dos otomanos, não foi esquecida por Antônio Conselheiro (1830-1897) na Guerra de Canudos (1896-1897). Em suas pregações, ele relatava que d. Sebastião o ajudaria a derrotar as tropas da República e a restaurar a monarquia. As *Trovas* messiânicas de Gonçalo Anes (1500-1556), o Bandarra, sapateiro em Trancoso, morto bem antes de d. Sebastião, foram interpretadas, casuisticamente ou não, como uma profecia antecipando a volta do Encoberto. Quase um século mais tarde, em 1644, Matias de Albuquerque (ca. 1580-1647), na Batalha de Montijo, deu sua contribuição, como general, para que Portugal recuperasse sua independência.[11]

A PROMESSA DO OURO BRANCO

O açúcar percorreu um longo caminho até o Brasil, e com ele os Albuquerque a Pernambuco.

Desde a Antiguidade, produzia-se açúcar artesanalmente no subcontinente indiano. Supõe-se que, ao cortar e descascar a cana, para, em seguida, mascá-la sem engolir, tenha-se descoberto seu gosto doce. Durante séculos, devido ao seu alto custo, preferiu-se utilizar mel como adoçante. As diferentes espécies de cana-de-açúcar provêm do subcontinente indiano e do Sudeste Asiático, uma região que inclui Indochina, Filipinas, Indonésia e Nova Guiné. O cultivo da cana-de-açúcar intensificou-se a partir do momento em que, no subcontinente indiano, durante o Império Gupta (320-550), por volta do século V, foram colocados em prática métodos para transformar o caldo de cana em cristais de açúcar, de fácil armazenagem e transporte. Responsável pela unificação de boa parte do subcontinente indiano, tendo conseguido promover uma atmosfera de estabilidade e paz social, o Império Gupta, a Era Dourada da Índia, distinguiu-se por descobertas científicas, obras literárias, filosofia, estabelecendo a base na qual se assenta a cultura hindu até hoje. Entre os séculos IV e VI, persas e gregos,

---

[11] COSTA, Leonor Freire e CUNHA, Malfada Soares da. *D. João IV*. Lisboa: Círculo de Leitores, 2008, pp. 212-213: "Apesar de algumas vitórias menores, foi a do Montijo (26 de maio de 1644) que marcou o reinado de D. João IV e que projectou Matias de Albuquerque, o governador do Alentejo, para o estatuto de grande estragega desta fase da guerra."

depois de descobrirem que os indianos *produziam mel sem abelhas*, apropriaram-se deste método. Os árabes aprenderam com os persas, em meio ao seu processo de expansão, conquista e conversão ao Islã, a tecnologia de produção do açúcar, levando-a em seguida para a bacia do Mediterrâneo. A origem da palavra açúcar é indo-europeia, e não árabe, sendo derivada da palavra sânscrita *śārkara*. Os pequenos cubos de açúcar, que eram vendidos no subcontinente indiano, eram chamados de *khanda*, o que deu origem à palavra inglesa *candy*. Comerciantes, monges budistas e navegadores disseminaram a tecnologia indiana do refino de açúcar na Ásia Meridional, China e Oriente Médio, o que contribuiu para a popularização do cultivo da cana.

A cana-de-açúcar não chegou à Europa com os portugueses nem com os espanhóis. Foram os macedônios, levados por Alexandre (356 a.C.-323 a.C.), o Grande, aos limites do subcontinente indiano, às margens do rio Indo, que a trouxeram ao Velho Continente. A palavra sânscrita para açúcar, *śārkara*, tornou-se, em grego, *sakkharon*, resultando na latina *saccharum*. Levado pelos soldados macedônios para a Europa, o junco do qual se faz mel sem abelha foi cultivado como uma cara iguaria em Creta e na Sicília por mais de mil anos. A nova descoberta da cana-de-açúcar, no Velho Continente, ocorreu, mais uma vez, no contexto de um grande conflito militar. Os cruzados, defensores e propagadores do cristianismo, como os soldados macedônios foram do helenismo, descobriram, na Terra Santa, o sal doce, trazido em caravanas. Crentes no protencial da cana-de-açúcar, os venezianos, a partir de século XII, começaram a cultivá-la para exportação no Levante em larga escala. Não tardou para que o açúcar, em plena Idade Média (ca. 476-1453), substituísse o mel como o principal adoçante. Para acelerar este processo de substituição, o uso do açúcar foi associado a uma série de funções terapêuticas, de forma semelhante ao que se faz, hoje, com o mel. No século XV, Veneza era o principal centro de refino do açúcar em toda a Europa.[12] Com a queda de Constantinopla, portugueses, espanhóis e neerlandeses iniciaram uma disputa acirrada para substituir a principal república marítima italiana como centro de refino e distribuição do açúcar no Velho Continente. A vinda de Jerônimo de Albuquerque a Pernambuco, bem como ao próprio Brasil, é um dos fatores e resultados deste declínio

---

[12] Em 1503, o refino de açúcar foi descoberto por um veneziano (Cf. TEGG, Thomas. *Chronology, or, Historian's Companion*. 3ª ed. Londres: 1824, p. 127).

de Veneza. A partir do século XVI, o cultivo da cana em grande escala no Novo Mundo diminuiu seu custo, transformando o açúcar num bem de consumo mais acessível.

Os gregos e romanos antigos conheciam o açúcar como remédio, e não como alimento. Ele era importado da Índia e da Arábia Feliz, uma região da Península Arábica que corresponde ao atual Yêmen, conhecida na Antiguidade como um importante centro agrícola e comercial. O *sakkharon*, este mel que se dissolve na boca como sal, era diluído em água para ajudar na digestão, bem como para aliviar dores na bexiga e nos rins. Os engenhos, as usinas e refinarias de açúcar não foram inventados pelos portugueses, nem pelos espanhóis ou neerlandeses. Na Idade Média, os árabes adotaram em larga escala as técnicas de produção indianas, dando origem às primeiras *plantations*, com a monocultura da cana-de-açúcar voltada para a exportação, utilizando latifúndios e mão de obra escrava. Nestas *plantations*, havia engenhos, usinas e refinarias. Para compensar a escassez de água, para cultivar a cana os árabes colocaram em prática sofisticadas técnicas de irrigação. Além de Creta e da Sicília, a cana-de-açúcar também era conhecida na Andaluzia. Considerado uma especiaria rara, o açúcar na Europa, até o século XV, era tão caro quanto as especiarias tropicais vindas da Ásia, como cravo-da-índia, gengibre, noz-moscada e pimenta. Nas mãos dos venezianos e dos árabes, seu preço sempre foi elevado. A cana-de-açúcar em meio à expansão árabe, rumo ao Ocidente, seguiu um longo trajeto, tendo passado, ao longo dos séculos, pela Mesopotâmia, Levante e bacia do Mediterrâneo.

O principal problema com o cultivo da cana-de-açúcar, que se repetiu no Brasil, foi o da necessidade de muita mão de obra tanto em seu cultivo quanto em seu refino. A cana, ao contrário, por exemplo, do trigo, é pesada, difícil de ser manuseada e transportada. Para que se torne rentável, deve ser refinada o mais próximo possível do local em que foi colhida, para evitar os altos custos de transporte que tornariam o açúcar pouco rentável. O refino é lento e caro, exigindo a extração do suco da cana, que precisa ser fervido e concentrado durante várias horas. Para baratear este processo, tanto árabes quanto europeus recorreram à mão de obra escrava.[13] A partir da expansão muçulmana, iniciada no século VII, até a segunda metade do século XX, os árabes capturaram e compraram escravos na África

---

[13] Bem antes da europeia, a indústria açucareira árabe também dependia do trabalho escravo. (Cf. LANDES, David S. *Wealthy and Poverty of Nations*. Londres: Abacus, 1998.)

para vendê-los nas principais regiões que estiveram sob seu controle, como a Ásia Ocidental, África do Norte, Península Ibérica e Sicília. Os africanos eram levados pelo deserto do Saara, mar Vermelho e oceano Índico para grandes mercados de escravos do Oriente Médio, onde eram comprados por traficantes que os revendiam alhures. Uma vez refinado, o açúcar podia ser facilmente transportado a grandes distâncias, a baixo custo, inclusive por navio, aumentando sua margem de lucro.

A partir do momento em que os venezianos perderam o Levante para os muçulmanos, o cultivo da cana-de-açúcar deslocou-se para o Ocidente, em primeiro lugar para Chipre, depois para as ilhas atlânticas dos arquipélagos da Madeira, Canárias e Cabo Verde, e depois para as Américas, em especial o Brasil. Com a Queda de Ruad em 1303, uma pequena ilha atualmente pertencente à Síria, desaparecera o último território controlado pelos cruzados no Levante, obrigando os venezianos a recorrer ao comércio com os muçulmanos para obter açúcar, ou ao cultivo próprio, agora na Europa, para satisfazer suas necessidades. Na Idade Média, o termo Levante começou a ser utilizado por comerciantes marítimos italianos em relação aos territórios que se localizavam ao leste de Veneza, em especial Anatólia, Egito, Líbano, Palestina e Síria. Em Chipre, mercadores venezianos financiaram o cultivo da cana-de-açúcar em terras que pertenciam a aristocratas cruzados. Como os cipriotas eram pouco numerosos e estavam mais interessados em cultivar por conta própria gêneros de primeira necessidade, os venezianos decidiram colocar em prática localmente o modelo da *plantation*, que fora inventado por seus arqui-inimigos, os árabes. Escravos circassianos, eslavos e tártaros, com crescente intermediação otomana, foram trazidos para Chipre, com o objetivo de fazê-los trabalhar nos engenhos de açúcar. As ilhas atlânticas dos arquipélagos da Madeira, Canárias e Cabo Verde, com seu clima mais quente do que Chipre, variando do subtropical ao tropical, foram, a partir do século XV, o próximo destino da cana-de-açúcar. Para fazer frente à necessidade de dispor de uma abundante mão de obra para o cultivo da cana-de-açúcar, começou-se a trazer escravos vindos da África, uma prática da qual os árabes eram useiros e vezeiros há mais de sete séculos antes dos portugueses e espanhóis. Antes de os portugueses cultivarem cana-de-açúcar na ilha da Madeira, eles a transplantaram da Andaluzia, onde ela era uma velha conhecida desde a Conquista árabe (711), para o Algarve.

Na ilha da Madeira, a partir de 1455, Portugal recorreu à ajuda dos genoveses, o principal inimigo dos venezianos dentre as repúblicas marítímas italianas, que emprestaram capital para o cultivo e o refino da cana, o que implicou a construção de engenhos. Comerciantes flamengos, conscientes de que, com a queda de Constantinopla ocorrida em 1453 às mãos dos otomanos, os venezianos haviam sido definitivamente bloqueados no mar Mediterrâneo, não dispondo mais de um meio de acesso privilegiado às especiarias vindas do Oriente pela Rota da Seda, também investiram na produção de açúcar na ilha da Madeira. Em 1480, Antuérpia, a principal cidade de Flandres, transformando-se rapidamente na cidade mais rica da Europa, em substituição a uma Veneza fadada à decadência pela ascensão do Império otomano, comprava em massa açúcar produzido na ilha da Madeira para refiná-lo, vendendo-o em seguida um pouco por toda a Europa. Em 1425, Henrique, o Navegador, introduzira o cultivo da cana na ilha da Madeira. Em 1490, a ilha da Madeira ultrapassou Chipre na produção de açúcar.

A única das Ilhas Afortunadas[14] conquistada pelos espanhóis foi o arquipélago das Canárias, povoado pelos guanches, um povo de origem berbere. Depois de tê-las controlado por um curto período de tempo, Portugal, com o Tratado das Alcáçovas, reconheceu o arquipélago das Canárias como espanhol, e a Espanha, os arquipélagos dos Açores, Madeira e Cabo Verde como portugueses. O Tratado das Alcáçovas, até hoje, é considerado a pedra fundamental da expansão colonial europeia. Pela primeira vez, um acordo internacional, celebrado entre duas potências ibéricas ascendentes, dividiu o mundo entre dois países do Velho Continente, sem que as respectivas populações aborígenes locais tivessem o direito de discordar. Em troca do reconhecimento, por parte de Portugal, de que o arquipélago das Canárias pertencia à Espanha, esta permitiu que Portugal continuasse a colonizar o litoral da África. Foi somente depois da conquista do Emirado de Granada (1492) que os espanhóis deram início à sua expansão colonial ultramarina, tentando chegar à Ásia pelo oceano Atlântico, com o objetivo de superar o bloqueio imposto por Portugal na circunavegação do continente africano rumo à Índia. Antes de atravessar o oceano Atlântico, Cristóvão Colombo parou em 12 de agosto de 1492 em uma das principais ilhas do arquipélago das Canárias para reabastecer-se com água e alimentos. Embora tenha pretendido ficar não mais do que cinco dias em La Gomera, ele passou um mês nesta ilha, ten-

---

[14] Na mitologia grega, as Ilhas Afortunadas eram ilhas paradisíacas localizadas no oceano Atlântico. Este conceito inclui tradicionalmente os arquipélagos da Madeira, Canárias, Açores e Cabo Verde. Numa concepção mais ampla, compreende as Antilhas.

do se aproximado de sua governadora, Beatriz de Bobadilla (1462-1504). Como os espanhóis cultivavam cana-de-açúcar nas ilhas Canárias, Colombo levou para a ilha de São Domingos, atualmente ocupada pela República Dominicana e pelo Haiti, algumas mudas, as primeiras a chegar ao Novo Mundo. A primeira colheita de cana-de-açúcar no Novo Mundo ocorreu em 1501 na ilha de São Domingos.

No Brasil, a mais antiga plantação de cana-de-açúcar surgiu na capitania de São Vicente. Martim Afonso de Souza (ca. 1490-1564), seu primeiro donatário, trouxe as primeiras mudas que chegaram, vindas da ilha da Madeira, ao território nacional. O primeiro engenho em São Vicente foi construído em 1532 pelos irmãos Pero e Luís de Góis (?-?), o Engenho da Madre de Deus. O segundo, o Engenho de São João, foi erguido em 1533 por José Adorno (?-?), um dos Irmãos Adorno, fidalgos genoveses integrantes da Armada de Martim Afonso de Souza, um dos primeiros colonizadores do Brasil. O terceiro, o Engenho do Governador, do próprio Martim Afonso de Souza, foi construído em 1534.

Praticamente um século antes da primeira invasão do Brasil pelos Países Baixos, ocorrida em 10 de maio de 1624, em Salvador da Bahia, o flamengo Erasmus Schetz (1476-1550), alemão de nascimento, originário de Aquisgrana, estabelecido em Antuérpia, comprou em 1540 o Engenho do Governador, o terceiro engenho da Baixada Santista. Ambicioso mas carente de capital, Martim Afonso de Souza formara uma sociedade com três investidores para explorá-lo: os Armadores do Trato, com o objetivo de controlar a exportação de açúcar e a importação de produtos estrangeiros para a capitania. Desde o início, o cultivo da cana-de-açúcar no Brasil teve, portanto, uma estreita ligação com Flandres, mais especificamente com Antuérpia. Dentre os sócios de Martim Afonso de Souza, constava Johan van Hielst (?-?), agente em Lisboa de Schetz, um dos maiores mercadores flamengos de sua época, com interesses em toda a Europa. Uma grande família burguesa, os Schetz desempenharam um papel relevante no financiamento do Império habsbúrgico (1526-1804). Fundador da Dinastia Schetz, Erasmus era filho de Coenraad (?-?), cavaleiro e mestre da Casa da Moeda do Principado-Bispado de Liège (985-1795), e de Catharina Kranz (?-?), filha do mestre da Casa da Moeda da Vestfália e dona de várias minas de cobre, também na Vestfália, herdadas por Erasmus Schetz.[15]

---

[15] PUTTEVILS, Jeroen. *Merchants and Trading in the Sixteenth Century*. Londres: Routledge, 2016, p. 74.

Erasmus foi a Antuérpia para ajudar seu tio Rutger no comércio de cobre. Nascido em berço de ouro, Erasmus também fez um excelente casamento. Em Lisboa, ele tornou-se agente de Claes van Rechterghem (?-?), um rico mercador de Colônia que se estabelecera em Flandres, dono das minas de smithsonita de Altenberg, Saxônia, ao sul de Dresden; para produzir bronze a partir do cobre, era necessário a smithsonita. Em 1511, Schetz casou-se com a filha de Van Rechterghem, tornando-se dono das minas do sogro após a morte deste. Um dos principais fornecedores de cobre para Portugal, Erasmus Schetz tornou-se extremamente rico e poderoso. Um dos principais financiadores de Carlos V, com grandes somas de dinheiro, Erasmus concentrou suas atividades comerciais em sua Alemanha nativa, em Portugal e no Brasil. O império comercial de Erasmus baseava-se na venda de especiarias, dentre as quais o açúcar, para a Alemanha, e de cobre, para Portugal. Cobre, à época, era a principal moeda de troca no comércio das especiarias com a Índia e a Guiné. Esta triangulação fez de Erasmus Schetz um dos homens mais ricos da Europa, não só comerciante, mas também banqueiro. Dono do Engenho Erasmo, o antigo Engenho do Governador, do qual ele se tornou o único proprietário, ele também passou para a história como um intelectual esclarecido, tendo mantido uma correspondência assídua com Erasmo de Roterdã (1466-1536). O açúcar no Brasil, desde o seu início, foi uma indústria internacionalizada, vinculada ao capital transnacional.

Não foi em São Vicente, mas em Pernambuco, que o cultivo da cana-de-açúcar atingiu o seu apogeu. O primeiro engenho pernambucano foi o Engenho Nossa Senhora da Ajuda, fundado em 1542 por Jerônimo de Albuquerque, localizado perto de Olinda, mais tarde conhecido como Engenho Velho, Fazenda do Forno da Cal e Forno da Cal.[16] Pernambuco, em comparação a São Vicente, tinha duas grandes vantagens. Primeiro, o massapê, um solo de consistência pegajosa no inverno chuvoso e rígido no verão seco, excelente para o cultivo da cana-de-açúcar. Segundo, a menor distância com a Europa. A maioria dos engenhos em território brasileiro localizava-se na faixa litorânea que ia de Pernambuco, a capital econômica do Brasil, à Bahia, a capital política. O cultivo da cana-de-açúcar no Brasil ocorreu não apenas por motivos econômicos, mas também políticos, como

---

[16] COSTA, Francisco Augusto Pereira da. *Anais pernambucanos 1493-1590*. v. 1. 2ª ed. Recife: Fundarpe, pp. 225-226.

uma forma de Portugal assegurar o controle do Brasil perante as demais potências da Europa, que nutriam reivindicações territoriais nas Américas. Na primeira metade do século XVI, o comércio com o Brasil girou em torno do pau-brasil, o pau-tinta, que servia como matéria-prima para o tingimento de tecidos, num período em que a indústria têxtil europeia passava por um forte crescimento. A partir da segunda metade do século XVI, a situação alterou-se. A demanda e o preço do açúcar refinado aumentaram. Na Europa, o açúcar substituiu o mel na maioria das receitas, sendo cada vez mais usado como adoçante em bolos, geleias e balas. Nos engenhos de São Vicente e Pernambuco, ocorreu a primeira produção comercial de açúcar em grande escala do Novo Mundo. Inicialmente, o sistema de produção baseou-se no existente na ilha da Madeira, com o senhor de engenho arrendando a terra para lavradores em troca de uma parte do açúcar produzido por estes. O açúcar produzido no Brasil não era comercializado na Europa por Portugal, mas pelos Países Baixos, mais especificamente por Antuérpia, a capital econômica de Flandres, e, mais tarde, por Amsterdã, a capital econômica da Holanda. Em meados do século XVII, o Brasil era o maior produtor de açúcar do mundo. Esta posição começou a alterar-se a partir de 1660. Com a expulsão dos neerlandeses do Brasil, estes disseminaram o cultivo da cana-de-açúcar pelo Caribe. A cana, no Novo Mundo, era cultivada, inicialmente, por europeus em servidão temporária, obrigados a trabalhar durante um período de tempo específico para pagar ao patrão o preço da passagem de navio para o Brasil, e por nativos americanos em regime de escravidão e semiescravidão. Este sistema não durou muito tempo. Vítimas frequentes de doenças como febre amarela, malária e varíola, europeus e nativos foram substituídos por africanos.

Principais investidores e maior potência capitalista da época, os Países Baixos encararam as ilhas do Caribe como uma alternativa à hegemonia brasileira no cultivo da cana-de-açúcar. Perdido o Brasil Holandês (1630-1654) pela força das armas, contra os luso-brasileiros, não havia mais por que voltar, em tempo de paz, a uma parceria passada que transformava os Países Baixos num agente de exportação do açúcar pernambucano para o continente europeu. Expulsos do Brasil, os neerlandeses buscaram outros locais para investir no cultivo da cana-de-açúcar para abastecer as refinarias de Amsterdã. Os Países Baixos e James Drax (?-1662), pioneiro no cultivo da cana-de-açúcar no Império britânico (1583-1997), colaboraram para transformar Barbados num dos principais centros produtores mundiais de açúcar, em concorrência direta com o Brasil. O então jovem Drax, descrente da rentabilidade do algodão e do tabaco, veio ao Recife em 1640. Em Pernambuco, ele tornou-se um diligente aprendiz dos métodos portugueses e neerlandeses de produção de açúcar. Em Barbados, ele adaptou estas técnicas às condições locais, transformando esta ilha, com a ajuda do capital holandês, num importante centro de exportação desta especiaria rumo à Europa. O Engenho Drax (*Drax Hall Estate*), construído por Sir James Drax em 1650, pouco antes da expulsão dos neerlandeses do Brasil, em São Jorge, no centro de Barbados, ainda continua em atividade. Embora o Brasil tenha continuado a ser o maior exportador de açúcar depois da expulsão dos neerlandeses, ele teve de competir com as ilhas do Caribe pertencentes aos Países Baixos, Inglaterra e França, hábeis em lidar com a diminuição crescente do preço em função do aumento da oferta e em impor monopólios à sua comercialização.[17]

Na primeira metade do século XVI, Veneza ainda era um importante centro de refino do açúcar na Europa, o qual vinha da bacia do Mediterrâneo e de Portugal. Gênova importava açúcar da Espanha, principalmente de Barcelona, Granada e Valência. As primeiras refinarias da Inglaterra foram abertas em 1544, mas elas não conseguiram competir nem em preço nem em qualidade como as de Antuérpia, a cidade flamenga que substituíra Veneza como a mais rica e poderosa da Europa. Em 1605, Amsterdã tinha três refinarias. Foi apenas após a Queda de Antuérpia, ocorrida em 1585, perante o Império espanhol, que a Holanda conseguiu ultrapassar Flandres como o novo principal centro de refino do açúcar na Europa. A Rota das Índias, aberta por Vasco da Gama, contribuiu para tornar Portugal o primeiro fornecedor de açúcar para o mercado europeu, um fato que não passou despercebido nos Países Baixos. Ainda em 1625, os neerlandeses transportaram, em seguida à invasão de Salvador, ocorrida de 1624 a 1625, mudas de cana-de-açúcar do Brasil para as ilhas do Caribe. Durante o Iluminismo (1715-1789), em pleno século XVIII, o açúcar tornou-se um dos principais fatores econômicos, alvo preferencial da política mercantilista europeia. O primeiro moinho de açúcar mecanizado, com uma máquina a vapor, surgiu em 1768 na Jamaica, mas não dispensou a mão de obra escrava.

---

[17] PARKER, Matthew. *The Sugar Barons. Family, Corruption, Empire and War*. Londres: Hutchinson, 2011, p. 9.

O modelo luso-neerlandês do cultivo da cana-de-açúcar, o do engenho, em contraposição ao da *hacienda* hispânica, baseado na mão de obra indígena, durou por séculos. Os moinhos de cana criaram uma demanda sem precedentes por alavancas, eixos e outras engrenagens feitas de ferro, impulsionando a Revolução Industrial (1760-1840). A diminuição do preço, provocada pelo aumento da oferta, fez com que o açúcar se tornasse um bem de consumo disponível para os europeus pobres. De luxo a item de primeira necessidade, tornando-se um ingrediente essencial na elaboração de vários alimentos e remédios, o cultivo da cana-de-açúcar, o ouro branco, foi um dos principais incentivos à colonização dos trópicos.

A Era dos Descobrimentos (séc. XV-séc. XVII), a expansão colonial ultramarina portuguesa, responsável pela vinda de Jerônimo de Albuquerque ao Brasil, foi precedida pela Crise do Século XIV. Com a ajuda dos cruzados e das ordens monásticas militares dos Cavaleiros Templários (ca. 1119-1312), da Ordem de Avis (1146-1789) e da Ordem de Santiago (1158-), Portugal concluiu a Reconquista em 1249, com a ocupação definitiva do Algarve. Muito antes do que a Espanha, cuja Reconquista só terminou com a vitória dos Reis Católicos Isabel I de Castela e Fernando II de Aragão contra o Emirado de Granada, não havia mais, no continente europeu, territórios para Portugal expandir-se, embora sua população continuasse a aumentar. Os séculos XII-XIII, em seguida ao fim da Reconquista, caracterizados por um promissor crescimento econômico, foram, então, abruptamente sucedidos por uma série de catástrofes que lançaram não somente Portugal como toda a Europa numa crise sem precedentes.

A Crise do Século XIV foi marcada por dois eventos funestos que mataram dezenas de milhões de europeus – a Grande Fome (1315-1317) e a Peste Negra (1346-1353). Invernos severos e verões frios provocaram o colapso das colheitas em todo o continente, levando à morte em massa por inanição e à desagregação social, com um grande aumento da criminalidade. A própria Igreja começou a ser questionada, já que a corrupção do Papado seria responsável pela sucessão de tragédias que acometiam o Velho Continente. O primeiro reformador europeu, Jan Hus, anterior a Martinho Lutero (1483-1546), Ulrico Zwinglio (1484-1531) e João Calvino (1509-1564), sintomaticamente, nasceu em ca. 1372 e faleceu em 1415. Debilitado pela Grande Fome, Portugal defrontou-se, em seguida, com a Peste Negra, originária da Ásia Central, responsável pela morte de 30% a 60% da população da

Europa.¹⁸ Para os pobres, foi o pior dos mundos. Vivendo amontoados em cubículos, se um membro da família adoecesse, eles não tinham como isolá-lo; mal alimentados e com péssimas condições de higiene, as defesas imunológicas da população deixavam muito a desejar. Na segunda metade do século XV, a população da Europa era menor do que a do começo do século XIV. Em Portugal, restaram poucos núcleos urbanos dinâmicos. O mar, com a pesca e o comércio, tornou-se a principal alternativa para quem fugia do interior. Os senhorios, inclusive o de Albuquerque, ficaram despovoados e à míngua.

Em busca de novos territórios e de novas fontes de riqueza, com o mesmo ímpeto da Reconquista, Portugal lançou-se à expansão colonial ultramarina. Os primeiros territórios extracontinentais ocupados foram Ceuta (1415), Madeira (1420) e Açores (1427). As bulas papais *Dum Diversas*, de 18 de junho de 1452, e *Romanus Pontifex*, de 8 de janeiro de 1455, legitimaram *ab initio*, ao reconhecer o direito da Coroa portuguesa a todas as terras ao sul do cabo Bojador, na África, o surgimento do Império português (1415-1999). A prioridade de Portugal, no começo de sua expansão colonial ultramarina, não foi o Brasil, mas a Índia. O espanhol Vicente Yáñez Pinzón (ca. 1462-1514), a despeito do previsto pelo Tratado de Tordesilhas, assinado em 7 de junho de 1494, desembarcou em 26 de janeiro de 1500 próximo ao cabo de Santo Agostinho. Quase seis meses depois, em 22 de abril de 1500, foi a vez de Pedro Álvares Cabral, comandante da Segunda Armada das Índias, ancorar diante do monte Pascoal. Quase meio século depois, Jerônimo de Albuquerque chegou ao Brasil para introduzir em Pernambuco o cultivo da cana-de-açúcar.

A SALVAÇÃO PELO MAR

Os Albuquerque prosseguiram por terras e mares de Portugal e do Brasil.

Descendentes diretos do rei português d. Dinis (1261-1325) e, consequentemente, do fundador de Portugal, d. Afonso Henriques (1109-1185), também conhecido como d. Afonso I, o Grande, os Albuquerque participaram desde o começo não só da Era dos Descobrimentos (séc. XV-séc. XVII), o longo processo de expansão colonial ultramarino do Império português pelos quatro continentes, como de alguns dos principais eventos históricos dos dois principais reinos da Península Ibérica, Portugal e Castela.

---

¹⁸ ENNS, Richard H. *It's a Nonlinear World*. Nova York/Londres: Springer, 2011, p 292.

À Crise do Século XIV, marcada pela Grande Fome e pela Peste Negra, sucederam-se a Guerra dos Cem Anos, travada entre a França e a Inglaterra, de 1337 a 1453, e o Grande Cisma do Ocidente, em que a residência do Papado foi levada para Avinhão, França, de 1378 a 1417. Perante uma Europa imersa em conflitos, Portugal optou, para superar a Crise do Século XIV, cujas consequências se prolongaram século XV adentro, por sair do retângulo continental, atacando o Islã em plena África do Norte, o berço da invasão muçulmana da Península Ibérica. Em 21 de agosto de 1415, d. João I conquistou Ceuta, considerada a chave para o Mediterrâneo. Cem anos mais tarde, em 1515, morria Afonso de Albuquerque, o Grande, em Goa, responsável pelo ataque bem-sucedido de Lisboa contra o Islã no subcontinente indiano.[19] Em um século, Portugal deu início à primeira globalização da história, com Gil Eanes, em 1434, sendo o primeiro europeu a navegar além do cabo Bojador, no litoral do Saara Ocidental, ao sul do arquipélago das ilhas Canárias, em pleno Mar Tenebroso, o oceano Atlântico das primeiras grandes navegações. Coube ao infante d. Henrique, o Navegador, o mérito de ter dado o grande impulso inicial à Era dos Descobrimentos, reponsável não só pela conquista de Ceuta e da navegação além do cabo Bojador, mas da própria libertação de Portugal das rotas de comércio do Saara, controladas pelos muçulmanos, com a chegada, por via marítima, às regiões auríferas da Costa da Mina, no golfo da Guiné.

Bem antes da conquista de Ceuta, d. Afonso IV, o Bravo, destacou-se como um grande comandante militar, tendo dado uma inusitada importância ao desenvolvimento da Marinha portuguesa. Filho de d. Dinis, d. Afonso promoveu as primeiras viagens de exploração de Portugal no oceano Atlântico, apoiadas por uma nascente Marinha mercante. Foi durante o seu reinado que Portugal descobriu o arquipélago das ilhas Canárias. Este d. Afonso, como sublinhamos acima, travou várias batalhas pelo trono português com seu irmão d. Afonso Sanches (1289-1329), o filho predileto do rei d. Dinis. Depois de vencê-lo, ele ordenou o exílio de d. Afonso Sanches em Castela, confiscando-lhe todos os títulos e terras recebidos em Portugal.

---

[19] ALBUQUERQUE, Afonso de. *Cartas para el-rei d. Manuel I*. Lisboa: Livraria Sá da Costa, 1942, p. 9: "A determinação em que fico, é não deixar viver mouro em Goa, nem entrar nela, sòmente gentios, e deixar gente por agora aquela que me bem parecer e alguns navios, e com outra armada ir ver o mar Roxo e Ormuz e o mais que tenho escrito a Vossa Alteza, se a Nosso Senhor aprouver."

Em Castela, ao casar-se com d. Teresa Martins de Meneses, V senhora de Albuquerque, d. Afonso Sanches teve como filho d. João Afonso de Albuquerque (ca. 1304-1354), o Ataúde, VI senhor de Albuquerque, o primeiro a incorporar, como já tivemos a oportunidade de salientar, o topônimo Albuquerque ao seu sobrenome. Depois de d. Afonso IV de Portugal e Afonso XI de Castela terem derrotado na Batalha do Salado, em 30 de outubro de 1340, a tentativa de ocupação marroquina, nunca mais um exército muçulmano invadiu a Península Ibérica, o que permitiu a Portugal e Castela concentrar esforços em prol de suas respectivas expansões coloniais ultramarinas.[20] Graças a Vasco da Gama e a Pedro Álvares Cabral, d. Manuel I tornou-se o primeiro soberano de um Império onde o sol nunca se punha, com territórios nos cinco continentes.

De obstáculo intransponível, o oceano Atlântico tornou-se, com a Era dos Descobrimentos, a partir do século XV, a principal estrada da primeira globalização da história, estrada esta que foi utilizada por Jerônimo de Albuquerque para chegar ao Brasil. De norte a sul, de leste a oeste, pelo oceano Atlântico, passou a circular com uma desenvoltura inaudita toda espécie de mercadoria. Algodão, armas de fogo, canela, chá, cravo, gengibre, pimenta, porcelana, da Ásia; batata, chocolate, tabaco, tomate, das Américas; e, claro, açúcar de Pernambuco. Quando Afonso de Albuquerque, responsável pela conquista de Goa,[21] morreu em 1515, o Império português já tinha alcançado uma dimensão planetária com a qual d. Afonso IV dificilmente teria sonhado. Ao conquistar Ceuta, d. João I foi festejado em toda a Europa. Em guerra permanente há mais de meio milênio contra os muçulmanos, o Velho Continente saudou com intensidade a abertura de uma nova frente de luta contra os tradicionais inimigos, desta vez do outro lado do mar Mediterrâneo, em pleno Marrocos. O sucesso de Portugal, no entanto, despertou a cobiça alheia. Pioneiros da primeira globalização, os portugueses consagraram-se como o principal ator da história do século XVI até serem substituídos a partir do século XVII pelos Países Baixos.

---

[20] CONDE, Francisco Javier Fernández. *La religiosidad medieval en España. Plena Edad Media (siglos XI-XIII)*. Gijón:Trea, 2011, p. 106.
[21] Afonso de Albuquerque, ob. cit., p 22: "(...) e portanto digo Senhor, que aquenteis o feito da India mui grossamente com gente e armas, e que vos façais forte nela e segureis vossos tratos e vossas feitorias, e que arranqueis as Riquezas da India e trato das mãos dos mouros (...)".

Os Albuquerque em suas origens não se vincularam somente à história de Portugal. Com o exílio de d. Afonso Sanches, ordenado por seu irmão, o rei d. Afonso IV, eles tiveram sua origem primeva no d. João Afonso de Albuquerque antes mencionado, um autêntico ibérico, luso-espanhol, nascido em Lisboa e morto em Medina del Campo, Castela. D. João, membro da alta nobreza, descendente direto das Casas Reais de Portugal e Castela, conforme pudemos ressaltar, foi alferes do rei de Castela Afonso XI e mordomo-mor do infante Pedro. Mais tarde, ele foi chanceler-mor do rei de Castela Pedro I. Afonso XI, o Justiceiro, e seu filho Pedro I, o Cruel, tornaram-se notórios pela violência com a qual reprimiram qualquer suspeita de sedição por parte da nobreza castelhana. Para Afonso XI e Pedro I, os nobres não passavam de vassalos que não eram dignos de muita confiança. Após vencer os mouros ao lado de d. Afonso IV na Batalha do Salado, d. Afonso XI expandiu, com a conquista da Taifa de Algeciras em 1344, as fronteiras de Leão e Castela até o estreito de Gibraltar.

Se se sentisse ameaçado, Afonso XI mandava matar sem que a vítima fosse submetida a qualquer espécie de julgamento. Ele repudiou publicamente sua esposa Maria de Portugal (1313-1357), a Fermosíssima, tendo mantido um caso público e escandaloso com Leonor de Gusmão (1310-1351), com quem teve dez filhos. Tendo quase sido destronado em favor de Henrique de Trastâmara, filho de Afonso XI com Leonor, Pedro I, seguindo a tradição paterna, não só se vingou brutalmente dos nobres castelhanos que haviam conspirado contra ele, como mandou matar Leonor. Infeliz no casamento, Pedro também teria mandado envenenar sua esposa Branca de Bourbon (1339-1361) e o próprio d. João Afonso de Albuquerque, que, ao lado de Afonso XI, participou do Quinto Sítio de Gibraltar (1349-1350). Pedro I teve um destino trágico; ele morreu nas mãos do seu meio-irmão Henrique II (ca. 1333-1379), o Fratricida, fundador da Casa de Trastâmara (1366-1555), da qual Isabel I, a Católica, fez parte. Henrique vingou-se, assim, de Pedro por este ter mandado matar-lhe a mãe, Leonor de Gusmão. O rei português d. Afonso IV e os reis de Leão e Castela Afonso XI e Pedro I faziam parte da Casa da Borgonha, da qual d. João Afonso de Albuquerque, neto de d. Dinis, também era membro. Os três eram, com efeito, parentes próximos. Em meio a este período conturbado da história de Leão e Castela, d. Martim Gil de Albuquerque (1325-1365), VII senhor de Albuquerque, filho de d. João Afonso de Albuquerque, morreu de forma trágica. Suspeito de participar de uma conspiração, Pedro I mandou executá-lo.

Como morreu sem deixar descendência, a Coroa de Castela confiscou o senhorio de Albuquerque. Depois desta sucessão de tragédias, às mãos do rei Pedro I, o Cruel, os Albuquerque, em sua origem portuguesa, com d. João Afonso de Albuquerque, abandonaram Castela e regressaram a Portugal, de onde haviam sido banidos por d. Afonso IV. À época, Portugal estava prestes a entrar em guerra contra Castela para continuar independente. Na Batalha de Aljubarrota, mencionada anteriormente, as tropas portuguesas comandadas por d. João I de Portugal e seu condestável d. Nuno Álvares Pereira derrotaram os castelhanos liderados por d. João I de Castela. Para tanto, os portugueses contaram com o apoio decisivo de tropas inglesas.

No Cerco de Lisboa (1147), d. Afonso I também contou com a ajuda de um grande contingente de cruzados ingleses que partiram de Dartmouth, Inglaterra, para expulsar os mouros da futura capital de Portugal. A vitória do Cerco de Lisboa sobre os muçulmanos teve grande repercussão em toda a Europa, tendo constituído uma verdadeira reviravolta para a Reconquista. Retomada Lisboa, a mesquita transformou-se em Sé Catedral. D. João Peculiar (?-1175), arcebispo de Braga e primaz das Espanhas, a pedido de d. Afonso I, restaurou a diocese e sagrou, após um interregno de quatro séculos, um inglês, Gilberto de Hastings (?-1166), bispo de Lisboa.[22] Gilberto prestou juramento de obediência a d. João, em conformidade com a decisão de d. Afonso I de colocar todas as dioceses de Portugal sob a dependência do arcebispo de Braga, e não do de Santiago de Compostela. D. Afonso I não queria se submeter ao seu primo, o autoproclamado Imperador de Toda a Espanha (*Imperator totius Hispaniae*) Afonso VII (1105-1157), rei de Leão e Castela. Com a sagração do cruzado Gilberto como bispo de Lisboa, teve início a parceria política preferencial entre Portugal e a Inglaterra, a Aliança Luso-Britânica, confirmada na Batalha de Aljubarrota. Já bispo de Lisboa, Gilberto instou seus compatriotas ingleses a vir à Península Ibérica para participar da Reconquista.

A Aliança Luso-Britânica é a mais antiga parceria política preferencial que existe. Foi estabelecida com o Tratado Anglo-Português de 1373, assinado entre d. Fernando I, último rei de Portugal da Casa da Borgonha, ameaçado de anexação pelo rei de Castela João I, e Eduardo III (1312-1377), rei da Inglaterra. Com este tratado, surgiu a "aliança perpétua" en-

---

[22] BRANCO, Maria João Violante. Reis, bispos e cabidos: A diocese de Lisboa durante o primeiro século da sua restauração. Universidade Católica Portuguesa. *Lusitania Sacra* 2(10:59-61), 1998.

tre Portugal e Inglaterra. O Tratado Anglo-Português de 1373 é o mais antigo acordo internacional em vigor no mundo. Durante a União Ibérica, ele perdeu temporariamente sua eficácia. Tão logo Portugal voltou a tornar-se um país independente, em seguida à Guerra da Restauração (1640-1668), ele entrou novamente em vigor. A Aliança Luso-Britânica foi colocada em prática durante as Guerras Napoleônicas (1803-1815), quando o Reino Unido enviou seu melhor general, Arthur Wellesley (1769-1852), I duque de Wellington, para expulsar o Primeiro Império Francês (1804-1815) de Portugal em meio à Guerra Peninsular (1807-1814). Durante a Segunda Guerra Mundial, a Aliança Luso-Britânica foi, mais uma vez, colocada em prática. Embora Lisboa tenha permanecido neutra neste conflito, Winston Churchill (1874-1965) conseguiu que Portugal concedesse uma série de instalações militares no arquipélago dos Açores para proteger a navegação aliada no meio do oceano Atlântico contra os submarinos alemães. Durante a Guerra das ilhas Falklands, ocorrida em 1982, o Reino Unido também invocou o Tratado Anglo-Português de 1373.

Na Batalha de Aljubarrota, a ajuda inglesa contribuiu decisivamente para que, com a derrota de Castela, d. João I se tornasse o primeiro rei de Portugal da Casa de Avis. Foi justamente para selar a Aliança Luso-Britânica que d. João I se casou com a princesa inglesa d. Filipa de Lencastre, neta do rei Eduardo III da Inglaterra. Sob proteção inglesa, Portugal estabeleceu a paz com Castela com a assinatura, em 31 de outubro de 1411, do Tratado de Ayllón, em seguida à Batalha de Valverde, ocorrida em 14 de outubro de 1385, em que o condestável Nuno Álvares Pereira obteve uma decisiva vitória contra Castela ao invadir-lhe o território. A Batalha de Aljubarrota, uma das principais da Idade Média, pôs fim à tentativa de anexação de Portugal por Castela. Com o retângulo continental protegido pela Aliança Luso-Britânica, Portugal, com a Casa de Avis à frente, deu início, como afirmamos acima, com a conquista de Ceuta, em 22 de agosto de 1415, à sua expansão colonial ultramarina.

A Aliança Luso-Britânica também foi chancelada com a assinatura em 9 de maio de 1386, cerca de um ano depois da Batalha de Aljubarrota, do Tratado de Windsor, entre o rei de Portugal d. João I e o rei da Inglaterra Ricardo II (1367-ca. 1400). Durante suas negociações, d. Fernando Afonso de Albuquerque (ca. 1330-1387), Mestre da Ordem de Santiago, filho de d. João Afonso de Albuquerque, atuou como plenipotenciário de Portugal. O Tratado de Windsor previa o dever de um reino auxiliar o outro política, diplomática e militarmente em caso de invasão inimiga. Ao reforçar os termos do Tratado Anglo-Português de 1373, o Tratado de Windsor foi uma das principais consequências do fato de a Inglaterra ter ajudado, com homens e armas, a Casa de Avis na Batalha de Aljubarrota contra Castela. A derrota do exército castelhano foi tão acachapante, com perdas humanas tão numerosas, que João I de Castela não ousou mais atacar Portugal. Em vigor há mais de seiscentos anos, o Tratado de Windsor confirmou a Aliança Luso-Britânica, tendo, desde então, servido de alicerce jurídico para as relações entre Portugal e o Reino Unido. Armazéns ingleses estabeleceram-se no Porto, com azeite, cortiça, sal e vinho sendo trocados por bacalhau e tecidos. Foi o infante d. Henrique, o Navegador, filho de d. João I e d. Filipa de Lencastre, que deu início à época áurea de Portugal, a Era dos Descobrimentos. O Tratado de Windsor foi invocado pelo Reino Unido durante a Primeira Guerra Mundial, o que levou Portugal a declarar guerra à Alemanha e seus aliados. Apesar da Aliança Luso-Britânica, o Reino Unido deu um ultimato a Portugal na Conferência de Berlim, ocorrida de 19 de novembro de 1884 a 26 de fevereiro de 1885. Nela, Portugal apresentara um projeto, o mapa cor-de-rosa, de acordo com o qual as colônias de Angola e Moçambique se tornariam um território contíguo.[23] Contra isto, o Reino Unido, com o Ultimato britânico de 11 de janeiro de 1890, ameaçou declarar guerra a Portugal. Intimidada, Lisboa cedeu. Esta capitulação desencadeou uma série de crises que levaram ao fim da monarquia e ao estabelecimento da República em Portugal.

Expulsos da Espanha, com o senhorio confiscado por Pedro I, o Cruel, os Albuquerque retornaram a um Portugal em plena transformação. Com a ajuda de sua parente, a rainha consorte de Portugal d. Leonor Teles de Meneses, d. Fernando Afonso de Albuquerque refez a vida em grande estilo junto à corte lisboeta. O recomeço da vida dos Albuquerque em Portugal, no entanto, não foi livre de percalços. Nascido pouco depois da Grande Fome, Fernando viveu durante a Peste Negra, a Guerra dos Cem Anos e o Grande Cisma do Ocidente. Apesar de todas estas calamidades, não só sobreviveu, como prosperou, deixando uma ampla descendência até os dias de hoje. De Fernando Afonso de Albuquerque a Jerônimo de Albuquerque, seu quadrineto, passaram-se cerca de cem anos, o espaço de cinco gerações.

---

[23] NETO, Sérgio. *Do Minho ao Mandovi*. Imprensa da Universidade de Coimbra, 2016, pp. 57-58.

Durante este período, ocorreram muitas mudanças em Portugal. A dinastia à qual os Albuquerque pertenciam, a Casa da Borgonha, deixou de reinar em Portugal, cedendo lugar à Casa de Avis. O confisco do senhorio de Albuquerque por Pedro I, o Cruel, paradoxalmente, ajudou a família a restabelecer-se em Portugal. Afinal de contas, Castela continuava sendo a inimiga hereditária de Portugal. Chegar a Lisboa perseguido por Pedro I contava ponto, sobretudo se o perseguido fizesse parte da alta nobreza ibérica, o que era o caso de Fernando Afonso de Albuquerque, bisneto do rei português d. Dinis.[24] Os casamentos que os descendentes de d. Fernando fizeram em Portugal foram com membros da alta nobreza, donos de importantes senhorios, o que serviu para aumentar ainda mais o prestígio dos Albuquerque na corte lisboeta. Protegido pela Aliança Luso-Britânica, Portugal não precisava mais temer tanto, como outrora, mais outra guerra com Castela, que só viria a ocorrer em meio à Guerra da Sucessão Portuguesa (1580-1583), a qual deu origem à União Dinástica entre Portugal e Espanha, a União Ibérica, sob o comando da Dinastia Filipina (1581-1640), de origem habsbúrgica.

Três foram os descendentes diretos de d. Fernando Afonso de Albuquerque[25] que se destacaram em meio à expansão colonial ultramarina portuguesa: Afonso de Albuquerque,[26] Jorge de Albuquerque[27] (ca. 1470-?) e Jerônimo de

---

[24] D. Dinis (1261-1325) ∞ Aldonça Rodrigues Talha – d. Afonso Sanches de Portugal (1289-1329) / D. Afonso Sanches de Portugal ∞ Teresa Martins de Meneses, V senhora de Albuquerque – João Afonso de Albuquerque (1310-1354) / João Afonso de Albuquerque, o do Ataúde, VI senhor de Albuquerque ∞ Maria Rodrigues Barba – Fernando Afonso de Albuquerque (1330-1387).

[25] GAIO, Manuel José da Costa Felgueiras. *Nobiliário de famílias de Portugal*. v. 2. Braga: Agostinho de Azevedo Meirelles e Domingos de Araujo Affonso, 1938, p. 15.

[26] Fernando Afonso de Albuquerque (1330-1387), alcaide da Guarda ∞ Laura Stuart Fitzalain, dama inglesa – Teresa de Albuquerque (1350-1408) / Vasco Martins da Cunha, VII senhor de Tábua ∞ Teresa de Albuquerque – Isabel de Albuquerque da Cunha (ca. 1380-?) / Gonçalo Vaz de Melo, senhor de Castanheira ∞ Isabel de Albuquerque da Cunha – Leonor Vaz de Albuquerque (ca. 1400-1437) / João Gonçalves de Gomide, II senhor de Vila Verde dos Francos ∞ Leonor Vaz de Albuquerque – Gonçalo de Albuquerque (ca. 1420-?) /Gonçalo de Albuquerque, III senhor de Vila Verde dos Francos ∞ Leonor de Meneses – Afonso de Albuquerque (ca. 1453-1515).

[27] Fernando Afonso de Albuquerque (1330-1387), alcaide da Guarda ∞ Laura Stuart Fitzalain, dama inglesa – Teresa de Albuquerque (1350-1408) / Vasco Martins da Cunha, VII senhor de Tábua ∞ Teresa de Albuquerque – Isabel de Albuquerque da Cunha (ca. 1380-?) / Gonçalo Vaz de Melo, senhor de Castanheira ∞ Isabel de Albuquerque da Cunha – Leonor Vaz de Albuquerque (ca. 1400-1437) / João Gonçalves de Gomide, II senhor de Vila Verde dos Francos ∞ Leonor Vaz de Albuquerque – João de Albuquerque (ca. 1430-?) /João de Albuquerque, senhor de Esgueira ∞ Leonor Lopes de Leão – Jorge de Albuquerque (ca. 1470-?).

Albuquerque.[28] Os três eram parentes próximos entre si; eles desempenharam seus serviços em prol da Coroa portuguesa durante os reinados de d. Manuel I, d. João III (1502-1557) e d. Sebastião. Jerônimo de Albuquerque era primo em segundo grau de Afonso de Albuquerque,[29] o Grande, o gênio militar responsável pela construção do Império português na Ásia, II vice-rei e governador do Estado da Índia. Jorge de Albuquerque, governador de Cochim e Malaca, também se notabilizou por sua estratégia de expansão ultramarina no continente asiático. Jerônimo de Albuquerque, o Adão Pernambucano, foi um dos primeiros empreendedores, no ramo da cana-de-açúcar, em todo o Brasil colonial. Jerônimo era neto em sexto grau de d. Dinis e em quarto grau de d. Fernando Afonso de Albuquerque.

Jerônimo chegou em 9 de março de 1535 à feitoria de Pernambuco acompanhado do seu cunhado Duarte Coelho Pereira (ca. 1485-1554) e de sua irmã d. Brites de Albuquerque (ca. 1517– ca. 1584). Este recebera do rei d. João III uma carta de doação da Coroa portuguesa, tornando-se donatário da capitania de Pernambuco, a Nova Lusitânia, um território que abrangia os atuais estados de Pernambuco e Alagoas. D. Brites e seu irmão assumiram mais de uma vez o governo da capitania de Pernambuco.[30] Quando Jerônimo chegou ao Brasil, o Império português já tinha acumulado uma experiência de mais de um século.

A Coroa portuguesa na África, seguindo a estratégia traçada pelo infante d. Henrique, construíra várias feitorias, verdadeiros entrepostos comerciais fortificados. Do litoral africano, chegavam a Portugal, em pleno século XV, especiarias, escravos e ouro. Em comparação com a feitoria de Arguim, situada próximo ao cabo Branco, na atual Mauritânia, fundada em 1448, a feitoria de Pernambuco, criada em 1516 em Igarassu, no Sítio dos Marcos, por Cristóvão Jacques (ca. 1480-ca. 1530), em função da grande quantida-

---

[28] Fernando Afonso de Albuquerque (1330-1387), alcaide da Guarda ∞ Laura Stuart Fitzalain, dama inglesa – Teresa de Albuquerque (1350-1408) / Vasco Martins da Cunha, VII senhor de Tábua ∞ Teresa de Albuquerque – Isabel de Albuquerque da Cunha (ca. 1380-?) / Gonçalo Vaz de Melo, senhor de Castanheira ∞ Isabel de Albuquerque da Cunha – Leonor Vaz de Albuquerque (ca. 1400-1437) / João Gonçalves de Gomide, II senhor de Vila Verde dos Francos ∞ Leonor Vaz de Albuquerque – João de Albuquerque (ca. 1430-?) / João de Albuquerque, senhor de Esgueira ∞ Leonor Lopes de Leão – Lopo de Albuquerque (1460-?) / Lopo de Albuquerque, comendador de Penamacor ∞ Joana de Bulhão – Jerônimo de Albuquerque (ca. 1510-1584).
[29] MORAIS, Cristóvão Alão de. *Pedatura lusitana*. v. 4,2. Porto: Livraria Fernando Machado, 1948, p. 31.
[30] Francisco Augusto Pereira da Costa, ob. cit., p. 221.

de de pau-brasil e da necessidade de, com um estabelecimento permanente português, desestimular os corsários franceses, era bastante recente. Para defendê-la, Cristóvão não hesitou em ir à Bahia para atacar estes corsários.[31] O Castelo de Arguim serviu de modelo para a construção do célebre Castelo de São Jorge da Mina, no golfo da Guiné, na atual Elmina, Gana. Em 1455, foi fundada a Casa da Guiné, com uma série de armazéns, de início localizados na feitoria de Lagos, atual Nigéria, transferidos a partir de 1463 para Lisboa, por ordem de d. Afonso V, o Africano. Pagos os respectivos impostos, os produtos ultramarinos eram exportados para a feitoria de Antuérpia, em Flandres, de onde eram enviados para o resto do norte da Europa. A presença portuguesa nos Países Baixos, como comerciante e distribuidor de produtos ultramarinos, remonta à primeira metade do século XV. Fundada em 1445, a feitoria de Bruges foi transferida em 1499 para Antuérpia, ajudando a transformar esta cidade flamenga no centro da economia mundial do século XVI, sucedida, a partir do século XVII, por Amsterdã. Em 1503, a Casa da Guiné foi transformada em Casa da Índia, também sediada em Lisboa, que controlava a navegação, o comércio e a venda de produtos ultramarinos. Em 8 de julho de 1497, Vasco da Gama, a cargo de d. Manuel I, zarpara de Lisboa para a Índia.

Foi d. João II quem determinou a construção em plena Costa do Ouro do Castelo de São Jorge da Mina, mais uma feitoria fortificada no continente africano. Desde 1418, o infante d. Henrique enviara expedições para o litoral africano. Em 1471, os portugueses haviam chegado à Costa do Ouro. Também conhecido como *A Mina*, devido ao ouro encontrado no golfo da Guiné, o Castelo de São Jorge, a mais antiga fortificação europeia na África subsaariana, foi essencial para o Ciclo da África da economia portuguesa, substituído pelo Ciclo da Índia a partir de 1498. Em São Jorge da Mina, eram trocados produtos europeus, como tecidos e trigo, bem como conchas, o zimbo, um pequeno búzio cinzento, sobretudo por ouro.

A chegada de Jerônimo de Albuquerque em 9 de março de 1535 a Pernambuco situa-se entre a fundação do Castelo de São Jorge da Mina, em

---

[31] SOUTHEY, Robert. *História do Brasil*. v. 1. Brasília: Senado Federal, 2010, p. 58: "Infelizmente para eles entrou ali logo depois uma frota portuguesa às ordens de Cristóvão Jacques, que a chamou baía de Todos os Santos, e costeando todas as suas praias, e explorando todos os seus sacos, num destes encontrou os franceses, que sem demora passou a capturar como entrelopos. Resistiram eles, mas o português os meteu no fundo, cascos, tripulações e carga."

1482, e a de Luanda, em 25 de janeiro de 1576, pelo igualmente fidalgo e explorador português Paulo Dias de Novais (ca. 1510-1589). Olinda e Luanda situam-se praticamente à mesma latitude, nos lados opostos do oceano Atlântico – 8°00'S e 8°50'S. Com a fundação de Olinda, em 12 de março de 1535, e de Luanda, Portugal assegurou a construção de um império colonial transatlântico no Hemisfério Sul, do qual os Países Baixos, com a Companhia das Índias Ocidentais, tentou se apropriar no século XVII. Com Olinda de um lado e Luanda do outro, os portugueses controlaram o tráfego marítimo pela Rota das Índias, rumo às especiarias do subcontinente asiático. Para que a capitania de Pernambuco se tornasse rentável, o pau-brasil não bastou. Foi necessária a cana-de-açúcar, cujo cultivo era praticado, de acordo com o relatado anteriormente, na ilha da Madeira desde o século XV.

Antes de vir a Pernambuco, o donatário Duarte Coelho era um homem experimentado. Pertencente à nobreza agrária do norte de Portugal, do Entre-Douro e Minho, há mais de três décadas, alistado na Marinha portuguesa, ele teria viajado entre o Brasil, a Índia e a China.[32] Em 1503, Duarte Coelho, a mando de d. Manuel I, participou de uma expedição ao lado do seu pai, Gonçalo Coelho (ca. 1451-1512), capitão-mor da Armada que percorreu o litoral brasileiro em missão de reconhecimento. Foi numa idade madura, com cerca de cinquenta anos, que Duarte Coelho recebeu do rei d. João III a carta de doação da capitania de Pernambuco, de 10 de março de 1534, depois de ter prestado durante décadas serviços ao Império português. Ao chegar a Pernambuco, o Brasil era conhecido de longa data e em mais de uma ocasião por Duarte Coelho. Em 1532, ele recebera de d. João III o comando de uma frota para afastar os franceses do litoral brasileiro. Foi em reconhecimento a tantos serviços prestados que Duarte Coelho se tornou donatário da principal capitania hereditária do Brasil, a de Pernambuco, a Nova Lusitânia. Duarte Coelho não veio ao Brasil acompanhado apenas da sua esposa d. Brites de Albuquerque e do seu cunhado Jerônimo de Albuquerque, mas também de várias famílias do norte de Portugal, pertencentes à baixa nobreza, interessadas em cultivar cana-de-açúcar e ascender socialmente.

---

[32] Em 1509, Duarte Coelho partia para a Ásia na Armada de Fernandes Coutinho. Volta e parte de novo em 1516 a mando de Fernão Peres de Andrade, destinado à descoberta da China. Passa por Bengala, Malaca, Conchichina, Cantão. Assiste ainda à tomada de Malaca por Afonso de Albuquerque (Cf. COSTA, Francisco Augusto Pereira da. *Anais pernambucanos 1493-1590*. v. 1. 2ª ed. Recife: Fundarpe, p. 308).

Duarte Coelho desembarcou no canal de Santa Cruz, que separa a ilha de Itamaracá do continente, para tomar posse da capitania que lhe fora doada por d. João III. Em seguida, mandou que se erguesse um marco divisório entre as capitanias de Pernambuco e Itamaracá. Fundador de Igarassu e Olinda, Duarte Coelho preferiu esta como sede da capitania por ser mais facilmente defensável. Igarassu, situada na várzea de um rio, podia ser atacada de surpresa, na calada da noite, ao contrário de Olinda, encarapitada em sete colinas, como Lisboa e Roma, com ótimos locais para avistamento e ataque de navios inimigos.

As sete colinas foram batizadas como Olinda em homenagem a uma das heroínas de um dos mais notáveis romances de cavalaria da Península Ibérica do século XVI, *Amadis de Gaula*, publicado em 1508 em Saragoça, cuja versão mais antiga conhecida é de autoria do castelhano Garci Rodríguez de Montalvo (ca. 1450-ca. 1505).[33] Verdadeiro campeão de vendas da Idade Média, tendo circulado em várias versões desde o século XIV, *Os quatro livros de Amadis de Gaula* foram traduzidos para os principais idiomas europeus ocidentais, incluindo o português. Garci foi autor apenas do quarto livro, podendo os restantes terem sido escritos pelo português João de Lobeira (ca. 1233-1285), trovador de d. Afonso III (1210-1279). Nas sete colinas, à época de Duarte Coelho, no século XVI, eram lidos não apenas *Os quatro livros de Amadis de Gaula*, como o *Palmeirim de Inglaterra*, um dos mais importantes romances de cavalaria do século XVI, de autoria do português Francisco de Morais Cabral (ca. 1500-1572), e *Tirante o branco*, do valenciano Joanot Martorell (ca. 1410-1468), publicado em Valência em 1490, uma das obras mais importantes da literatura catalã de todos os tempos. Miguel de Cervantes (ca. 1547-1616) escreveu *Dom Quixote* para ridicularizar o enredo fabuloso, extremamente popular e querido à época, de *Os quatro livros de Amadis de Gaula*, um dos livros prediletos do imperador Carlos V e dos reis franceses Francisco I e Henrique IV (1553-1610);[34] Santo Inácio de Loyola e Santa Te-

---

[33] Em *Amadis de Gaula*, Livro Primeiro, Capítulo X, Cómo el Doncel del Mar fue conocido por el rey Perión, su padre, y por su madre Elisena, Olinda é apresentada como a filha do rei da Noruega: "Agrajes asimismo se despidió de él, diciéndole cómo la doncella a quién él dio la cabeza de Galpano en venganza de la deshonra que le hizo, le trajo mandado de Olinda, su señora, hija del rey Vanaín de Noruega que luego la fuese a ver" (Cf. MONTALVO, Garci Rodríguez. *Amadis de Gaula I*. Barcelona: Red, 2017, p. 88).

[34] Logo no início de *Dom Quixote*, Capítulo Primeiro, Cervantes tece loas a Feliciano de Silva (1491-1554), escritor espanhol continuador de *Os quatro livros de Amadis de Gaula*, com o romance de cavalaria *Amadis de Grecia*. Acerca do escritor favorito de Dom Quixote,

resa de Ávila (1515-1582) também constaram entre os leitores de *Os quatro livros de Amadis de Gaula*. Duarte Coelho, bem como os demais primeiros portugueses de Pernambuco, leitores dos romances de cavalaria, reproduziam os padrões de conduta medievais, com suas aventuras e proezas.

Quando Duarte Coelho chegou ao Brasil como o primeiro capitão-donatário da capitania de Pernambuco, Portugal tinha acumulado cem anos de experiência bem-sucedida com o sistema das capitanias nos arquipélagos da Madeira e dos Açores. Por meio dele, a Coroa portuguesa delegava a membros da nobreza lusitana a colonização de parcelas do Império. A primeira ilha do arquipélago da Madeira a ser descoberta foi a do Porto Santo em 1418 por João Gonçalves Zarco (ca. 1390-1471) e Tristão Vaz Teixeira (ca. 1395-1480), tendo ambos participado, a serviço do infante d. Henrique, o Navegador, da tomada de Ceuta (1415) e do cerco de Tânger (1437). No ano seguinte, em 1419, estes dois navegadores, junto com Bartolomeu Perestrelo (1394-1457), de ascendência italiana, chegaram à ilha da Madeira. Ainda na primeira metade do século XV, em 1440, durante o reinado de d. Afonso V, o Africano, Portugal estabeleceu o sistema das capitanias, com Tristão Vaz Teixeira tornando-se o capitão-donatário da capitania de Machico, localizada na ilha da Madeira. Em 1446, foi a vez de Bartolomeu Perestrelo ser nomeado capitão-donatário da ilha do Porto Santo. Em 1450, João Gonçalves Zarco tornou-se capitão-donatário do Funchal, também na ilha da Madeira.[35] Em comparação com as capitanias brasileiras, as capitanias madeirenses eram pequenas, um verdadeiro experimento que se revelou exitoso. Da mesma forma que Duarte Coelho, os três primeiros capitães-donatários partiram de Portugal acompanhados das suas respectivas famílias, bem como de membros da baixa nobreza interessados em tentar sua sorte alhures com a esperança de voltar à terra natal com o cabedal necessário para ascender à alta nobreza, ou permanecer no arquipélago da Madeira e dar início a uma

---

Cervantes afirma: "Dentre todos eles, nenhuns lhe pareciam tão bem como os compostos pelo famoso Feliciano da Silva, porque a clareza da sua prosa e aquelas intricadas razões suas lhe pareciam de pérolas (...)". Mais adiante, ainda no Capítulo Primeiro, Cervantes alude a *Amadis de Gaula*: "Teve muitas vezes testilhas com o cura do seu lugar (que era homem douto, graduado em Siguença) sobre qual tinha sido melhor cavaleiro: se Palmeirim de Inglaterra, ou Amadis de Gaula; mestre Nicolau, barbeiro do mesmo povo, dizia que nenhum chegava ao *Cavaleiro do Febo*; e que, se algum se lhe podia comparar, era D. Galaor, irmão do Amadis de Gaula, o qual era para tudo, e não cavaleiro melindroso nem tão chorão como seu irmão, e que em pontos de valentia lhe não ficava atrás."

[35] NEPOMUCENO, Rui. *História da Madeira: uma visão actual*. Lisboa: Campo das Letras, 2007, p. 17;

nova dinastia. Foi na ilha da Madeira, como já pudemos demonstrar, que os portugueses deram início ao cultivo da cana-de-açúcar.

Descoberto antes do arquipélago da Madeira, tendo aparecido em vários atlas europeus do século XIV, o sistema das capitanias foi adotado antes no arquipélago dos Açores. O explorador português Diogo de Silves (?-?) descobriu provavelmente em 1427 o arquipélado dos Açores, no reinado de d. João I. O monge Gonçalo Velho Cabral (ca. 1400-ca. 1460), que esteve em 1432 na ilha de Santa Maria, tornou-se, durante o reinado de d. Afonso V, o primeiro capitão-donatário desta ilha e da de São Miguel, de 1439 a 1460. D. Afonso V, ao assinar com os Reis Católicos Isabel I de Castela e Fernando II de Aragão o Tratado das Alcáçovas, em 4 de setembro de 1479, o qual pôs fim à Guerra de Sucessão de Castela (1479-1480), na qual Portugal tomara o partido de Joana de Trastâmara, rainha *de jure* de Castela, contra Isabel I, conforme já tivemos a oportunidade de mencionar, ganhou de Castela o reconhecimento de que pertenciam a Portugal os arquipélagos da Madeira e dos Açores; o sistema das capitanias revelou-se útil para que Portugal mantivesse o controle destes territórios insulares atlânticos. No Brasil, a primeira capitania foi a da ilha de São João da Quaresma, concedida, por d. Manuel I, em reação às incursões dos corsários franceses em busca de pau-brasil, em 16 de fevereiro de 1504, a Fernando de Noronha (ca. 1470-ca. 1540).[36]

A capitania de Pernambuco foi uma das poucas bem-sucedidas do Brasil colonial. Duarte Coelho conseguiu consolidá-la com o cultivo não só da cana-de-açúcar, como do algodão e do tabaco, embora a ameaça francesa fosse constante.[37] Depois de quase vinte anos no Brasil, Duarte Coelho voltou doente a Portugal, deixando o governo de Pernambuco nas mãos de sua mulher d. Brites de Albuquerque, a primeira governante das Américas.[38] Embora o Brasil houvesse tido desde 1549 um governador-geral, d.

---

[36] As incursões dos corsários franceses pelo Brasil duraram décadas. Em 10 de fevereiro de 1561, carta-patente do rei da França Carlos IX proibiu seus vassalos de efetuar trocas comerciais com Castela e Portugal. Expulsos do Rio de Janeiro por Mem de Sá, os franceses desembarcaram em pernambuco. O donatário Duarte de Albuquerque atacou-os e expulsou-os. Os franceses ergueram no Recife uma fortificação e deixaram insculpido na pedra: "Le monde va de pis en pis" – "O mundo vai de mal a pior" (Cf. COSTA, Francisco Augusto Pereira da. *Anais Pernambucanos 1493-1590*. v. 1. 2ª ed. Recife: Fundarpe, pp. 355-356).
[37] Robert Southey, ob. cit., pp. 331-332: "Auxiliados pelos franceses cometeram estes selvagens terríveis devastações nos estabelecimentos vizinhos, queimando engenhos de açúcar, assassinando e devorando todos quantos podiam apanhar. Os povos de Pernambuco e Itamaracá pediram proteção ao governo, e deram-se ordens para colonizar e fortificar o Paraíba."
[38] Francisco Augusto Pereira da Costa, ob. cit., p. 401.

João III isentou Duarte Coelho do dever de submeter-se a Tomé de Souza (1503-1579).[39] Dois filhos de Duarte Coelho foram capitães-donatários de Pernambuco, Duarte Coelho de Albuquerque (ca. 1537-ca. 1579) e Jorge de Albuquerque Coelho (1539-1596), introdutor do teatro em Pernambuco.[40] O célebre Matias de Albuquerque era filho de Jorge.

Filho de Lopo de Albuquerque (1460-?) e Joana de Bulhão (ca. 1470-?), Jerônimo de Albuquerque perdeu um dos olhos numa luta contra os índios tajabaras. Por esta razão, foi chamado de o Caolho, o Torto. Na mais miserável das condições, ferido, feito prisioneiro e condenado à morte, foi salvo de uma maneira que não fica nada a dever ao enredo fabuloso de *Os quatro livros de Amadis de Gaula*. Tabira (?-?), filha do cacique Arco Verde (?-?), apaixonada pelo lisboeta, resolveu casar-se com ele. Este casamento inusitado, entre um inimigo ferido de guerra e uma princesa, trouxe paz aos portugueses.[41] Do casamento de Tabira, batizada com o nome de Maria do Espírito Santo Arco Verde, nasceram oito filhos, dentre os quais Jerônimo de Albuquerque Maranhão (1548-1618) e Catarina de Albuquerque (1527-1614). Jerônimo de Albuquerque Maranhão foi fundador da cidade de Natal e herói da guerra contra a invasão francesa do Maranhão, comandada por Daniel de la Touche (1570-1631), senhor de La Ravardière. Primeiro brasileiro nato a comandar uma Armada, Jerônimo de Albuquerque Maranhão é considerado o fundador da Marinha brasileira. Catarina de Albuquerque casou-se com o nobre florentino Filippo Cavalcanti (1525-1614), dando origem ao ramo brasileiro dos Cavalcanti.[42]

---

[39] Pernambuco era a capital econômica do Brasil, e a Bahia, a capital política.

[40] Francisco Augusto Pereira da Costa, ob. cit., p. 202: "Jorge de Albuquerque introduziu o teatro em Pernambuco e o inaugurou em 1575 com a representação do drama – *O rico avarento e o Lázaro pobre*."

[41] Inspirado nos indígenas brasileiros, o francês Michel de Montaigne escreveu a poesia "Chanson brésilienne de la couleuvre" ("Canção brasileira da serpente") (Cf., SAYCE, R. Renaissance et maniérisme dans l'oeuvre de Montaigne. In: *Actes du XIe Stage International de Tours. Renaissance, Maniérisme, Barroque*. Paris: Librairie Philosophique J. Vrin, 1972, p. 146). A partir da idealização heroica do nativo brasileiro da parte de Montaigne, Johann Wolfgang von Goethe escreveu duas poesias – "Todeslied eines Gefangenen" ("Canção de morte de um prisioneiro") e "Liebeslied eines Amerikanischen Wilden" ("Canção de amor de um selvagem americano") (Cf. LESTRINGANT, Frank. *Le Brésil de Montaigne: Le nouveu monde des "Essais" (1580-1592)*. Paris: Éditions Chandeigne, 2005, p. 245).

[42] No século XVI, a presença de brasileiros nativos foi registrada na França. O rei Henrique II e sua esposa Catarina de Médicis, ao visitarem Rouen em função de festas ocorridas em sua honra, viram índios tabajaras e tupinambás, levados de Pernambuco, provavelmente de Itamaracá, pelos franceses. Carlos IX também os teria visto (Cf. COSTA, Francisco Augusto Pereira da. *Anais pernambucanos 1493-1590*. v. 1. 2ª ed. Recife: Fundarpe, pp. 269-270).

Instado pela rainha consorte de Portugal d. Catarina da Áustria, avó do futuro rei d. Sebastião, Jerônimo de Albuquerque casou-se oficialmente com Filipa de Melo Sampaio (ca. 1510-1574), com quem teve onze filhos.[43] Jerônimo de Albuquerque teve cerca de vinte filhos, daí ser chamado de o Adão Pernambucano; todos os filhos tidos por Jerônimo de Albuquerque foram por ele reconhecidos. O primeiro engenho de açúcar de Pernambuco, o Engenho Nossa Senhora da Ajuda, mais tarde Engenho Velho, Fazenda do Forno da Cal e Forno da Cal, foi fundado, de acordo com o mencionado acima, próximo a Olinda, por Jerônimo de Albuquerque.

Além de ajudar seu cunhado Duarte Coelho, 25 anos mais velho, a administrar a capitania, Jerônimo de Albuquerque auxiliou sua irmã Brites de Albuquerque a governar Pernambuco durante as três viagens que o capitão-donatário e seus filhos fizeram a Portugal, em 1540, 1550 e 1553. Durante estas ocasiões, d. Brites de Albuquerque, alfabetizada,[44] foi regente da capitania, a exemplo de d. Catarina da Áustria, que foi regente do rei d. Sebastião durante sua menoridade, de 1557 a 1562. Morto Duarte Coelho, em sua última viagem a Portugal, Jerônimo de Albuquerque ajudou sua irmã d. Brites de Albuquerque a governar Pernambuco até a maioridade dos seus sobrinhos, Duarte Coelho de Albuquerque e Jorge de Albuquerque Coelho, que estudavam em Portugal. Embora tenham voltado a Pernambuco, os dois irmãos não passaram muito tempo junto à sua mãe d. Brites de Albuquerque. Ambos voltaram a Portugal para participar, ao lado de d. Sebastião, da Batalha de Alcácer-Quibir (1578). Gravemente ferido, Duarte Coelho de Albuquerque não sobreviveu.[45] Jerônimo de Albuquerque prestou serviços a Pernambuco durante meio século.[46]

---

[43] FONSECA, Antônio José Victoriano Borges da. Nobiliarchia Pernambucana. v. 2. In: *Annaes da Bibliotheca Nacional*. v. XLVIII. Rio de Janeiro, 1935, p. 350.
[44] Francisco Augusto Pereira da Costa, ob. cit., p. 305: "(...) como consta de uma carta de sesmaria firmada por ela em Olinda em 20 de maio de 1556, em favor de Duarte Lopes."
[45] Francisco Augusto Pereira da Costa, ob. cit., p. 463.
[46] LIMA, Cândido Pinheiro Koren de. *Albuquerque: a herança de Jerônimo, o Torto*. 2ª ed. Recife: Fundação Gilberto Freyre, 2014, p. 57: "Jerônimo fez o nascer de Pernambuco e presenciou o início de sua glória econômica."

JOÃO GUILHERME FRISO, O PRÓCER DA NOVA DINASTIA

O Ano da Catástrofe

Os caminhos dos Orange-Nassau ligaram-se para sempre aos da Holanda, a província mais rica dos Países Baixos.

Na história neerlandesa, 1672 é conhecido como o Ano da Catástrofe. Foi em 1672 que a Guerra Franco-Holandesa (1672-1678) e a Terceira Guerra Anglo-Holandesa (1672-1674) tiveram início; a República das Sete Províncias Unidas (1581-1795) foi atacada não apenas pela França e pela Inglaterra, mas também por dois estados alemães que faziam fronteira com os Países Baixos, o Eleitorado de Colônia (953-1803) e o Principado Episcopal de Münster (1180-1802), liderados, respectivamente, por Maximilian Heinrich von Bayern (1621-1688) e Christoph Bernhard von Galen (1606-1678). Com uma rapidez e uma violência sem precedentes, os exércitos invasores derrotaram o Exército dos Estados Gerais, aterrorizando a população das principais províncias, Holanda, Zelândia e Frísia. Aproveitando o pânico que se instalara no país, os orangistas, monarquistas inumigos do regime republicano do grande pensionário Johan de Witt (1625-1672), tomaram o poder, pondo fim ao Primeiro Período sem Estatuder (1650-1672) da história dos Países Baixos. O povo, de acordo com um antigo ditado, em meio à *débâcle* generalizada, prenúncio da decadência, ficou perplexo (*redeloos*); o governo, desesperado (*radeloos*); e o país, sem salvação (*reddeloos*).[47]

Para invadir a República, o exército francês não podia seguir o caminho mais curto entre a França e os Países Baixos, o qual passava pelos Países Baixos espanhóis (1581-1714), uma província do Império espanhol

---

[47] Em meio ao colapso, por pouco os Países Baixos não foram anexados por seus vizinhos (Cf. DREISKÄMPER, Petra. *'Redeloos, radeloos, reddeloos'. De geschiedenis van het rampjaar 1672*. Hilversum:Verloren, 1998).

(1492-1975), regida pela Casa de Habsburgo (séc. XI-1780), dinastia da qual tradicionalmente fizeram parte os soberanos do Sacro Império Romano-Germânico (800-1806). O rei francês Luís XIV (1638-1715), cauteloso depois da Guerra Franco-Espanhola (1635-1659), provocada pelo fato de a França estar literalmente cercada por territórios pertencentes à Casa de Habsburgo, não queria criar pretextos para que o sacro imperador romano-germânico Leopoldo I (1640-1705) lhe declarasse guerra. Para cercar os Países Baixos, dando início a um novo bloqueio continental, digno daquele colocado em prática pelo Império espanhol contra a República Coroada durante a Guerra dos Oitenta Anos (1568-1648), Luís aliou-se ao Eleitorado de Colônia e ao Principado Episcopal de Münster. Em 12 de junho de 1672, os exércitos inimigos da França, Colônia e Münster encontraram-se em Lobith, uma aldeia da província neerlandesa de Gueldres, tradicionalmente identificada como a localidade pela qual o rio Reno adentra nos Países Baixos. O Exército dos Estados Gerais foi rápida e fragorosamente derrotado. Ato contínuo, os exércitos inimigos ocuparam Twente, uma região do extremo leste da província de Overijssel, próxima à fronteira com a atual Alemanha, e o Condado de Zutphen, no coração da província de Gueldres, a quase meio caminho da Holanda.

As consequências desta invasão para o moral da República, que até agora tinha sabido enfrentar seus inimigos com uma sobranceria digna de uma potência comercial e política em contínua ascensão, foram devastadoras. O povo entrou, literalmente, em pânico. Muitos políticos que haviam sido até então partidários do regime republicano do grande pensionário Johan De Witt, líder máximo da oligárquica elite dos regentes, chamados de estadistas, em alusão aos Estados Gerais dos Países Baixos, por eles controlados, foram obrigados a entregar seus cargos aos orangistas, cujo ansiado líder máximo era o estatuder, membro da Casa de Orange-Nassau, o monarca *de facto* da República Coroada. Em meio a este tumulto, o Primeiro Período sem Estatuder chegou ao fim, com o mais importante regente de todos, Johan, perdendo, naquele *annus horribilis* de 1672, não apenas o cargo de grande pensionário, mas também sua vida junto com seu irmão Cornelis de Witt (1623-1672); ambos foram assassinados por uma malta de orangistas enfurecidos, que os culpava pelo fracasso do Exército dos Estados Gerais perante os de Luís XIV e seus aliados alemães. À derrota, sucedeu-se uma crise econômica da qual os Países Baixos nunca se recuperaram completamente. Bancos, escolas, lojas, teatros fecharam; alguns para nunca mais abrirem suas portas. Muitos marchands e artistas, falidos e sem clientes, tiveram de abandonar a República para sempre.

O conflito entre estadistas e orangistas não era um fenômeno novo na história dos Países Baixos. Desde a Guerra dos Oitenta Anos, os estadistas, ansiosos por um governo republicano controlado pelos oligárquicos regentes, haviam se contraposto aos orangistas, cujo projeto político não podia dispensar o príncipe de Orange como estatuder. A tentativa de Guilherme II (1626-1650) de conquistar Amsterdã, uma das etapas em sua tentativa de transformar-se em monarca absoluto da República Coroada, acirrou ainda mais os ânimos entre estas duas facções políticas. Para os estadistas, ficou claro que não se podia confiar na Casa de Orange-Nassau. Com a morte súbita de Guilherme II, eles voltaram, em grande estilo, ao poder, passando os regentes a controlar de forma inconteste os Estados Gerais. A existência de um estatuder seria incompatível com a "verdadeira liberdade", o governo republicano da oligárquica classe dos regentes, tão desejado pelos estadistas.[48] Para espanto da Europa, ainda longe da França republicana, o filho de Guilherme II, nascido após a morte deste, não foi nomeado estatuder pelos Estados Gerais, o Parlamento da República Coroada; o cargo de capitão-general, comandante em chefe do Exército, ficou vacante. O Parlamento, controlado pela oligarquia dos regentes, tornou-se, para todos os efeitos, o poder soberano dos Países Baixos. Os Estados da Holanda, desafiando abertamente os orangistas, nomearam Johan de Witt grande pensionário, primeiro-ministro da província da Holanda, o cargo político mais importante da República. Johan de Witt, conforme já foi ressaltado, era filho de Jacob de Witt (1589-1674), um regente holandês, formado em direito pela Universidade de Leiden, que fora aprisionado sem nenhuma justificativa legal cabível por Guilherme II. Os regentes, representantes máximos da oligarquia mercantil neerlandesa, estavam interessados em assegurar uma atmosfera política pacífica com os vizinhos dos Países Baixos para que o comércio continuasse a prosperar. Na medida do possível, eles não contribuíam para que surgissem guerras na Europa.

No Ano da Catástrofe, o povo ficou perplexo não apenas com a *débâcle* da República, mas também com o ataque fulminante liderado pela França contra os Países Baixos. Durante a Guerra dos Oitenta Anos contra o Im-

---

[48] JONES, J. R. *The Anglo-Dutch Wars of the Seventeenth Century*. Londres/Nova York: Routlegde, 2013, p. 67.

pério espanhol, a França fora, junto com a Inglaterra, uma fiel aliada dos Países Baixos. Na Paz de Münster, assinada em 15 de maio de 1648 no Principado Episcopal de Münster, o Império espanhol e o Sacro Império Romano-Germânico, ao reconhecerem a independência da República Coroada, haviam celebrado a paz com os Países Baixos. A França, como se fosse mais realista do que o rei, continuara em guerra com o Império espanhol, em meio à Guerra Franco-Espanhola, até 1659, mais de dez anos após o final da Guerra dos Oitenta Anos. Nada do que a França fez, no entanto, fora feito em atenção aos interesses dos Países Baixos, mas tendo em vista seus próprios interesses.

A reviravolta da política francesa em relação à República das Sete Províncias Unidas foi prenunciada pelo Tratado dos Pirineus, assinado em 7 de novembro de 1659. Com este tratado, Luís XIV, representado pelo cardeal Mazarin (1602-1661), pôs fim à Guerra Franco-Espanhola. Depois de o cardeal Richelieu (1585-1642) ter apoiado decididamente, com tropas e dinheiro, a Guerra da Restauração e a Revolta da Catalunha/Guerra dos Segadores (1640-1659), marco do secessionismo catalão, a França obteve com o Tratado dos Pirineus não apenas importantes concessões territoriais por parte do Império espanhol, como também uma aliança dinástica mediante o casamento de Luís XIV com Maria Teresa da Áustria (1638-1683), filha de Filipe IV da Espanha (1605-1665). Algumas décadas mais tarde, na Guerra da Sucessão Espanhola (1702-1715), Luís XIV lutou, com sucesso, para que seu neto se tornasse o rei Filipe V da Espanha (1683-1746). Até hoje, a Casa de Bourbon (1268-) é a dinastia reinante em Madri.

Na Guerra da Sucessão Espanhola, a República, traumatizada pelo Ano da Catástrofe, não lutou ao lado da França, a favor do futuro Filipe V. Preferiu ficar do lado do Império espanhol, ao lado dos adeptos de José Fernando da Baviera (1692-1699), neto do imperador Leopoldo I e sobrinho de Carlos II (1661-1700), o Enfeitiçado, último rei da Espanha pertencente à Casa de Habsburgo, conhecido por seus problemas físicos, emocionais e intelectuais, provocados por casamentos consanguíneos. Carlos II foi o último soberano espanhol dos Países Baixos do Sul, que, como parte do Império habsbúrgico, passaram a chamar-se Países Baixos austríacos (1714-1797). A Guerra da Sucessão Espanhola foi o último momento da história europeia em que os Países Baixos atuaram com status de potência. Seguindo o exemplo do seu antigo arqui-inimigo, o Império espanhol, que, com a Guerra dos Oitenta Anos e a Guerra dos Trinta Anos (1618-1648), afundara em dívidas, a República das Sete Províncias Unidas, com cerca de três milhões de habitantes, notória por seus ricos e talentosos banqueiros e mercadores, também mergulhou numa espiral de dívidas para financiar sua participação na Guerra da Sucessão Espanhola, da qual saiu derrotada.[49] Incapazes de competir com a Grã-Bretanha, recentemente formada com a junção dos reinos da Inglaterra, incluindo o País de Gales, e da Escócia, ratificada pelo Tratado de União, válido a partir de 1º de maio de 1707, os Países Baixos, a potência europeia dominante durante o século XVII, tiveram de assistir, sem poder fazer grande coisa, à ascensão inconteste da Marinha britânica. Com o Tratado de Utrecht (1713), a Grã-Bretanha anexou Gibraltar, podendo bloquear, quando lhe parecesse apropriado, o acesso ao mar Mediterrâneo.

O principal resultado positivo para a República Coroada na Guerra da Sucessão Espanhola havia sido os três Tratados da Barreira, assinados de 29 de outubro de 1709 a 15 de novembro de 1715. Os dois primeiros entre os Países Baixos e a Grã-Bretanha, e o terceiro entre os Países Baixos, a Grã-Bretanha e a Áustria. À República das Sete Províncias Unidas, ficou assegurado o direito de manter um complexo sistema de defesa contra o seu novo arqui-inimigo, os franceses. Antecedendo a Linha Maginot em mais de três séculos, a linha de proteção construída pela França em sua fronteira com a Alemanha depois da Primeira Guerra Mundial, uma série de fortes ocupados por soldados do Exército dos Estados Gerais, com iguais efeitos deletérios aos da Linha Maginot, foi construída ao longo da fronteira dos Países Baixos austríacos com a França. Uma antiga reivindicação da República, o fechamento oficial do rio Escalda ao comércio, asfixiando Antuérpia, também foi atendida. Com isto, os mercadores holandeses pretendiam repetir a hegemonia alcançada no século XVII no comércio internacional, mas agora era Londres, e não mais Antuérpia, a principal competidora de Amsterdã. Confiantes no sistema de defesa construído contra a França, e com a República Coroada profundamente endividada, os regentes, a anteriormente mencionada classe dirigente oligárquica dos Países Baixos, que muitas vezes também era classe dominante, sendo muitos regentes mercadores, teve de conformar-se com a decadência durante o século XVIII da República das Sete Províncias Unidas.

---

[49] FRITSCHY, Wantje e VOORT, René van der. From Fragmentation to Unification: Public Finance, 1700-1914. In: *A Financial History of the Netherlands*. Marjolein 'T Hart et alii (eds.). Cambridge University Press, 1997, p. 70.

Às vésperas do Ano da Catástrofe, as relações com a Inglaterra deixavam a desejar. Para Londres, os Países Baixos eram um concorrente, tanto no comércio internacional quanto na expansão colonial ultramarina, aos quais se devia dar uma lição. Em 1652, esta rivalidade levara à Primeira Guerra Anglo-Holandesa (1652-1654). No Tratado de Westminster (1654), o qual pôs fim a este conflito, constou uma cláusula secreta que obrigava os Estados da Holanda a aprovar a Lei de Seclusão, excluindo Guilherme III (1650-1702) do cargo de estatuder. Tanto Oliver Cromwell (1599-1658), o ditador regicida que estabeleceu um regime militar na Inglaterra após a decapitação de Carlos I (1600-1649), como Johan de Witt, o grande pensionário, representante dos Estados da Holanda, queriam assegurar, com a Lei de Seclusão, aos republicanos ingleses e holandeses, que Guilherme III, com apenas quatro anos de idade à época, não se tornaria monarca nem da Inglaterra nem dos Países Baixos.[50]

Filho da princesa inglesa Maria Stuart (1631-1660) e neto do rei inglês decapitado Carlos I, Guilherme III não se deixou intimidar nem pela Lei de Seclusão nem pelo Édito Perpétuo, aprovado em 5 de agosto de 1657, a resolução dos Estados da Holanda que abolira o cargo de estatuder nesta província neerlandesa. Em meio ao Ano da Catástrofe, ele não só se tornou estatuder nos Países Baixos, reduzindo a nada as decisões tomadas pelos Estados da Holanda, pela Lei de Seclusão e pelo Édito Perpértuo, como depôs, com a força das armas, invadindo a Inglaterra em meio à Revolução Gloriosa (1688-1689), o rei Jaime II (1633-1701), até hoje o último monarca católico romano da Inglaterra. Guilherme III, que subjugara os Estados da Holanda, o Parlamento mais importante dos Países Baixos, tornando-se estatuder e capitão-general do Exército dos Estados Gerais, contribuiu para impedir, ao invadir a Inglaterra, que esta rumasse em direção ao absolutismo. O pai de Guilherme III, o estatuder Guilherme II, por outro lado, fez o pouco que pôde, em seu curto reinado de pouco mais de três anos, para ajudar seu sogro, Carlos I, membro da Casa de Stuart (1371-1807), durante a Guerra Civil inglesa (1642-1651), a escapar da decapitação, bem como para implantar o absolutismo na República Coroada. Devido à clara intervenção inglesa nos assuntos internos dos Países Baixos, numa repetição do que ocorrera com a rainha

---

[50] TROOST, Wout. *Stadhouder-koning Willem III. Een politieke biografie*. Hilversum: Verloren, 2001, p. 40.

Isabel I (1533-1603), que tentou transformá-los num protetorado inglês, a Lei de Seclusão e o Édito Perpértuo não agradaram muito nem aos estadistas nem aos orangistas.

Para tornar-se a principal potência comercial do mundo, ultrapassando os Países Baixos, a Inglarerra aprovou uma série de leis, os Atos de Navegação, que vigoraram por duzentos anos. Eles restringiram severamente o uso de navios estrangeiros no comércio com a Inglaterra e suas colônias. Rejeitando o liberalismo, o primeiro Ato de Navegação, aprovado em 9 de outubro de 1651, por iniciativa de Oliver Cromwell, o *Lord Protector*, bem como os que se lhe seguiram, abraçaram o mercantilismo. Para a Inglaterra, prestes a envolver-se na Primeira Guerra Anglo-Holandesa com o objetivo de suprimir o protagonismo mercantil neerlandês, o importante era centralizar em torno de Londres todos os benefícios do comércio internacional. As colônias inglesas foram proibidas de vender suas mercadorias diretamente aos Países Baixos. O principal responsável pela adoção dos Atos de Navegação foi o fim da Guerra dos Oitenta Anos, entre os Países Baixos e o Império espanhol, que teve consequências extremamente negativas para o comércio da Inglaterra com o resto do mundo. Com o fim em 1648 desta que foi uma das mais longas guerras jamais travadas em território europeu, em função da aprovação da Paz de Münster, os embargos que haviam sido impostos por Madri ao comércio entre o Império espanhol e os Países Baixos haviam sido anulados.

O fim destes embargos deu um impulso sem precedentes a Amsterdã, transformando-a, ainda com a Nova Holanda, o Brasil Holandês, em suas mãos, no maior entreposto comercial do mundo. Rapidamente, os mercadores ingleses, que haviam se beneficiado muito com a Guerra dos Oitenta Anos, que reduzira significativamente a participação dos Países Baixos no comércio internacional, foram colocados para trás pelos mercadores holandeses no comércio com a Península Ibérica, Levante e mar Mediterrâneo. Para a surpresa de Londres, até mesmo o comércio com as colônias inglesas passou a ser dominado por mercadores holandeses, livres do brutal esforço de guerra contra o Império espanhol.[51] A Inglaterra ficou abarrotada de mercadorias vindas dos Impérios espanhol e português, trazidas em navios holandeses a Londres depois de terem passado por Amsterdã.

---

[51] EASTERBROOK, W.T. e AITKEN, Hugh G.J. *Canadian Economic History*. University of Toronto Press, 2002, pp. 51-52.

O primeiro Ato de Navegação foi antecedido por uma série de medidas legislativas que tiveram o claro objetivo de restringir o acesso de navios holandeses aos portos ingleses. Em 1645, o Parlamento determinou que carne e óleo de baleia só chegariam à Inglaterra em navios pertencentes à inglesa Companhia da Groenlândia. Em 1648, a também inglesa Companhia do Levante solicitou ao Parlamento que fosse proibida a importação de produtos originários da Turquia via Amsterdã. Em sua luta contra a crescente hegemonia de Amsterdã no comércio internacional, a Inglaterra adotou uma política de Estado contra a importação de mercadorias, tanto para a Inglaterra como para suas colônias, vindas da Holanda e da Zelândias, as duas principais províncias mercantis dos Países Baixos. Adam Smith (1723-1790), notório defensor do liberalismo, louvou os Atos de Navegação, considerando-os uma medida sábia e útil para promover o desenvolvimento inglês.[52] Para converter-se na maior potência comercial do mundo, a Inglaterra retirou os Países Baixos do seu caminho não somente com os Atos de Navegação, mas também *manu militari*, com as Guerras Anglo-Holandesas (1652-1784), em prol do controle de rotas comerciais e da conquista de colônias.

Na Segunda Guerra Anglo-Holandesa (1665-1667), Johan de Witt derrotou, com pouca ajuda do aliado Luís XIV, cujo auxílio se restringiu a negociações diplomáticas, a Inglaterra e o Principado Episcopal de Münster. Após a Primeira Guerra Anglo-Holandesa, a Marinha neerlandesa saíra fortalecida à custa do Exército dos Estados Gerais, uma iniciativa política que se revelou desastrosa no Ano da Catástrofe com a invasão terrestre dos Países Baixos pelos exércitos inimigos da França, do Eleitorado de Colônia e do Principado Episcopal de Münster. Embora a Inglaterra houvesse formado em 23 de janeiro de 1668, com os Países Baixos e a Suécia, a Tríplice Aliança contra a França, para impedi-la de anexar os Países Baixos espanhóis, o rei inglês Carlos II[53] (1630-1685) assinara secretamente, em 1º de junho de 1670, o Tratado de Dover com Luís XIV, transformando a Inglaterra e a França em aliadas contra os Países Baixos. O Ano da Catástrofe

---

[52] MAHAN, A. T. *Sea Power in its Relations to the War of 1812*. v. 1. Londres: 1905, Sampson Low/ Marston & Company, p. 10.
[53] Por volta de 1660, o chá, que já era consumido na Corte portuguesa, foi levado para a Inglaterra por Catarina de Bragança, esposa de Carlos II (Cf. COOK, Harold J. *Matters of Exchange. Commerce, Medicine, and Science in the Dutch Golden Age*. Yale University Press, 2007, p. 293).

não começou, portanto, com a invasão da coalizão inimiga composta pela França, Eleitorado de Colônia e Principado Episcopal de Münster, ocorrida em 12 de junho de 1672, mas com o ataque do almirante inglês Robert Holmes (1622-1692), em 23 de março de 1672, contra a Frota de Esmirna, um comboio de navios dos Países Baixos que voltava do Levante. Vendo a República fragilizada, a Inglaterra deu início incontinenti à Terceira Guerra Anglo-Holandesa.

As relações da República Coroada com a França pioraram após a morte do rei espanhol Filipe IV. Num prenúncio do que seria a Guerra da Sucessão Espanhola, Luís XIV reivindicou para sua esposa, Maria Teresa, filha do rei espanhol falecido, os Países Baixos espanhóis. Na Guerra de Devolução (1667-1668) que se seguiu, a primeira guerra do então jovem Luís, a França conseguiu a proeza de derrotar sozinha o Império espanhol e a Tríplice Aliança. Várias cidades dos Países Baixos espanhóis, de Flandres, incluindo Lille, foram anexadas pela França. Esta vitória, na qual Luís comandou pessoalmente as tropas francesas, tendo chegado a visitar trincheiras em pleno front, colocando sua própria vida em risco, foi objeto de uma grande festa no Palácio de Versalhes com a presença, entre outras celebridades, de Jean-Baptiste Poquelin (1622-1673), Molière. O caminho para Luís XIV tornar-se o Rei Sol começara. Para a República das Sete Províncias Unidas, a presença, em sua fronteira meridional, de uma grande potência militar em plena ascensão como a França, constituía um perigo bem maior do que os Países Baixos do Sul em união pessoal com um Império espanhol em franca decadência. Ao fazer parte da Tríplice Aliança, os Países Baixos procuraram aliados contra Luís XIV. A Inglaterra, ansiosa em transformar-se na primeira potência comercial do mundo, tinha planos bem mais ambiciosos do que continuar aliada da República Coroada.

O Tratado de Aquisgrana, assinado em 2 de maio de 1668, selou a paz entre a França e o Império espanhol, permitindo que Luís XIV concentrasse seus esforços contra os Países Baixos. Para isolar a República Coroada, ele rapidamente conseguiu que a Suécia e o Principado Episcopal de Münster abandonassem os Países Baixos à própria sorte. Para o rei inglês Carlos II, aliar-se a Luís XIV, o até então arqui-inimigo católico, tinha a vantagem de acelerar a decadência dos mercadores holandeses e zelandeses em proveito dos ingleses, servindo de estímulo à desejada substituição dos Países Baixos como maior potência comercial do mundo em proveito da Inglaterra; o virtual monopólio neerlandês do comércio internacional seria, assim, aniquilado. Foi em meio ao Ano da Catástrofe que o sobrinho de Carlos II, Guilherme III, da Casa de Orange-Nassau, voltou ao poder, tornando-se estatuder na República Coroada. A rigor, o Tratado de Dover, assinado por Carlos II e Luis XIV, foi uma aliança ofensiva secreta anglo-francesa contra os Países Baixos.[54] Se para a Inglaterra era importante fazer tudo o que estava a seu alcance para reduzir os Países Baixos ao status de potência comercial de segunda categoria, para a França o essencial era conquistar parte da República das Sete Províncias Unidas, mais precisamente as meridionais Terras da Generalidade. Parte do butim também caberia ao Eleitorado de Colônia e ao Principado Episcopal de Münster, que anexariam territórios ao leste dos Países Baixos, e à Inglaterra, que ficaria com algumas cidades litorâneas. Guilherme III governaria os Países Baixos como estatuder sob a proteção do seu tio Carlos II. Apoiado por Luís XIV, o arquétipo do rei absolutista, Carlos II, filho do rei inglês decapitado Carlos I, se tudo desse certo, governaria sem o Parlamento inglês.

Johan de Witt acreditava que a Inglaterra, um país protestante, jamais se aliaria a um país católico, a França, contra um país protestante, os Países Baixos. Para melhorar as relações com a França, Johan de Witt recorreu debalde a Pieter de Groot (1615-1678), embaixador dos Países Baixos na França e na Suécia de 1668 a 1672, filho do jurista Hugo Grócio (1583-1645). Os Países Baixos e a França tinham pontos de vista diferentes. Para a República Coroada, os Países Baixos espanhóis eram o pomo da discórdia. Para a França, o rio Reno era a fronteira natural com os Países Baixos. Sendo assim, não apenas as Terras da Generalidade, território pertencente aos Países Baixos situado ao sul do rio Reno, bem como os Países Baixos espanhóis em sua totalidade deviam fazer parte da França. Godefroi d'Estrades (1607-1686), embaixador de Luís XIV nos Países Baixos, não foi nada conciliador. O Exército dos Estados Gerais fora utilizado com frequência como uma arma pelos estatuderes, a exemplo de Guilherme II, contra seus principais inimigos internos, a classe oligárquica dos regentes. Por esta e outras razões, como a necessidade de proteger a Marinha mercante dos Países Baixos, Johan de Witt preferira fortalecer a Marinha neerlandesa, e não o Exército dos Estados Gerais. No Ano da Catástrofe, a França, o Eleitorado de Colônia e o Principado Episcopal de Münster beneficiaram-

---

[54] WROUGHTON, John. *The Routledge Companion to the Stuart Age, 1603-1714*. Londres/Nova York: Routledge, p. 73.

se desta debilidade do Exército dos Estados Gerais ao invadir a República Coroada.

A Inglaterra declarou guerra contra os Países Baixos em 27 de março de 1672. Em 6 de abril, foi a vez da França, seguida pelo Eleitorado de Colônia e o Principado Episcopal de Münster. Para conquistar a República das Sete Províncias Unidas, a França contou com Henri de la Tour d'Auvergne (1611-1675), visconde de Turenne, marechal-general dos campos e exércitos do rei, e Luís II de Bourbon-Condé (1621-1686), o Grande Condé, general francês conhecido por suas inúmeras vitórias militares.

Contornando as linhas de defesa da República Coroada, o exército francês passou pelo Principado Episcopal de Liège (980-1795) rumo ao Eleitorado de Colônia. Foi de lá que Condé atravessou o rio Reno para atacar Lobith. Ferido durante a travessia, ele foi substituído por Turenne, que dividiu o exército em dois. Duas importantes cidades fronteiriças dos Países Baixos, Arnhem e Nimega, foram ocupadas. Luís XIV conquista em seguida Doesburg, e seu irmão Filipe de Orleães (1640-1701), Zutphen. Groenlo e Deventer caem perante o bispo alemão Christoph Bernhard von Galen. No combate diante do rio IJssel, um braço do rio Reno que divide os Países Baixos em duas metades, no sentido leste-oeste, os franceses também se saem vitoriosos. Com as tropas francesas a meio caminho da Holanda, Johan de Witt, sob pressão de uma opinião pública apavorada, aceita Guilherme III como capitão-general do Exército dos Estados Gerais pela duração de uma campanha. Na Batalha de Solebay, travada em 7 de junho de 1672, perto de Suffolk, ao leste da Inglaterra, o almirante zelandês Michiel de Ruyter (1607-1676) derrota a frota anglo-francesa, mas isto não reverte a situação em favor dos Países Baixos.[55] Naarden, próxima de Amsterdã, e Gorinchem, perto da Haia, caem perante o exército francês em, repectivamente, 19 e 30 de junho. O pânico toma conta dos Países Baixos. Em várias cidades, há revoltas contra os regentes. Aproveitando-se do caos, os orangistas exigem que Guilherme III seja nomeado estatuder. Diante da *débâcle*, surgem rumores de traição por parte da classe oligárquica dos regentes, que teria sido cooptada por Luís XIV, embora nunca se tenha produzido prova neste sentido. Em meio a uma verdadeira caça às bruxas, clamando pela responsabilização dos culpados pela guerra e pela situação de penúria em que o Exército dos Estados Gerais se encontrava, há um golpe de Esta-

---

[55] Wout Troost, ob. cit., p. 83.

do. Johan de Witt e 130 outros regentes estadistas, a exemplo de Andries de Graeff (1611-1678), seu sobrinho Pieter de Graeff (1638-1707); Hans Bontemantel (1613-1688) e Lambert Reynst (1613-1679), de Amsterdã; e Pieter de Groot (1615-1678), de Roterdã, são demitidos e presos pelos orangistas, acusados de traição à pátria.

Invadida por trinta mil franceses, Utrecht curvou-se ao invasor. Insatisfeito com o Castelo de Amerongen, o Grande Condé mudou-se para a casa de Johan van Nellesteyn (1617-1677), que fora prefeito de Utrecht várias vezes. Assim, com este gesto mais do que simbólico, os franceses assumiram o controle total da cidade. Começaram então as pouco alvissareiras negociações de paz. Para a República, uma capitulação desastrosa. A França ficaria com todos os territórios localizados ao sul do rio Waal, o principal braço do rio Reno que atravessa os Países Baixos, ligando Roterdã à Alemanha. A principal aliada da França, a Inglaterra, anexaria Walcheren, uma ilha na província da Zelândia, na foz do rio Escalda, perto de Antuérpia, bem como algumas cidades do litoral. Ao Eleitorado de Colônia e ao Principado Episcopal de Münster, caberiam territórios situados ao leste dos Países Baixos. Luís XIV e Carlos II decidiram ainda que Guilherme III deveria governar, como estatuder, o que sobrasse da República Coroada. Uma grande soma de dinheiro teria de ser paga, 18 milhões de florins a Luís XIV, e aos católicos deveria ser conferida liberdade religiosa. Caso contrário, a França anexaria não só a província de Utrecht, como toda a província de Gueldres, reduzindo os Países Baixos a uma estreita faixa litorânea, limitada basicamente à província da Holanda. Estas exigências draconianas surtiram o efeito contrário. Ao invés de liquidar a resistência aos invasores, elas aumentaram-na. A guerra, afinal de contas, não fora iniciada pela República Coroada.

Seriamente ferido, o Grande Condé passou o comando para François-Henri de Montmorency-Bouteville (1628-1695), o marechal do Luxemburgo. Certo de que vencera, Luís XIV voltou para a França com vinte mil homens, deixando o Luxemburgo com quarenta mil homens. Para intimidar ainda mais o vencido, os franceses incendiaram vários castelos, incluindo o Castelo Nijenrode.

Depois de recusar a oferta de tornar-se príncipe de um protetorado anglo-francês, Guilherme III instalou-se atrás da Linha d'Água holandesa, um sistema de defesa concebido pelo estatuder Maurício de Nassau (1567-1625) no século XVII e colocado em prática por seu meio-irmão e sucessor

Frederico Henrique (1584-1647). Para transformar a Holanda numa ilha, um trecho de terras inundáveis, protegido por vários fortes. Em caso de ataque inimigo, bastava abrir as comportas das represas. Para impedir o avanço francês rumo a Amsterdã, Guilherme ordenou que vários pôlderes da Linha d'Água holandesa fossem inundados.[56] Protegida por uma verdadeira muralha de água e lama, a Holanda respirou aliviada, mas não apenas por causa disto. Não só a Inglaterra foi derrotada em 7 de junho de 1672 na Batalha de Solebay pelo almirante Michiel de Ruyter, como o bispo alemão de Münster, Christoph Bernhard von Galen, abandonou em 28 de agosto de 1672 o Sítio de Groninga. Em 12 de novembro de 1673, Bonn, capital do Eleitorado de Colônia, foi conquistada por tropas da República Coroada, comandadas por Guilherme III, e dos seus novos aliados, o Sacro Império Romano-Germânico e o Império espanhol, antigos inimigos jurados de morte pelos Países Baixos, temerosos diante desta inusitada aliança anglo-francesa, entre protestantes e católicos. Em função desta vitória, a França retirou-se da maior parte da República Coroada. Com a reviravolta, a Inglaterra, o Eleitorado de Colônia e o Principado Episcopal de Münster fizeram em 1674 as pazes com os Países Baixos.

A França continuou em guerra com a República até 1678. Deste conflito, a França saiu como a grande vencedora; ela anexou o Franco-Condado e várias cidades dos Países Baixos espanhóis. Decadente e enfraquecida por um conflito simultâneo com as novas potências dominantes, a França, a grande potência militar continental da Europa, em substituição ao Império espanhol, e a Inglaterra, a nova grande potência marítima, em substituição aos Países Baixos, Amsterdã cedeu a primazia nos mares para Londres. Terminada a Guerra Franco-Holandesa, Luís XIV passou a ser conhecido como o Grande.[57]

A GRANDE TRAGÉDIA DA REPÚBLICA COROADA

Os irmãos Johan e Cornelis de Witt foram assassinados em 20 de agosto de 1672 na Haia por membros da milícia local; ambos eram muito conheci-

---

[56] YOUNG, William. *International Politics and Warfare in the Age of Louis XIV and Peter the Great*. Nova York/Xangai: iUniverse, 2004, p. 131: "The flooding of the polders not only saved Holland, but the action also gave William III time to reorganize Dutch defenses and create a coalition against French aggression."

[57] MARGERIE, Anne de e BACKOUCHE, Isabelle. *Versailles au siécle de Louis XIV*. Paris: Textuel, 1993, p. 11.

dos. Até hoje, este duplo homicídio é considerado um dos eventos mais importantes da história dos Países Baixos. Johan foi até 4 de agosto de 1672 grande pensionário da província da Holanda; ele exerceu este cargo por dezenove anos. No Século de Ouro (1588-1702), ele foi o mais influente político da República. Cornelis foi delegado de polícia, promotor e oficial de justiça. Formando uma dupla inseparável, os dois irmãos, membros de uma influente família patrícia, dominaram por vários anos os Países Baixos.

Com o Édito Perpétuo, os Estados da Holanda haviam abolido o cargo de estatuder "para sempre", para evitar que o príncipe Guilherme, filho único de Guilherme II, sucedesse seu pai; as outras seis províncias da República preferiram limitar-se a prever que o cargo de estatuder não poderia ser acumulado com o de capitão-general, comandante em chefe do Exército dos Estados Gerais. Como estatuder e capitão-general, Guilherme II tentara tomar *manu militari* Amsterdã, desencadeando uma grande crise política. Devido à pressão dos orangistas, de acordo com o mencionado anteriormente, Johan permitiu que o príncipe fosse nomeado capitão-general para tão somente uma campanha militar. Em 24 de fevereiro de 1672, o jovem Guilherme, com apenas vinte e um anos de idade, tornou-se, sob esta condição, capitão-general, desde que este cargo fosse incompatível com o de estatuder.

A Holanda acreditou, num primeiro momento, que poderia derrotar a coalizão inimiga formada pelo rei inglês Carlos II e Luís XIV no Ano da Catástrofe, apesar da penúria em que se encontrava o Exército dos Estados Gerais. Mais realistas, várias cidades renderam-se ao imimigo sem lutar. Anteriormente, Johan van Oldenbarnevelt (1547-1619), ocupando o cargo de advogado da Nação, semelhante ao de grande pensionário dos Estados da Holanda, como Johan de Witt, fora executado a mando de Maurício de Nassau, chefe do partido da guerra, por ter tentado fazer as pazes com o Império espanhol. Idêntico fim aguardava Johan de Witt, acusado de traição à pátria, crime de lesa-pátria, nas negociações de paz com a França. Aproveitando-se da situação calamitosa, o regente orangista de Roterdã Johan Kievit (1627-1692), o almirante Cornelis Tromp (1629-1691) e o cirurgião-barbeiro Willem Tichelaar (ca. 1642-1714) protagonizaram um complô sem precedentes contra os irmãos De Witt. Depois de desacreditá-los completamente perante a opinião pública, não tardou para que estes fossem brutalmente assassinados.

Em 21 de junho de 1672, os irmãos De Witt sofreram a primeira tentativa de assassinato. Johan saiu, perto da meia-noite, do Binnenhof, o complexo de edifícios que abriga na Haia até hoje os Estados Gerais, o Parlamento dos Países Baixos, para sua casa. Diante dele, ia seu ajudante, com uma tocha acesa nas mãos. Saindo do nada, quatro rapazes pularam em cima deles. Johan e seu ajudante defenderam-se como puderam. Johan feriu-se no pescoço, caiu e machucou a cabeça. Enquanto ele jazia no chão, os quatro rapazes esfaquearam-no duas vezes, deixando-o à beira da morte. Na mesma noite, à mesma hora, houve uma tentativa de assassinato em Dordrecht contra Cornelis de Witt. Mais uma vez, quatro rapazes tentaram invadir-lhe a casa, mas foram repelidos. Johan sobreviveu ao ataque, mas ficou entre a vida e a morte. Até 1º de agosto, ele não conseguia levantar-se da cama. Preso, um dos jovens afirmou que não havia nenhuma conexão entre a tentativa de assassinato de Johan e de Cornelis de Witt. Prejudicando as investigações, este jovem foi executado uma semana depois da tentativa de assassinato.

Foi aproveitando a ausência de Johan que os orangistas conseguiram obrigar os regentes a cancelar o Édito Perpétuo. De acordo com este, como tivemos a oportunidade de mencionar, a Holanda nunca mais teria um estatuder; nas outras províncias, os cargos de estatuder e de capitão-general não seriam mais acumulados. Em Dordrecht, cidade de origem dos De Witt, a oligárquica família de patrícios e regentes, tremulou, pouco depois do atentado contra Cornelis, uma bandeira com a seguinte inscrição: "*Orange para cima e Witt para baixo/Quem achar o contrário, que lhe caia um relâmpago na cabeça.*"[58] Em meio a uma verdadeira guerra de propaganda, vários panfletos contra Johan e Cornelis de Witt circularam pelos Países Baixos. Os orangistas estavam a pleno vapor. Johan escreveu ao príncipe de Orange, solicitando-lhe que se pronunciasse contra os ataques. Ao não atender a este pedido, o príncipe atiçou ainda mais a rebelião popular contra os dois irmãos. Em 29 de junho, enquanto Johan ainda estava acamado, o filho de Guilherme II tornou-se o estatuder Guilherme III sem deixar de ser capitão-general do Exército dos Estados Gerais.

Em 23 de julho de 1672, o cirurgião-barbeiro Willem Tichelaar denunciou que Cornelis de Witt lhe teria oferecido trinta mil florins em 8 de julho para que ele matasse Guilherme III. Como consequência desta denúncia, Cornelis foi preso. Em 4 de agosto, Johan, pressionado por Guilherme III, renunciou ao cargo de grande pensionário. Sem mais nenhum poder polí-

---

[58] SCHUER, J.L. *Algemeene Nederlandsche Geschiedenissen, Zedert het Twaalfjarige bestandt van het Jaar 1621 tot de Uitrechtse Vreede in 't Jaar 1713 gesloten*. Amsterdã: Arent van Huyssteen en Steeve van Esveldt, 1742, p. 46.

tico, os irmãos De Witt ficaram completamente à mercê da vingança dos orangistas. Dois dias mais tarde, Cornelis foi levado para o Portão do Prisioneiro, a prisão na Haia na qual as pessoas que haviam cometido crimes de grande gravidade aguardavam sentença. Para todos os efeitos, ele tornou-se oficialmente suspeito de ser mandante da conspiração de assassinato contra Guilherme III. Em 15 de agosto de 1672, circulou na Haia o boato de que Cornelis tentara fugir, ou de que fora solto pelas autoridades competentes. Furiosa, a multidão rumou ao Portão do Prisioneiro. Com medo de serem linchados, os respectivos juízes mandaram que Cornelis ficasse diante da janela da sua cela para que todos vissem que ele continuava lá. Depois deste vexame, seguiu-se um processo viciado e cheio de irregularidades formais e materiais. Velho conhecido da polícia, Tichelaar já tinha sido preso por suspeita de sequestro. Torturado por quase quatro horas, Cornelis manteve sua inocência. Diante da falta de provas documentais e testemunhais, os juízes, apesar de alguns deles já terem se manifestado publicamente contra a pena de morte, ficaram diante de um dilema. Se o inocentassem, poderiam tornar-se as próximas vítimas dos mandantes dos crimes perpetrados contra os irmãos De Witt. Como não era possível condenar Cornelis à pena de morte, ele foi destituído de todos os cargos públicos que ocupava e banido para sempre da República. Como era previsível, Tichelaar foi inocentado. Embora a sentença devesse ter sido lida diante de Cornelis na sala do tribunal, ela foi-lhe comunicada, sem maiores formalidades, na cela na qual ele estava preso. Bem cedo pela manhã, apareceram pela cidade vários panfletos clamando pelo assassinato dos irmãos De Witt.[59]

Pouco tempo depois, Johan recebeu uma mensagem; seu irmão Cornelis queria encontrá-lo. A prisão ficava a apenas duzentos metros de sua casa. Ao chegar lá, deparou-se com dois guardas na entrada. Sem muita dificuldade, ele dirigiu-se à cela onde Cornelis continuava encarcerado. Diante do estado em que se encontrava o irmão, depois da sessão de tortura, Johan mandou buscar uma carruagem para levá-lo para casa. Meia hora depois, este tentou sair do Portão do Prisioneiro, mas uma multidão, reunida por Tichelaar, impediu-o. Naquela noite, Hendrik Verhoeff (1645-1710), chefe da milícia local, encontrara-se com os vereadores na Haia. Embora estes

---

[59] REINDERS, Michel. *Printed Pandemonium. Popular Print and Politics in the Netherlands, 1650-1672.* Leiden/Boston: Koninklijke Brill, 2013, p. 149: "Pamphlets paved the road that led to the assassination of Johan and Cornelis de Witt by a group of angry citizens in The Hague on 20 August 1672."

tenham lhe pedido que poupasse a vida dos irmãos De Witt, ele recusou-se. Sem hesitar, Hendrik prometeu que, naquele mesmo dia, traria os corações de Johan e Cornelis; os membros da câmara de Vereadores foram deliberadamente advertidos no sentido de que não podiam nem deviam tomar nenhuma medida contrária ao assassinato dos irmãos De Witt. Liderados por Hendrik, todos os membros da milícia da Haia, cuja principal missão era proteger esta cidade de ataques inimigos, reuniu-se em volta do Portão do Prisioneiro. Uma lição definitiva e exemplar precisava ser dada contra quem tentara instalar um regime republicano nos Países Baixos, excluindo a Casa de Orange-Nassau (1544-) do cargo de estatuder. Numa ação coordenada, Tichelaar apareceu na janela de um prédio, diante do Portão do Prisinoeiro, e começou a gritar para a multidão que fora inocentado; isto seria a prova cabal de que Cornelis quis assassinar Guilherme III. Furioso, Tichelaar conclamou a multidão a vingar-se dos irmãos com suas próprias mãos. A pena que fora infligida a Cornelis, o banimento, seria incompatível com o crime de traição à pátria. O general Claude-Frédéric t'Serclaes van Tilly (1648-1723), que comandava a companhia de cavalaria do Portão do Prisioneiro, recebeu ordem para retirar-se do local, abandonando os irmãos De Witt à sua própria sorte.

Ao final da tarde, milicianos bêbados enraivecidos invadiram a prisão; os irmãos De Witt foram arrastados para fora. Para os envolvidos, o sinal para o início da carnificina fora dado pelo almirante Cornelis Tromp. Diante da multidão, em 20 de agosto de 1672, iam Hendrik Verhoeff, Willem Tichelaar e o político Johan van Banchem (1615-1694), orangista convicto e inimigo jurado dos irmãos De Witt. O objetivo era assassiná-los no patíbulo mais próximo, o Gramado Verde, onde os condenados à morte eram executados. Surrado no caminho rumo ao cadafalso, Cornelis perdeu os sentidos. Ferido na cabeça por uma lança, Johan levou um tiro pelas costas do capitão da Marinha a serviço do Almirantado de Amsterdã, Maerten van Valen (1636-1694), e foi esfaqueado.

Os corpos de Johan e Cornelis de Witt foram despidos, estripados e pendurados juntos de cabeça para baixo na polia do Gramado Verde. Os dedos do pé e da mão, ouvidos, narizes, lábios, línguas e mãos foram arrancados. Envenenados pela propaganda orangista, ou pagos por ela, alguns membros da multidão golpearam os corpos desfigurados dos irmãos De Witt com o próprio punho. Segundo o poeta Joachim Oudaan (1628-1692), os intestinos de Johan e Cornelis de Witt foram arrancados e comidos.⁶⁰ Os corpos foram castrados, e um gato morto foi colocado entre as pernas de Cornelis. Cumprindo sua promessa, Hendrik Verhoeff arrancou os corações dos corpos dos irmãos De Witt, os quais foram expostos durante anos a fio, como uma relíquia macabra, num recipiente cheio de resina. A viúva de Cornelis fugiu da Haia no dia seguinte à morte do marido. No barco, um dos passageiros mostrou-lhe um dos dedos de Cornelis, o qual teria sido comprado por alguns centavos. Na noite de 21 para 22 de agosto, o que restou dos corpos de Johan e Cornelis de Witt foi enterrado secretamente na Igreja Nova. Nela, no dia anterior, o pastor Simon Simonides (1629–1675) pregara que os assassinos não deviam ser punidos; o massacre teria sido uma abençoada obra de Deus. Ainda hoje, uma língua e um dedo dos irmãos De Witt estão no Museu Histórico da Haia.

Na hospedaria De Beuckelaer, localizada nas proximidades do Portão do Prisioneiro, haviam se encontrado três homens de confiança de Guilherme III, Cornelis Tromp e dois de seus parentes, Willem Adriaan van Nassau (1632-1705) e Willem Nassau de Zuylestein (1649-1708). Tromp deveria ter-se tornado, em 1665, comandante em chefe da Marinha de guerra dos Paises Baixos, mas, no último momento, Johan de Witt escolheu Michiel de Ruyter; Tromp nunca o perdoou por isto. Os outros dois, membros da Casa de Orange-Nassau, evidentemente, eram orangistas convictos e inimigos absolutos dos irmãos De Witt. Na hospedaria, os três alinhavaram e puseram em marcha o plano para assassinar Johan e Cornelis de Witt. Em 17 de agosto, o estatuder encontrara-se pessoalmente com Willem Adriaan e Willem Nassau. Implicado na conjuração para assassinar Johan de Witt, com o objetivo de assegurar o retorno da Casa de Orange-Nassau ao poder, Johan Kievit fugiu para a Inglaterra até a situação acalmar-se. Ao retornar aos Países Baixos, ele foi recompensado por Guilherme III, em 14 de setembro de 1672, com o cargo de pensionário de Roterdã. Em 1673, ele foi nomeado procurador do Almirantado desta cidade. Pouco tempo mais tarde, em 1678, ele tornou-se prefeito de Roterdã. Guilherme III incitou a publicação dos panfletos, instigando o povo contra os irmãos De Witt. Johan solicitou ao estatuder a proibição destas publicações, mas o príncipe de Orange recusou-se. Guilherme III fez tudo o que estava ao seu alcance para evitar que os

---

⁶⁰ GEMERT, Lia van. Severing what was Joined Together: Debates about Pain in the Seventeenth-Century Dutch Republic. In: *The Sense of Suffering. Constructions of Physical Pain in Early Modern Culture*. Jan Frans van Dijkhuizen e Karl A.E. Enenkel (eds). Leiden/Boston, 2009, p. 459.

assassinos fossem presos e julgados. Estes foram recompensados com uma pensão anual e cargos públicos.

Apesar do apoio recebido da parte de Guilherme III, os conspiradores tiveram uma vida atribulada depois do massacre de Johan e Cornelis de Witt. Como procurador do Almirantado de Roterdã, Johan Kievit praticou apropriação indébita ao supervisionar a coleta de impostos de importação e exportação. Ao ser processado, ele afirmou, em sua defesa, que todos faziam a mesma coisa. Banido em 1689 dos Países Baixos, ele foi solto da prisão depois de sua filha ter pago a fiança de vinte mil florins. Cornelis Tromp morreu em 1691 cheio de remorsos, com o corpo e o espírito consumidos pelo álcool, certo de que iria para o inferno. O cirurgião-barbeiro Willem Tichelaar recebeu de Guilherme III uma pensão anual oficial de quatrocentos florins, oficiosamente de oitocentos florins. Com a morte do príncipe de Orange, o pagamento da pensão cessou. Sem conseguir voltar ao trabalho, Tichelaar passou a mendigar pelas ruas da Haia. Apesar de ter sido recompensado por Guilherme III com uma pensão anual de seiscentos florins, Hendrik Verhoeff fugiu da prisão mais de uma vez para viver na clandestinidade. Um mês depois do massacre dos irmãos De Witt, Guilherme III nomeou Johan van Banchem delegado de polícia e oficial de justiça na Haia. Johan mantinha uma prisão secreta, na qual ele encarcerava inocentes que eram soltos depois de pagar resgate; um dos alvos prediletos de suas chantagens eram frequentadores de bordel.[61] Preso e torturado, Johan van Banchem morreu na mesma cela na qual Cornelis de Witt fora encarcerado antes do suplício.[62]

A crise da Casa de Orange-Nassau

A partir do século XIX, historiadores como o holandês Guillaume Groen van Prinsterer (1801-1876) e o americano John Lothrop Motley (1814-1877) pesquisaram as causas da decadência dos Países Baixos, precedendo o que o português Antônio Sérgio (1883-1969) e o espanhol José Ortega y Gasset (1883-1955) vieram a fazer no século XX com seus respectivos países.

---

[61] POL, Lotte van. *The Burgher and the Whore. Prostitution in Early Modern Amsterdam*. Oxford University Press, 2011, pp. 121-122.
[62] O assassinato dos irmãos De Witt foi um dos capítulos mais funestos da República Coroada (Cf. REINE, Ronald Prudh'homme van. *Moordenaars van Jan de Witt. De zwartste bladzijde van de Gouden Eeuw*. Utrecht/Antuérpia: De Arbeiderspers, 2013).

Saudosos do Século de Ouro, período em que a República Coroada se tornara a maior potência capitalista do mundo, os historiadores orangistas ressaltavam os feitos dos estatuderes da Casa de Orange-Nassau (-Dilemburgo.) Aparentemente, sem perceber que esta dinastia se extinguira com a morte de Guilherme III, sendo sucedida pela Casa de Orange-Nassau (-Dietz), da qual provinham os estatuderes da Frísia. O importante, como em Portugal e Espanha, era encontrar o culpado pelo declínio mais do que secular dos Países Baixos, em especial da Holanda, diante da agora arquirival Inglaterra. O responsável pela decadência dos Países Baixos, para os orangistas, como Guillaume Groen van Prinsterer e John Lothrop Motley, eram os estadistas, favoráveis à soberania dos parlamentos das províncias que compunham a República Coroada, a exemplo dos Estados da Holanda.

Os estadistas Johan van Oldenbarnevelt, Hugo Grócio e Johan de Witt, bem como a classe dominante e dirigente dos regentes, eram tratados com hostilidade. Quando os Países Baixos eram uma monarquia inconteste, com os estatuderes à frente, tudo ia bem; a decadência teria se instalado no momento em que os regentes passaram a governá-los. De certa forma, eles tinham razão. O Primeiro Período sem Estatuder e o Segundo Período sem Estatuder (1702-1747) terminaram em desastre; uma verdadeira calamidade nacional, da qual a República Coroada nunca se recuperou. O historiador Robert Jacobus Fruin (1823-1899), professor da Universidade de Leiden e discípulo do seu colega alemão Leopold von Ranke (1795-1886), defendeu uma abordagem imparcial no estudo da história da República Coroada. De forma inovadora para a época, Fruin lançou luzes sobre os Mártires de Gorcum, os dezenove frades e monges católicos que foram assassinados em 9 de julho de 1572 por calvinistas fanáticos.[63]

A ascensão do último estatuder pertencente à Casa de Orange-Nassau (-Dilemburgo), Guilherme III, foi turbulenta. A rebelião popular contra a invasão francesa de 1672, em meio à Guerra Franco-Holandesa, derrubou o grande pensionário Johan de Witt do poder, pondo fim, de acordo com o que verificamos acima, ao Primeiro Período sem Estatuder. Nomeado estatuder da Holanda e da Zelândia em 4 de julho de 1672, Guilherme transformou-se num autêntico generalíssimo. Não demorou muito para que ele desse início, com o beneplácito dos intimidados Estados Gerais, a mais ou-

---

[63] ZEIJDEN, Albert van. *Katholieke Identiteit en Historisch Bewustzijn*. Hilversum: Verloren, 2002, p. 121.

tra caça às bruxas. Nas principais cidades da Holanda, regentes simpáticos aos estadistas foram sumariamente substituídos por orangistas. Em 1674, o cargo de estatuder tornou-se hereditário na Holanda e na Zelândia para os descendentes masculinos que Guilherme viesse a ter. Em 1675, as províncias da Frísia e da Groninga também tornaram o cargo de estatuder hereditário, mas não para a Casa de Orange-Nassau, à qual Guilherme pertencia, e sim para a Casa de Orange-Nassau(-Dietz). Para evitar que as três províncias remanescentes dos Países Baixos, Gueldres, Overijssel e Utrecht, escapassem do seu controle, repetindo o exemplo da Frísia e Groninga, Guilherme III obrigou-as a aceitar os Regulamentos do Governo. Com base nestes, ele passou a nomear diretamente os principais funcionários públicos, bem como a controlar a eleição dos prefeitos de tais províncias. De generalíssimo a ditador, havia apenas um passo.

O fim trágico do grande pensionário Johan de Witt, a mando de Guilherme, significou o fim das províncias como entidades soberanas. Os Estados Gerais foram investidos da soberania nacional; eles tornaram-se assim, ao menos nominal e formalmente, a única entidade soberana da República Coroada, mas eram controlados, na prática, com mãos de ferro, por Guilherme. Neste contexto, Guilherme III, na melhor das hipóteses, era um monarca parcialmente constitucional. Sua situação política equivalia àquela do seu antepassado Maurício, príncipe de Orange, que se tornou uma espécie de ditador após o fim igualmente trágico em 1619 de Johan van Oldenbarnevelt.[64] Para construir uma sólida rede de relacionamentos, Guilherme recorreu ao clientelismo e ao patrimonialismo, distribuindo aos seus aliados privilégios financeiros e políticos. Como qualquer estatuder, seu principal rival foram os Estados da Holanda, controlados, ainda que parcialmente, por regentes de Amsterdã. Se os regentes discordavam de Guilherme, ele podia ter de rever seu ponto de vista; se concordavam, ele podia fazer praticamente tudo o que quisesse. Guilherme convenceu os regentes de Amsterdã a apoiar a invasão da Inglaterra pelos Países Baixos com o objetivo de tornar-se rei não só da Inglaterra e da Irlanda, mas também da

---

[64] Johan van Oldenbarnevelt era advogado da Nação (*landsadvocaat*), representante, primeiro-ministro, dos Estados da Holanda, o Parlamento desta província. Após sua morte trágica, a mando de Maurício, príncipe de Orange, o cargo de advogado da Nação passou a chamar-se "grande pensionário" (*raadpensionaris*). Esta mudança teve um grande significado histórico. A Holanda deixou, ao menos oficialmente, de considerar-se uma *Nação*, em detrimento dos Países Baixos.

Escócia. Neto de Carlos I, o estatuder Guilherme III tornou-se Guilherme III da Inglaterra, depondo o católico Jaime II (1633-1701).⁶⁵ Ao tornar-se rei da Inglaterra, em meio à Revolução Gloriosa, a união dos parlamentares ingleses com Guilherme III para depor Jaime II, que resultou na aprovação em 16 de dezembro de 1689 da Declaração de Direitos (*Bill of Rights*), surgiu um período de transição dinástico. A escocesa Casa de Stuart terminou sendo sucedida pela alemã Casa de Hanôver (1635-), mais disposta a aceitar como fato consumado a soberania do Parlamento inglês.⁶⁶

Para atingir o objetivo de tornar-se rei da Inglaterra, Irlanda e Escócia, Guilherme contou com o apoio decisivo de um burguês e de um nobre, Gaspar Fagel (1634-1688) e Hans Willem Bentinck (1649-1709), I conde de Portland. Pertencente a uma das mais ilustres e poderosas famílias patrícias dos Países Baixos, os Fagel, o regente holandês Gaspar teve uma carreira brilhante, com uma reviravolta espetacular. De pensionário de Haarlem a secretário-geral dos Estados Gerais e grande pensionário dos Estados da Holanda (1672-1688). Durante o Primeiro Período sem Estatuder, Gaspar fora adepto resoluto de Johan de Witt. Para demonstrar-lhe sua mais completa fidelidade, ele assinou o Édito Perpétuo, pondo fim ao cargo de estatuder na província da Holanda. Diante da ascensão de Guilherme ao poder, ele tornou-se orangista. Hans arrecadou dinheiro para a invasão da Inglaterra; providenciou uma grande frota para o transporte do contingente militar dos Países Baixos; coordenou uma ampla campanha de propaganda contra o rei católico inglês Jaime II; e acompanhou Guilherme rumo a Londres. Mesmo sendo comandante em chefe da República das Sete Províncias Unidas, Guilherme não podia invadir a Inglaterra sem autorização dos Estados Gerais, aos quais cabia declarar a guerra e fazer a paz. O apoio de Gaspar, experiente político holandês, foi fundamental para convencer os Estados da Holanda, a sempre província mais rica dos Países Baixos, a financiar seu projeto de invasão da Inglaterra. A conquista da Inglaterra, arqui-inimiga da República

---

⁶⁵ Chamado de Jaime II na Inglaterra e na Irlanda, ele era intitulado Jaime VII na Escócia.
⁶⁶ Jorge I (1660-1727) foi o primeiro monarca britânico pertencente à Casa de Hanôver, e a rainha Vitória (1819-1901), o último. O filho desta, Eduardo VII (1841-1910), com o príncipe consorte Alberto (1819-1861), de Saxe-Coburgo-Gota, honrando o sobrenome paterno, tornou-se o primeiro monarca britânico da Casa de Saxe-Coburgo-Gota. O filho de Eduardo, Jorge V (1865-1936), em meio à Primeira Guerra Mundial (1914-1918), em função da hostilidade no Reino Unido à Alemanha, mudou o nome da Casa de Saxe-Coburgo-Gota para Casa de Windsor. A atual rainha do Reino Unido, Isabel II (1926-), é, portanto, *ab origine*, membro da Casa de Hanôver.

Coroada desde a Primeira Guerra Anglo-Holandesa (1652-1654), era promissora. Com sua transformação num protetorado, utilizá-la contra o outro grande desafeto dos Países Baixos, a França de Luís XIV.

Durante a Guerra dos Nove Anos (1688-1697), Guilherme juntou-se à Liga de Augsburgo (1686-1697) contra a França. Nesta coalizão, praticamente todos os países da Europa Ocidental uniram-se contra Luís XIV para lutar contra a hegemonia continental francesa. A lista dos membros da Liga de Augsburgo, a Grande Aliança, era numerosa: Áustria, Baviera, Brandemburgo, Eleitorado do Palatinado, Escócia, Império espanhol, Inglaterra, Irlanda, Países Baixos, Portugal, Savoia, Sacro Império Romano-Germânico, Saxônia, Suécia. A Liga de Augsburgo foi arquitetada e colocada em prática por Guilherme III, estatuder dos Países Baixos e rei da Inglaterra, Irlanda e Escócia, e por Leopoldo I, imperador do Sacro Império Romano-Germânico. A França foi deixada, literalmente, sozinha contra uma legião de inimigos. A Inglaterra envolvia-se em guerras europeias apenas para evitar o surgimento de uma potência hegemônica continental; ela fez parte da Liga de Augsburgo com o objetivo de evitar que Luís XIV se tornasse o principal líder da Europa. Mais de um século antes da Guerra dos Nove Anos, com Henrique VIII (1491-1547) à frente da Inglaterra, a Europa Ocidental também se unira para deter o expansionismo da França. Na Guerra da Liga de Cambrai (1508-1516), a lista de inimigos também foi grande: Estados Pontifícios, Ducado de Milão, Império espanhol, Inglaterra, Sacro Império Romano-Germânico, República de Veneza. Derrotado, Luís XIV, com o Tratado de Rijswijk, assinado em 20 de setembro de 1697, reconheceu o estatuder Guilherme III como rei da Inglaterra, Irlanda e Escócia. O projeto de Guilherme III de criar um reino dos dois lados do canal da Mancha, semelhante ao imaginado pela rainha inglesa Isabel I, não deu frutos.[67] Depois de ferir-se ao cair do cavalo, Guilherme teve uma pneumonia. Sua morte, em 1702, sem ele ter deixado descendentes, desencadeou uma crise sucessória inaudita na República Coroada.

---

[67] Com o Tratado de Nonsuch, assinado em 10 de agosto de 1585, entre a Inglaterra e os Países Baixos, estes transformaram-se num protetorado inglês. Robert Dudley (ca. 1532-1588), I conde de Leicester, o preferido da rainha Isabel I, tornou-se governador-geral dos Países Baixos em 25 de janeiro de 1586. Como os Países Baixos faziam parte do Império espanhol, Filipe II tomou o Tratado de Nonsuch, que resultara na anexação dos Países Baixos à Inglaterra, como uma declaração de guerra. Três anos mais tarde à assinatura do Tratado de Nonsuch, Filipe II despachou a Invencível Armada, em 8 de agosto de 1588, para invadir e conquistar a Inglaterra.

Livre dos vínculos dinásticos que haviam sido criados com os Países Baixos a partir da Revolução Gloriosa, a Inglaterra voltou a atacá-los em meio à Quarta Guerra Anglo-Holandesa (1781-1784). Derrotados, os Países Baixos, à luz do Tratado de Paris, assinado em 20 de maio de 1784, concederam à Grã-Bretanha o que esta sempre lhes negara – liberdade de trânsito marítimo em suas colônias. Desde a aprovação do primeiro Ato de Navegação, as colônias britânicas haviam sido proibidas de negociar diretamente com os Países Baixos.[68] Com o Tratado de Paris, a Grã-Bretanha ganhou livre acesso aos mares localizados ao sudeste do subcontinente indiano, cotrolados pelos Países Baixos; isto facilitou o desenvolvimento de colônicas britânicas como Austrália e Cingapura. Aos poucos, as Índias Orientais Holandesas (1800-1949), a atual Indonésia, a joia da Coroa dos Países Baixos, passaram a negociar diretamente com a Grã-Bretanha. O Tratado de Paris funcionou, para os Países Baixos, como o anteriormente mencionado Ultimato britânico de 11 de janeiro de 1890. Mediante este, o Reino Unido, apesar da Aliança Luso-Britânica, em vigor desde o Tratado de Windsor, forçou Portugal a renunciar ao território compreendido entre Angola e Moçambique.[69] A humilhação sofrida por Portugal provocou uma grande crise política, a qual levou ao fim da monarquia, em 5 de outubro de 1910. Após o fim da Quarta Guerra Anglo-Holandesa, os Países Baixos entraram num longo processo de decadência. Mais tarde, a facção política dos Patriotas, formada por republicanos, antiorangistas, dos mais variados matizes, logo exigiu, como em Portugal, o fim da monarquia e a proclamação da República. Destituído o estatuder Guilherme V (1748-1806), surgiu a República Batava, proclamada em 19 de janeiro de 1795, sucessora da República das Sete Províncias Unidas dos Países Baixos, um estado-cliente da Primeira República Francesa.

---

[68] Os Atos de Navegação (*Navigation Acts*), uma série de leis mercantilistas aprovadas pela primeira vez em 9 de outubro de 1651, permanceram em vigor durante duzentos anos. Seu objetivo foi concentrar os benefícios do comércio no Império britânico nas mãos de mercadores ingleses. O principal prejudicado pelos Atos de Navegação foram os Países Baixos.
[69] A junção territorial de Angola e Moçambique, transformando-os numa região contígua, do oceano Atlântico ao Índico, foi prevista pelo famoso mapa cor-de-rosa, elaborado pela Sociedade de Geografia de Lisboa. Desde a Conferência de Berlim, realizada de 19 de novembro de 1884 a 26 de fevereiro de 1885, que definiu a partilha da África, Portugal opusera-se ao projeto britânico de ter um território contíguo do Cairo à Cidade do Cabo. Com a capitulação portuguesa diante do Ultimato britânico de 1890, o Reino Unido passou a controlar um território que ia do mar Mediterrâneo à confluência dos oceanos Atlântico e Índico.

A morte de Guilherme III significou o fim da Casa de Orange-Nassau (-Dilemburgo) nos Países Baixos. Desde Guilherme I (1533-1584), o Taciturno, membros desta dinastia haviam ocupado o cargo de estatuder da Holanda e da maioria das outras seis províncias da República Coroada. As cinco províncias nas quais Guilherme III era estatuder, Holanda, Zelândia, Utrecht, Gueldres e Overijssel, suspenderam a existência deste cargo após sua morte. Guilherme foi o último descendente direto de Guilherme I, em linhagem paterna, a ocupar o cargo de estatuder. Apesar de Guilherme III ter previsto em disposição testamentária que seu sucessor seria seu parente distante João Guilherme Friso (1687-1711), futuro estatuder e príncipe de Orange, nem todos concordaram que esta fosse a decisão mais acertada. João Guilherme, estatuder da Frísia e de Groninga, duas províncias da República Coroada, era parente agnático de Guilherme I, na linhagem paterna, mais próximo; ele era filho de Henrique Casimiro II de Nassau-Dietz (1657-1696) e de Henriqueta Amália de Anhalt-Dessau (1666-1726), primos em primeiro grau de Guilherme III. O rei prussiano Frederico I (1657-1713), avô paterno de Frederico II (1712-1786), o Grande, neto, pela linhagem materna, cognática, do estatuder Frederico Henrique, não concordou com a disposição testamentária de Guilherme III e decidiu reivindicar o trono da República Coroada. Os Países Baixos, agora, corriam o risco de serem anexados por uma Prússia em plena ascensão, a nova arquirrival continental da França, em substituição ao Sacro Império Romano-Germânico.

Com a Revolução Gloriosa, o estatuder neerlandês Guilherme III, casado com a inglesa Maria II (1662-1694), tornou-se rei da Inglaterra, Irlanda e Escócia. Este acontecimento não levou a uma paz duradoura entre os Países Baixos e a Inglaterra, mas sim à decadência da República. Os mercadores de Amsterdã começaram a utilizar Londres como sua nova base de operação, como se a transformação dos Países Baixos e da Inglaterra em um só país fosse permanente.[70] Com a fuga de capital, a economia neerandesa começou a encolher. A partir de 1720, já se falava abertamente de decadência. Por volta de 1780, a renda *per capita* da Grã-Bretanha já era superior à dos Países Baixos. O casamento de Guilherme III com Maria II não signficou que os filhos deste matrimônio, se eles os houvessem tido, fossem herdeiros do trono. Nenhum membro nem da Casa de Orange-Nas-

---

[70] BLOMBERG, Jesper et alii. *Marketing Shares, Sharing Markets. Experts in Investment Banking.* Nova York: Palgrave Macmillan, 2012, p. 26: "The new Dutch-British alliance shifted the centre for trade and finance from Amsterdam to London."

sau (-Dilemburgo) nem da Casa de Orange-Nassau (-Dietz) passou a ter qualquer direito a tornar-se rei ou rainha nem da Inglaterra, nem da Irlanda, nem da Escócia. Guilherme prestou um grande serviço ao Parlamento inglês ao invadir e conquistar a Inglaterra para iniciar o seu processo de transformação numa monarquia constitucional, mas isto não resultou no surgimento de uma Casa de Orange-Nassau britânica. Diante da falta de filhos da rainha Ana (1665-1714), cunhada e sucessora de Guilherme III, e da religião católica romana da Casa de Stuart, o Parlamento inglês, antes da morte de Guilherme III, ocorrida em 8 de março de 1702, aprovou o Ato de Estabelecimento de 1701. Com ele, garantiu-se a sucessão da Coroa inglesa à Casa de Hanôver, a seus membros protestantes.

Nos Países Baixos, não havia nada parecido com o Ato de Estabelecimento de 1701. O avô de Guilherme III, Frederico Henrique, previra, em disposição testamentária, que na Casa de Orange-Nassau devia ser obedecido o princípio da sucessão cognática. Se a linhagem masculina de Frederico fosse extinta, a sucessão caberia à descendência masculina de sua filha mais velha, Luísa Henriqueta de Orange-Nassau (1627-1667), mãe do primeiro rei da Prússia, Frederico I. Para complicar ainda mais a sucessão de Guilherme III, tornando-a imprevisível e temerária, Renato de Châlon (1519-1544), príncipe de Orange, ao tornar seu sobrinho, o alemão Guilherme de Nassau-Dilemburgo, Guilherme I, o Taciturno, herdeiro do Principado de Orange, também tinha previsto em disposição testamentária que a sucessão caberia à descendência feminina do seu sobrinho, caso a linhagem masculina fosse extinta. Filipe Guilherme (1554-1618), filho mais velho de Guilherme I, no entanto, restaurara a sucessão agnática, conferindo-a à descendência masculina de João VI de Nassau-Dilemburgo (1536-1606), irmão de Guilherme I; o beneficiário do previsto por Filipe Guilherme foi Guilherme Jacinto de Nassau-Siegen (1667-1743). Para piorar ainda mais a situação, o estatuder Maurício, príncipe de Orange, meio-irmão de Filipe Guilherme, também previra em disposição testamentária que sua sucessão ocorreria mediante a linhagem masculina de Ernesto Casimiro de Nassau-Dietz (1573-1632), filho de João VI e bisavô de João Guilherme Friso.[71]

---

[71] Guilherme I, o Taciturno, herdou de Renato de Châlon o Principado de Orange. Seu irmão, João (1536-1606), o Velho, ficou com o Condado de Nassau-Dilemburgo. Considerado um dos principais autores da União de Utrecht, o tratado assinado em 23 de janeiro de 1579, que funcionou como ato fundador da República das Sete Províncias Unidas, em rebelião contra o Império espanhol, João, o Velho, também conhecido como João VI, con-

Isto criou o maior imbróglio sucessório da história dos Países Baixos. A princesa Henriqueta Amália de Anhalt-Nassau, mãe do ainda menor de idade João Guilherme Friso, travou uma batalha sem trégua contra o rei prussiano Frederico I. A disputa durou mais de trinta anos e só terminou com o Tratado entre a Prússia e Orange-Nassau, assinado em Berlim em 14 de maio de 1732, por Guilherme IV (1711-1751), filho de João Guilherme, e o rei prussiano Frederico Guilherme I, o Rei Soldado, filho de Frederico I e pai de Frederico, o Grande.[72] Para evitar mais problemas sucessórios, os quais poderiam ser aproveitados por potências vizinhas para enfraquecer ou até mesmo anexar os Países Baixos, os Estados Gerais tornaram Guilherme IV o primeiro estatuder hereditário de todas as Sete Províncias Unidas. Deposto, seu filho Guilherme V, o último dos estatuderes, morreu exilado em Braunschweig, uma cidade da Baixa Saxônia, Alemanha. O neto de Guilherme IV, Guilherme I (1772-1843), findas a Revolução Francesa (1789-1799) e as Guerras Napoleônicas, foi o primeiro rei dos Países Baixos.

Da morte do estatuder Guilherme III em 8 de março de 1702 até a assunção de Guilherme IV aos cargos de estatuder e capitão-general em todas as sete províncias da República Coroada em 4 de maio de 1747, os Países Baixos viveram mais uma fase caótica de sua história, o Segundo Período sem Estatuder. Durante este quase meio século, o cargo de estatuder ficou vacante nas províncias da Holanda, Zelândia e Utrecht, as mais ricas e poderosas dos Países Baixos, enquanto nas outras províncias ele era ocupado por membros da Casa de Orange-Nassau (-Dietz). No Segundo Período sem Estatuder, um interregno entre a Terceira e a Quarta Guerra Anglo-Holandesa, os Países Baixos foram perdendo definitivamente, em proveito da Inglaterra, seu status de grande potência europeia e mundial, tanto nos âmbitos político e militar como no comercial. Com a economia em declínio,

---

de de Nassau-Dilemburgo, é o patriarca da Casa de Nassau-Dietz. Os estatuderes da província neerlandesa da Frísia pertenciam à Casa de Nassau-Dietz, enquanto os estatuderes da Holanda, Zelândia e outras províncias da República Coroada faziam parte da Casa de Orange-Nassau, cujo patriarca era Guilherme I. O fato de João, o Velho, ter sucedido seu pai, Guilherme I (1487-1559), o Rico, evitou que Guilherme I, o Taciturno, ao herdar Nassau-Dilemburgo, unificasse os Países Baixos com este condado alemão, o que teria dado um curso distinto à história.

[72] Frederico I, ao agregar ao nome do seu filho e sucessor o prenome *Guilherme*, tradicionalmente associado à Casa de Orange-Nassau desde Guilherme I, o Taciturno, chamando-o de Frederico Guilherme I (1688-1740), o Rei Soldado, não o fez para torná-lo mais aceitável nos Países Baixos à sucessão de Guilherme III. O pai de Frederico I era Frederico Guilherme (1620-1688), eleitor do Brademburgo e duque da Prússia.

surgiram grandes contingentes de desempregados e subempregados. Depois da devastação da Quarta Guerra Anglo-Holandesa, a Revolução Batava (1794-1799), calcada na Revolução Francesa, ocorreu em meio a um profundo processo de desindustrialização da Holanda. Com a decadência, alguns rentistas que haviam acumulado capital quando Amsterdã ainda era o principal centro financeiro mundial continuaram a prosperar.

João Guilherme Friso nunca conseguiu suceder Guilherme III integralmemte. Ele tornou-se estatuder da Frísia e de Groninga (1696-1711) e príncipe de Orange (1702-1711), mas isto foi tudo. Contestado pelo rei prussiano Frederico I, ele nunca teve paz. Sua grande ambição era tornar-se estatuder da Holanda e da Zelândia, mas, mesmo ameaçadas de anexação pela Prússia, tanto os regentes da Holanda quanto da Zelândia se recusaram a obedecer à disposição testamentária de Guilherme III, que fizera de João Guilherme seu herdeiro político. Nove dias depois da morte de Guilherme III, o grande pensionário da Holanda, Anthonie Hensius (1641-1720) compareceu aos Estados Gerais e declarou que os Estados da Holanda haviam decidido não preencher o cargo de estatuder desta província; Drente, Gueldres, Overijssel, Utrecht e Zelândia seguiram o exemplo holandês. Em mais uma reviravolta da história, a antiga facção dos estadistas, regentes simpatizantes da República e adversários tradicionais dos orangistas, estes favoráveis à Casa de Orange-Nassau, voltaram ao poder para ocupar os mais variados cargos políticos, em detrimento de regentes que haviam sido nomeados para estes mesmos cargos por Guilherme III, como retribuição à sua fidelidade à causa monárquica. Nem sempre esta substituição ocorreu pacificamente, sem resistência com recurso às armas, da parte dos regentes orangistas depostos de seus cargos.

Perante a ameaça de anexação pela Prússia, a nova potência continental europeia em plena ascensão, os Estados da Holanda sequer cogitaram aceitar o menor de idade João Guilherme Friso como estatuder e capitão-general do Exército dos Estados Gerais. A Prússia era considerada pelos Países Baixos como uma potencial aliada contra a França, em caso de nova invasão por parte desta. Se João Guilherme se tornasse estatuder e capitão-general do Exército dos Estados Gerais, o rei prussiano Frederico I poderia vingar-se, aliando-se à França contra os Países Baixos. Para evitar mais este dissabor, que poderia ser fatal para a República das Sete Províncias Unidas, a união da potência continental ascendente, a Prússia, com a potência continental declinante, a França, contra os Países Baixos, a disputa sucessória foi mantida viva. Com os Países Baixos fazendo parte da Prússia, o território deste reino alemão iria de Königsberg, às portas da Rússia, a Roterdã, diante da Inglaterra. Para mostrar que estava falando sério, o rei prussiano Frederico I invadiu e anexou duas cidades fronteiriças que faziam parte dos Países Baixos, Lingen e Moers;[73] a República nunca conseguiu recuperá-las. Até hoje, elas pertencem à Alemanha.

Ernesto Casimiro I (1573-1632), bisavô de João Guilherme Friso, estatuder da Frísia, Drente e Groninga, filho de João VI de Nassau-Dilemburgo, ao tornar-se conde de Nassau-Dietz dera origem a uma nova linhagem da Casa de Nassau, precisamente a Casa de Nassau-Dietz, rival da Casa de Orange-Nassau. A província da Frísia, até hoje ciente da especificidade de sua identidade nos Países Baixos, nunca quis se submeter à Holanda. Na Alta Idade Média (476- ca. 1000), o Reino Frísio (600-734), a Magna Frísia, indo do rio Escalda, onde hoje fica Antuérpia,[74] até o rio Weser, que banha a atual cidade alemã de Bremen, dominava o território que veio a ser ocupado pelos Países Baixos. À época, dada a importância da Magna Frísia, o mar do norte era chamado de *Frisie Mare*, mar Frísio. Em sua luta pela hegemonia nos Países Baixos, a Holanda travou batalhas contra a Frísia durante séculos. Nas Guerras Friso-Holandesas (1256-1422), a Holanda conseguiu reduzi-la a uma pequena província periférica dos Países Baixos, incapaz de desafiar Amsterdã, mas jamais completamente submissa. Guilherme Frederico (1613-1664), filho de Ernesto Casimiro I e avô de João Guilherme, além de estatuder da Frísia, Drente e Groninga, tornou-se príncipe do Sacro Império Romano-Germânico, príncipe de Nassau-Dietz.

Da Casa de Nassau-Dietz, de João Guilherme Friso, descendem não apenas os dois estatuderes hereditários dos Países Baixos, Guilherme IV e Guilherme V, como todos os reis e rainhas dos Países Baixos. Desde 19 de março de 1702, os condes de Nassau-Dietz, que haviam ocupado tradicionalmente o cargo de estatuder não somente da Frísia, mas também das províncias de Drente e Groninga, com a morte de Guilherme III tornaram-se príncipes de Orange. A morte de Guilherme III significou o fim da Casa

---

[73] SHENNAN, Margaret. *The Rise of Brandenburg-Prussia*. Londres/Nova York: Routledge, 1995, p. xiv.
[74] Em neerlandês, os habitantes de Antuérpia são chamados de *sinjoren*, senhores. Assim, continua-se a recordar o tempo em que *señores* espanhóis dominavam a cidade. Durante séculos, Antuérpia foi o principal centro comercial dos Países Baixos espanhóis (1581-1714). Fundada em 1531, a Bolsa de Valores de Antuérpia, uma das mais antigas do mundo, serviu de modelo para as Bolsas de Valores de Amsterdã e de Londres.

de Orange-Nassau (-Dilemburgo) como dinastia reinante nos Países Baixos. Para manter perante os neerlandeses uma solução de continuidade e legitimidade, o primeiro estatuder dos Países Baixos da Casa de Orange-Dietz, Guilherme IV, preferiu, ao intitular-se príncipe de Orange-Nassau, assumir-se como membro da Casa de Orange-Nassau, e não da de Orange-Dietz, exemplo que continuou a ser seguido pelos monarcas dos Países Baixos que o sucederam.[75] Ao intitularem-se príncipes de Orange-Nassau, os condes de Nassau-Dietz unificaram todos os ramos da linhagem otoniana da Casa de Nassau em suas mãos. Desde 4 de maio de 1747, com Guilherme IV como o primeiro estatuder hereditário dos Países Baixos, eles passaram a residir na Haia, Holanda. Leeuwarden, a capital da Frísia, foi deixada para trás.

A linhagem masculina de João Guilherme Friso extinguiu-se em 23 de novembro de 1890. Com a morte precoce de todos os filhos homens do rei Guilherme III dos Países Baixos (1817-1890), este foi sucedido por sua filha Guilhermina (1880-1962). A primeira rainha da história neerlandesa foi extremamente bem-sucedida. Seu reino, o mais longo dos Países Baixos, atravessou a Grande Depressão (1929), a Primeira (1914-1918) e a Segunda (1939-1945) Guerras Mundiais. Guilhermina, a Rainha dos Soldados, foi uma grande inspiração para os seus súditos nestes três momentos cruciais. O rei prussiano Frederico I, autoproclamado herdeiro-geral do estatuder Guilherme III,[76] anexou o Principado de Orange, localizado no vale do rio Ródano, na França. Mais tarde, ele cedeu-o a Luís XIV. Embora João Guilherme tenha mantido o título de príncipe de Orange, bem como seus descendentes, a exemplo da atual herdeira aparente do trono dos Países Baixos, a princesa de Orange Catarina Amália (2003-), este título prestigioso não está mais vinculado a qualquer território desde o século XVIII.

Sob o comando de John Churchill (1650-1722), I duque de Marlborough, antepassado do estadista inglês Winston Churchill, João Guilherme

---

[75] Foram, nesta ordem, condes e príncipes de Nassau-Dietz: Ernesto Casimiro I (1573-1632), conde de Nassau-Dietz e estatuder da Frísia, Groninga e Drente; Henrique Casimiro I (1612-1640), conde de Nassau-Dietz e estatuder da Frísia, Groninga e Drente; Guilherme Frederico (1613-1664), conde, príncipe imperial de Nassau-Dietz e estatuder da Frísia, Groninga e Drente; Henrique Casimiro II (1657-1696), príncipe de Nassau-Dietz e estatuder da Frísia, Groninga e Drente; e João Guilherme Friso, príncipe de Nassau-Dietz, príncipe de Orange e estatuder da Frísia e Groninga.
[76] Frederico I era filho de Luísa Henriqueta de Nassau (1627-1667), filha mais velha de Frederico Henrique e neta de Guilherme I. Sendo assim, o estatuder Guilherme III era seu primo pelo lado materno. Frederico I foi o primeiro rei *na* Prússia.

foi general do Exército dos Estados Gerais durante a Guerra de Sucessão Espanhola (1701-1714). Ele destacou-se nas Batalhas de Oudenarde (1708) e Malplaquet (1709), bem como no Sítio de Lille (1708). Embora seu sucesso militar pudesse tê-lo ajudado a tornar-se estatuder e capitão-general dos Países Baixos, ao voltar do front de Flandres para a Haia ele afogou-se em 14 de julho de 1711 no Hollandsch Diep, um estuário dos rios Reno e Mosa, situado entre Antuérpia e Roterdã.[77] Casado com a princesa alemã Maria Luísa de Hesse-Kassel (1688-1765), João Guilherme teve apenas dois filhos, Ana Carlota Amália de Nassau-Dietz (1710-1777) e o estatuder Guilherme IV. João Guilherme Friso, o Adão Europeu, é ancestral de todos os monarcas reinantes neste continente, bem como de vários descendentes de monarcas depostos. Nem mesmo o rei dinamarquês Cristiano IX (1818-1906), o Sogro da Europa, em virtude do casamento de seus filhos com príncipes e princesas do Velho Continente, conseguiu fazer-lhe sombra.

---

[77] BRUGGEMAN, Marijke. *Nassau en de macht van Oranje. De strijd van de Friese Nassaus voor erkenning van hun rechten, 1702-1747*. Hilversum: Verloren, 2007, p. 224.

A FAÇANHA DE JORGE
DE ALBUQUERQUE COELHO

As relações de naufrágios

Durante um século, a Rota das Índias pelo cabo da Boa Esperança, descoberta por Vasco da Gama, foi dominada por Portugal.[78] As armadas das Índias, as frotas de navios que faziam a Carreira da Índia, o trajeto entre Lisboa e Goa, transportaram especiarias entre 1497 e 1640; cada etapa desta viagem durava cerca de seis meses. No oceano Índico, as Armadas, formadas por naus e caravelas, para chegar a Goa, no subcontinente indiano, enfrentavam o vento da monção asiática. No verão, de maio a setembro, ele sopra do sudoeste, da África Oriental para a Índia, trazendo chuva ao subcontinente. No inverno, de outubro a abril, tomando o caminho inverso, ele sopra do nordeste, da Índia para a África Oriental. Para percorrer o trajeto entre Lisboa e Goa com mais rapidez, as Armadas das Índias tentavam aproveitar o vento da monção de inverno rumo a Lisboa e o vento da monção de verão rumo a Goa; isto nem sempre dava certo. Ao vento da monção asiática podem estar associadas tempestades imprevisíveis.[79]

Para acompanhar o vento da monção de verão, as Armadas das Índias geralmente saíam de Lisboa no começo da primavera, nos meses de março e abril. Se tudo desse certo, bem depois de passar pelo cabo Bojador, diante do

---

[78] A criação pelos Países Baixos em 20 de março de 1602 da Companhia das Índias Orientais significou o fim deste protagonismo português. Frequentemente considerada a primeira multinacional do mundo, bem como a primeira grande empresa a emitir ações para os investidores interessados em financiá-la, a Companhia passou a deter o monopólio neerlandês da Rota das Índias. Para controlar o comércio de especiarias provenientes das ilhas Molucas, as chamadas Ilhas das Especiarias, a Companhia das Índias Orientais fundou a cidade de Batávia, atual Jacarta.
[79] ALBUQUERQUE, Luís de. Escalas da Carreira da Índia. *Revista da Universidade de Coimbra* (26:5), 1978.

litoral do atual Saara Ocidental, as Armadas chegavam ao cabo da Boa Esperança por volta dos meses de junho e julho, no começo do verão do Hemisfério Norte. Com um pouco mais de sorte, elas chegavam à África Oriental em agosto, o momento adequado para rumar a Goa com o vento da monção de verão. Em não mais de um mês, por volta de setembro, as Armadas chegavam à Índia. Em Goa, elas não costumavam passar mais de três meses, o tempo suficiente para vender o que haviam trazido de Lisboa e comprar as tão ansiadas especiarias asiáticas. No mais tardar em janeiro, as Armadas partiam para Lisboa, fazendo o caminho inverso, com o vento da monção de inverno a seu favor. A chegada ao cabo da Boa Esperança ocorria por volta do mês de abril, e a Lisboa, em pleno verão, de junho a agosto. Ao todo, ida e volta, a viagem durava cerca de um ano. As intempéries podiam tornar a Carreira das Índias uma aventura absolutamente temerária. Ao mergulhar no desconhecido, Portugal, diante das façanhas e tragédias que foram se acumulando na Era dos Descobrimentos, deu origem às relações, os relatos, de naufrágios, espécie do gênero literatura de catástrofe.

Para as Armadas das Índias, era fundamental chegar à África Oriental, na altura do Equador, em agosto, em tempo de rumar a Goa com o vento da monção de verão. Aos retardatários, restava aguardar a chegada da próxima primavera para atravessar o oceano Índico. Uma vez em Goa, eles teriam de esperar pelo próximo inverno para, com o vento da monção de inverno, voltar para Lisboa. Quem não chegava à África Oriental em agosto fazia o percurso de Lisboa a Goa, ida e volta, não em um ano, mas em dois anos. Passar um ano literalmente à toa, na África Oriental, sem fazer nada, esperando pela próxima monção de verão, provocava grande insatisfação entre os financiadores da empreitada e a tripulação da frota; um péssimo augúrio para o comandante.

Para encurtar o caminho rumo a Goa, as Armadas das Índias tomavam um trajeto alternativo. Em vez de passar pelo canal de Moçambique, situado entre a África Oriental e a ilha de Madagascar, circunavegar esta ilha; a escolha deste trajeto alternativo não era arbitrária. Se as Armadas chegassem ao cabo da Boa Esperança antes de meados de julho, elas tinham de passar pelo canal de Moçambique, rumar em direção a Melinde, uma cidade litorânea localizada no atual Quênia, ao norte de Mombaça, à época de Vasco da Gama o porto mais frequentado do oceano Índico. Das ilhas Seicheles, um arquipélago situado diante do acima mencionado Quênia, aproveitar o vento da monção de verão, de sudoeste, para Goa. Se as Armadas chegassem ao cabo da Boa Esperança depois de meados de julho, o percurso a seguir passava pela circunavegação da ilha de Madagascar. Ao chegar às ilhas Mascarenhas, localizadas ao leste de Madagascar, atravessar o oceano Índico rumo ao subcontinente indiano. As águas do canal de Moçambique eram tidas como traiçoeiras e velozes. Atravessar o oceano Índico de ponta a ponta, das ilhas Mascarenhas a Goa, requeria muita coragem. Se as Armadas partissem de Goa depois de meados de janeiro, elas deveriam seguir o trajeto de circunavegação de Madagascar, considerado nesta época do ano mais seguro. Impossibilitada de buscar água e víveres na ilha de Moçambique, as Armadas tinham de reabastecer-se em Mossel Bay, uma localidade situada na atual África do Sul, antes do cabo da Boa Esperança, ou na ilha de Santa Helena, depois do cabo da Boa Esperança.

A partir de 1590, os Países Baixos foram chegando à Índia.[80] Para evitar conflitos bélicos e atos de pirataria por parte dos recém-chegados, as Armadas passaram a voltar a Lisboa a partir de fevereiro. Diante do mau tempo, evitado pelas frotas dos Países Baixos, várias naus e caravelas das Armadas das Índias naufragaram. De meados de junho a fins de agosto, os favorecidos pela sorte chegavam a Lisboa mais ou menos incólumes. Para alertar os incautos a respeito dos riscos da Carreira da Índia, relatos do mergulho no desconhecido eram deixados pelas Armadas nos entrepostos africanos.

A Carreira da Índia gerou uma rica e ampla literatura. O *Livro de Lisuarte de Abreu*, publicado em 1565, contém a relação das Armadas da Índia de Vasco da Gama, em 1497, ao capitão-mor Jorge de Souza (?-?), em 1563. O *Livro das Armadas*, de autoria desconhecida, pertencente à Academia das Ciências de Lisboa, compreende a relação das Armadas de 1497 a 1566. O historiador português Diogo do Couto (ca. 1542-1616), amigo de Camões, escreveu *Décadas da Ásia*, repertoriando, *inter alia*, as Armadas das Índias, de 1497 a 1581, ano em que o rei espanhol Filipe II se tornou rei de Portugal. Diogo do Couto, crítico dos abusos praticados na Índia, escreveu ainda *Observações sobre as principais causas da decadência dos portugueses na Ásia*. Sua *Relação do Naufragio da Nao S. Thomé, na*

---

[80] HIRANANDANI, G.M. *Transition to Eminence. The Indian Navy 1976-1990*. Nova Délhi: Lancer Publishers, 2012, p. 405: "Since the 1590s, many Dutchmen had voyaged to India and the East Indies in the service of the Portuguese as gunners, traders and clerks. Representatives of Amsterdam merchants had been to Lisbon to collect information on the sea route and the Portuguese trade."

terra dos Fumos, no anno de 1589. E dos grandes trabalhos que passou D. Paulo de Lima nas terras da Cafraria athé sua morte consta da *História trágico-marinha*, publicada em dois volumes em 1735 e 1736, de autoria de Bernardo Gomes de Brito (1688-1759). A obra *Ásia portuguesa*, em três volumes, escrita por Manuel de Faria e Sousa (1590-1649), em castelhano, remete às primeiras Armadas, enviadas à África a partir de 1412, até aquelas que partiram de Portugal em 1640. A literatura escrita a respeito da Carreira da Índia não se esgota aqui.

A primeira etapa da expansão ultramarina portuguesa como um todo foi objeto de estudo de vários historiadores. O célebre João de Barros (1496-1570), o Tito Lívio Português, normatizador do idioma, além de redigir a *Grammatica da lingua portuguesa* (1540), deu início à moderna historiografia ao escrever em quatro volumes sua *Décadas da Ásia*. Fernão Lopes de Castanheda (1500-1559) escreveu, em dez volumes, sua monumental *História do descobrimento e conquista da Índia pelos portugueses* (1551-1561). Contrariando a política do segredo, esta obra, traduzida em várias línguas da Europa Ocidental, revelou vários aspectos geográficos e etnológicos que deveriam ter permanecido em sigilo; a publicação dos seus dois últimos volumes foi proibida pela rainha regente do futuro rei d. Sebastião, d. Catarina da Áustria. O início da Era dos Descobrimentos foi bem documentado.

As primeiras Armadas seguiram para a África à época do infante d. Henrique; elas percorreram regiões tão díspares quanto a ilha da Madeira; Cabo Bojador; Rio do Ouro, correspondente ao Saara Ocidental; Cabo Verde; ilhas Canárias; e o arquipélago dos Açores. Durante o reinado de d. João II, o Príncipe Perfeito, descobriu-se o rio Congo, entrou-se em contato com o Reino do Benim (1180-1897), situado entre A Mina e o rio Congo, e chegou-se ao cabo da Boa Esperança.[81] Com d. Manuel I, o Venturoso, Vasco da Gama chegou à Índia, e Pedro Álvares Cabral, ao Brasil. Do reinado de d. João III ao de Filipe III, Portugal tentou preservar a Carreira da Índia de uma concorrência cada vez mais acirrada. Para d. João IV (1604-1656) e seu sucessor d. Afonso VI (1643-1683), não restou muito mais do que assistir ao declínio e extinção das Armadas das Índias. Com o Império português na Ásia sob ataque constante dos Países Baixos, o Brasil tornou-se mais do que uma alternativa, uma necessidade.

---

[81] MAJOR, Richard Henry. *Vida do infante d. Henrique de Portugal, appellidado o Navegador, e seus resultados*. Lisboa: Imprensa Nacional, 1876, pp. 402-403.

A literatura a respeito da Era dos Descobrimentos em Portugal não se circunscreveu a obras de conteúdo puramente histórico, feitas por e para especialistas. Na *História trágico-marinha*, à qual fizemos menção acima, há uma série de relações de naufrágios ocorridos entre 1552 e 1602. Aventuras extraordinárias, sem final feliz, de homens que ousaram enfrentar os elementos. Com d. Manuel I, Portugal descobriu o Brasil e mapeou a Carreira das Índias, o caminho para as especiarias do subcontinente indiano e do maior arquipélago do mundo, a Indonésia, tendo em vista sobretudo as ilhas Molucas. A maior parte do período coberto pela *História trágico-marinha* corresponde ao reinado de d. João III, o Colonizador, herdeiro de um Império imenso. Presente na África, Brasil, China, Índia, Malásia, Indonésia, o sol também não se punha no Império português. A viagem de Lisboa ao Brasil durava ao menos um mês, bem menos do que à Índia, com seus seis meses. Vinda de Olinda e rumo a Lisboa, a nau *Santo Antônio*, com Jorge de Albuquerque Coelho a bordo, como tantas outras que atravessavam o oceano Atlântico, teve um final trágico, imortalizado por Bento Teixeira (ca. 1561-ca. 1618) no poema épico *A prosopopeia*.[82]

Na *História trágico-marinha*, Bernardo Gomes de Brito recorreu a panfletos, cordéis, que relatavam as desventuras sofridas pelas vítimas durante e depois do naufrágio. Populares entre os aristocratas, os romances de cavalaria contavam histórias fantásticas sobre aventuras maravilhosas. Muitas vezes protagonizados por um herói errante cheio de boas intenções, sua vida era iluminada por um ideal superior. Guiado pela coragem, generosidade e lealdade, ele colocava em prática o amor cortês, impossível e enriquecedor. Com os romances de cavalaria em plena decadência, tendo sido ridicularizados por Miguel de Cervantes em *Dom Quixote*, os portugueses buscaram e encontraram nos relatos de naufrágios aventuras que podiam ser as suas. Deixar o torrão natal; enfrentar o mar; desafiar os inimigos do Império português. Ir além do cabo Bojador e, quem sabe, voltar vivo para casa com um pouco de dinheiro no bolso e muitas histórias para contar. Por estas e outras razões, a *História trágico-marinha* tornou-se um clássico.

Nos relatos de naufrágios, as histórias fantásticas sobre aventuras nem tão maravilhosas assim são verdadeiras. Não há mais nenhum herói errante em busca de um ideal superior, mas homens comuns, dos mais variados

---

[82] Francisco Augusto Pereira da Costa, ob. cit., pp. 230-231.

estratos sociais, participando, cada um a seu modo, da Era dos Descobrimentos. Despreparados e à mercê dos elementos, sem ter a mínima noção de como e quando se formavam tempestades, ciclones, furacões e tufões, com alguns deles nutrindo ingenuamente a ideia de que seriam bem recebidos pelas populações nativas, com naus frágeis e mal-preparadas, eles rumavam em direção ao inaudito; muitos pagaram um preço altíssimo por tamanha ousadia, o preço de suas vidas. Por detrás destes homens comuns, havia comerciantes que, a distância, ditavam o rumo dos acontecimentos. Nos séculos XVI e XVII, não faltaram sobreviventes de naufrágios que deram sua contribuição à posteridade descrevendo as péssimas consequências de sua temeridade. Nem sempre tendo a coragem, generosidade e lealdade como norte, eles, procurando uma relação de causa e efeito, podiam dar a entender que suas tragédias pessoais em alto-mar haviam sido uma punição por pecados cometidos. As relações de naufrágios surgem, assim, como autênticos relatos de redenção pelo sofrimento.

Não se sabe ao certo qual foi o primeiro relato de naufrágio editado em Portugal. Entre 1555 e 1556, teria sido publicada a *Relação da Muito Notável Perda do Galeão Grande São João em que se Recontam os Casos Desvairados que Aconteceram ao Capitão Manuel de Sousa de Sepúlveda, e o Lamentável Fim que Ele e Sua Mulher e Filhos e Toda a Mais Gente Houveram, o Qual se Perdeu no Ano de 1552, a 24 de Junho, na Terra do Natal*. O título apelativo é digno de um folhetim. Como o capitão Manuel de Sousa de Sepúlveda (?-?), "*Sua Mulher e Filhos e Toda a Mais Gente*" tiveram um "*Lamentável Fim*", isto quer dizer que todos eles morreram. Para o curioso no assunto, que se deparasse com este relato, não restaria outra alternativa senão lê-lo. Verdadeiras reportagens do mundo cão, os relatos de naufrágio tiveram um grande sucesso. Neles, não eram descritos grandes acontecimentos que haviam tido um real e impactante significado para a história de Portugal. Nas mãos de escritores que nunca alcançaram os píncaros da glória, mas que nem por isto deixaram de fazer sucesso, obras como a *Relação da Muito Notável Perda do Galeão Grande São João* entretiveram uma legião de fãs letrados e semiletrados que haviam ficado fartos dos romances de cavalaria. Em suas viagens mundo afora, os heróis dos relatos de naufrágio queriam conhecer novas terras e prosperar, ascender socialmente. Suas gestas não são necessariamente um exemplo a seguir, mas uma advertência. Os oceanos Atlântico e Índico podiam ser bem mais tenebrosos do que aparentavam.

A *Relação da Muito Notável Perda do Galeão Grande São João* é o relato mais notório da *História trágico-marinha*. Meio parecido com um heroico cavaleiro, Manuel buscou um porto seguro na Índia para escapar de uma mulher que o teria seduzido. Com os cunhados em seu encalço, ele colocou-se à disposição de Martim Afonso de Sousa, capitão-mor do mar das Índias e fundador da primeira cidade brasileira, São Vicente, em 22 de janeiro de 1532; vitorioso contra hindus e mouros, d. João III nomeou este vice-rei das Índias.[83] Tendo chegado a ser capitão de Diu, um entreposto comercial situado na península indiana do Gujarate conquistado por Portugal, Manuel voltou com a família para Lisboa a bordo do *Galeão Grande São João*. O que poderia ter sido uma viagem tranquila, tornou-se um verdadeiro inferno. Com mais de quinhentas pessoas a bordo e carregado de pimenta, uma das mais valiosas especiarias à época, o *Galeão Grande São João* soçobrou ao aproximar-se do cabo da Boa Esperança, o Cabo das Tormentas; o naufrágio ocorreu diante da atual província sul-africana de KwaZulu-Natal. Cerca de 380 sobreviventes rumaram a pé para o vizinho Moçambique. Numa travessia digna da *Odisseia* de Homero (?-?), eles foram sendo dizimados por ataques de animais selvagens, doenças e pela fome. O sucesso alcançado pela *Relação da Muito Notável Perda do Galeão Grande São João* deve-se sobretudo ao caráter pungente de uma inaudita tragédia pessoal, bem como ao seu desfecho. Camões fez o Adamastor prever esta tragédia no Canto V de *Os Lusíadas*.[84] O poeta Jerônimo Corte Real (1530-1588) relembrou o ordálio de Manuel de Sousa de Sepúlveda no poema *Naufrágio e Lastimoso Sucesso da Perdição de Manuel de Sousa de Sepúlveda e Dona Leonor De Sá, Sua Mulher e Filhos*. O primeiro relato da *História trágico-marinha* é a *Relação da Muito Notável Perda do Galeão Grande São João*.

As tragédias que ocorriam na Carreira das Índias, com passagem obrigatória pelo temido cabo da Boa Esperança, continuaram a ser publicadas sem

---

[83] CARVALHO, Teresa Nobre de. Estratégias, patronos e favores em *Colóquios dos simples* de Garcia de Orta. In: *Humanismo e ciência. Antiguidade e Renascimento*. António Manuel Lopes Andrade et alii (coords.). Imprensa da Universidade de Coimbra, 2015, p. 90.
[84] *Os Lusiadas*, Canto V: "46 – Outro também virá, de honrada fama,/Liberal, cavaleiro, enamorado,/E consigo trará a formosa dama/Que Amor por grã mercê lhe terá dado./Triste ventura e negro fado os chama/Neste terreno meu, que, duro e irado,/Os deixará dum cru naufrágio vivos,/Para verem trabalhos excessivos./ 47 – Verão morrer com fome os filhos caros,/Em tanto amor gerados e nascidos;/Verão os Cafres, ásperos e avaros,/Tirar à linda dama seus vestidos;/Os cristalinos membros e perclaros/À calma, ao frio, ao ar, verão despidos,/Depois de ter pisada, longamente,/Cos delicados pés a areia ardente."

parcimônia. O naufrágio da nau *São Bento* foi objeto da *Relação Sumária da Viagem que Fez Fernão d'Álvares Cabral Desde Que Partiu Deste Reino por Capitão-Mor da Armada que Foi no Ano de 1553 às Partes da Índia Até Que Se Perdeu no Cabo da Boa Esperança no Ano de 1554, Escrita por Manuel de Mesquita Perestrelo, Que Se Achou no Dito Naufrágio.* Nesta obra, publicada em 1564, imortalizou-se mais um desastre náutico. Outro relato digno de menção é a *Relação da Viagem e Naufrágio da Nau São Paulo que Foi para a Índia no Ano de 1560. De que Era Capitão Rui de Melo da Câmara, Mestre João Luís e Piloto António Dias, Escrita por Henrique Dias, Criado do Sr. D. António Prior do Crato.* Para os mais avisados, participar da Era dos Descobrimentos, aparentemente uma promessa de riquezas sem fim, tornou-se uma grande temeridade. O galeão *São João* e a nau *São Bento* naufragaram ao voltar da Índia, rumo a Portugal. Como era de se esperar, estavam cheias de mercadorias, de especiarias. A nau *São Paulo* sucumbiu no sentido inverso, de Portugal rumo à Índia, após uma parada em Salvador, na Bahia, e nas ilhas de Sonda, em pleno arquipélago malaio, mais precisamente em Sumatra.

A literatura surgida em torno da Carreira da Índia, da qual fazem parte os relatos de naufrágios, pertenceu a um contexto maior, o do Renascimento. Pioneiro da expansão ultramarina europeia, Portugal (séc. XV-séc. XVI) constituiu um vasto celeiro de cientistas e escritores. A Era dos Descobrimentos não só gerou, mas foi fomentada por uma autêntica legião de intelectuais e humanistas.

Lopo Homem (?-?) foi um dos mais célebres cartógrafos e cosmógrafos portugueses de sua época. Junto com Pedro Reinel (ca. 1462-ca. 1542), autor da mais antiga carta náutica portuguesa, e Jorge Reinel (ca. 1502-ca. 1572), Lopo Homem elaborou o *Atlas Miller*, também conhecido como *Atlas Lopo Homem-Reinel.* Ilustrado pelo miniaturista Antônio de Holanda (?-?), com o famoso mapa *Terra Brasilis*, foi publicado em 1519, cerca de duas décadas após a chegada de Pedro Álvares Cabral ao Brasil. Inventor de um novo astrolábio, o astrônomo Abraão Zacuto (ca. 1452-ca. 1515) aperfeiçoou tábuas astronômicas, permitindo a descoberta da Rota das Índias e do Brasil. Martin Behaim (1459-1507), cosmógrafo e astrônomo, criou, durante sua estada em Nuremberg, cidade alemã na qual nasceu, um dos primeiros e mais renomados globos terrestres do mundo, o *Globo de Nuremberg*, em colaboração com o pintor Georg Glockendon (ca. 1484-1514). Autor do primeiro mapa-múndi científico, fundamentado em observações empíricas de latitude e longitude, no qual consta, bem delineado, o litoral atlântico das Américas do Norte, Central e do Sul, o cartógrafo Diogo Ribeiro (?-1533) destacou-se, ao lado de Estêvão Gomes (ca. 1483-ca. 1538), entre seus contemporâneos.[85] Com seus estudos a respeito do magnetismo terrestre, João de Castro (1500-1548) foi um dos principais cientistas experimentais europeus. O matemático e cosmógrafo Pedro Nunes (1502-1578) inventou vários instrumentos de medição. Botânico e farmacêutico, Garcia de Orta (ca. 1501-1568) foi um pioneiro da medicina tropical. O igualmente farmacêutico Tomé Pires (ca. 1465-ca. 1540), primeiro chefe de uma missão diplomática europeia à China, redigiu a *Suma Oriental*, a primeira descrição europeia da Malásia, um clássico do século XVI a respeito do comércio asiático.

Do Renascimento, também é o dramaturgo Gil Vicente (1465-1536), pai do teatro português. Adotando formas poéticas clássicas, Sá de Miranda (1481-1558), com o soneto, a elegia e a écloga, aproximou a literatura portuguesa da italiana. Bernardim Ribeiro (1482-1552) foi pioneiro do bucolismo, da poesia pastoral. Camões, como se sabe, seguindo o exemplo da *Ilíada* e da *Odisseia* de Homero e da *Eneida* de Virgílio (70 a.C.-19 a.C.), celebrou nos *Lusíadas* as façanhas ultramarinas de Portugal. A literatura de viagem floresceu não somente com João de Barros e Fernão Lopes de Castanheda, mas também com Duarte Barbosa (ca. 1480-1521), um dos primeiros autores do gênero. O *Tratado dos descobrimentos*, escrito por Antônio Galvão (ca. 1490-1557), tornou-se um autêntico manual das descobertas portuguesas. Em *Lendas da Índia*, Gaspar Correia (ca. 1496-ca. 1563), o Políbio português, esmiuçou o subcontinente. Fernão Mendes Pinto (ca. 1509-1583), ao redigir *Peregrinação*, o principal livro de viagens da literatura portuguesa, legou à posteridade uma obra que foi bem além de meras recordações autobiográficas.

A Era dos Descobrimentos também deu origem em Portugal a uma seleta casta de humanistas cosmopolitas. Os pedagogos Diogo de Gouveia (1471-1557) e André de Gouveia (1497-1548) contribuíram com seus estudos para a adoção de importantes reformas na educação. O frade dominicano André de Resende (ca. 1498-1573) foi o pai da arqueologia portuguesa. Amigo e discípulo de Erasmo de Roterdã, Damião de Góis

---

[85] ITALIANO, Federico. *Translation and Geography*. Londres/Nova York: Routledge, 2016, p. 34.

(1502-1574) tornou-se um grande historiador. Arquiteto, escultor, desenhista, iluminador, pintor, Francisco de Holanda (1517-1585) realizou como poucos em toda a Europa o ideal do homem do Renascimento. O estilo arquitetôntico típico da Era dos Descobrimentos foi o manuelino, o gótico tardio renascentista das primeiras décadas do século XVI. Na construção de igrejas e mosteiros financiada pelo comércio de especiarias, o estilo manuelino incorporou elementos figurativos associados às viagens de Vasco da Gama e Pedro Álvares Cabral. Vasco Fernandes (ca. 1475-1542) o Grão Vasco, foi o maior pintor do Renascimento português. Autor do *Políptico de São Vicente*, Nuno Gonçalves (ca. 1420-1490) continua sendo uma referência. Gregório Lopes (ca. 1490-1550) pintou painéis sacros, retábulos, em várias igrejas. Quanto à música, Pedro de Escobar (ca. 1465-1535), ao lado de Duarte Lobo (ca. 1565-1646), tornou-se um dos principais compositores da polifonia portuguesa.[86]

O espírito da Era dos Descobrimentos, herdeiro da Reconquista (718-1492), das Cruzadas (1096-1487), teve nas relações de naufrágios um contraponto.[87] Em vez de enaltecê-la, seus autores advertem os leitores dos grandes riscos que estariam correndo se resolvessem participar pessoalmente da expansão ultramarina. Embora não faltem heróis em tais relatórios, os anti-heróis também marcam presença. Sem medo de recorrer ao sensacionalismo e ao melodrama, as relações sucederam as crônicas medievais e os romances de cavalaria no gosto popular. Verdadeiro sucesso de vendas, a publicação de relatos de naufrágios foi lucrativa. Moralizantes e emotivos, eles tinham uma tiragem bem acima da média. Cerca de mil exemplares, numa época em que a edição de um livro na Europa não costumava ultrapassar trezentas unidades. O respeitado historiador Diogo do Couto foi autor da *Relação do Naufrágio da Nau São Tomé*.[88]

---

[86] CASTELO-BRANCO, Salwa El-Shawan. *Voces de Portugal*. Madri: Akal, 2000, p. 24.
[87] BLACKMORE, Josiah. *Manifest Perdition: Shipwreck Narrative and the Disruption of Empire*. University of Minnesota Press, 2002, p. 28: "The tradition of shipwreck writing is a disruptive chapter in expansionist hitoriography, a narrative practice of representing disaster that (partially) establishes itself outside the official parameters of textual production and authority by which the workings and benefits of empire enter narrative representation."
[88] O título completo desta obra é: *Relação do Naufrágio da Nau São Tomé da Terra dos Fumos no Ano de 1589 e dos Grandes Trabalhos que Passou Dom Paulo de Lima nas Terras da Cafraria até à Sua Morte. Escrita por Diogo do Couto, Guarda-Mor da Torre do Tombo*. Seu enredo não se diferencia de outros relatos de viagem. A trama trágica e moralizadora predomina.

A PRIMEIRA OBRA LITERÁRIA BRASILEIRA

Jorge de Albuquerque Coelho não devia suceder seu pai como donatário da capitania de Pernambuco. Esta honra cabia, como primogênito de Duarte Coelho e d. Brites de Albuquerque, a Duarte Coelho de Albuquerque. Olindenses, ambos eram muito ligados a Portugal, onde haviam nascido seus pais. Duarte viveu sob o reinado dos reis portugueses d. João III, o Colonizador, e d. Sebastião, o Encoberto. Mais longevo do que seu irmão, Jorge viveu a união dinástica entre Portugal e Espanha depois da Guerra da Sucessão Portuguesa. Com o Império português controlado pela habsbúrgica Dinastia Filipina, ele tornou-se súdito de um rei estrangeiro. Para governar a capitania de Pernambuco, ele teve de contar com o beneplácito do rei espanhol Filipe II. Duarte Coelho de Albuquerque foi capitão-donatário de 1561 a 1578.

Comprovando sua lealdade ao neto de d. João III, o rei que concedera a carta de doação da capitania de Pernambuco a seu pai, Duarte participou com seu irmão Jorge da Batalha de Alcácer-Quibir (1578), travada no norte do Marrocos por d. Sebastião e seu aliado o sultão Abu Abdallah Mohammed II contra o igualmente sultão e tio deste Abu Marwan Abd al-Malik I (?-1578), aliado do Império otomano.[89] Nesta que também é chamada a Batalha dos Três Reis, d. Sebastião desapareceu, dando origem à crise sucessória que resultou na acima mencionada união dinástica entre Portugal e Espanha, a União Ibérica. Duarte Coelho de Albuquerque faleceu em virtude de ferimentos sofridos na Batalha de Alcácer-Quibir. Embora Jorge de Albuquerque Coelho o tenha sucedido, ele não voltou a Pernambuco. O governo desta capitania ficou entregue à sua mãe, d. Brites de Albuquerque, como regente, e a lugares-tenentes.

Ausente, Jorge não se notabilizou por nenhum feito como capitão-donatário de Pernambuco, a Nova Lusitânia. Ele passou à história como protagonista de uma desgraça. Ao regressar a Portugal na nau *Santo Antônio*, Jorge, sobrinho de Jerônimo de Albuquerque, teve uma péssima experiência. Saqueada por corsários franceses após deixar Olinda, a *Santo Antônio*, depois de sobreviver a uma tempestade que mais parecia um furacão, chegou a Lisboa com seus passageiros depauperados e exangues. Além de este naufrágio ter sido objeto de uma relação, um relato, publicada na já

---
[89] Cândido Pinheiro Koren de Lima, ob. cit., p. 53.

mencionda *História trágico-marinha*, ele foi retratado no poema épico *Prosopopeia*, de Bento Teixeira, publicado em 1601 em Lisboa. O quase naufrágio da nau *Santo Antônio* também serviu de inspiração para a canção popular portuguesa *Nau Catrineta*.[90]

Na *Prosopopeia*, a primeira obra literária brasileira, Bento Teixeira não se limita a versificar o relato contido na *História trágico-marinha* a respeito das agruras sofridas por Jorge de Albuquerque Coelho com o naufrágio da nau *Santo Antônio*, nem tampouco se resume a louvar os feitos deste que foi o terceiro capitão-donatário de Pernambuco. A *Prosopopeia* contém, pela primeira vez, uma descrição poética de uma localidade brasileira, Recife, a futura capital da capitania de Pernambuco.[91] Tendo feito seus estudos e começado sua carreira como pedagogo no Brasil, o português Bento Teixeira, nascido no Porto e falecido em Lisboa, ao escrever este poema épico, influenciado sobretudo pelos *Lusíadas* de Camões, inaugurou o movimento barroco brasileiro. Bento Teixeira, na *Prosopopeia*, cantou as façanhas de Jorge, bem como lhe dedicou esta obra. Embora isto possa ter ocorrido com o objetivo de obter do terceiro capitão-donatário de Pernambuco apoio político e financeiro, a situação de Jorge era delicada. O poder não estava mais em Portugal, e sim em Castela.[92] Do Mosteiro do Escorial, Filipe II e seus sucessores decidiam o destino da União Ibérica, dos Impérios espanhol

---

[90] DIAS, Gastão Sousa. A nau Catrineta: um interessante problema literário. Lisboa: *Revista Ocidente* (48:14), 1954.
[91] *Prosopopeia*, estrofes XVII-XXI, Descrição do Recife de Pernambuco: "XVII – Pera a parte do Sul, onde a pequena, Ursa/ se vê de guardas rodeada,/Onde o Ceo luminoso, mais serena/Tem sua influição, e temperada,/Junto da Nova Lusitânia ordena,/A natureza, mãe bem atentada,/Um porto tão quieto, e tão seguro,/Que pera as curvas Naus serve de muro./ XVIII – É este porto tal, por esta posta,/Uma cinta de pedra, inculta e viva,/Ao longo da soberba, e larga costa,/Onde quebra Neptuno a fúria esquiva./Antre a praia e pedra descomposta,/O estanhado elemento se diriva,/Com tanta mansidão, que uma fateixa,/Basta ter à fatal Argos aneixa./ XIX - Em o meio desta obra alpestre e dura,/uma boca rompeo o Mar inchado,/Que, na língua dos bárbaros escura,/Paranambuco de todos , é chamado./de Para'na, que é Mar; Puca, rotura/Feita com fúria desse Mar salgado,/Que sem no derivar, cometer míngua,/Cova do Mar se chama em nossa língua/ XX - Pera entrada da barra, à parte esquerda,/Está uma lagem grande, e espaçosa,/Que de Piratas fora total perda,/Se uma torre tivera sumptuosa./Mas quem por seus serviços bons não herda,/Desgosta de fazer cousa lustrosa,/Que a condição do Rei que não é franco,/O vassalo faz ser nas obras manco./ XXI – Sendo os Deoses à lagem já chegados,/Estando o vento em calma, o Mar quieto,/ Depois de estarem todos sossegados,/Per mandado do Rei, e per decreto./Proteu no Ceo, cos olhos enlevados,/Como que investigava alto secreto,/Com voz bem entoada, e bom meneio,/ Ao profundo silêncio, larga o freio."
[92] BOXER, C. R. *Four Centuries of Portuguese Expansion, 1415-1825: A Succint Survey*. University of California Press, 1969, p. 48.

e português, bem como, em útlima instância, da própria capitania de Pernambuco e do seu terceiro capitão-donatário. Morando em Lisboa, Jorge de Albuquerque Coelho nunca se tornou íntimo da Dinastia Filipina.

Na *Prosopopeia*, Bento Teixeira não remete apenas ao naufrágio da nau *Santo Antônio*; tampouco celebra somente os feitos de Jorge de Albuquerque Coelho. Mais de uma vez, ele recorda-se de Duarte Coelho Pereira, o *"grão Duarte"* (XXVII), e de Duarte Coelho de Albuquerque, o irmão *"valeroso"* (LXIX). Como pano de fundo, não mais o Brasil nem o oceano Atlântico, mas a Batalha de Alcácer-Quibir, um dos grandes traumas da história de Portugal. Tendo desaparecido d. Seabastião no campo de batalha, surgiu o sebastianismo, a crença messiânica na volta de um morto ilustre como promessa de salvação nacional. Quando a *Prosopopeia* foi publicada, a dor pelo desaparecimento de d. Sebastião estava mais viva do que nunca, ainda mais com Portugal sendo governado *de facto* por Castela. Este sentimento fica claro neste trecho da obra, no qual se faz alusão diretamente a d. Sebastião: "Neste tempo Sebasto Lusitano,/ rei que domina as águas do grão Douro,/ ao Reino passará do Mauritano,/ e a lança tingirá em sangue Mouro;/ o famoso Albuquerque, mais ufano/ que Iason na conquista do veo d'ouro,/ e seu Irmão, Duarte valeroso,/ irão c'o Rei altivo, Imperioso". (LXIX). Esta não é a primeira nem a última vez em que Bento Teixeira louva, na *Prosopopeia*, a bravura de Duarte Coelho de Albuquerque, uma das vítimas da Batalha de Alcácer-Quibir.

No prólogo, Bento Teixeira revela-se modesto, talvez para captar a benevolência do principal retratado, Jorge de Albuquerque Coelho. A *Prosopopeia* seria apenas um esboço de uma obra-prima, de um *magnum opus* que nunca foi escrito.[93] Logo na primeira estrofe, Bento Teixeira assume o desafio de sua vida. Da mesma forma que Virgílio, o Mantuano, por ter nascido em Andes, atual Borgo Virgilio, próximo a Mântua, eternizara Eneias, refugiado da Guerra de Troia (ca. 1260 a.C.-ca. 1180 a.C.) tido como fundador de Roma, narrar as proezas do terceiro capitão-donatário de Pernambuco. Cabe a Proteu, a deidade marinha grega que tinha o dom da premonição, relatar os feitos de Jorge de Albuquerque Coelho. Mencionado por Homero na *Odisseia*, esta divindade, guardiã dos rebanhos de focas de Poseidon, o deus supremo do mar, não revela seus segredos a todos. Metamorfoseando-

---

[93] *Prosopopeia*, Prólogo: "(...) Assim eu, querendo dibuxar com obstardo pinzel de meu engenho a viva Imagem da vida e feitos memoráveis de vossa mercê, quis primeiro fazer este rascunho (...)".

se quando bem entende, Proteu muda de forma para evitar que o obriguem a predizer o futuro; daí, o adjetivo proteico – flexível, mutável. Proteu não narra as façanhas dos Albuquerque ao rei dos mares, mas a Tritão, outra deidade marinha grega, fiel servidora dos seus pais Poseidon e Afrodite, considerada o mensageiro das profundezas marinhas. Para escutar Proteu, não apenas Tritão, mas uma série de outras deidades marinhas gregas também comparecem, desde Oceano, a personificação divina do mar, o grande "rio" de água salgada que abraça a terra, até várias ninfas e sereias. Antes de Proteu iniciar seu canto, que preenche a maior parte da *Prosopopeia*, da estrofe XXII à XCIV, na *Descrição do Recife de Pernambuco*, Bento Teixeira transforma o porto protegido por uma "cinta de pedra" (XVIII) no anfiteatro no qual Proteu contará em versos decassílabos, com oitava rima, ao longo de 94 estrofes, perante a plateia seleta, as vicissitudes de Jorge de Albuquerque Coelho. Embora capital da capitania de Pernambuco, Olinda é mencionada apenas duas vezes – "opulenta Olinda florescente" (XXVI) e "Olinda celebrada" (XCI).

Como Proteu era a deidade grega que predizia feitos e fortuna, Bento Teixeira dá a entender que, com seu poder divinatório, ele predestina Jorge de Albuquerque Coelho à glória, feita de suor e sangue. O grande protagonista da *Prosopopeia*, no entanto, não é Jorge, mas, como em qualquer relação de naufrágio, a catástrofe marítima da qual ele foi vítima. Embora a primeira obra literária do Brasil possa ser considerada um poema laudatório, ela inspira mais misericórdia do que admiração pelo terceiro capitão-donatário. Um homem corajoso, mas entregue em alto-mar à força dos elementos e dos corsários franceses. Os corsários huguenotes de La Rochelle, bem como os de Dunkerque, estes a serviço sucessivamente do Império espanhol, dos Países Baixos e da França, eram conhecidos por sua brutalidade.[94] A grandeza de Jorge reside em seu apego à vida, à sua incapacidade de desistir diante do infortúnio, à sua persistência. Nisto, ele é um grande exemplo para um Portugal que deixara de existir, inserido na União Ibérica. Não havia mais reis portugueses, a autóctone Casa de Avis deixara de existir, tendo sido substituída, como acabamos de mencionar, pela habsbúrgica Dinastia Filipina. O ordálio de Jorge, ocorrido não em meio à guerra contra um inimigo conhecido, mas perante o imponderável,

---

[94] VILLIERS, Patrick. *Les corsaires du littoral. Dunkerque, Calais, Boulogne, de Philippe II à Louis XIV (1568-1713)*. Presses Universitaires du Septentrion, 2000, pp. 29-30.

pode ter servido a Portugal como fonte de inspiração para que nem todas as esperanças fossem perdidas.

Na *História trágico-marinha*, o *Naufrágio que passou Jorge de Albuquerque vindo do Brazil no anno de 1565* ocupa lugar de destaque, sendo a primeira relação de naufrágio do Tomo Segundo. Bastante extensa, com 52 páginas, dela Bento Teixeira tomou conhecimento, tendo-a prefaciado. Na *Prosopopeia*, ele, ao contrário de compor um panegírico em homenagem ao terceiro capitão-donatário de Pernambuco, faz um apelo aos seus compatriotas para que não percam a esperança de ver Portugal ressuscitar das cinzas: "Tornai, tornai, invictos Portugueses/ cerceai malhas e fendei arneses" (LXXXVI). Da publicação da *Prosopopeia* em 1601 à restauração da independência portuguesa, concluída com o Tratado de Lisboa, assinado em 13 de fevereiro de 1668, com a mediação da Inglaterra, pelo rei português d. Afonso VI, o Vitorioso, e pelo rei espanhol Carlos II, o Enfeitiçado, o último rei espanhol da Casa de Habsburgo, por meio do qual a Espanha reconheceu a independência de Portugal, pondo fim à Guerra da Restauração, transcorreu mais de meio século.

Bento Teixeira pode ter buscado inspiração em Camões, mas a *Prosopopeia* não é uma cópia servil de *Os Lusíadas*. Com um enredo completamente diferente, longe de ser um épico nacional, no qual as descobertas portuguesas são celebradas, a *Prosopopeia* é marcada pela melancolia diante do imprevisível. Bento Teixeira, com criatividade própria, compôs a epopeia de um sobrevivente, o qual, como Ulisses na *Odisseia*, sobrevive apesar dele mesmo perante a violência da natureza. Na fronteira entre o Renascimento (séc. XIV-séc. XVII) e a Contrarreforma (1545-1648), iniciada com o Concílio de Trento (1545-1563), Bento Teixeira, com a *Prosopopeia*, não apenas homenageou Jorge de Albuquerque Coelho, como contribuiu para imortalizar um drama marítimo atemporal. Além de inspirar-se em *Os Lusíadas*, na *Eneida*, na *Odisseia*, nas *Metamorfoses* de Ovídio (43 a.C-ca. 17 d.C) e no *Naufrágio que passou Jorge de Albuquerque vindo do Brazil no anno de 1565*,[95] não lhe deve ter passado despercebido *Orlando furioso*

---

[95] Este relato seria de autoria de Bento Teixeira, o qual teria estado presente ao naufrágio (BRITO, BERNARDO GOMES DE. *História trágico-marinha: em que se escrevem chronólogicamente os naufrágios que tiverão nas naus de Portugal, depois que se poz em exercicio a navegação da India*. Tomo Segundo. Lisboa: Officina da Congregação do Oratorio, 1736, p. 1: "*Naufrágio que passou Jorge de Albuquerque vindo do Brazil para este Reyno no anno de 1565. Escrito por Bento Teixeira Pinto, que se achou no ditto naufrágio*"). Para esta relação de naufrágio, no entanto, estima-se que Bento Teixeira tenha escrito apenas o prólogo (Cf.

de Ludovico Ariosto (1474-1533) e *Jerusalém libertada* de Torquato Tasso (1544-1595). *Os Lusíadas*, a *Eneida* e a *Odisseia* são, diferentemente da *Prosopopeia*, epopeias, enquanto *Orlando furioso* e *Jerusalém libertada* são, como a *Prosopopeia*, poemas épicos.

Em *Orlando furioso*, o protagonista é o cavaleiro cristão conhecido em francês como *Roland*, da *Canção de Orlando*, um poema épico em francês antigo, redigido no século XII, considerado, à semelhança da *Prosopopeia*, a primeira obra da literatura francesa.[96] Os temas principais de *Orlando furioso* são a guerra e o amor. Em meio a um conflito entre os paladinos de Carlos Magno (ca. 742-814), os Doze Pares da França, seus principais guerreiros, e os muçulmanos, que ameaçam, ao invadir a Europa, destruir a Cristandade, sobressai-se Orlando. Protótipo do cavaleiro cristão exemplar, Orlando apaixona-se pela princesa pagã Angélica, o que o leva à loucura. Para complicar ainda mais a situação, a guerreira cristã Bradamente apaixona-se pelo guerreiro muçulmano Rogério. O enredo complexo, confuso e imprevisível contribuiu para fazer de *Orlando furioso* um dos maiores clássicos da literatura ocidental.

Na *Eneida*, na *Odisseia* e em *Orlando Furioso*, Torquato Tasso inspirou-se para escrever sua obra-prima, *Jerusalém libertada*. Durante a Primeira Cruzada (1095-1099), cavaleiros cristãos, como Godofredo de Bulhão (1060-1100), lutam contra os muçulmanos para pôr fim ao Cerco de Jerusalém (1099), cuja vitória permitirá a fundação do Reino de Jerusalém

---

FALBEL, Nachman. *Judeus no Brasil: estudos e notas*. São Paulo: Humanitas; Edusp: 2008, p. 100: "Neste sentido também a primeira edição da *Prosopopeia*, de Lisboa, 1601, editada por Antônio Álvares e organizada pelo livreiro Antônio Ribeiro juntamente com outro texto para o qual escrevera o prólogo, a saber o 'Naufrágio que passou Jorge de Albuquerque Coelho, capitão e governador de Pernambuco', de autoria do piloto conhecido por Afonso Luís Piloto e redação final de Antônio de Castro, 'poeta e sabedor do seu latim', foi objeto de abundantes especulações até que se cristalizasse uma opinião comum aceita pela maioria dos estudiosos"). Bernardo Gomes de Brito, ao atribuir a Bento Teixeira a autoria do relato *Naufrágio que passou Jorge de Albuquerque vindo do Brazil para este Reyno no anno de 1565*, teria, portanto, incorrido em erro.

[96] Os Juramentos de Estrasburgo (*Sacramenta Argentariae*), de 14 de fevereiro de 842, seriam a certidão de nascimento da língua francesa, mas foram redigidos em latim medieval, alto-alemão antigo e galo-romano. O galo-romano, desenvolvido a partir do latim vulgar, é o ancestral da língua francesa propriamente dita. Os Juramentos de Estrasburgo são uma série de promessas de aliança militar entre Luís (ca. 810-876), o Germânico, e seu meio-irmão Carlos (823-877), o Calvo. Netos de Carlos Magno (ca. 742-814), Luís reinou na Frância Oriental (Alemanha) e Carlos, na Frância Ocidental (França). Se os sucessores de Luís e Carlos tivessem se inspirado nesta aliança entre Alemanha e França, a história da Europa teria sido outra.

(1099-1291). Numa época em que o Império otomano continuava avançando rumo à Europa, *Jerusalém libertada*, ao descrever uma guerra entre cristãos e muçulmamos, fez muito sucesso.

Ao contrário de *Orlando furioso* e *Jerusalém libertada*, a *Prosopopeia* não é triunfalista. Vitorioso na Batalha de Alcântara, travada em 25 de agosto de 1540, o castelhano Fernando Álvarez de Toledo y Pimentel, grão-duque de Álba, foi nomeado por Filipe II vice-rei de Portugal. A vice-rainha Margarida de Saboia (1589-1656), duquesa de Mântua, foi a última governante da Dinastia Filipina em Portugal. Durante sessenta anos, mais de meio século, Portugal submeteu-se a Castela, uma grande humilhação, quase uma capitulação, para um país que concedia o título de vice-rei da Índia há quase meio século. Se Olinda lamentava a morte de Duarte Coelho e punha suas esperanças em Jorge de Albuquerque Coelho, Lisboa ainda não tinha se recuperado da morte de d. Sebastião e apostava suas fichas na volta do Encoberto. Nos Albuquerque, em especial em Jorge de Albuqueque Coelho, Bento Teixeira vislumbrou o que restava da aristocracia portuguesa. Na Batalha de Alcácer-Quibir, a nata da nobreza de Portugal fora exterminada. Contrariando todas as expectativas, Jorge não só sobreviveu à Batalha de Alcácer-Quibir, como voltou a Lisboa com a reputação de ter feito tudo o que estava a seu alcance para vencê-la. Na qualidade de autêntico sobrevivente, como ficou demonstrado na relação do *Naufrágio que passou Jorge de Albuquerque vindo do Brazil no anno de 1565*, ele não soçobrou à tragédia em alto-mar. Ao contrário de d. Sebastião, Jorge voltou com vida a Portugal duas vezes depois de duas autênticas catástrofes, como se quisesse, com isto, provar que os antigos valores da fidalguia portuguesa continuavam vivos. Seu irmão Duarte Coelho de Albuquerque foi uma das incontáveis vítimas da Batalha de Alcácer-Quibir, mas ele não. Leal ao seu país, Jorge de Albuquerque Coelho não abandonou Lisboa em proveito do Mosteiro do Escorial ou de Madri durante a União Ibérica. Nele, Portugal continuou vivo.

Ao homenagear o que restara da nobreza portuguesa, Bento Teixeira, na *Prosopopeia*, recria o espírito dos *Lusíadas*. Não havia mais rei nem capital para o Império português. Mesmo assim, na capitania de Pernambuco, na Nova Lusitânia, o idioma, os valores e o espírito de Portugal seguiam adiante, abalados mas não completamente vergados pelas consequências da Batalha de Alcácer-Quibir. Se os portugueses ansiavam pelo retorno de d. Sebastião e pela restauração da sua independência, a *Prosopopeia*, ao celebrar o heroísmo de Jorge de Albuquerque Coelho de uma forma pomposa e salvífica deve ter feito sentido. A nobreza portuguesa, apesar de tudo, estava viva, forte e pronta para voltar à ação; a principal coluna de sustentação do Império português ainda existia e esperava apenas o momento certo para mostrar seu valor. Ao ressaltar as virtudes de Jorge, Bento Teixeira estimulou seus contemporâneos a defender o legado da Casa de Avis. De 1415, com a conquista de Ceuta, a 1640, com a União Ibérica, Portugal atingira o seu auge. O Século de Ouro espanhol, o qual se estendeu do fim da Reconquista, em 1492, a 1659, com o Tratado dos Pirineus, mediante o qual a Espanha selou sua derrota perante a França, coincidiu em parte com a Era Dourada portuguesa. O melhor para Portugal podia ter ficado para trás, mas ainda havia muito pelo que lutar.

A *Prosopopeia* faz parte da tradição literária messiânica portuguesa, cujo representante máximo são as *Trovas* de Gonçalo Anes, o Bandarra. Depois da morte de d. Sebatião na Batalha de Alcácer-Quibir, as profecias do sapateiro português passaram a ser encaradas a sério. D. Sebastião voltaria, dando início ao Quinto Império. Na *História do futuro*, o padre Antônio Vieira (1608-1697) criou a grande narrativa utópica de Portugal, legitimadora do fim da União Ibérica.[97] O Império português dominando o mundo, sucessor de quatro impérios da Antiguidade – os Impérios assírio, persa, grego e romano. Na *Prosopopeia*, Jorge de Albuquerque Coelho sobrevive porque vence a si mesmo. Neste sentido, o fim da União Ibérica só ocorreria quando Portugal perdesse o medo da sua própria independência.

A CONSAGRAÇÃO POPULAR

No *Romanceiro e cancioneiro geral* (1843-1851),[98] uma obra em três volumes, Almeida Garrett (1799-1854), um dos principais escritores portugueses do século XIX, compila uma série de lendas e romances populares da tradição oral e escrita do seu país. Poeta, romancista, revolucionário e político, Garrett, detentor de uma obra vasta, é considerado o introdutor do romantismo em Portugal. De ascendência inglesa, Garrett foi influenciado

---

[97] GAGLIARDI, Caio. Introdução. In: *Mensagem*. Fernando Pessoa. São Paulo: Hedra, 2007, p. 20.
[98] Os três volumes do *Romanceiro e cancioneiro geral* foram publicados em datas diferentes. O primeiro volume, em 1843. O segundo e o terceiro, em 1851.

pela obra de Walter Scott (1771-1832), Percy Bysshe Shelley (1792-1822) e John Gibson Lockhart (1794-1854).[99]

No terceiro volume do *Romanceiro e cancioneiro geral*, está *A nau Catarineta*.[100] Para Garrett, "[u]m paiz de navegantes, um povo que viveu mais do mar que da terra; que as suas grandes glórias as foi buscar ao largo oceano; que por não caber em seus estreitos limites de Europa, devassou todo o império das águas para se estender pelo universo, – não pôde deixar de ter produzido muito Cooper[101] popular e muito Camões de rua e de aldea que, em seus pequenos *Lusíadas*, cantasse as mil aventuras de tanto galeão e caravella que se lançavam destemidos."[102] *A nau Catarineta*, um conto marítimo por excelência, é como "[a]lgumas d'estas narrativas feitas por pessoas que tiveram parte na aventura, são palpitantes de interêsse e de verdade, contêem descripções inimitáveis, desenhadas ao vivo, e taes que fazem impallidecer as mais animadas páginas do 'Reddrover' e do 'Pirata'[103]."[104] Homenageando *A nau Catarineta*, esta obra do espírito português, Garrett sustenta que "[n]unca um pobre menestrel do povo que dissesse na harpa ou na viola esses humildes cantares que não cabem na tuba épica, mas também não precisam dos characteres de Gerardo da Vinha ou de Craesbeck,[105] porque se gravam na memoria do povo e se perpetuam

---

[99] Autor de *Ivanhoé* (1820), o patriota escocês Walter Scott inventou o romance histórico; ele foi um autêntico polígrafo, com incursões exitosas como poeta, romancista e dramaturgo. À semelhança de Garrett, nobilitado pela rainha d. Maria II (1819-1853) com o título de I visconde de Almeida Garrett, Scott, com o beneplácito do príncipe regente e futuro rei Jorge IV (1762-1830), tornou-se Sir Walter Scott. Amigo dos mais importantes pensadores de sua época, o inglês Percy Bysshe Shelley foi dos maiores poetas da história. Adepto da não violência, da justiça social e do vegetarianismo, sua obra influenciou o ativista americano Henry David Thoreau (1817-1862), autor do ensaio *Desobediência civil*, Mahatma Gandhi (1869-1948) e Karl Marx (1818-1883). John Gibson Lockhart foi autor de uma das mais renomadas biografias da língua inglesa, em dez volumes, *A vida de Sir Walter Scott* (1839), seu sogro.
[100] GARRETT, Almeida. *Romanceiro. Romances cavalheirescos antigos*. v. 3. 3ª ed. Lisboa: Empreza da História de Portugal, 1900, pp. 97-106.
[101] Americano, James Fenimore Cooper (1789-1851) escreveu vários romances históricos. Ex-aluno da Universidade de Yale, ele serviu a Marinha americana. *O Último dos moicanos* é considerado sua obra-prima.
[102] Almeida Garrett, ob. cit., p. 97.
[103] Escrito por James Fenimore Cooper, *The Red Rover* é uma de suas obras de ficção marítima. Além do pirata Red Rover, o mar é uma das principais personagens deste romance. *The Red Rover* segue o estilo de Walter Scott.
[104] Almeida Garrett, ob. cit., p. 98.
[105] Gerardo da Vinha (?-?) e Pedro Craesbeeck (ca. 1552-1632) foram dos primeiros editores em Portugal. Em pleno século XVII, a Oficina de Gerardo da Vinha e a Oficina de

no livro vivaz das gerações."[106] No *Romanceiro e cancioneiro geral*, não estão os cronistas, poetas e historiadores da Era dos Descobrimentos, mas sim seus menestréis e trovadores.

Mais uma vez segundo Garrett, "'[a] nau Cathrineta' foi provavelmente o nome popular de algum navio favorito; diminutivo de affeição pôsto na Ribeira-das-naus[107] a algum galeão Sancta Catherina, ou coisa que o valha. Dar-lhe-iam esse appellido coquet por sua airosa mastreação, pelo talhe elegante de seu casco, por alguma d'essas qualidades graciosas que tanto aprecia o ôlho exercitado e fino da gente do mar. Ou talvez é o nome supposto de um navio bem conhecido por outro, que o discreto menestrel quiz occultar por considerações pessoaes e respeitos humanos."[108] Para o escritor português, o mais provável é que a nau *Catarineta* corresponda à nau *Santo Antônio* do terceiro capitão-donatário da capitania de Pernambuco: "[e]ntre as narrativas em prosa que ja citei, ha uma, por titulo – 'Naufragio que passou Jorge de Albuquerque Coelho, vindo do Brazil no anno de 1565' – que não está muito longe de se parecer com a do romance presente. Larga e diffícil viagem, temporaes assombrosos, fome extrema, tentativas de devorarem os mortos, resistencia do commandante a ésta bruteza, milagroso surgir à barra de Lisboa quando menos o esperavam, e quando menos sabiam em que paragens se achassem – tudo isto ha na prosa da narração; e até o poético episodio de estarem a ver os monumentos e bosques de Cintra[109] sem os reconhecer – como na xácara se viam, pela falsa miragem do demonio, as três meninas debaixo do laranjal."[110] Autor de uma vasta obra, Garrett, ao escrever *As profecias do Bandarra*, publicadas em 1848, ajudou a divulgar ainda mais a obra do sapateiro profeta.

Pedro Craesbeeck fizeram história. Flamengo de origem, Pedro Craesbeeck foi responsável pela primeira edição do famoso livro de viagens de Fernão Mendes Pinto (ca. 1509-1583), *Peregrinação*.
[106] Almeida Garrett, ob. cit., pp. 98-99.
[107] Na Ribeira das Naus, estavam os principais estaleiros de Portugal. Após o terremoto e maremoto de 1755, a Ribeira das Naus passou a chamar-se "Arsenal Real da Marinha" e, a partir do começo do século XX, Arsenal da Marinha de Lisboa. Na Ribeira das Naus, foram construídas as embarcações que permitiram a Portugal erguer seu império ultramarino.
[108] Almeida Garrett, ob. cit., p. 100.
[109] Os bosques de Sintra acompanham a serra pelo lado do mar. Deles, é possível ver desde o cabo da Roca até a costa da Caparica. Antes de chegar-se a Lisboa por via marítima, a vista dos Bosques de Sintra é incontornável.
[110] Almeida Garrett, ob. cit., pp. 100-101.

As relações de naufrágios não começaram a ser escritas durante a Era dos Descobrimentos. Provavelmente, o primeiro relato deste gênero que chegou à contemporaneidade foi o *Conto do náufrago*, escrito no Egito antigo, durante o Médio Império (ca. a.C. 2000-ca. a.C. 1700). Conservado no Museu Hermitage, em São Petersburgo, no *Conto do náufrago* o herói sobrevive à tempestade, ao contrário do resto da tripulação. Agarrando-se a um pedaço de madeira, ele chega a uma ilha que mais parece o paraíso. Dominada por uma serpente mágica, com pele de ouro e olhos de lápis-lazúli, nela nada falta – aves, cereais, frutas, pescados. O náufrago, depois de contar sua história à serpente, recebe desta uma série de presentes. A única condição imposta pela serpente foi que, uma vez levado daquela ilha por seus amigos, que não tardariam muito a chegar, ele perpetuasse a memória dela, relatando o que lhe acontecera naquela ilha.[111]

A nau Catarineta, esta narrativa popular em versos portuguesa, uma xácara, narra as desventuras e peripécias de uma longa e imprevisível viagem em alto-mar. Acossados por tempestades e calmarias, atacados por corsários franceses, tentados pelo diabo e salvos pela intervenção divina, nada falta para cativar a atenção do leitor e do ouvinte. Não há uma versão definitiva da *Nau Catarineta*. São incontáveis as variantes que surgiram e continuam a surgir tanto no Brasil quanto em Portugal. As xácaras, como a *Nau Catarineta*, são romances, poemas narrativos, que podem ser cantados e/ou declamados; sua origem é medieval. Provavelmente, elas surgiram como resultado de um processo paulatino de fragmentação das grandes epopeias da Idade Média, como o *Cantar de Mio Cid* (1207), o grande cantar épico da Reconquista. Segmentos destas epopeias foram sendo alterados, misturados e inseridos nas xácaras, tornando-os praticamente irreconhecíveis quando comparados com os originais; não há como avaliar com exatidão em que medida *A nau Catarineta* é o resultado deste processo de fusão. Vários romances portugueses têm uma temática próxima à da *Nau Catarineta*, como *A tentação do marinheiro*.[112]

---

[111] Na Alemanha, o egiptólogo Wolfgang Kosack (1943-) traduziu o *Conto do náufrago* para o seu idioma. O mesmo foi feito por Pierre Grandet (1954-), na França. Na Inglaterra, o *Conto do náufrago* foi traduzido por Flinders Petrie (1853-1942).
[112] Incoporada à cultura popular brasileira, a *Nau Catarineta* tem sido há gerações objeto de representações (Cf. Graça Aranha, José Pereira da. *O meu próprio romance*. 4ª ed. São Luís: Alumar, 1996, p. 75: "Vinham marujos portugueses de uniforme azul e branco carregando a nau catarineta. O capitão-general comandando as tropas, dentro do quadro dos soldados o rei mouro primitivo, mouros e mouras escravizados."). O enredo de cada uma delas varia.

Para os portugueses do século XVII, a *Nau Catarina* evocava duas tragédias nacionais. A *nau Santa Catarina do Monte Sinai*, em homenagem à Santa Catarina de Alexandria (287-305), foi um dos mais poderosos navios de guerra do século XVI. Construída em Cochim, tendo sido lançada em 1520, coube-lhe a honra de conduzir Vasco da Gama à Índia como seu vice-rei. A *nau Catarina do Monte Sinai* desapareceu ao voltar a Portugal. Deste desaparecimento, surgiram duas versões que se transformaram em lendas com o passar do tempo. De acordo com a primeira versão, depois de um motim, a tripulação teria transformado a *nau Catarina do Monte Sinai* num navio pirata. Na segunda versão, corsários franceses a teriam tomado de assalto, passando a utilizá-la em suas atividades criminosas. Outra *nau Santa Catarina*, cerca de um século mais tarde, foi capturada em 25 de fevereiro de 1603 pelo almirante holandês Jacob van Heemskerck (1567-1607), a serviço da Companhia das Índias Orientais neerlandesa.[113] A venda da porcelana Ming chinesa, com a qual a *nau Santa Catarina* estava abarrotada, aumentou o capital da Companhia das Índias Orientais em 50%. Em ambos os casos, a nau *Catarina* está associada a uma derrota perante o inimigo.

A *nau Catarineta*, coligida por Almeida Garrett, não é uma tragédia, mas uma história de superação. Foi graças a este caráter edificante que esta obra se tornou um clássico no Brasil e em Portugal, sendo transmitida oralmente há séculos. Seja sob a forma de um auto tradicional ou de um fandango, a *Nau Catarineta* não perdeu seu encanto. Seu início é empolgante. "Lá vem a nau Catarineta/Que tem muito que contar/Ouvide, agora, senhores,/Uma história de pasmar." Com estas estrofes, trupes que perambulam pelo interior do Brasil e de Portugal fazendo o seu mister no meio da rua, em praças ou descampados, têm conseguido atrair a sempre fugidia atenção do público para o que está por vir. A situação da tripulação é tão delicada que ela tentou comer a sola dos seus sapatos. "Passava mais de anno e dia/Que iam na volta do mar,/Já não tinham que comer,/Já não tinham que manjar./Deitaram solla de molho/Para o outro dia jantar;/Mas a solla era tam rija,/Que a não poderam tragar." Considerando-se que o público da *Nau Catarineta* conhecia as agruras da vida, ele sabia do que cada um é capaz de fazer para saciar a própria fome. Esgotado o último recurso, a tripulação decidiu recorrer ao

---

[113] VERVLIET, Jeroen. General Introduction. In: *Hugo Grotius Mare Liberum 1609-2009*. Robert Feenstra (ed.). Leiden/Boston: Koninklijke Brill, 2009, p. XI.

canibalismo. "Deitaram sortes à ventura/Qual se havia de matar;/Logo foi cahir a sorte/No capitão general." A partir deste momento, surge um hiato. No sorteio macabro, coube ao capitão-general, a autoridade máxima da *Nau Catarineta*, ser sacrificado. Ao canibalismo, juntou-se, numa completa inversão da ordem social, um estranho motim orquestrado pelas forças do imponderável. Com sua carne, o capitão-general salvaria seus subordinados. Sem que seja explicado como nem por quê, este ressurge impávido para, num diálogo de interjeições, dar ordens ao gageiro, o marinheiro que da gávea observa a terra e as embarcações. A ordem social parece ter sido restabelecida, mas de uma forma que não é explicada. Nisto, reside um dos principais encantos da *Nau Catarineta*. A liberdade que é dada ao público para imaginar como o capitão-general escapou desta cilada do destino. As trupes também podem inserir neste hiato diferentes interpretações.

Voltando a ser senhor da situação como que por milagre, o capitão-general dá ordens ao gageiro que ainda não se conformou completamente com o fato de o seu chefe não ter se transformado em repasto. "– 'Sobe, sobe, marujinho,/Aquelle masto real,/Vê se vês terras de Hespanha,/As praias de Portugal'." Visivelmente irritado, num tom insolente, o gageiro diz estar vendo as espadas que farão o capitão-general em pedaços. "– 'Não vejo terras d'Hespanha,/Nem praias de Portugal;/Vejo sette espadas nuas/ Que estão para te mattar'." Com a ameaça pairando no ar, o capitão-general não perde a compostura nem a autoridade. "– 'Acima, acima, gageiro,/Acima ao tope real!/Olha se enxergas Hespanha,/ Areias de Portugal'." Aparentemente resignado, o gageiro cumpre o seu papel, o de avistar terra firme. "– 'Alviçaras, capitão,/Meu capitão general!/Ja vejo terras d'Hespanha,/Areia de Portugal." De longe, o gageiro consegue avistar até mesmo a família do capitão-general. "– 'Mais inxergo tres meninas/Debaixo de um laranjal:/Uma sentada a cozer,/Outra na roca a fiar,/A mais formosa de todas/Está no meio a chorar'." Depois de dar esta boa notícia, inicia-se um estranho leilão.

Fora de si, o capitão-general, ansioso para pôr os pés em terra firme e reencontrar sua família, faz uma série de ofertas ao gageiro com o objetivo de recompensá-lo pelo serviço prestado. "– 'Todas tres são minhas filhas,/ Oh! quem m'as dera abraçar!/A mais formosa de todas/Contigo a heide casar." Desta vez, o responsável pela inversão da ordem social é o capitão-general. O gageiro queria transformá-lo em refeição para a tripulação. Mesmo assim, depois de o "marujinho" ter apenas cumprido o seu dever, o de avistar terra firme, Portugal, ele faz uma série de promessas inverossímeis e perigosas. Por sua impertinência, o capitão-general por pouco não perde algo bem mais valioso do que a própria vida. Diante da proposta do seu superior hierárquico, o gageiro faz-se várias vezes de rogado. "– 'A vossa filha não quero,/Que vos custou a criar'." O capitão-general então volta à carga repetidas vezes, como se estivesse não só querendo recompensar o "marujinho", mas tentá-lo. Se cada homem tem o seu preço, restava saber qual seria o do gageiro. "– 'Dar-te-hei tanto dinheiro/Que o não possas contar'./– 'Não quero o vosso dinheiro,/Pois vos custou a ganhar'. – Dou-te o meu cavallo branco,/Que nunca houve outro egual./– Guardae o vosso cavallo,/Que vos custou a insinar'." Sentindo-se frustrado e desafiado, o capitão-general faz uma proposta que implica a suprema inversão da ordem social, entregar ao "marujinho" a própria nau. "– 'Dar-te-hei a nau Catarineta,/Para nella navegar'." Se esta proposta fosse aceita, o gageiro passaria a mandar no capitão-general. Sentindo-se dono da situação, o gageiro fáustico revela o seu verdadeiro intento. "– 'Não quero a nau Catarineta,/Que a não sei governar'./– 'Que queres tu, meu gageiro,/Que alviçaras te heide dar?'/– 'Capitão, quero a tua alma/Para commigo a levar'." Desesperado, o capitão-general, ao tentar suicidar-se, quase dá ganho de causa ao diabo. "– 'Renego de ti, demonio./Que me estavas a attentar!/A minha alma é só de Deus;/O corpo dou eu ao mar." Sua salvação ocorre graças à intervenção divina. "Tomou-o um anjo nos braços,/Não n'o deixou affogar./Deu um estouro o demonio,/Accalmaram vento e mar;/E à noite a nau Catarineta/Estava em terra a varar." Em outras versões, o gageiro pode perder este caráter diabólico. Por seu papel de bom moço, ele ganha a *nau Catarineta*.

Não são muitos os aspectos comuns entre A nau Catarineta e a relação *Naufrágio que passou Jorge de Albuquerque Coelho vindo do Brazil para este Reino no anno de 1565*. Para começar, o nome das naus diverge. Como foi assinalado acima, a embarcação do terceiro capitão-donatário da capitania de Pernambuco chamava-se *Santo Antônio*, e não *Catarineta*. Neste sentido, o romance remete mais ao naufrágio da *nau Catarina do Monte Sinai* e da *nau Santa Catarina*. A perseguição, a abordagem e a pilhagem da *nau Santo Antônio* por corsários franceses não constam da *Nau Catarineta*. Se o autor desta tomou conhecimento da relação presente na *História trágico-marinha*, é difícil imaginar por que ele não retratou esta desventura. Uma embarcação inimiga, vindo na direção da *nau Santo Anônio*, na qual se encontrava o filho do fundador de Olinda. Saqueada, tendo-se-lhe roubado até mesmo a bússola, a *nau Santo Antônio* ficou à deriva. O autor da *Nau Catarineta* pode ter escutado falar do que aconteceu com Jorge de Albuquerque Coelho, mas não conseguiu guardar seu nome, se é que isto foi levado ao seu conhecimento. Provavelmente numa tasca, ele ouviu falar de um naufrágio no qual os tripulantes foram morrendo de sede e fome. Desesperado, um marinheiro tentou devorar um colega. Gemendo, este atraiu a atenção dos restantes. Alguns tripulantes aproximaram-se para socorrê-lo, outros para participarem do banquete macabro. Surge, então, Jorge de Albuquerque Coelho, o capitão-general da *nau Santo Antônio*, pronto para acabar com a carnificina que se ensaiava. Se a *Nau Catarineta* se inspirou na relação *Naufrágio que passou Jorge de Albuquerque Coelho vindo do Brazil para este Reino no anno de 1565*, foi a tentativa de prática de canibalismo que seu autor reteve. A tripulação da *nau Santo Antônio* foi recompensada, da mesma forma que a da *Catarineta*, com a chegada a Portugal. Na *Nau Catarineta* o combate entre o bem e o mal e a intervenção do *deus ex machina* são ainda mais explícitos. Ao contar e recontar, em Lisboa, suas desventuras, Jorge de Albuquerque Coelho ajudou a divulgá-las.

As desventuras servem para que os comandantes das respectivas embarcações deem provas de virtude cristã. Há, em ambas as obras, uma clara oposição entre o bem e o mal. A ameaça de canibalismo faz com que Jorge e o capitão-general assumam uma estatura heroica digna de quem tem tudo a perder. O naufrágio é o pretexto de que o demônio se serve para levar suas vítimas à danação. Ao chegarem sãos e salvos a Portugal, Jorge de Albuquerque Coelho e o capitão-general são recompensados por sua retidão de caráter. Neste sentido, há um traço comum entre a relação e o romance, mas isto não comprova que a *Nau Catarineta* seja uma obra derivada do *Naufrágio que passou Jorge de Albuquerque Coelho vindo do Brazil para este Reino no anno de 1565*, nem da *Prosopopeia*. Se a maior glória que uma obra pode alcançar é tornar-se um objeto anônimo do folclore popular, esta relação atingiu este objetivo. Um de seus aspectos mais dramáticos foi apropriado, retrabalhado e descontextualizado pelo desconhecido autor da *Nau Catarineta*. Isto não impede que ele também tenha se servido, conforme suas necessidades e experiências, de trechos ou características de outras obras, tenham elas sido relações de naufrágios ou não.

Escrita provavelmente na segunda metade do século XVI, a *Nau Catarineta* é o mais famoso romance marítimo do cancioneiro luso-brasileiro. Curto e direto, ele continua a fazer sucesso, ao contrário das outras poesias populares da sua época, que vergaram sob o peso do tempo. Ao ser representada no Brasil, outros personagens podem ser-lhe acrescentados. Surgem, então, o capelão, o contramestre, o médico, o piloto. De trágica, ela pode transformar-se numa peça cômica. Marinheiros carregam em cima dos próprios ombros a *Nau Catarineta* pelas ruas e vielas do interior, cantando uma toada. Ao chegarem à praça ou ao picadeiro, eles colocam o navio no chão e começam a declamar. Apitando, o capitão-general entra em cena, anunciando a todos quem manda ali. Dependendo da criatividade e dos interesses do diretor, as lutas contra os mouros, a Reconquista podem ser evocadas. Os versos da *Nau Catarineta* em que há o confronto espiritual entre o capitão-general e o gageiro não costumam faltar à marujada. A nau e sua tripulação estão em perigo, e a maior ameaça não vem de fora, mas de dentro. De mera recitação, a *Nau Catarineta* pode transformar-se num bailado com efeitos pictóricos. Ao lado de um navio sobre rodas, o capitão-general lidera um combate não mais contra corsários franceses, mas contra maometanos. Vitoriosos, os cristãos, como em *Orlando furioso*, no qual a paixão da guerreira cristã Bradamente pelo guerreiro muçulmano Rogério prenuncia a conversão deste, podem exigir a conversão do filho do sultão ao cristianismo. A clássica exclamação "terras d'Hespanha,/Areia de Portugal" não costuma faltar. A *Nau Catarineta* continua não apenas a ser representada, como a ser recriada.

    Várias foram as fontes e versões da *Nau Catarineta*, como o próprio Almeida Garret reconhece. "Fôsse porém este, ou fôsse outro o caso que celebra o romance, houve tantos similhantes n'aquelles tempos, que de alguns d'elles, e no fim do seculo XV ou XVI, se havia de compor. Mais antigo não é. Além de outras razões, é hoje averiguado que a poesia primitiva da nossa península rarissima vez admitte o maravilhoso, o Deus ex machina para solução de suas ingenuas peripecias. Composição em que elle appareça, quasi sem hesitar, se deve attribuir a origem franceza, franco-normanda, ou mais seguramente ainda à dos bardos e scaldos que por essas vias se derivasse até nós. Depois é que a mythologia de todas as crenças se confundiu, e ainda a mais estranha é a que mais figurava entre nós."[114] Neste caldeirão de fontes, a tragédia marítima sofrida por Jorge de Albuquerque Coelho contribuiu para que *A nau Catarineta* se tornasse o que ela é.

---

[114] Almeida Garrett, ob. cit., p. 101.

OS CONFLITOS DE GUILHERME I COM FILIPE II, ENTRE PAÍSES BAIXOS E ESPANHA

Guilherme I ataca Filipe II

Países Baixos e Espanha atravessaram longos conflitos.

Um dos principais protegidos e amigos do imperador Carlos V, pai de Filipe II, o príncipe de Orange Guilherme I, principal líder da Guerra dos Oitenta Anos, a guerra de independência dos Países Baixos contra o Império espanhol, começou sua carreira política graças à ajuda do rei da Espanha. Ao nomear Guilherme estatuder da Holanda, Zelândia e Utrecht, o coração dos Países Baixos, a joia da Coroa espanhola, sua região mais rica, Filipe não lhe poupou elogios.[115] Para o rei da Espanha, Guilherme prestara excelentes serviços durante vários anos não somente ao imperador Carlos V, como a si próprio. De 1555 a 1559, Guilherme I foi conselheiro pessoal de Filipe. Ágil, astuto e ambicioso, o príncipe de Orange destacou-se como tenente e capitão-general em meio às Guerras Italianas (1494-1559), travadas pelo Império espanhol contra a França. Confiando inteiramente na fidelidade de Guilherme, Filipe transformou-o em sucessor de Maximiliano da Borgonha (1514-1558) como estatuder das acima mencionadas Holanda, Zelândia e Utrecht. Antes de exercer plenos poderes em tais estados do Sacro Império Romano-Germânico, Guilherme prestou juramento a Filipe perante Margarida de Parma (1522-1586), governadora-geral dos Países Bai-

---

[115] No decreto de nomeação, constam as seguintes províncias dos Países Baixos habsbúrgicos (1482-1581): o Condado da Holanda, o Condado da Zelândia, o senhorio da Frísia e o senhorio de Utrecht. A cidade de Brielle, bem como o antigo Condado de Voorne, localizados na atual província da Holanda do Sul, também são mencionados. Com a exceção do Condado de Flandres, coube a Guilherme I governar as províncias mais ricas dos Países Baixos habsbúrgicos (Copie du XVIe siècle, aux Archives du Royaume: *Lettres de et à Guillaume de Nassau*. v. 3; cf. GACHARD, Louis-Prosper. *Correspondance de Guillaume le Taciturne*. v. 1. Bruxelas: C. Muquardt, 1850, pp. 487-490).

xos habsbúrgicos. Tocado pela amizade com o imperador Carlos V, Filipe chamava Guilherme de "caríssimo e leal primo".[116]

O respectivo decreto de nomeação foi assinado por Filipe II na cidade de Gante, um dos principais centros industriais, comerciais e financeiros de Flandres, à época a província mais próspera dos Países Baixos habsbúrgicos. Na Revolta de 1539, Gante insurgira-se contra Carlos V. Da mesma forma que na Guerra dos Oitenta Anos e na Revolução Americana (1765-1783), na Revolta de Gante o estopim foi a cobrança de impostos considerados extorsivos e arbitrários, criados para custear as Guerras Italianas. Derrotados, os rebeldes que não foram decapitados foram obrigados a desfilar perante Carlos V, nascido em Gante, descalços com uma corda no pescoço, numa clara alusão ao fato de que, por pouco, não foram enforcados. Parte da Catedral de São Bavão foi demolida para dar lugar ao Castelo dos Espanhóis, uma fortaleza destinada a abrigar tropas do exército imperial. Numa cidade que se tornara submissa pela força das armas ao seu pai, Filipe II deu início à carreira política do príncipe de Orange nos Países Baixos. Durante a Guerra dos Oitenta Anos, na qual Guilherme I e seus descendentes triunfaram, com a Casa de Orange-Nassau substituindo a Casa de Habsburgo como dinastia reinante nos Países Baixos, a cidade de Gante foi devastada. Ao lado das duas outras principais cidades de Flandres, Antuérpia e Bruges, ela deixou, em proveito de Amsterdã, de ser um centro internacional. Ao chegar à cidade de Lovaina em 1515, na província do Brabante, Carlos V jurara respeitar os privilégios dos seus súditos.[117]

Muito antes da Revolta de 1539, os Países Baixos haviam se transformado num verdadeiro barril de pólvora para quem quisesse controlá-lo. A partir do final da Baixa Idade Média (ca. 1000-1453), a indústria lanífera começou a prosperar em Flandres. Entre Antuérpia, Gante e Bruges, surgiu o primeiro cinturão industrial da Europa. Enquanto os flamengos compra-

---

[116] GACHARD, Louis-Prosper. *Correspondance de Guillaume le Taciturne*. v. 1. Bruxelas: C. Muquardt, 1850, p. 488: "(...) três-chier et léal cousin (...)".

[117] Em 11 de fevereiro de 1477, a duquesa Maria da Borgonha (1457-1482) concedeu aos Estados Gerais dos Países Baixos o Grande Privilégio. As províncias do Brabante, Flandres, Hainaut e Holanda recuperaram, assim, uma série de direitos e garantias que haviam sido abolidos pelos duques da Borgonha Filipe (1396-1467), o Bom, e Carlos (1433-1477), o Temerário. Impostos não podiam ser cobrados sem autorização dos Estados Gerais; suspeitos não podiam ser julgados em tribunais estrangeiros; os Estados Gerais podiam decidir reunir-se a qualquer momento e em qualquer local. Com a morte da duquesa Maria da Borgonha, seu marido, o imperador Maximiliano I (1459-1519), aboliu o Grande Privilégio. Na Revolta contra Maxiliano (1483-1492), Flandres insurgiu-se duas vezes contra esta decisão.

vam lã da Inglaterra e Escócia, ingleses e escoceses compravam tecidos de Flandres. Nesta região, nasceu João de Gante, filho do rei inglês Eduardo III e pai de d. Filipa de Lencastre, esposa do rei português d. João I, fundador da Casa de Avis. Pequenos territorialmente, os prósperos Países Baixos, com Flandres e Holanda à frente, lutaram durante séculos contra as potências europeias que deles se assenhoraram. Na Batalha das Esporas de Ouro, travada em 11 de julho de 1302, o Condado de Flandres derrotou a França, conquistando uma breve independência. Um século antes da Revolta de 1539, Flandres já tinha se rebelado contra a cobrança extorsiva e arbitrária de impostos. Derrotada na Batalha de Gavere, ocorrida em 23 de julho de 1453, a Revolta de Gante (1449-1453) foi brutalmente suprimida pelo duque da Borgonha Filipe (1396-1467), o Bom.

À tradicional insubmissão política, os Países Baixos acrescentaram, a partir do século XVII, a insubmissão religiosa. Cosmopolita, a burguesia de Flandres e, mais tarde, a da Holanda e a da Zelândia aderiram à Reforma Protestante (1517-1648) proposta pelo francês João Calvino (1509-1564). Um pouco mais ao norte, na Frísia, o líder religioso anabatista Menno Simons (1496-1561) fundou a religião menonita. Para deter mais esta sedição, o imperador Carlos V puniu a chamada heresia com a pena de morte. Ao contrário do que ocorreu com a Revolta de Gante (1539), Carlos não apenas não venceu a Reforma Protestante, como deu-lhe um novo ímpeto. Para os conversos, os executados eram mártires da fé. Com a joia da Coroa espanhola mais uma vez em plena ebulição, Filipe II adotou um projeto de contrarreforma. Dentre os inquisidores mais notórios, constaram o teólogo da Universidade de Lovaina Michel de Bay (1513-1589), cuja teoria da predestinação foi condenada pelo papa São Pio V (1504-1572) com a bula *Ex omnibus afflictionibus*, e Peter Titelman (1501-1572), conhecido por seu rigor. Antonie Perrenot de Granvelle (1517-1586), cardeal Granvelle, um dos principais estadistas do Sacro Império Romano-Germânico, desempenhou, como já tivemos a oportunidade de ressaltar, um papel fundamental no projeto de Filipe.[118]

---

[118] Para Filipe II, Michel de Bay e Peter Titelman estavam acima de qualquer suspeita (Carta de Felipe II a la Duquesa de Parma. Del Bosque de Segovia á 20 de octubre de 1565 (Archivo de Simancas – Estado – Núm. 525); cf. NAVARRETE, Martín Fernández, SALVÁ, Miguel e BARANDA, Pedro Sáinz de. *Colección de documentos inéditos para la historia de España*. v. 4. Madri: Imprenta de Viuda de Calero, 1844, p. 329: "Y porque entiendo que los doctores Tileto y Michel de Bay han renunciado sus oficios de Inquisidores, y esto seria de muy gran daño é inconveniente, os ruego mucho que si fuere así vos les encargueis que los tornen á

Foi justamente contra o programa de contrarreforma colocado em prática por Filipe II que surgiu o *Compromisso dos Nobres*, uma aliança aristocrática formada por membros da baixa nobreza dos Países Baixos habsbúrgicos.[119] Em 5 de abril de 1566, apresentou-se a primeira *Petição dos Nobres*. Redigida por Jan van Marnix (ca. 1537-1567), irmão do estadista, poeta e teólogo Filips van Marnix (1540-1598), e Luís de Nassau (1538-1574), irmão mais novo de Guilherme I, ela, como a segunda *Petição dos Nobres*, de 30 de julho de 1566, foi uma tentativa de pôr termo à Inquisição. Nenhuma das duas petições teve qualquer efeito prático. Numa das últimas Cartas de Segóvia, enviadas por Filipe II a Margarida de Parma, o rei espanhol rejeitou em 31 de julho de 1566 o *Compromisso dos Nobres*.[120] Quando esta missiva chegou a Bruxelas, capital dos Países Baixos habsbúrgicos, a Fúria Iconoclasta (1566) já tinha eclodido. Desde 10 de agosto de 1566, igrejas, conventos, mosteiros, seminários foram destruídos.[121] O principal objetivo do *Compromisso dos Nobres* foi convencer Margarida de Parma, governadora-geral dos Países Baixos habsbúrgicos, a demitir o cardeal e conselheiro imperial Granvelle, filho de Nicolas Perrenot de Granvelle (1484-1550), que fora primeiro conselheiro de Carlos V, na prática primeiro-ministro, e tornar o Conselho de Estado, no qual os signatários do *Compromisso dos Nobres* eram majoritários, o governo *de facto* dos Países Baixos.

Em plena Fúria Iconoclasta, Guilherme I escreveu de Antuérpia, em 4 de setembro de 1566, duas cartas apaziguadoras a Margarida de Parma. Para conter a rebelião, o príncipe de Orange sugeriu que os cultos públicos protestantes fossem tolerados. Em troca de uma anistia geral e irrestrita, a aristocracia dissolveria o *Compromisso dos Nobres*. Assumindo como sua a religião católica, Guilherme salienta que milhares de pessoas têm comparecido aos cultos protestantes, apesar de eles terem sido proibidos por Filipe II. A Fúria Iconoclasta não seria causada necessariamente por calvinistas fanáticos. Berço da guerra civil religiosa que prenunciava a Guerra dos Oiten-

---

tomar y ejercitar, asegurándoles de vuestro favor y asistencia porque sin ella bien vemos que será de poco ó ningun efecto el trabajo que tomaren."

[119] BOR, Pieter Christiaensz. *Oorsprongk, begin, en vervolgh der Nederlandsche oorlogen, beroerten, en borgerlyke oneenigheden*. v. 1. Amsterdan, 1679, pp. 974-975.

[120] KOSSMANN, E.H. e MELLINK A.F. (eds.). *Texts Concerning the Revolt of The Netherlands*. Cambridge University Press, 1974, pp. 70-75.

[121] Durante a Fúria Iconoclasta, calvinistas chegaram a derrubar governos municipais leais a Filipe II.

ta Anos, a indústria e o comércio em Flandres estagnaram-se. Desempregados convertidos em marginais, depois de escutar os sermões, juntar-se-iam a protestantes radicais para pilhar cidades flamengas. Antuérpia, a mais rica e opulenta cidade de Flandres, teria atraído uma verdadeira multidão de operários desocupados, incapazes de sustentar suas famílias e ansiosos por, ao participar da Fúria Iconoclasta, roubar algo das igrejas, conventos, mosteiros, seminários que pudesse ser vendido mais tarde. Esta era a opinião de Guilherme. Seguindo instruções de Filipe, Margarida proibiu a realização de cultos protestantes nas cidades, uma decisão considerada sem efeitos práticos por Guilherme I.[122]

Procurando excluir dos calvinistas a responsabilidade pela Fúria Iconoclasta, Filips van Marnix[123] redigiu a justificativa *Uma verdadeira narrativa e apologia do que aconteceu nos Países Baixos em sede de religião no ano de 1556*,[124] publicada anonimamente em 1567. Os responsáveis pela depredação de igrejas, conventos, mosteiros, seminários não seriam os desempregados convertidos em marginais, mas os próprios católicos, interessados em levar a ordem política ao colapso para, ao assumirem o papel de vítimas, suprimir o protestantismo dos Países Baixos. O massacre de católicos nos Países Baixos, com a Fúria Iconoclasta, seria utilizado pelas autoridades eclesiásticas como pretexto para lançar uma campanha repressiva sem precedentes contra os protestantes, com o objetivo de exterminá-los. Ao serem presos, torturados e executados, nenhum ministro da Igreja Reformada teria confessado ter participado nem incitado seus fiéis a atacar qualquer católico. Para que a Fúria Iconoclasta fosse detida, seria necessário tão somente que o calvinismo fosse legalizado. Algumas igrejas, conventos, mosteiros, seminários deveriam ser-lhes entregues, transformando-se assim em locais de prática da nova religião. Os indícios de que os próprios católicos eram responsáveis pela Fúria Iconoclasta seriam insofismáveis. Antes de mulheres e crianças começarem a destruir objetos sem valor, padres e bispos esconderiam seus tesouros, como se ordens lhes houvessem sido dadas antecipadamente para ocultar tudo o que devesse ser salvo. A Fúria Iconoclasta, ainda segundo *Uma verdadeira narrativa e apologia do que aconteceu nos Países Baixos em sede de religião no ano de 1556*, teria sido tão bem orga-

---

[122] E.H. Koossmann e A.F. Mellink, ob. cit., pp. 75-78.
[123] Filips van Marnix é considerado o provável autor da letra do hino nacional neerlandês, *O Guilherme* (*Het Wilhesmus*).
[124] E.H. Koossmann e A.F. Mellink, ob. cit., pp. 78-81.

nizada que magistrados enviavam seus próprios funcionários para iniciar o ataque, acompanhados por pessoas comuns. Conselheiro de Guilherme I, Filips van Marnix, ex-aluno de João Calvino e Teodoro de Beza (1519-1605), iniciou a tradução da Bíblia para o neerlandês.

Para segmentos mais radicais da Igreja Reformada, a Fúria Iconoclasta não seria sequer o resultado de tais estratagemas concebidos pela Igreja, mas a manifestação da Providência Divina. Com a depredação de igrejas, conventos, mosteiros, seminários, Deus mostraria como Ele detesta a idolatria. As imagens seriam a desgraça de toda a Cristandade, um atentado ao próprio Cristo; a Fúria Iconoclasta seria o meio que Ele teria encontrado para estigmatizar e ridicularizar a tola imaginação das pessoas, que teriam encontrado nas imagens um meio equivocado para adorá-lo. Comportando-se como os antigos pagãos criticados por São Justino Mártir (100-165), Lactâncio (ca. 250-325), Orígenes (ca. 184-253) e Santo Agostinho (354-430), os católicos justificar-se-iam dizendo saber que as imagens eram feitas de pedra e madeira. Não as adoravam, mas apenas o que elas representavam; as pessoas comuns, no entanto, ignorariam esta distinção e as idolatrariam. A Fúria Iconoclasta teria sido o meio encontrado por Deus para destruir tais imagens.

Em reação à Fúria Iconoclasta, Filipe II nomeou Fernando Álvarez de Toledo y Pimentel, grão-duque de Alba, como governador-geral dos Países Baixos. Sua esperança era, com a severidade que era característica deste general, pacificar a joia da Coroa espanhola. Temendo por suas vidas, membros do *Compromisso dos Nobres* fugiram. Seguindo o exemplo destes, Guilherme I foi para Dilemburgo, a cidade alemã de origem da Casa de Orange-Nassau na qual ele nascera e onde sua família mantinha um castelo. Ao saber que seu filho primogênito Filipe Guilherme[125] fora sequestrado e enviado à Espanha, Guilherme decidiu com seus irmãos formar um exército de mercenários para atacar os Países Baixos. Ao invadi-los, ele acreditava que haveria um levante em massa dos neerlandeses contra os espanhóis, que terminariam sendo expulsos. Não só não houve nenhum levante em massa, como a única vitória de Guilherme contra os espanhóis nesta primeira invasão dos Países Baixos foi a já mencionada Batalha de Heiligerlee, ocorrida em 23 de maio de 1568, na qual seu irmão Adolfo

---

[125] Embora tenha se casado, Filipe Guilherme não deixou herdeiros. Se os tivesse deixado, a sucessão de Guilherme I teria sido bem mais complicada. Com a morte de Filipe Guilherme, Maurício de Nassau tornou-se o inconteste príncipe de Orange.

de Nassau (1540-1568) morreu. Na Batalha de Jemmingen, de 21 de julho de 1568, outro irmão de Guilherme I, Luís de Nassau, foi derrotado pelo duque de Alba. Nos panfletos *Advertência do príncipe de Orange aos habitantes e súditos dos Países Baixos* e *Fiel exortação aos habitantes dos Países Baixos contra as falsas e vãs esperanças que seus opressores lhes apresentam*,[126] ambos de 1568, Guilherme I assumiu-se publicamente como líder da rebelião dos Países Baixos contra o Império espanhol. Tendo fracassado em seus objetivos, ele voltou para Dilemburgo sem dinheiro suficiente para pagar os mercenários que o haviam acompanhado aos Países Baixos. Somente depois da tomada de Brielle pelos mendigos do mar em 1º de abril de 1572, Guilherme I, condenado à morte pelo Império espanhol, deu início à segunda invasão dos Países Baixos, a qual, como a primeira, tampouco foi bem-sucedida. O envio do duque de Alba para reprimir a Fúria Iconoclasta resultara na aristocrática Revolta dos Mendigos. Formada por nobres do quilate de Guilherme I, conde de Egmont (1522-1568), conde de Horne (1524-1568), conde de Brederode (1531-1568) e Luís de Nassau, alguns destes membros do *Compromisso dos Nobres*, ela marcou o início da Guerra dos Oitenta Anos.

Para o pensionário de Antuérpia Jacob van Wesembeecke[127] (1524-ca. 1575), o fator político não podia ser desconsiderado. Durante a Fúria Iconoclasta, ele negociou com calvinistas e luteranos. Um dos principais auxiliares de Guilherme, foi condenado à revelia ao banimento e confisco de bens pelo Conselho dos Tumultos, o tribunal especial criado em 9 de setembro de 1567 pelo duque de Alba em cumprimento às ordens recebidas por Filipe II para punir os responsáveis pela guerra civil religiosa. Ao contrário do teólogo Filips van Marnix, Van Wesembeecke responsabilizou na *Descrição dos eventos que ocorreram em sede de religião nos Países Baixos*,[128] de 1569, os Estados Gerais pela Fúria Iconoclasta. Sem consultar todos os seus membros, como seria de costume, ele teria aprovado o édito de Filipe II banindo o protestantismo; isto teria provocado uma violenta comoção popular. Uma série de panfletos foi distribuída em vários lugares, argumentando que a In-

---

[126] E. H. Koossmann e A.F. Mellink, ob. cit, pp. 84-86 e pp. 86-88.
[127] Com o acirramento dos conflitos religiosos durante a Guerra dos Oitenta Anos, refugiados calvinistas flamengos fugiram para a protestante República das Sete Províncias Unidas dos Países Baixos. Amsterdã beneficiou-se com a chegada destes refugiados, que a ajudou a transformar-se num dos principais centros da economia mundial a partir do século XVII.
[128] E. H. Koossmann e A.F. Mellink, ob. cit, pp. 66-69.

quisição continuaria sendo praticada. Tudo isto, para Van Wesembeecke, era obra do cardeal Granvelle. Os inquisidores queriam provocar uma revolução sangrenta, em direta violação ao *Compromisso dos Nobres*. Os calvinistas haviam começado a celebrar seus cultos a céu aberto, convertendo cada vez mais fiéis. Amargurados com a forma como seriam tratados, eles teriam se voltado contra as autoridades constituídas, que seriam as verdadeiras responsáveis pelos tumultos. O político Van Wesembeecke foi aos poucos sendo substituído pelo teólogo Filips van Marnix como o preferido de Guilherme I.

Granvelle acreditava que os responsáveis pela Fúria Iconoclasta eram outros. Ao contrário do sustentado por Guilherme, os Países Baixos nunca teriam sido tão prósperos em toda a sua história. O problema é que os nobres não teriam conseguido resistir ao pecado da luxúria, dando vazão a toda espécie de vício imaginável; Deus teria então decidido puni-los. Os nobres comportar-se-iam-se como reis, vivendo muito além dos seus meios. Completamente afundados em dívidas, não conseguiriam manter por muito tempo o estilo de vida ao qual haviam se acostumado; tudo o que eles possuiriam estaria sendo consumido pelos juros pagos aos agiotas. Em seu *Memorando sobre os Tumultos*,[129] de 1559, a saída que tais nobres haviam concebido para escapar da situação calamitosa na qual se encontravam foi mudar de governo para, assim, não correrem o risco de reponder por suas dívidas perante os tribunais competentes; devido à guerra civil religiosa, o funcionamento destes tribunais fora paralisado. Aproveitando-se desta circunstância, que os beneficiava, os nobres teriam passado a tratar de forma brutal e ultrajante os oficiais de justiça que tentavam debalde executar as sentenças judiciais que eram pronunciadas contra eles. Para torná-los novamente fiéis súditos de Filipe II, Granvelle[130] sugeriu ao rei espanhol que suas dívidas fossem parcialmente perdoadas, embora temesse que este perdão fosse interpretado pela aristocracia dos Países Baixos como uma autorização tácita para continuar a efetuar despesas exorbitantes. Quando fosse novamente atingida uma situação-limite, acreditava Granvelle, haveria a necessidade de uma nova moratória. Guilherme I incluir-se-ia no rol dos

---

[129] Rowen, Herbert H. (ed.). *The Low Countries in Early Modern Times: A Documentary History*. New York: Harper & Row, 1972, pp. 27-29.
[130] A pedido de Filipe II, o cardeal Antoine Perrenot de Granvelle alinhavou a aliança entre os Estados Pontifícios, Império espanhol e República de Veneza, os principais membros da Liga Santa (1571), contra o Império otomano. A Liga Santa derrotou os turcos na Batalha de Lepanto em 7 de outubro de 1571. A partir da Batalha de Lepanto, o Império otomano entrou num longo processo de decadência.

nobres falidos. Sem possuir um grande patrimônio, os gastos que ele fizera para construir sua reputação como líder da rebelião contra Filipe II teriam sido muito superiores às suas posses.

Para Granvelle a rebelião contra o Império espanhol nos Países Baixos não era provocada por questões religiosas, mas por interesses econômicos. Querendo superar o fausto em que viviam os nobres, os mercadores também gastariam muito mais do que podiam. Diante desta aparente demonstração de riqueza, os nobres aceitavam-nos como iguais, frequentando seus banquetes e visitando suas casas para contrair empréstimos. Os mercadores não só emprestavam dinheiro para os nobres, como auferiam grandes lucros com o uso ilegal de verbas públicas. Quando os soldados ficaram insatisfeitos com o atraso no pagamento dos soldos, eles teriam utilizado isto como pretexto para torná-los inimigos de Filipe II. Ao lhes oferecerem ajuda, teriam responsabilizado o rei da Espanha para que o odiassem.

A guerra civil religiosa que engolfou os Países Baixos, de acordo com o *Memorando sobre os Tumultos*, também foi o resultado da intervenção estrangeira. Às vésperas da Guerra dos Trinta Anos, na qual protestantes e católicos se enfrentaram em meio à fragmentação do Sacro Império Romano-Germânico, vários alemães, borguinhões e italianos teriam incitado os Países Baixos contra Filipe II. Para tais estrangeiros, os Países Baixos não poderiam ser governados por ninguém, a não ser por si mesmos. À frente deles, ficaria Guilherme I, apoiado por um Conselho de Estado constituído pelos principais nobres locais.

Alarmado com a repressão do duque de Alba à Fúria Iconoclasta, Guilherme assumiu-se como líder da rebelião contra o Império espanhol na *Proclamação*.[131] Seu objetivo declarado era derrotar o duque de Alba e restaurar a ordem nos Países Baixos. Na *Proclamação*, redigida em Dilemburgo, na atual Alemanha, onde ele continuava refugiado, Guilherme manifesta sua grande afeição por seu mentor Filipe II, que ele reconhece como sendo o legítimo soberano dos Países Baixos. Como líder da rebelião, ele quer combater o Império espanhol, cujo propósito seria escravizá-los, lançando-os à miséria. Os contratos, ligas e privilégios, dos quais dependia a prosperidade dos Países Baixos, reconhecidos pelo rei espanhol em juramento solene, seriam violados todos os dias. Segundo a *Proclamação*, esta era a origem da antipatia contra Filipe. Pela promulgação e renovação

---

[131] Herbert H. Rowen, ob. cit., pp. 38-39.

de éditos, os espanhóis esforçar-se-iam para extirpar a palavra de Deus, o calvinismo. Nos Países Baixos, os súditos de Filipe não estariam mais certos da vida nem da propriedade, sequer da honra de suas mulheres e filhas. Com injúrias e calúnias, os espanhóis teriam insultado todos os que haviam fugido dos Países Baixos para evitar sua tirania, prendendo como suspeitos os que teriam decidido ficar. Bens seriam confiscados arbitrariamente. Os Países Baixos não mereciam este tratamento, já que teriam sido sempre fiéis para com Filipe II. Na *Proclamação*, Guilherme I afirma que protestantes e católicos lhe teriam implorado para que protegesse a liberdade de todos em sua religião e consciência. Atendendo a esta súplica, por amor e afeição a Filipe II e aos Países Baixos, Guilherme sustenta ter recrutado mercenários para lutar pelo seu próprio bem-estar e pelo da sua pátria. A *Proclamação*, de 6 de abril de 1568, antecedeu a primeira invasão dos Países Baixos por Guilherme I, cujo principal feito foi a Batalha de Heiligerlee, de 23 de maio de 1568.

Sem ter conseguido resolver o dilema de como derrotar o Império espanhol e permanecer fiel a Filipe II, Guilherme I, no subsequente *Chamado às Armas*,[132] adota um tom mais agressivo. Sem meias palavras, o príncipe de Orange conclama à resistência, à luta armada e à separação dos Países Baixos. A seus olhos, Filipe II não era mais seu legítimo soberano.

No começo de 1572, os mendigos do mar, piratas ou corsários de sangue azul, dependendo do ponto de vista, financiados por Guilherme I, haviam sido barrados dos portos ingleses pela rainha Isabel I. Eles rumaram para uma foz do rio Reno, próximo a Roterdã, e encontraram o porto de Brielle desprotegido. Juntando-se a calvinistas fanáticos, eles tomaram, com tivemos a oportunidade de mencionar acima, em 1º de abril de 1572, esta cidade. A vitória do duque de Alba contra a rebelião dos Países Baixos não parecia mais ser inevitável. Ato contínuo, no *Chamado às Armas*, de 14 de abril de 1572, aproveitando-se da oportunidade, Guilherme, ainda se apresentando como estatuder da Holanda, Zelândia, Utrecht, nomeado por Filipe II, convoca toda a população, incluindo a nobreza de espada e de toga e a burguesia, a libertar os Países Baixos dos estrangeiros opressores; foi pouco tempo depois disto que o príncipe de Orange deu início à segunda malograda invasão dos Países Baixos. A lista de acusações contra

---

[132] GACHARD, Louis-Prosper. *Correspondance de Guillaume le Taciturne*. v. 6. Bruxelas: C. Muquardt, 1857, pp. 297-301.

Filipe II é extensa. Banimentos, confiscos, estupros, execuções, impostos arbitrários e excessivos, intimidações de toda ordem. Instigado pelo cardeal Granvelle e por inquisidores espanhóis, Filipe II teria se transformado num tirano sanguinário. Para colocar em prática as decisões do Concílio de Trento, uma das principais iniciativas da Igreja contra a Reforma Protestante, e a Inquisição espanhola, o rei espanhol estaria disposto a tudo. No *Chamado às Armas*, Guilherme promete restaurar a pátria à sua antiga prosperidade e riqueza, expulsando os tiranos estrangeiros em prol da liberdade de consciência.

Para Guilherme I, o verdadeiro serviço a ser prestado contra Filipe II seria a libertação dos oprimidos. Acabar com os assassinatos, com a perseguição, com os abusos para que calvinistas pudessem professar abertamente sua fé sem ter medo de nada nem de ninguém. Inimigo e traidor da pátria seria quem serve ao tirano espanhol. Sem os estrangeiros opressores, sem bispos, sem éditos, sem Inquisição, os Países Baixos voltariam a prosperar. Guilherme lembra que o inimigo já tinha sofrido danos consideráveis da sua parte e dos seus colaboradores. Sem nomear ninguém especificamente, ele afirma que na terra e no mar haveria aliados prontos para ajudá-lo. Portos e cidades já teriam sido tomados, servindo de inspiração para todos os que haviam decidido lutar. Manter-se fiel ao Império espanhol significava condenar-se a uma escravidão perpétua, do corpo e da alma; ser obrigado a fazer parte de uma religião, a católica romana, na qual não se acreditava. Triunfalista, no *Chamado às Armas* Guilherme sustenta que o inimigo estaria sofrendo com a falta de homens saudáveis, mantimentos e navios. Incapazes de movimentarem-se bem entre a infinidade de canais que cruzam os Países Baixos, os espanhóis ter-se-iam convertido em presas fáceis dos neerlandeses. Transformado em instrumento da iracúndia sagrada, Guilherme afirma que Deus não lhes concederá uma segunda chance. Quem desperdiçasse esta oportunidade única contra o Império espanhol, seria condenado a viver sem a liberdade de consciência para todo o sempre. Expulsos os estrangeiros opressores, os Países Baixos seriam restituídos à sua antiga liberdade, sendo governados sem violência. Mesmo exilado, Guilherme I afirma que tudo isto seria alcançado contra Filipe II e com o consentimento dos Estados Gerais. A quem se recusasse a pegar em armas ou colaborar financeiramente para a expulsão do estrangeiro opressor, vergonha, violência e aflição.

Nos *Objetivos de Guilherme, o Taciturno*,[133] uma carta de 5 de fevereiro de 1573, dirigida a seus irmãos, os condes João (1536-1606) e Luís de Nassau, Guilherme I assume-se como calvinista, declara seu ódio aos espanhóis, manifesta sua desconfiança em relação a Filipe II e mostra seu ceticismo a respeito do apoio da rainha inglesa Isabel I aos Países Baixos em sua guerra de libertação nacional contra o Império espanhol. A luta de Guilherme é, segundo os *Objetivos de Guilherme, o Taciturno*, pela liberdade de consciência e de governo, que os espanhóis não aceitariam. De acordo com a vontade de Deus, a religião reformada, o calvinismo, devia ser praticada livremente. As antigas liberdades e privilégios dos Países Baixos, consagrados desde o Grande Privilégio de 14 de março de 1477, precisariam ser restaurados.[134] Quando os *Objetivos de Guilherme, o Taciturno*, foram redigidos em Delft, o duque de Alba estava em declínio. Além de Brielle, Gorcum caíra em 9 de julho de 1572. Animados, os calvinistas, com Guilherme I à frente, tomaram várias cidades. Cansado de um combate sem fim, o duque de Alba, depois da tomada de Haarlem, em seguida a um sítio que durou de 11 de dezembro de 1572 a 13 de julho de 1573, solicitou, depois de quase sete anos como governador-geral dos Países Baixos (1567-1573), sua volta à Espanha. Insistindo na necessidade de os espanhóis serem expulsos incontinenti do governo e do exército, o príncipe de Orange, nos *Objetivos de Guilherme, o Taciturno*, confia em sua vitória contra Filipe II.

FILIPE II CONTRA-ATACA

Na relação *Algumas coisas que o príncipe de Orange fez na Holanda*, Filipe II apresenta sua versão dos fatos.[135] Guilherme I teria sido chamado à Holanda para assegurar a liberdade religiosa para todos, incluindo a dos católicos; para tanto, teria prometido não proibir sua prática. Em Delft, ele teria ordenado que as igrejas fossem fechadas por algum tempo,

---

[133] Herbert H. Rowen, ob. cit., pp. 45-46.
[134] De acordo com o Grande Privilégio de 1477, grandes cidades e províncias reservaram para si várias competências jurídicas, sobretudo de natureza penal e fiscal (Cf. BLOCKMANS, W.P. De vorming van een politieke unie (veertiende-zestiende eeuw). In: *Geschiedenis van de Nederlanden*. J.H.C. Blom e E. Lamberts (eds.). 3ª ed. H*Buitgevers*: Baarn, 2008, p. 91).
[135] Algunas cosas que el principe de Oranges ha hecho en Hollandia, primavera de 1572 (Simancas, Archivos de Estado, Papeles de Estado, liasse 555); cf. GACHARD, Louis-Prosper. *Correspondance de Guillaume le Taciturne*. v. 6. Bruxelas: C. Muquardt, 1850-1857, pp. 301-305.

porque seus ornamentos e pinturas poderiam provocar algum incidente. Os católicos que desejassem um lugar para administrar os sacramentos e ofícios divinos teriam apresentado uma requisição a Guilherme, solicitando-lhe a abertura de algumas igrejas. Pouco tempo depois, calvinistas fanáticos teriam invadido estas igrejas, destruindo imagens. Guilherme I proibiu este vandalismo, mas os calvinistas fanáticos não só teriam continuado a destruir imagens, como teriam passado a arruinar tais igrejas. Casas de católicos e huguenotes ricos teriam sido saqueadas, à semelhança do que ocorreu na Europa Central com a Guerra dos Camponeses alemães (1524-1525). Em meio à confusão, de acordo com *Algumas coisas que o príncipe de Orange fez na Holanda,* Guilherme não só teria se omitido, como declarado que não toleraria mais o exercício da religião católica. Imersa no caos, com as cidades empobrecidas pela guerra civil religiosa, não haveria mais justiça cível nem criminal na Holanda; só eram castigados os católicos que Guilherme acreditasse estar a serviço de Filipe. Falido, sem ter como pagar seus mercenários, Guilherme teria recebido meio milhão de florins dos Estados da Holanda para saldar suas dívidas. Para angariar recursos, os Estados da Holanda não somente teriam dobrado os impostos, como confiscado os bens do clero católico e dos vassalos de Filipe. Em sérias dificuldades financeiras, a Holanda não teria mais como honrar seus compromissos. Grandes e pequenas cidades desta província haviam sido fortificadas. Para o Império espanhol recuperá-las, ele teria de recorrer à força. Itens de primeira necessidade e munições estariam chegando em massa pelos rios Mosa e Waal, com a ajuda da Inglaterra e de principados alemães protestantes, para combater os terços espanhóis. Segundo *Algumas coisas que o príncipe de Orange fez na Holanda,* os vassalos de Filipe II teriam sido obrigados a jurar sua fidelidade a Guilherme I. Em 9 de julho de 1572, quatro padres seculares, quatorze religiosos franciscanos e um leigo convertido haviam sido enforcados em Brielle pelos mendigos do mar, depois de terem sido submetidos a sevícias e mutilações.

Perdido o norte dos Países Baixos habsbúrgicos (1482-1581) para os rebeldes liderados por Guilherme, centrado na Holanda e Zelândia, Filipe não conseguiu pacificar as duas mais importantes províncias do Sul – Flandres e Brabante. A situação ficou ainda pior com o já citado Saque de Antuérpia, ocorrido em 4 de novembro de 1576, até então o principal centro cultural, econômico e financeiro dos Países Baixos, praticado por soldados do Império espanhol que estavam com os soldos atrasados. O Saque de Antuérpia teve duas consequências principais. Primeiro, Antuérpia iniciou seu longo processo de decadência, em benefício de Amsterdã. Segundo, os Países Baixos habsbúrgicos, diante da barbárie praticada pelo Império espanhol, uniram-se, com as províncias leais a Filipe II e as rebeladas Holanda e Zelândia, assinando em 8 de novembro de 1576 a Pacificação de Gante. Embora Filipe II continuasse a ser o legítimo soberano dos Países Baixos, o calvinismo tornou-se a religião oficial tanto na Holanda como na Zelândia. Enquanto João da Áustria (1547-1578), o novo governador-geral dos Países Baixos, nomeado por Filipe, não chegava, os Estados Gerais assumiram o comando.

A Pacificação de Gante não atingiu seus objetivos, embora João a tenha assinado em 12 de fevereiro de 1577. A Holanda e a Zelândia continuaram irredentas. As relações de João da Áustria com os Estados Gerais deterioraram-se, e estes nomearam, por conta própria, um governador-geral para os Países Baixos. O escolhido foi Matias (1557-1619), filho do imperador Maximiliano II (1527-1576), sobrinho em segundo grau de Filipe. Pouco depois, este escolheu Alexandre Farnese (1545-1592), duque de Parma, para governador-geral dos Países Baixos habsbúrgicos. Fracassadas as últimas tentativas de reunificar os Países Baixos, a Primeira União de Bruxelas, de 9 de janeiro de 1577, e a Segunda União de Bruxelas, de 10 de dezembro de 1577, os Países Baixos habsbúrgicos cindiram-se definitivamente em dois. Com a União de Atrecht, assinada em 6 de janeiro de 1579, as províncias católicas mantiveram-se fiéis a Filipe II, dando origem aos Países Baixos espanhóis.[136] A União de Utrecht, assinada em 23 de janeiro de 1579, unificou as províncias calvinistas controladas pela Holanda e pela Zelândia, resultando no surgimento da independente República das Sete Províncias Unidas dos Países Baixos.[137] Os rebeldes calvinistas, ao criar esta República,

---

[136] A União de Atrecht estabeleceu os fundamentos de um novo país, a Bélgica. As terras do Sul, os Países Baixos espanhóis, com a exceção de algumas perdas territoriais para a França, foram transferidas para o controle da Áustria com a Paz de Utrecht, de 11 de abril de 1713. Elas constituíram os Países Baixos austríacos até as Guerras Revolucionárias francesas. Com o Tratado de Campo Formio, assinado em 18 de outubro de 1797, os Países Baixos austríacos foram cedidos à Primeira República Francesa (1792-1804). Com a derrota de Napoleão e do Primeiro Império Francês (1805-1815), os Países Baixos, pela primeira vez desde os Países Baixos habsbúrgicos, unificaram-se, formando o Reino Unido dos Países Baixos (1815-1839). Com a Revolução Belga (1830-1831), as terras do Sul separaram-se do Reino Unido dos Países Baixos e formaram a Bélgica.

[137] Alexander Farnese, ao banir Guilherme I e seus seguidores das províncias do Sul, ganhou a lealdade de sua população majoritariamente católica e valã, traumatizada pela Fúria Ico-

só desistiram de unificar os Países Baixos muito mais tarde. Insatisfeitos com esta divisão, o Império espanhol e a República lutaram até o limite de suas forças na Guerra dos Oitenta Anos.

No *Brado do Guardião*, um panfleto escrito antes da morte de João da Áustria, em 1º de outubro de 1578, a arguída leniência dos nobres dos Países Baixos com o Império espanhol foi criticada.[138] Tido como uma *Advertência a todos os amantes da glória de Deus, da pátria e dos seus privilégios e liberdade*, ele insere-se no bojo da Fúria Espanhola (1583-1589), a série de expedições punitivas contra os rebeldes de que o Saque de Antuérpia fez parte. O *Brado do Guardião* afirma que haveria, nos Países Baixos, pessoas interessadas em ajudar o Império espanhol. Os traidores ter-se-iam infiltrado nas Câmaras de vereadores, nos Estados provinciais e nos Estados Gerais. Se pudessem, dariam as boas-vindas aos espanhóis depois de entregar-lhes pessoalmente as chaves das cidades em troca de alguma prebenda. Não havia como lobos se transformarem em ovelhas, e traidores da pátria e inimigos da liberdade, em defensores dos Países Baixos. *O Brado do Guardião*, a título de advertência contra os nobres que gostariam de transigir com o Império espanhol, lembra o que ocorrera há pouco na França, o Massacre da Noite de São Bartolomeu, de 24 de agosto de 1572, em que os huguenotes, calvinistas, foram massacrados em meio às Guerras de Religião francesas[139] (1562-1598).

Em outro panfleto, *O Verdadeiro Patriota aos Bons Patriotas*,[140] de 1578, atribuído a Peter Beutterich (?-?), conselheiro de João Casimiro (1543-1592), conde do Palatinato-Simmern, há uma ardente defesa do calvinismo. Da rainha inglesa Isabel I, João Casimiro recebera apoio financei-

---

noclasta, e acirrou os ânimos das calvinistas províncias do norte. A União de Utrecht não tinha como objetivo dar origem a um estado federal, mas a uma união de províncias soberanas, a uma confederação sob o comando da Holanda. O Conselho de Estado exercia o poder executivo, e os Estados Gerais, o poder legislativo. Embora a soberania residisse nas províncias, estas não podiam exercer o direito de secessão. Com a pretensão de unificar os Países Baixos, Guilherme I não foi um entusiasta da União de Utrecht. Embora esta não tenha sido concebida como uma constituição, funcionou como tal até a abolição da República.
[138] E.H Kossmann e A.F. Mellink, ob. cit., pp. 157-159.
[139] Um dos conflitos mais sangrentos da história europeia, nas Guerras de Religião francesas, católicos e calvinistas deflagraram-se durante duas décadas. Potências estrangeiras ajudaram ambos os lados. Estima-se que cerca de três milhões de pessoas tenham morrido nas Guerras de Religião francesas, e aproximadamente oito milhões na Guerra dos Trinta Anos (Cf. BAKER, Sharon L. *Executing God. Rethinking Everything You've Been Taught about Salvation and the Cross*. Louisville: Westinster John Knox Press, 2013, p. 13).
[140] E.H Kossmann e A.F. Mellink, ob. cit., pp. 159-163.

ro para lutar pela independência dos Países Baixos. Neste panfleto, Peter Beutterich, além de atacar a Pacificação de Gante, afirma que manter a religião católica como a única religião admitida nos Países Baixos equivaleria a uma tirania maior do que a dos turcos. No Império otomano (1299-1923), os turcos tiranizariam o corpo, mas deixariam a consciência de cada súdito livre para aderir à religião que bem entendesse. *Melhor Turco do que Papista* (*Liever Turks dan Paaps*), este foi um dos lemas da Fúria Iconoclasta, também utilizado pelos mendigos do mar, as forças navais mercenárias dos Países Baixos em guerra contra o Império espanhol. Os ataques do Império otomano contra o Império habsbúrgico eram vistos com bons olhos pelos rebeldes neerlandeses. Para O *Verdadeiro Patriota aos Bons Patriotas*, os que defendiam a religião católica romana queriam tiranizar o corpo e a consciência. A Pacificação de Gante seria um instrumento para reintroduzir a pena de banimento e confisco de bens, reiniciar as execuções, revalidar os éditos. Em suma, colocar a Inquisição novamente em funcionamento. Peter Beutterich chega a afirmar que não haveria diferença entre manter a religião católica e restaurar a tirania espanhola. Ao contrário de Filipe II, seu antepassado o imperador Rodolfo I[141] (1218-1291) da Germânia, um promotor e defensor da liberdade, teria apoiado a formação da Antiga Confederação Suíça (ca. 1300-1798). Se as províncias dos Países Baixos viessem a constituir-se à maneira dos cantões helvéticos, a obediência aos magistrados não deveria ser abolida. Se a consciência dos habitantes dos Países Baixos fosse respeitada, a lei seria cumprida, e os impostos, pagos. Antevendo o surgimento de uma nova ordem, Peter Beutterich defende a inviolabilidade da autoridade soberana.

Dirck Volkertszoon Coornhert (1522-1590), um dos mais completos humanistas do Renascimento nos Países Baixos, também defendeu a liberdade de consciência. Gravurista, filósofo, humanista, jurista, poeta, político e teólogo, durante a Guerra dos Oitenta Anos ele ficou do lado de Guilherme I. Católico, Coornhert defendeu a liberdade religiosa. Sua imparcialidade fez com que ele fosse malquisto tanto por calvinistas como por aqueles que professavam a mesma fé que a sua. Tradutor de Erasmo de Roterdã

---

[141] Primeiro imperador da Casa de Habsburgo, Rodolfo I, Rodolfo de Habsburgo, venceu na Batalha de Marchfeld (1278), com a ajuda do rei húngaro Ladislau IV (1262-1290), o rei Otacar II da Boêmia (ca. 1233-1278). Desde então, forjou-se a aliança entre Áustria e Hungria que resultou mais tarde na formação do Império austro-húngaro (1867-1918). Os territórios conquistados por Rodolfo I formam o núcleo da atual Áustria.

para o idioma neerlandês, Coornhert foi partidário da tolerância religiosa, tendo se posicionado abertamente contra a pena de morte para os heréticos. Crítico convicto do Catecismo de Heidelberg (1563), um dos principais manuais de instrução da doutrina calvinista, ele também traduziu Boécio (ca. 480-524), Cícero (106 a.c.-43 a.c.), Sêneca (4 a.C.-65 d.C.) e a *Odisseia* de Homero. Ao afirmar que tanto o catolicismo como o calvinismo e o luteranismo precisavam ser reformados e que para ser um bom cristão não era preciso fazer parte de nenhuma Igreja, Coornhert ganhou a reputação de ser contra todas as religiões.

Em *Sobre a restrição de consciência praticada na Holanda*,[142] de 7 de novembro de 1579, Coornhert assume tamanha independência em questões de fé que o conflito com a Igreja Reformada[143] foi inevitável. Para ele, a autoridade política não teria nenhuma competência para tratar de assuntos que não são da sua competência, ou seja, questões de natureza religiosa. Com a expulsão dos espanhóis dos Países Baixos, as novas autoridades constituídas, adeptas do calvinismo, não poderiam proibir o exercício da fé católica. Ninguém teria mandato de Deus para obrigar ninguém a seguir sua religião. Lembrando Calvino, ele afirma: "Não há outros meios para exterminar todas as seitas ímpias e heréticas do que dar lugar à pura verdade de Deus." Contra o obscurantismo, só a limpidez do raciocínio seria a solução. Para Coornhert, em *Sobre a restrição de consciência praticada na Holanda*, não seria a espada que teria força para expulsar e acabar com a mentira, o erro e a heresia. Numa resolução de 23 de agosto de 1579, os Estados da Holanda proibiram Coornhert de continuar seus ataques contra os ministros reformados tanto oralmente como por escrito, sob pena de ser considerado uma ameaça à paz pública. A Igreja Reformada, segundo Coornhert, ao proibir o exercício da fé católica, estava cometendo os mesmos erros do Império espanhol. Não haveria como lutar contra a liberdade de consciência, contra o que há de mais recôndito ao ser humano, suas crenças religiosas, ou a ausência delas, que poderiam ser modificadas apenas por Deus. A Igreja Reformada, ao proibir o exercício da fé católica nos Países

---

[142] E.H Kossmann e A.F. Mellink, ob cit., pp. 192-196.
[143] Com o decorrer do tempo, a Igreja Reformada nos Países Baixos sofreu vários cismas. Atualmente, há quase vinte denominações neerlandesas que se autointitulam reformadas. 15-20% da população dos Países Baixos hoje são calvinistas, e 25-30%, católicos. Quase metade da população declara não ter religião (Cf. F.L. Cross e E.A. Livingstone (eds.). *The Oxford Dictionary of the Christian Church*. 3ª. ed. Oxford University Press, 2005, p. 1147).

Baixos, estava produzindo um povo ímpio e hipócrita. Ímpio, porque abandonava sua fé para continuar vivo, e hipócrita, porque fingia concordar com o que lhe era imposto. Para Coornhert, ao forçar os católicos a converterem-se ao calvinismo, a Igreja Reformada estava condenando estes apóstatas ao inferno, já que Deus não admite ímpios e hipócritas no paraíso.

Ao huguenote Philippe Duplessis-Mornay (1549-1623), membro do movimento antimonarquista *Monarcômaco*, surgido na França depois do Massacre da Noite de São Bartolomeu, atribui-se *Um discurso sobre a permissão da liberdade de religião*,[144] de 1579. Duplessis-Mornay também era, como Dirck Volkertszoon Coornhert, um homem do Renascimento. Versado em grego clássico, hebraico, latim, alemão, inglês, italiano e neerlandês, seus contemporâneos acreditavam que ele sabia a Bíblia de cor. Embora fosse fascinado pela Antiguidade greco-romana, ele conhecia como poucos a Europa na qual vivia. Adepto da liberdade de consciência, sua divisa era *"Arte et Marte"*, "Pelo Talento e Pelo Combate". Em *Um discurso sobre a permissão da liberdade de religião*, Duplessis-Mornay, um calvinista convicto, apresenta um católico defensor da liberdade religiosa. Não haveria como abolir qualquer prática religiosa sem o recurso às armas. Se os protestantes fossem destruídos, os católicos também o seriam. Seria melhor viver em paz com eles do que continuar uma longa, difícil, perigosa e desastrosa guerra. A discórdia religiosa nos Países Baixos correria o risco, pelo andar da carruagem, de tornar-se um conflito perpétuo. Os protestantes não poderiam destruir os católicos sem destruírem-se a si mesmos, e vice-versa. Sem paz religiosa, não haveria paz política. Ao contrário de Coornhert, Duplessis-Mornay, cauteloso, não criticou diretamente a Igreja Reformada.

Em 15 de março de 1580, Filipe II colocou a cabeça de Guilherme I a prêmio com o édito *A Proscrição*.[145] O príncipe de Orange não passaria de um traidor maldito, inimigo da humanidade. Depois de proscrevê-lo para sempre, Filipe proíbe que seus súditos frequentem, comuniquem-se e recebam Guilherme em suas casas. Depois de bani-lo, Filipe dá permissão para que todas as pessoas, súditos seus ou não, prendam ou detenham, empregando, se fosse necessário, força e violência, o inimigo da raça humana. Em *A Proscrição*, Filipe II declara querer livrar-se desta praga, Guilherme, a qualquer custo. Quem o entregasse vivo ou morto seria regiamente

---

[144] E.H Kossmann e A.F. Mellink, ob. cit., pp. 163-164.
[145] BOR, Pieter Christiaensz. *Oorsprongk, begin, en vervolgh der Nederlandsche oorlogen, beroerten, en borgerlyke oneenigheden*. v. 2. Amsterdã, 1679-1684, pp. 198-203.

recompensado. Ao responsável pela eliminação do traidor maldito, bem como a de seus herdeiros, seria entregue a soma de 25 mil coroas de ouro, em propriedade fundiária ou espécie, imediatamente depois da realização do feito. Se o responsável pela eliminação do traidor maldito houvesse cometido qualquer crime, seria perdoado de imediato. Se não fosse nobre, seria nobilitado. Se o responsável pela eliminação do traidor maldito utilizasse outras pessoas para eliminar Guilherme, estas seriam recompensadas pelo serviço prestado. Não só os crimes que elas tivessem praticado anteriormente seriam perdoados, como também seriam nobilitadas.

Em *A Proscrição*, Filipe II relembra que Carlos V tratara Guilherme I da melhor forma possível. Sem a ajuda direta do imperador, este não se teria tornado príncipe de Orange. Embora Guilherme nunca houvesse deixado de ser estrangeiro e forasteiro nos Países Baixos, o imperador Carlos V sempre o teria apoiado incondicionalmente. Filipe II relembra tê-lo nomeado estatuder da Holanda, Zelândia e Utrecht. Guilherme, a quem sempre teriam faltado fidelidade e hombridade, ao invés de manter a paz e tranquilidade dos Países Baixos, os teria lançado deliberadamente ao caos para tornar-se seu líder. Cronicamente endividado e inimigo declarado da Justiça, ele teria incitado a Fúria Iconoclasta, promovendo a destruição de imagens, altares e igrejas. Para Filipe, Guilherme não era defensor da liberdade de consciência, mas da anarquia. Da mesma forma que Dirck Volkertszoon Coornhert, Filipe II condena a perseguição aos católicos. Padres e monges haviam sido expulsos de igrejas e mosteiros, freiras, obrigadas a casarem-se. Quem não apostasiasse, correria risco de vida. Depois de recordar que Guilherme fora luterano e católico, antes de tornar-se calvinista, Filipe II acusa-o de hipocrisia, falsidade e dissimulação. Na *Proscrição*, Filipe II salienta ainda que na Holanda e na Zelândia igrejas estavam sendo saqueadas, bispos, assassinados, e sacramentos, profanados. A liberdade de consciência seria utilizada para promover o proselitismo calvinista, com o objetivo de converter à força católicos ao protestantismo. De acordo com o previsto por Dirck Volkertszoon Coornhert, os Estados da Frísia proibiram em 31 de março de 1580 a celebração de missas católicas.[146] O édito *A Proscrição* foi preparado a instâncias do secretário de Filipe II, Antonio Pérez (1540-1611), e do cardeal Granvelle.

---

[146] BERGSMA, W. *Tussen Gideonsbende en publieke kerk. Een studie over het gereformeerd protestantisme in Friesland, 1580-1650*. Hilversum/Leeuwarden: Verloren/Fryske Akademy, 1999, pp. 159-160.

No panfleto *Uma opinião sobre o príncipe de Orange, acusando-o de ateísmo*,[147] publicado provavelmente por volta de 1580, Guilherme I é apresentado como um homem dúbio. Os católicos o considerariam católico, os luteranos, luterano. Guilherme iria todo dia à missa com sua mulher e filha, que seriam luteranas. Em questões de natureza religiosa, para Guilherme, a punição deveria ser reservada a Deus. Para sustentar este ponto de vista, de acordo com *Uma opinião sobre o príncipe de Orange, acusando-o de ateísmo*, Guilherme I citaria com frequência o apelo que teria sido dirigido por um popular ao imperador Carlos V – "Majestade, sirva-se dos corpos, sem preocupar-se com as almas" (*"Sire, servés-vous des corps, sans vous soucier des âmes."* No fundo, o que Guilherme queria seria uma espécie de religião que encantava seu espírito, meio católica e meio luterana, para contentar a uns e a outros, algo que ele acreditaria ser o verdadeiro meio para apaziguar os tumultos da Cristandade. Ainda de acordo com *Uma opinião sobre o príncipe de Orange, acusando-o de ateísmo*, Guilherme não passaria de um inconstante em questões de natureza religiosa, como demonstrariam não apenas seu comportamento, como seus discursos e cartas dirigidos a várias pessoas. Para o príncipe de Orange, a religião cristã não passaria de uma invenção política para conter o povo pela via de Deus, nem mais nem menos do que as cerimômias, adivinhações e superstições que Numa Pompílio (ca. 750 a.C.- ca. 672 a.C.), o mítico segundo rei de Roma, teria colocado em prática para suavizar a rudeza natural dos seus súditos. Pertencente a um gênero monstruoso e detestável de homem, o dos que abandonam primeiro a religião católica, por ser muito severa e rígida, para abraçar a de Calvino, por ser mais livre e complacente com os desejos da carne, para, em seguida, tornar-se ateu, Guilherme I, de acordo com Filipe II, teria atingido o grau supremo da impiedade.

Guilherme I defende-se de Filipe II

Para defender-se das acusações que lhe foram feitas na *Proscrição*, Guilherme I mandou preparar a *Apologia*,[148] lida em 13 de dezembro de 1581 pe-

---

[147] GACHARD, Louis-Prosper. *Correspondance de Guillaume le Taciturne (prince d'Orange)*. v. 2. Bruxelas: C. Muquardt, 1850, pp. iii-v.
[148] Apologie, ofte Verantwoordinghe des doerluchtighen ende hooghgeborenen vorsts ende heeren, heeren Wilhelms ... Prince van Orangien... Teghen den ban ofte edict by forme van proscriptie ghepubliceert by den Coningh van Spaegnien... Hier is oock bygevoeght den

rante os Estados Gerais dos Países Baixos e mais tarde enviada às principais Cortes europeias. Com a cabeça colocada a prêmio e difamado em toda a Europa, ele precisava rebater as acusações que lhe haviam sido dirigidas pelo rei espanhol Filipe II. Na *Apologia*, o príncipe de Orange justifica sua carreira política e sua vida privada e defende seu direito de rebelar-se contra a alegada tirania do Império espanhol. O huguenote francês Pierre Loyseleur (1530-1590), senhor de Villiers, é tido como o principal autor da *Apologia*, e não Guilherme I. A *Apologia*, escrita originalmente em francês, foi logo traduzida para o neerlandês, o alemão e o inglês.

Para começo de conversa, Guilherme I teria decidido expulsar os espanhóis dos Países Baixos há muito tempo. No verão de 1559, ele e o duque de Alba haviam sido enviados à França, de acordo com o mencionado anteriormente, como reféns em garantia ao cumprimento do Tratado de Cateau-Cambrésis, assinado em 3 de abril de 1559, pondo fim à Guerra da Itália (1551-1559) entre a França e o Império espanhol. Durante sua estada em Paris, numa caçada em pleno Bois de Vincennes, o rei francês Henrique II (1519-1559) teria conversado com Guilherme I a respeito de um acordo secreto com Filipe II, que teria como objetivo o extermínio violento do protestantismo na França,[149] nos Países Baixos e em toda a Cristandade. Este acordo entre a França e o Império espanhol teria sido negociado pelo duque de Alba. Henrique teria presumido incorretamente que Guilherme I sabia de tudo. À época, ele não teria revelado sua ignorância a Henrique, mas teria decidido que não permitiria o massacre de tantas pessoas honradas, especialmente nos Países Baixos, pelas quais sentiria uma grande compaixão.

Na *Apologia*, Guilherme I apresenta-se como príncipe de Orange, conde de Nassau, tenente e almirante-general dos Países Baixos e governador do Brabante, Frísia, Holanda, Utrecht e Zelândia. Ou seja, a autoridade dinástica, política e militar máxima. Depois de afirmar ter dedicado sua vida e todos os seus bens para recuperar a liberdade dos Países Baixos, Guilherme sustenta que nunca teria preferido seus interesses pessoais ao bem-estar geral, tendo feito tudo o que pôde contra o Império espanhol. Assumindo o status de herói nacional dos Países Baixos, um país que teria ficado famoso entre todos os povos e todas as nações por sua gentileza amável, Guilher-

---

voorsz. ban ofte proscriptie. Leiden: Charles Silvius, 1581.
[149] No Massacre da Noite de São Bartolomeu, ocorrido em 24 de agosto de 1572, teve início a matança sistemática dos protestantes na França. Iniciado em Paris, ele prolongou-se por meses em todo o país. Os huguenotes estariam preparando um golpe de Estado.

me declara dar-se por satisfeito com o fato de o ódio dos espanhóis ter se voltado contra ele, e não contra a República. Indo além, ele declara sua gratidão a Deus por ter recebido esta honra excelente, nobre e rara que seria a *Proscrição*, o "édito bárbaro e cruel" de Filipe II. Argumentando que todo homem deve desejar nada mais do que uma vida feliz e próspera, sem sobressaltos, Guilherme I afirma que, em virtude de ser odiado pelo Império espanhol, ele teria sido recompensado com este testemunho dos seus inimigos, a *Proscrição*, que seria o melhor pendor de glória que ele poderia desejar antes de morrer.

O que daria mais prazer neste mundo, especialmente para quem teria empreendido a tarefa de defender a liberdade dos Países Baixos, de acordo com a *Apologia*, seria justamente ser alvo do ódio mortal do Império espanhol, o inimigo da pátria, e receber, com a *Proscrição*, o atestado de sua lealdade ao seu próprio povo e de sua oposição à tirania. Para Guilherme, os espanhóis teriam imaginado que poderiam feri-lo com este édito infame, mas teriam com isto lhe dado apenas mais alegria e satisfação. Assim, ele poderia legar para a prosperidade um exemplo de virtude a ser seguido por todos aqueles que não quisessem desonrar os ancestrais dos quais descendem, os quais nunca teriam apoiado a tirania, tendo todos amado a liberdade e o poder legítimo. Na *Apologia*, Guilherme afirma que não seria apenas sua pessoa o alvo do édito infame, mas a própria República, com falsidades e calúnias que teriam como meta desmoralizar os Países Baixos. Decidido a não arredar pé de suas convicções, o príncipe de Orange declara não querer que os Países Baixos, sua pátria, pela qual ele estaria pronto a arriscar a vida, sofram com seu silêncio. Quanto a Filipe II, Guilherme afirma que ele, maculado pela tirania, não impressionaria os corações dos homens livres e generosos. Acusado de ser ingrato, infiel, hipócrita, como Judas e Caim, rebelde, estrangeiro, inimigo da humanidade, uma pestilência para toda a Cristandande, traidor, um homem mau que deveria ser morto como uma fera selvagem por um assassino que seria bem recompensado, Guilherme I apresenta-se na *Apologia* como o redentor dos Países Baixos.

O propósito da *Proscrição*, um recital de calúnias que teria sido preparado por línguas venenosas treinadas desde cedo para exercer o seu ofício infame, seria o mesmo do demônio, enganar e dividir. Para angariar a simpatia dos Estados Gerais, Guilherme sustenta que as acusações de ingratidão e infidelidade teriam a todos como alvo, não fazendo distinção entre inocentes e culpados. Tão grande teria sido o descaramento que Filipe II lançou dúvidas quanto à honra da mulher de Guilherme I, impugnando a validade do seu recente casamento. Não se poderia esperar nada de melhor de homens desesperados que são inimigos de Deus e de toda a Cristandade, especialmente dos Estados Gerais, homens que teriam despejado sua raiva sobre Guilherme porque sabiam como ele seria ativo, diligente e leal para com os Países Baixos. Indignado, o príncipe de Orange apresenta na *Apologia* uma longa série de acusações de bigamia e adultério contra Filipe II.

Acusado na *Proscrição* de ser um estrangeiro nos Países Baixos, Guilherme I ataca Alexandre Farnese, duque de Parma, governador-geral (1578-1592) dos Países Baixos habsbúrgicos. Este sim seria o estrangeiro, um homem sem um palmo de terra, que não teria nenhum título nobiliárquico nos Países Baixos, mas que, na qualidade de capataz de Filipe II, mandava com mãos de ferro. Se ele, Guilherme, era estrangeiro nos Países Baixos por ter nascido em Dilemburgo, no Sacro Império Romano-Germânico, Filipe II também o seria, já que nascera em Valhadolide. O rei espanhol seria ainda mais estrangeiro do que Guilherme I, uma vez que a Espanha era o inimigo natural dos Países Baixos, e a Alemanha, seu amigo natural.

O príncipe de Orange apresenta em seguida uma série de argumentos, na *Apologia*, para provar que, em função de seus ancestrais, ele teria mais direitos do que Filipe II para tornar-se o monarca *de facto* dos Países Baixos. Os antepassados de Guilherme I, na linha reta masculina, teriam se tornado há séculos senhores feudais no Brabante, Flandres, Holanda e Luxemburgo. Desde que Oto II (ca. 1305-1351), conde de Nassau-Dilemburgo, se casou com a condessa Adelaide (?-?), o condado de Vianden, no Luxemburgo, tornara-se parte da Casa de Nassau (1093-). Descendente em sétimo grau e herdeiro primogênito de Otto II de Nassau, Guilherme teria sido deliberadamente destituído da posse mansa e pacífica deste condado por Filipe II. O conde Engelberto I de Nassau (ca. 1370-1442), neto de Otto II, ao casar-se com Joana de Polanen (1392-1445), tornou-se *jure uxoris* senhor de Breda e herdeiro de vários outros senhorios, transformando a Casa de Nassau numa das famílias mais ricas e influentes dos Países Baixos. Descendente em quinto grau na linha direta masculina do conde Engelberto I de Nassau, Guilherme I não poderia ser chamado de estrangeiro.

Na *Apologia*, Guilherme I declara não ser nem estrangeiro, nem rebelde, nem traidor. O Principado de Orange, do qual ele seria soberano absoluto, bem como todos seus senhorios feudais na Borgonha e nos Países Baixos, lhe pertenceriam por direito imemorial e indisputável, com a chancela do imperador Carlos V. Seus ancestrais teriam sido poderosos senhores feudais nos Países Baixos muito antes de os membros da Casa de Habsburgo terem se tornado seus soberanos. Desde Otto II de Nassau, eles teriam sido condes nos Países Baixos, enquanto os antepassados de Filipe II eram-no na Suíça. Este podia ser rei da Espanha, de Nápoles e das Índias, mas não dos Países Baixos, que, como parte do Sacro Império Romano-Germânico, só conheceriam condes e duques cujos poderes teriam sido sempre limitados pelos Grandes Privilégios. Acreditando ter sido autorizado pelo papa a descumpri-los, Filipe II teria feito deles tábula rasa. Nada de bom se poderia esperar deste rei da Espanha, descendente de Henrique II de Castela (1334-1379), o Fratricida, o bastardo, traidor e rebelde que assassinara com suas próprias mãos o rei Pedro I de Castela, o Cruel. Se Pedro I fora considerado um tirano, o que se poderia dizer de Filipe II? Rodolfo I (1218-1291) da Germânia, o primeiro Habsburgo a ser eleito soberano do Sacro Império Romano-Germânico, nunca teria, na verdade, passado de um traidor de Adolfo I de Nassau (ca. 1250-1298), seu sucessor, que colocou em prática uma política ocidentalista, em oposição à atenção dada pela Casa de Habsburgo à Europa Central. Acusado na *Proscrição* de adúltero, Guilherme, que se casara em terceiras núpcias com Carlota de Bourbon (ca. 1546-1582), uma ex-freira, afirma, na *Apologia*, que Filipe II seria notório por suas amantes, tendo chegado a assassinar sua mulher e seu próprio filho. Guilherme I ainda levanta a possibilidade de Filipe II ter instigado o cardeal Granvelle a envenenar seu primo, o imperador Maximiliano II.

Educado desde o berço como luterano, Guilherme I declara que seu pai teria vivido e morrido como protestante depois de ter expulsado a Igreja de suas terras. Embora a doutrina luterana estivesse gravada em seu coração, ele reconhece ter crescido na Corte do imperador católico Carlos V. Ao chegar à idade adulta, como qualquer jovem nobre, ele teria se sentido atraído mais pelas armas e pela caça do que por pensamentos que dissessem respeito à salvação da sua alma. Sua indiferença com assuntos religiosos teria mudado não com o começo da Guerra dos Oitenta Anos, mas com a anteriormente mencionada revelação do acordo secreto entre o rei rei francês Henrique II e o rei espanhol Filipe II para exterminar o protestantismo. Emocionado, Guilherme teria sido tomado por um profundo sentimento de piedade e compaixão ao saber que tantas pessoas dignas estariam fadadas ao massacre. Filipe pretenderia introduzir nos Países Baixos uma Inquisição ainda mais cruel do que aquela colocada em prática na Espanha e em Portugal. Para nobres e plebeus, não haveria escapatória. Bastaria olhar de soslaio para uma imagem para ser sentenciado à morte. Desde então, Guilherme teria decidido expulsar os espanhóis dos Países Baixos.

Na *Apologia*, Guilherme I queixa-se de que Filipe II teria descumprido os privilégios da Ordem do Tosão de Ouro (1429-), da qual ele fazia parte. Uma ordem de cavalaria criada em 1430 por Filipe III, o Bom, duque da Borgonha, para celebrar seu casamento com a infanta Isabel de Portugal (1397-1471), filha do rei português d. João I, a Ordem do Tosão de Ouro, que continua a existir até hoje, tanto na Espanha como na Áustria, conferia uma série de privilégios aos seus detentores. Todos os litígios entre os cavaleiros deviam ser solucionados pela Ordem. Ao serem acusados de rebelião, heresia e traição, eles tinham o direito de serem julgados por seus colegas. A partir de Carlos V, a Ordem passou a ter jurisdição exclusiva em relação a todos os crimes cometidos por seus cavaleiros. O mandado de prisão tinha de ser assinado por ao menos seis cavaleiros. Durante o julgamento, o cavaleiro acusado não era sujeito a prisão comum, mas detido por seus colegas. Com a Reforma Protestante, a Ordem do Tosão de Ouro tornou-se exclusivamente católica, tendo dela sido excluídos todos os protestantes. Na *Apologia*, Guilherme I queixa-se também do fato de seu filho mais velho, Filipe Guilherme, aluno da Universidade de Lovaina, ter sido sequestrado aos treze anos de idade a mando de Filipe II. Levado para Castela, Guilherme I nunca mais o viu.

Não só as prerrogativas da Ordem do Tosão de Ouro teriam sido sistematicamente desrespeitadas por Filipe II, mas também os privilégios do Brabante, os acima mencionados Grandes Privilégios.[150] Nos Países Baixos, seus súditos, de acordo com esta carta de direitos, não poderiam ser forçadas a fazer nada, exceto em consonância com as decisões do Tribunal de Justiça que tivesse jurisdição sobre eles. Filipe tampouco poderia modificar o conteúdo dos Grandes Privilégios, a Constituição *de facto* dos Países Baixos. Ao governá-los mediante decreto, com éditos, o rei espanhol estaria agindo de forma despótica. Filipe não poderia estabelecer nem coletar quaisquer impostos sem a aprovação e o consentimento expresso dos Estados Gerais, nem tampouco trazer soldados estrangeiros para ocupar os Países Baixos. Antes de serem presos, os súditos neerlandeses de Filipe II deveriam

---

[150] BOR, Pieter Christiaensz. *Oorsprongk, begin, en vervolgh der Nederlandsche oorlogen, beroerten, en borgerlyke oneenigheden.* v. I. Amsterdã, 1679, p. 19.

ser ouvidos por juízes locais. Nenhum deles poderia ser levado ao exterior para cumprir pena.

No que diz respeito à acusação de que teria introduzido nos Países Baixos a liberdade de consciência, permitindo todo tipo de impiedades, Guilherme afirma que teria sempre gostado de ajudar os cristãos torturados pelo duque de Alba. A favor de serem interrompidas definitivamente as perseguições nos Países Baixos, Guilherme sustenta que Filipe lhe teria ordenado que matasse vários suspeitos de serem protestantes, homens de valor, deputados nos Estados Gerais, aos quais ele se dirigia com a *Apologia*. Em boa consciência e em obediência a Deus antes dos homens, Guilherme, em vez de ordenar a execução destas pessoas, as teria colocado a par de tudo. Declarando-se adepto da tolerância religiosa, Guilherme afirma ainda que nunca teria mandado massacrar católicos; a violência seria estranha ao seu caráter. Em vez de concordar com o extermínio dos chamados papistas, ele teria feito executar os culpados por tais excessos. Membros de casas ilustres teriam sido presos por pessoas a seu serviço, tendo sido mais tarde libertados da prisão à qual haviam sido sentenciados por seus crimes, reconhece Guilherme, apenas devido à consideração pelas casas das quais eles tinham a honra de serem originários. Quanto à acusação de ter forçado padres e monges a casarem-se, ele afirma que ninguém deve ser forçado nem proibido de contrair matrimônio. Mas não haveria maior tirania de consciência do que impedir uma parte da Cristandade de casar-se.

Guilherme I assume sua responsabilidade pela resistência à tirania espanhola em todos os seus estágios, o que seria fruto de sua indignação contra as crueldades sanguinárias, piores do que aquelas de qualquer tirano da Antiguidade, que teriam sido praticadas por Filipe II contra os Países Baixos. Nada de bom poderia ser esperado de quem se divertisse com autos da fé, penitências públicas reservadas a heréticos e apóstatas pela Inquisição. Pelo fogo e pela espada, nenhuma causa poderia ser ganha. O duque de Alba, que teria jurado ódio eterno aos Países Baixos, cujo povo seria diferente do seu apenas sob o ponto de vista religioso, ao notabilizar-se por sua crueldade, de acordo com a *Apologia*, teria ultrapassado qualquer maldade registrada na história. Acusado de demagogia por Filipe, Guilherme afirma que ficaria sempre do lado dos Países Baixos. Todas as ofertas que lhe teriam sido feitas por Filipe II, prometendo a libertação do seu filho Filipe Guilherme e a restauração de todas as suas propriedades e honras, bem como o perdão de suas dívidas, em troca da traição aos ideais de liberdade dos Países Baixos, teriam sido rejeitadas imediatamente. Assim, Guilherme teria colocado voluntariamente sua cabeça a prêmio. A *Proscrição* não o amedrontaria, já que há anos ele sabia que vivia cercado por assassinos de aluguel e envenenadores profissionais. Se seu assassino fosse nobilitado, isto não o surpreenderia, uma vez que este seria o caminho habitual em Castela para tornar-se um aristocrata.

Mais adiante, Guilherme I, na *Apologia*, reafirma sua satisfação se, com sua morte, ele puder libertar os Países Baixos da opressão espanhola. Para isto, ele teria sacrificado seu filho mais velho, seus bens e seus irmãos Adolfo e Luís de Nassau, que lhe seriam mais caros do que a própria existência. Oferecendo sua vida aos Estados Gerais e à República Coroada, em prol do bem-estar, da segurança e da defesa dos Países Baixos, Guilherme desafia Filipe II, dando continuação, com a *Apologia*, calcada na *Apologia de Sócrates*, à lenda negra, a percepção histórica negativa do Império espanhol, uma *damnatio memoriae* associada à intolerância, ao fanatismo religioso e ao obscurantismo.

Embora Guilherme I tenha se insurgido na *Apologia* contra Filipe II, ele convidou, como tivemos a oportunidade de salientar acima, em 1579 Francisco (1555-1584), duque de Anjou, filho justamente de Henrique II, para tornar-se o novo soberano dos Países Baixos. Pretendente da rainha inglesa Isabel I até sua morte, Francisco foi um príncipe ambicioso e rival declarado do seu irmão mais velho, Henrique III (1551-1589). Filho da florentina Catarina de Médici (1519-1589), Francisco, depois do Massacre da Noite de São Bartolomeu, tornou-se chefe do *partido dos descontentes*. Esta facção política, que reunia católicos e huguenotes, lutou contra a evolução política rumo ao absolutismo iniciada por Henrique II. Com o Tratado de Plessis-les-Tours, assinado em 19 de setembro de 1580, os Estados Gerais, sem o apoio da Holanda e da Zelândia, haviam transformado Francisco no "protetor da liberdade dos Países Baixos". Na prática, um chefe de Estado, permanecendo o poder nas mãos dos Estados Gerais, a quem cabia o controle do Exército e da Marinha. De acordo com o previsto neste tratado, Franciso assumiu o compromisso de abdicar caso desrespeitasse os privilégios e a liberdade locais. A aliança perpétua com a França foi condicionada ao apoio militar desta à guerra contra o Império espanhol. Mal chegou aos Países Baixos, Francisco desmoralizou-se, conforme pudemos ressaltar, ao atacar Antuérpia de surpresa, em 17 de janeiro de 1583. Embora houvesse sido saqueada em 4 de novembro de 1576 durante a Fúria Espanhola, tendo deixado aos poucos de ser a cidade mais rica dos Países Baixos e da Europa em proveito da holandesa Amsterdã, a flamenga Antuérpia massacrou as tropas de Francisco. Derrotado, ele fugiu dos Países Baixos. Pouco tempo mais tarde, com o Sítio de Antuérpia (1584-1585), esta cidade foi definitivamente conquistada pelo Império espanhol.

Depois deste golpe de Estado fracassado do duque de Anjou, no *Discurso esboçando a melhor e mais segura forma e modo de governo para ser estabelecida nos Países Baixos nesta época,*[151] de 1583, surge, a exemplo do *partido dos descontentes* francês, uma proposta para deter a instalação de um regime absolutista nos Países Baixos. Reconhecendo não haver forma de governo que não tenha desvantagens, o *Discurso* opta pelo modelo misto de governo apresentado pelo historiador grego Políbio (ca. 200 a.C. – ca. 118 a.C.). Tendo estudado as instituições romanas, Políbio aprofunda a anaciclose, a teoria cíclica da sucessão dos regimes políticos esboçada por Platão (ca. 428 a.C.-ca 348 a.C.) na *República*. De acordo com Políbio, o governo de um só, a monarquia, degenera em tirania. A tirania é derrubada por uma aliança entre o povo e os poderosos, instaurando a aristocracia, a qual degenera em oligarquia. Os abusos da oligarquia provocam a fúria do povo, que instala a democracia. A degeneração da democracia resulta no pior de todos os regimes, a oclocracia, no qual a massa tem todos os poderes para impor seus desejos. Para escapar da oclocracia, é necessário o surgimento de um homem que reinstale a monarquia, dando início a um novo ciclo. Para Políbio, o melhor sistema político seria o misto, o qual evitaria ou ao menos retardaria a anaciclose. Com as características dos três regimes políticos não degenerados, a monarquia, a aristocracia e a democracia, no melhor sistema político os cônsules romanos teriam um poder de tipo monárquico, o Senado um poder de tipo aristocrático e o povo um poder de tipo democrático.[152]

Segundo o *Discurso*, não haveria forma de governo mais eficiente do que a aristocracia combinada com a democracia. Neste regime, os melhores nobres e os mais sábios plebeus colaborariam para o bem-estar dos Países Baixos. Em tal sistema, os mais capazes seriam escolhidos para governar de acordo com certas condições e por um período de tempo fixo. Esta aris-

---

[151] E.H Kossmann e A.F. Mellink, ob. cit., pp. 243-246.
[152] Numa República moderna, de acordo com a teoria desenvolvida por Políbio, o poder de tipo monárquico caberia ao presidente, o poder de tipo aristocrático ao Senado e o poder de tipo democrático à Câmara dos Deputados.

tocracia meritocrática obedeceria ao estatuder, o monarca, mas teria competência para destituir os membros do governo considerados inaptos ou ineptos, nomeando substitutos. O modelo ideal seria o helvético. Afinal de contas, os suíços haviam se livrado do jugo habsbúrgico, algo com o que os Países Baixos, à época, sonhavam, tornando-se senhores de si mesmos. Depois de experimentar a tirania do Império espanhol e sofrer a deslealdade traidora do duque de Anjou, com a Fúria Francesa, de acordo com o *Discurso*, os Países Baixos deveriam unir-se para resistir juntos ao inimigo comum, adotando uma forma de governo em que as antigas liberdades e privilégios das cidades e províncias fossem respeitados, como nas cidades imperiais do Sacro Império Romano-Germânico. Em consonância com o *Discurso*, os Países Baixos adotaram um sistema político misto. O estatuder deteve um poder de tipo monárquico, e os regentes, a oligárquica classe mercantil neerlandesa, exerceu nos Estados Gerais um poder de tipo aristocrático. O modelo misto de governo formulado pelo historiador grego Políbio e colocado em prática pelos Países Baixos foi seguido por Montesquieu (1689-1755) e pela Revolução Americana.

Depois de a rainha inglesa Isabel I ter recusado tornar-se soberana dos Países Baixos, temendo intensificar ainda mais sua rivalidade com Filipe II, tendo enviado em 1585 em seu lugar Robert Dudley (ca. 1532-1588), I conde de Leicester, para tornar-se governador-geral das Províncias Unidas, com o objetivo de transformá-las num protetorado inglês, Frans Coornhert (1519-1605), irmão de Dirck Volkertszoon Coornhert, publicou *Uma breve instrução por quem tem no coração a prosperidade destes Países Baixos, em que é mostrado claramente que é legal resistir a um rei ou senhor do país,*[153] de 1586. Frans Coornhert, funcionário da prefeitura de Amsterdã, dedicou este panfleto aos burgomestres desta cidade holandesa, o qual foi publicado com a permissão do I conde de Leicester. Os Países Baixos atravessavam mais um período delicado de sua história. Pouco depois da publicação da *Apologia*, Guilherme I, monarca *de facto* dos Países Baixos, foi assassinado em 10 de julho de 1584. Seu filho e sucessor Maurício só se tornou soberano efetivo das Províncias Unidas depois de ser nomeado em 1587 capitão-general do Exército dos Estados Gerais, o que contribuiu decisivamente para o retorno de Robert Dudley à Inglaterra. Na Batalha de Zutphen, travada em 22 de setembro de 1586, durante a Guerra dos Oitenta Anos,

---

[153] E.H Kossmann e A.F. Mellink, ob. cit., pp. 267-269.

a República das Sete Províncias Unidas dos Países Baixos e a Inglaterra haviam sido derrotadas pelo Império espanhol, "o império em que o sol nunca se põe" (*"el imperio en el que nunca se pone el sol"*).[154] A transformação dos Países Baixos num protetorado inglês dera-se com o Tratado de Nonsuch, assinado em 10 de agosto de 1585 por Isabel I e pelos Estados Gerais. O I conde de Leicester tornou-se governador-geral dos Países Baixos depois de Isabel I ter rejeitado assumir este cargo. Filipe II considerou a assinatura do Tratado de Nonsuch um *casus belli* com a rainha inglesa Isabel I, o que provocou a tentativa de invasão da Inglaterra com a Invencível Armada em 6 de agosto de 1588.

A exemplo de outro panfleto da época, *Reivindicações contra os tiranos*[155] (*Vindiciae contra tyrannos*), publicado em 1579, de autoria dos huguenotes Philippe Duplessis-Mornay e Hubert Languet (1518-1581), em seguida ao Massacre da Noite de São Bartolomeu, *Uma breve instrução*, após o Sítio de Antuérpia (1584-1585), perdida definitivamente para o Império espanhol, chancela o direito à resistência, antevendo a possibilidade de as Províncias Unidas serem conquistadas por Filipe II, o que não aconteceu. Os regentes, mesmo diante da ameaça de o Império espanhol liquidar a República, não aceitaram a transformação do estatuder Maurício de Nassau num ditador. Frans Coornhert, em *Uma breve instrução*, sustenta que o direito de resistência é válido se o soberano quiser privar seus súditos de suas liberdades e privilégios, reduzindo-os à escravidão. Embora este argumento já fosse conhecido, ele inovou ao vislumbrar dois dos principais alicerces das democracias modernas, o império da lei e a burocracia de carreira.

O rei, príncipe ou senhor feudal não governa seus súditos sozinho. Com sua morte, os ocupantes dos cargos comissionados podem ser demitidos, mas não os ocupantes de cargos efetivos. Conselheiros, magistrados, oficiais de justiça devem continuar a exercer seu trabalho, administrando a Justiça e governando os Países Baixos em consonância com seus tradicionais privilégios e liberdade. O rei, príncipe ou senhor feudal não tem o di-

---

[154] A tradição atribui esta frase ao imperador Carlos V, que teria dito: "No meu reino, o sol nunca se põe." À sua época, o Império espanhol compreendia territórios na Europa, incluindo os Países Baixos, ilhas no mar Mediterrâneo, cidades na África do Norte e vastas extensões de terra nas Américas. Seu filho aumentou ainda mais a extensão do Império espanhol, o qual passou a incluir várias ilhas do oceano Pacífico, como as Filipinas. Filipe II também anexou o Império português, incluindo o Brasil, durante a União Ibérica (1580-1640).
[155] BRUTUS, Stephanius Jurius. *Brutus: Vindiciae, contra Tyrannos*. George Garnett (ed.). Cambridge University Press, 1994.

reito de violar, importunar ou molestar ninguém, nem muito menos matar seus súditos nem confiscar-lhes a propriedade ao arrepio da lei. O soberano tem de submeter-se ao direito para não se tornar um tirano contra o qual se deva resistir. Em *Uma breve instrução*, Frans Coornhert sustenta ainda que o rei, príncipe ou senhor feudal não pode ser juiz em causa própria. Quem se sentir prejudicado por seu soberano, tem o direito de processá-lo. Uma das principais tarefas dos tribunais dos Países Baixos, de acordo com *Uma breve instrução*, seria zelar para que o rei, príncipe ou senhor feudal não se transformasse num tirano, daí a importância de haver uma Justiça independente. Se fosse descoberto que o rei, príncipe ou senhor feudal oprime seus súditos, violando os tradicionais privilégios e liberdade, a Justiça teria a obrigação de tomar todas as medidas que se fizessem necessárias para impedi-lo. Os tribunais teriam a obrigação de lutar contra abusos e defender os Países Baixos da tirania. Se eles se comportassem de maneira diferente, estariam sendo coniventes com o mal, devendo ser considerados traidores da pátria. Contra o rei, príncipe ou senhor feudal que violasse as liberdades e privilégios, seus súditos teriam o direito, à luz do direito natural e do direito positivo, de resistir, defendendo a si mesmos, suas famílias e sua pátria de uma vida que não mereceria ser vivida. Embora *Uma breve instrução* tenha sido concebida para defender a liberdade civil e religiosa em prol da expansão do protestantismo, ela contribuiu para que Maurício de Nassau, ao suceder seu pai durante a Guerra dos Oitenta Anos, não tenha se transformado no ditador repudiado por Guilherme I na *Apologia*.

LEONOR DE ALBUQUERQUE, RAINHA DE ARAGÃO

A tragédia de Inês de Castro

Inês de Castro (ca. 1320-1355), que "depois de ser morta foi rainha", avó materna[156] de d. Leonor de Albuquerque (1374-1435), viveu um amor fatal e impossível com o rei de Portugal d. Pedro I (1320-1367), o Justo.

Estrangeira, nascida na vizinha Galiza, Inês pertencia a uma das mais tradicionais linhagens da Península Ibérica. A Casa de Castro (ca. 1040-) provém de Castrojeriz, província de Burgos. Ao norte desta província, ficam os territórios históricos, a Área Paterniani,[157] que deram origem a Castela. Os Aza, os Castro, os Haro, os Guzmán e os Lara são as cinco famílias aparentadas com os primeiros reis de Castela. Trasladada à Galiza no século XII, a Casa de Castro participou dos eventos mais importantes de sua história, bem como de Leão e Castela. Seus membros notabilizaram-se durante a Reconquista.

O pai de Inês, Pedro Fernandes de Castro (ca. 1290-1342), foi mordomo-mor do rei castelhano Afonso XI (1311-1350), o Justiceiro. Quando d. Afonso IV de Portugal, o Bravo, invadiu em 1334 a Coroa de Castela, Pedro Fernandes recusou-se a lutar contra o rei português. Na Batalha do Salado, travada em 30 de outubro de 1340, uma das mais importantes da Reconquista, na qual Portugal e Castela derrotaram juntos a última tentativa magrebina de invadir a Península Ibérica, Pedro Fernandes de Castro

---

[156] SYLVA, Joseph Soares da. *Colecçam dos documentos, com que se authorizam as memorias para a vida del rey d. Joaõ I.* v. 4. Lisboa: Offcina de Joseph Antonio da Silva, 1734, p. 7.
[157] Na Área Paterniani, às nascentes do rio Ebro, fica a comarca de Las Merindades. Seus limites são difusos. Ao norte, o Valle de Mena. Ao oeste, Merindad de Sotoscueva, Merindad de Montija, Merindad de Valdeporres e Valle de Manzanedo. Ao leste, Orduña e Valdegovía, província de Álava. Ao sul, Castellanos de Bureba.

teria arrancado as esporas de ouro do sultão Abu al-Hasan Ali ibn Othman. Morto, vítima de uma epidemia, no Sítio de Algeciras (1342-1344), cujo objetivo era conquistar a principal cidade europeia do Império merínida (1244-1465), do qual Abu al-Hasan Ali era sultão, Pedro Fernandes foi sepultado na Catedral de Santiago de Compostela. No século XIX, seu túmulo foi aberto. Nele, encontraram-se as esporas de ouro, supostamente as do sultão marroquino. Pedro Fernandes era neto do rei de Leão e Castela Sancho IV, o Bravo.

A vida de Inês tornou-se uma lenda, transmitida de geração em geração há mais de meio milênio; suas origens não foram completamente elucidadas. Até hoje, ignoram-se seu local e data de nascimento.[158] Bisneta, por parte de pai, de Sancho IV e descendente, por parte de mãe, do também rei de Leão e Castela Afonso VI (ca. 1040-1109), Inês passou a infância no palácio de João Manuel de Castela (1282-1348), senhor de Escalona, Elche e Peñafiel e tutor do rei castelhano Afonso XI, seu sobrinho. Político, príncipe e escritor, João Manuel foi um dos principais prosadores da sua época. Sua principal obra, *O conde Lucanor* (ca. 1330), um conjunto de contos moralizantes e sapienciais, escrita em espanhol medieval, inspirou-se em Esopo (ca. 620 a.C -564 a.C.) e outros escritores clássicos. A aia Inês de Castro acompanhou Constança Manuel (ca. 1316-1345), filha de João Manuel de Castela, a Portugal. Lá, esta casou-se com o futuro rei de Portugal d. Pedro I.

Ao chegar à Corte de d. Afonso IV de Portugal, Inês, de acordo com a tradição, teria se apaixonado à primeira vista por Pedro, no que foi correspondida. Residindo em Coimbra ou Lisboa como dama de companhia de Constança, Inês viveu uma paixão devastadora com o herdeiro do trono português; sua ascendência nobre impediu que ela fosse expulsa incontinenti da Corte. A relação extraconjugal de Pedro com Inês teve repercussões políticas. A influência que seus irmãos Fernando e Álvaro passaram a exercer em Portugal era motivo de preocupações para a nobreza lusitana. Logo depois de d. Luís (1340-1340) nascer, o primeiro filho de Pedro, Constança convidou Inês para ser madrinha desta criança. Para a Igreja, relações carnais entre pais e padrinhos eram incestuosas. A morte de d. Luís, uma semana após seu nascimento, foi atribuída a Inês de Castro. Confrontado com o fato de que Pedro e Inês haviam decidido viver sua paixão às claras,

---

[158] FRANCO, António Cândido. *A rainha morta e o rei saudade: o amor de Pedro e Inês de Castro*. 2ª ed. Lisboa: Ésquilo, p. 225.

não a escondendo sequer de Constança, o rei d. Afonso IV exilou em 1344 a aristocrata galega em Albuquerque. Pouco tempo depois, em 13 de novembro de 1345, antes de fazer trinta anos, Constança morreu, mais uma vez de acordo com a tradição, de desgosto, depois de dar à luz o futuro rei d. Fernando I de Portugal. O príncipe Pedro tornou-se d. Pedro I de Portugal apenas em 8 de maio de 1357. Depois da morte de Constança, Inês de Castro passou a viver para todos os efeitos como esposa do herdeiro do trono português.

D. Afonso IV não conseguiu convencer Pedro a casar-se com uma aristocrata de sua escolha. Supostamente muito abalado pela morte de Constança, ele rejeitou as propostas do pai zeloso. No decorrer dos anos, Pedro foi tendo filhos com Inês – d. Afonso (1346-1346), o primogênito que morreu ainda criança, recebeu este nome numa clara tentativa de comover o coração do avô; d. Beatriz (ca. 1347-1381); d. João (1349-1397); e d. Dinis (1354-1398). Beatriz de Portugal, mãe de Leonor, tornou-se condessa de Albuquerque ao casar-se com Sancho de Castela (1342-1374), filho do rei Afonso XI. D. João de Portugal, pretendente à Coroa, não se tornou rei, embora, de acordo com a Declaração de Cantanhede,[159] feita pelo rei d. Pedro I em 12 de junho de 1360, este tenha jurado ter se casado com Inês de Castro numa cerimônia secreta.[160] Da mesma maneira que d. João, d. Dinis fez o que pôde para tornar-se rei de Portugal, tendo chegado a invadi-lo pela Beira com a ajuda de Castela. D. Afonso IV quase deixara de ser rei de Portugal em função da preferência do seu pai d. Dinis por seu outro filho d. Afonso Sanches. Ciente dos riscos que seus netos d. João e d. Dinis representavam, o rei de Portugal alarmou-se com os boatos que circulavam. A Casa de Castro, mais precisamente Inês e seus irmãos Fernando e Álvaro, estariam conspirando para assassinar Fernando, filho de d. Pedro I com Constança.

---

[159] A Declaração de Cantanhede foi feita vários anos após a morte de Inês de Castro. De acordo com d. Pedro I, ele teria se casado em Bragança com a aristocrata galega; o deão da Sé da Guarda teria presidido esta cerimônia. Um dos criados de d. Pedro I teria presenciado tudo. A declaração foi confirmada pela notificação de d. João Afonso (?-1381), conde de Barcelos. Não há documentos que atestem a veracidade da Declaração de Cantanhede. D. Pedro I não conseguiu especificar a data exata em que tal matrimônio teria ocorrido. Ele não legou à posteridade um documento determinando que direitos à sucessão tinham seus filhos com Inês de Castro.
[160] COELHO, Maria Helena da Cruz e REBELO, António Manuel Ribeiro. D. *Pedro e d. Inês. Diálogos entre o amor e a morte*. Imprensa da Universidade de Coimbra, 2016, pp. 12-13.

Repudiada por d. Afonso IV, Inês foi assassinada. Declarada postumamente esposa de d. Pedro I, ela tornou-se rainha depois de morta. Várias personagens influentes, inimigos de Fernando e de Álvaro, convenceram o rei português de que era necessário reprimir as pretensões da Casa de Castro, temida tanto em Portugal quanto do outro lado da fronteira. Dentre as várias versões apresentadas, nenhuma delas jamais confirmada, os dois irmãos estariam urdindo um plano para com Inês como rainha transformar Portugal num protetorado de Castela. Os principais instigadores e executores do assassinato de Inês de Castro foram os conselheiros reais Álvaro Gonçalves (?-1361), Pero Coelho (?-1361) e Diogo Lopes Pacheco (ca. 1305-1393), todos os três pertencentes à aristocracia portuguesa.

Pedro e Inês haviam se instalado no Paço de Santa Clara, em Coimbra, construído pela rainha consorte portuguesa Santa Isabel de Aragão (1271-1336), avó de Pedro. De acordo com Santa Isabel, o Paço de Santa Clara deveria ser residência de reis e príncipes, acompanhados de suas esposas legítimas. Os rumores de que Pedro teria se casado secretamente com Inês exacerbaram ainda mais os ânimos, levando d. Afonso IV a concluir que a única solução seria matá-la. Pedro estava caçando. Aproveitando-se de sua ausência, o rei, em 7 de janeiro de 1355, acompanhado de Álvaro Gonçalves, Pero Coelho e Diogo Lopes Pacheco, em conformidade com o que fora decidido pelo Conselho de Fidalgos, um grupo pequeno e exclusivo de aristocratas nomeados pelo rei com grande proximidade e influência sobre este, assistiu à degola de Inês de Castro. As lágrimas derramadas pela aristocrata galega teriam criado a Fonte das Lágrimas, na Quinta das Lágrimas,[161] e as algas avermelhadas que lá nascem seriam o sangue derramado durante sua execução.[162]

Antes de casar-se com Pedro, Constança contraiu matrimônio com Afonso XI de Castela. Dois anos mais tarde, para casar-se com d. Maria de Portugal (1313-1357), filha de d. Afonso IV, o rei castelhano repudiou Constança. Presa no Castelo de Toro, o pai desta, João Manuel de Castela, declarou guerra contra Afonso XI com o objetivo de libertá-la, no que foi bem-sucedido. O casamento da infanta d. Maria de Portugal com Afonso

---

[161] A Quinta das Lágrimas fica no local onde Inês de Castro foi assassinada. Há séculos, ela é tida como assombrada. O espírito de Inês erraria pela Quinta das Lágrimas à procura debalde do amor da sua vida, d. Pedro I de Portugal.
[162] COSTA, José Augusto Ferreira. *Poesias de José da Natividade Saldanha*. Recife: J.W. de Medeiros, 1875, p. 161: "Ainda o povo diz que umas algas vermelhas adherentes a algumas pedras por onde corre o fio d'água, é o sangue da infeliz Ignez."

XI tampouco foi feliz. Do relacionamento deste com Leonor de Gusmão nasceram dez filhos, incluindo o futuro rei Henrique II de Castela, o Fratricida. Em Castela, a união de fato de Afonso XI com Leonor de Gusmão, ao contrário da de Pedro com Inês de Castro, deu origem a uma nova dinastia, tendo Henrique II sido o prócer da Casa de Trastâmara. Ao matar Inês de Castro, d. Afonso IV fez o que julgou necessário para evitar que o mesmo ocorresse em Portugal.[163] Em Castela, Maria de Portugal foi alienada dos assuntos da Corte, os quais podiam ser decididos por Leonor de Gusmão. Indignado com a situação vivida por sua filha, d. Afonso IV casou Constança Manuel com Pedro e declarou guerra a Castela.

Oitavo rei de Portugal, d. Pedro I perseguiu os assassinos de Inês de Castro, Álvaro Gonçalves e Pero Coelho, que haviam fugido para Castela. A mando de Henrique II, ambos foram trocados por castelhanos que haviam se refugiado em Portugal por terem apoiado seu irmão Pedro I de Castela durante a Primeira Guerra Civil. De acordo com a tradição, o rei português d. Pedro I teria mandado arrancar o coração de um pelo peito e do outro pelas costas. Durante o ocorrido, ele teria assistido a tudo enquanto se refastelava num banquete. Por esta vingança considerada exemplar à época, d. Pedro I recebeu a alcunha de o Justo. A sorte de Diogo Lopes Pacheco foi diferente. Depois de fugir para a França, terminou sendo perdoado. D. Fernando I de Portugal, ao contrair matrimônio com d. Leonor Teles de Meneses, fez o que seu pai d. Pedro I tentara colocar em prática, um casamento de amor. Mais tarde, Diogo Lopes Pacheco fez tudo o que estava a seu alcance para que d. Beatriz (1373-1412), filha de d. Fernando I com d. Leonor Teles de Meneses, não se tornasse rainha de Portugal. Em lugar dela, outro filho de d. Pedro I, tido não com Inês de Castro, mas com a plebeia portuguesa Teresa Lourenço (1330-?), tornou-se o soberano do país, d. João I de Portugal, dando início à Casa de Avis.

O rei português d. Pedro I, de acordo com a tradição, provavelmente surgida a partir de narrativas desenvolvidas no século XVI, teria mandado celebrar a cerimônia da coroação e do beija-mão da rainha d. Inês já morta.[164] Em obediência às ordens do rei português, foram construídos túmulos

---

[163] Depois da morte do seu pai d. Dinis, d. Afonso IV não apenas baniu d. Afonso Sanches para Castela, como foi tido como responsável pelo assassinato do seu outro irmão João Afonso (1280-1325).
[164] No século XIV, havia o costume em Portugal de beijar a mão dos reis falecidos. Efígies de cera podiam ser colocadas sobre o túmulo real. É possível que d. Pedro I tenha colocado

para d. Pedro I e Inês de Castro no Mosteiro de Alcobaça. Após serem colocados frente a frente, no século XVIII, surgiu a versão popular de que isto ocorrera para que eles pudessem, ao ressuscitar no Dia do Juízo Final, levantando-se dos seus túmulos, olhar um no olho do outro. Durante a Guerra Peninsular, soldados franceses à procura de tesouros profanaram e vandalizaram os túmulos de d. Pedro I e de Inês. Os ossos de Inês de Castro foram espalhados pelo chão, e seus cabelos louros, cortados, para serem preservados em relicários ou lançados ao vento. Até hoje, estes túmulos não foram restaurados ao seu estado original. Embora nenhum dos filhos de d. Pedro I e Inês se tenha tornado rei de Portugal, a todos eles foram reservados casamentos dinásticos. O sacro imperador romano-germânico Maximiliano I (1459-1519) de Habsburgo era descendente direto de d. Pedro I e de Inês de Castro.[165]

A história de Inês de Castro tem inspirado escritores ao longo dos séculos. Nos *Lusíadas*, Canto III, estrofes 118 a 135, Camões relata o assassinato de Inês de Castro. Tida como histórica e lírica ao mesmo tempo, esta passagem dos *Lusíadas* tem emocionado gerações de leitores.[166] Nos *Cantos*, XXX, Ezra Pound (1885-1972) presta sua homenagem àquela que foi rainha depois de morta.[167] Henry de Montherlant (1896-1972), na peça de teatro *A rainha morta*, uma das mais famosas deste escritor francês, contrapõe o amor à razão de Estado.

O PRIMEIRO REI ARAGONÊS DE UMA DINASTIA CASTELHANA

A Coroa de Aragão (1164-1715) surgiu no século XII a partir da união dinástica entre o Reino de Aragão (1035-1715) e o Condado de Barcelo-

---

a efígie de Inês de Castro no trono, obrigando em seguida os membros da Corte a beijá-la. Não há, no entanto, como comprovar esta hipótese.

[165] A mãe do imperador Maxiliano I, d. Leonor de Portugal (1434-1467), sacra imperatriz romano-germânica, era neta de Leonor de Albuquerque, rainha de Aragão. Leonor de Albuquerque, por sua vez, como afirmado anteriormente, era neta de Inês de Castro. A Casa de Habsburgo é descendente da Casa de Castro.

[166] *Os Lusíadas*, Canto III: "118 – Passada esta tão próspera vitória,/Tornando Afonso à Lusitana terra,/A se lograr da paz com tanta glória/Quanta soube ganhar na dura guerra,/O caso triste, e digno da memória,/Que do sepulcro os homens desenterra,/Aconteceu da mísera e mesquinha/Que depois de ser morta foi Rainha."

[167] POUND, Ezra. *The Cantos*. Londres: Faber & Faber, 1975, XXX: p. 148: "After Ignez was murdered/Came the Lords in Lisbon a day, and a day/In hommage Seated there dead eyes/Dead hair under the crown,/The King still Young there beside her."

na (801-1162), que, diferentemente do Condado Portucalense (868-1139), jamais evoluiu para tornar-se um reino independente. Após o casamento em 1137 de Petronila de Aragão (1136-1173) com o conde Raimundo Berengário IV de Barcelona (ca. 1113-1162), tanto Aragão como a Catalunha mantiveram seus usos, costumes e moedas, tendo, ao longo do tempo, criado instituições próprias, como as Cortes catalãs (1283-1714), um dos primeiros Parlamentos do mundo. Para os catalães à época, este casamento foi promissor, uma prova irrefutável do poder ascendente do Condado de Barcelona. Afonso II de Aragão (1157-1196), o Trovador, filho primogênito da rainha Petronila e do conde Raimundo Berengário IV, deu início à Casa de Barcelona (1164-1410).

O Principado da Catalunha[168] (1162-1714), um estado da Coroa de Aragão, tornou-se o principal centro para a expansão do poder marítimo desta, que chegou a dominar o mar Mediterrâneo ocidental com a incorporação das ilhas Baleares, de Valência e das ilhas itálicas da Sardenha e da Sicília. Durante três séculos, Barcelona foi a mais importante cidade da Coroa de Aragão. Sua população aumentou, a economia desenvolveu-se, e a Catalunha expandiu-se pelo mar Mediterrâneo.[169] Durante o reino de Pedro III de Aragão (ca. 1239-1285), o Grande, a Sicília foi conquistada. Com seu filho e sucessor Afonso III (1265-1291), o Franco, foi a vez de Minorca. O segundo filho de Pedro III, Jaime II (1267-1327), o Justo, foi rei da Sardenha, da Córsega e da Sicília. No Principado da Catalunha, havia um pacto entre os estamentos, os estados medievais, a nobreza, o clero e a burguesia. Como as leis tinham de ser aprovadas pelas Cortes catalãs, o poder legislativo da Catalunha, os reis não podiam adotá-las unilateralmente. As Cortes, compostas pelos três estados, presididas pelo rei, aprovavam as Constituições catalãs, cartas de direitos para todos os súditos da Coroa de Aragão. A primeira Constituição catalã, de 1283, é contemporânea da Magna Carta inglesa, de 1215. Em 1289, as Cortes criaram a Deputação do General, uma comissão para arrecadar o imposto devido ao rei. Com o

---

[168] O Principado da Catalunha era um dos estados da Coroa de Aragão. Os soberanos do Principado da Catalunha eram os condes de Barcelona. Junto com o Reino de Aragão (1035-1715), o Principado da Catalunha constituía a Coroa de Aragão (1164-1707), uma união dinástica (1162-1319) que se tornou uma federação de estados (1319-1714). O soberano da Coroa de Aragão era o rei de Aragão.
[169] Até hoje, em Alghero, uma cidade no noroeste da Sardenha, a *Ciutat del Alguer*, há uma minoria que fala catalão. Bernardo de Cabrera (1289-1364) derrotou os genoveses e conquistou Alghero em 1353. Povoadores catalães chegaram em seguida.

tempo, a Deputação do General passou a ser conhecida como "Generalidade", *Generalitat* em catalão.[170] O reinado de Pedro IV de Aragão (1319-1387), o Cerimonioso, foi marcado por guerras. Embora Maiorca tenha sido anexada, houve rebeliões na Grécia, Sardenha, Sicília. Na Guerra dos Dois Pedros (1356-1369), ele enfrentou o rei castelhano Pedro I, o Cruel. Insatisfeita com a autonomia do Principado da Catalunha, a aristocracia aragonesa tentou eliminá-la. Imersa numa crise econômica sem precedentes, a Casa de Barcelona extinguiu-se com Martim I (1356-1410), o Humano, morto sem deixar herdeiro. Acéfala, a Coroa de Aragão foi objeto de uma crise sucessória.

Antes de tornar-se o rei Fernando I de Aragão (1380-1416), Fernando de Trastâmara fez tudo o que estava ao seu alcance para conquistar a Coroa de Castela. A saúde do seu irmão mais velho, o rei castelhano Henrique III (1379-1406), o Enfermiço, era notoriamente ruim. Da mesma forma que d. João I de Portugal, Henrique III casara-se com uma das filhas do aristocrata inglês João de Gante (1340-1399), Catarina de Lencastre (1373-1418). Pretendendo tornar-se a potência hegemônica da Península Ibérica, o projeto de uma aliança entre Castela e a Inglaterra, ao contrário do que ocorreu com Portugal, não prosperou. O fato de Henrique III não ter filhos alimentou as esperanças de Fernando em sucedê-lo. Ao casar-se em 1393 com sua tia Leonor de Albuquerque, ele reforçou seus direitos dinásticos caso seu irmão falecesse prematuramente. O nascimento inesperado do herdeiro e sucessor de Henrique, o futuro João II (1405-1454), destruiu as esperanças que Fernando nutria de tornar-se rei de Castela. Em seu testamento, Henrique III determinou que durante a menoridade do futuro João II, Catarina de Lencastre e Fernando assumissem a regência da Coroa de Castela (1230-1516). Rivais declarados, eles dividiram-na em duas metades. A Fernando, coube a parte meridional da Coroa de Castela, ao sul da serra de Guadarrama, próxima a Madri, até o Emirado de Granada. Morto Henrique III, Fernando reiniciou a guerra contra os muçulmanos. Desde meados do século XIII, com a reconquista de Sevilha e Xaém, a cidade andaluza de Antequera tornara-se um importante centro de operações militares, em plena fronteira entre cristãos e muçulmanos. Ao conquistá-la em 22 de setembro de 1410, o regente Fernando passou à história como o de Antequera. Esta cidade

---

[170] A Generalidade designa atualmente o sistema político que governa a comunidade autônoma da Catalunha. Deste sistema, fazem parte o Parlamento, presidente e governo da Catalunha. O presidente, primeiro-ministro e ministros compõem o governo da Catalunha.

funcionou durante a fase final da Reconquista como uma plataforma de lançamento de expedições militares contra o Emirado de Granada.

Com a morte em 31 de maio de 1410 do seu tio Martim I sem descendência direta e legítima, Fernando apresentou sua candidatura ao trono aragonês. Segundo filho de João I de Castela com Leonor de Aragão (1358-1382), o futuro Fernando I, o Honesto, da castelhana Casa de Trastâmara, reivindicou a Coroa Aragonesa em virtude de sua mãe ser irmã do rei Martim I; a Coroa de Aragão podia ser transferida por via materna depois da morte do rei sem descendência masculina. Houve seis candidatos ao trono aragonês. Para derrotar as candidaturas mais promissoras de Luís II de Anjou (1377-1417) e de Jaime II de Urgel (1380-1433), contraparentes de Martim I, Fernando recorreu ao seu poder econômico, apoiado numa grande rede de senhorios, ao seu prestígio militar, tendo o exército castelhano à sua disposição, à aliança com os Centelles, uma das principais famílias aristocráticas do Principado da Catalunha, aos Urrea, uma das mais importantes famílias aristocráticas da Coroa de Aragão, e à ascendente burguesia barcelonesa.

Luís II de Anjou e Jaime II de Urgel envolveram-se em fracassos e polêmicas que inviabilizaram suas pretensões. Coroado rei de Nápoles em 1º de novembro de 1389 pelo antipapa Clemente VII (1342-1394), o primeiro a residir em Avinhão, França, Luís tornou-se em seguida um dos principais aliados do também antipapa João XXIII (ca. 1370-1419), acusado de heresia, simonia e imoralidade. Jaime envolveu-se numa conspiração para assassinar o arcebispo de Saragoça, García Fernández de Heredia (1335-1411), partidário da causa de Luís III (1403-1434), herdeiro de Luís II de Anjou.

Em 28 de junho de 1412, o Compromisso de Caspe deu ganho de causa ao infante castelhano Fernando. Proclamado rei de Aragão, o Principado da Catalunha passou à Casa de Trastâmara, titular da Coroa de Castela, da Coroa de Aragão, do Reino de Navarra (1425-1479) e do Reino de Nápoles (1458-1501/1504-1555). Mais tarde, a união dinástica entre as Coroas de Castela e Aragão, com o casamento dos Reis Católicos Isabel I de Castela e Fernando II de Aragão, resultou na inclusão do Principado da Catalunha nos territórios governados pela Casa de Habsburgo espanhola (1516-1700), os *Austria*. Um dos principais responsáveis pela adoção do Compromisso de Caspe foi o antipapa Bento XIII (1328-1423), aragonês de nascimento. Defensor do infante castelhano Fernando, o futuro Fernando I de Aragão, Bento XIII via neste um aliado no Grande Cisma do Ocidente

(1378-1417).[171] O Concílio de Constança (1414-1418), que pôs fim a este cisma, condenou Bento XIII como herege. Em troca do apoio de Bento XIII, Fernando prometeu defendê-lo do papa Gregório XII (ca. 1326-1417). Insatisfeito com o resultado do Compromisso de Caspe, Jaime II de Urgel sublevou-se contra Fernando. A Revolta do Conde de Urgel (1413-1414) foi sufocada com a ajuda de todos os estamentos da Coroa. Despojado dos seus títulos, Jaime foi desterrado. Eliminada a oposição interna, Fernando, tendo jurado os usos e costumes das Cortes catalãs, tornou-se rei de Aragão.[172] Durante seu curto reinado, que não chegou a quatro anos, Fernando saneou a administração e a economia, tendo se notabilizado por sua luta contra a corrupção.

Fernando I apoiou a Academia da Gaia Ciência.[173] Fundada em 1323 em Tolosa por vários poetas, tinha como objetivo estimular a poesia occitana dos trovadores. Com a ajuda de ricos burgueses, eram organizados anualmente concursos literários em occitano. O trovador vencedor ganhava uma violeta dourada. O primeiro concurso de poesia ocorreu em 3 de maio de 1324. A partir do rei João I de Aragão (1350-1396), o Amador de Toda Gentileza, tais concursos foram instaurados em Barcelona, sendo mantidos sob os auspícios da Coroa de Aragão até o final do século XV. Friedrich Nietzsche (1844-1900), com *A Gaia Ciência*, remete à Academia da Gaia Ciência. O alegre saber dos occitanos referia-se a todos os requisitos técnicos necessários para escrever poesia. Antes de Nietzsche, o

---

[171] STUMP, Phillip H. *The Council of Constance (1414-18) and the End of the Schism*. A Companion to the Great Western Schism (1378-1417). Joëlle Rollo-Koster e Thomas M. Izbicki (eds.). Leiden/Boston: Koninklijke Brill, 2009, p. 416.
[172] Fernando I de Aragão também é conhecido como Fernando de Trastâmara, Fernando de Antequera, Fernando, o Justo, Fernando, o Honesto. Ele foi rei de Aragão, da Córsega, de Maiorca, da Sardenha, da Sicília e de Valência; duque de Neopatria, um estado cruzado situado na Grécia, e de Atenas. A Coroa de Aragão, a união dinástica entre o Reino de Aragão e o Condado de Barcelona, uma espécie de confederação, atingiu seu auge nos séculos XIV e XV, tornando-se um império que ia da Península Ibérica à Grécia. Os territórios pertencentes à Coroa de Aragão, como o Reino de Aragão, o Principado da Catalunha e o Reino de Valência, não foram unificados politicamente. O rei governava-os separadamente, respeitando seus usos e costumes, de acordo com o estabelecido pelas respectivas Cortes. Filipe V (1683-1746), o primeiro rei da Casa de Bourbon da Espanha, neto do rei francês Luís XIV, com os Decretos de Nueva Planta (1707-1716), aboliu a Coroa de Aragão.
[173] O *Consistori de la Subregaya Companhia del Gai Saber*, da *Gaia Sciensa*, do Alegre Saber, foi fundado após a Cruzada Albigense (1208-1229), que derrotou o catarismo, uma heresia que se implantara na Occitânia, atualmente uma região histórica do Sul da França. A partir da Cruzada Albigense, a Occitânia passou a gravitar em torno da França, o que contribuiu para a decadência da expressão máxima da sua cultura literária, os trovadores.

escritor americano Ralph Waldo Emerson (1803-1882) e o filósofo escocês Thomas Carlyle (1795-1881) utilizaram a expressão "*gaia ciência*".[174] Ainda em funcionamento, a Academia da Gaia Ciência é a mais antiga instituição literária.[175]

Ao instalar-se na Coroa de Aragão com Fernando I, a Casa de Trastâmara não abandonou seus interesses castelhanos, tendo colocado em prática uma política matrimonial cujo principal objetivo foi a unificação da Península Ibérica sob seu mando. Duas filhas de Fernando I tornaram-se rainhas ibéricas. Leonor de Aragão e Albuquerque (1402-1445) casou-se com o rei d. Duarte I (1391-1438) e foi rainha consorte de Portugal. Maria de Aragão e Albuquerque (1403-1445) foi rainha consorte de Castela com o rei João II. Os trastâmaras aragoneses mantiveram o ímpeto expansionista da Coroa de Aragão no mar Mediterrâneo.

A descoberta das Américas pelo genovês Cristóvão Colombo transferiu o centro de gravidade da Península Ibérica, do mar Mediterrâneo para o oceano Atlântico, levando a Coroa de Aragão a um longo declínio. Até 1716, na monarquia composta espanhola surgida com o casamento em 1479 dos Reis Católicos Fernando II e Isabel I, a Coroa de Castela e a Coroa de Aragão, nesta união dinástica, funcionaram como estados separados. As colônias espanholas nas Américas e no oceano Pacífico pertenciam a Castela, e não a Aragão. Os catalães, súditos da Coroa de Aragão, não podiam negociar diretamente a partir de Barcelona com as colônias castelhanas.

De condessa e rainha rica-mulher a triste rainha

Casada com Fernando, Leonor de Albuquerque tornou-se rainha consorte de Aragão. Ela era filha do infante Sancho Afonso de Castela (1342-1374), filho do rei Afonso XI, o Justiceiro, com a infanta Beatriz de Portugal, filha

---

[174] Emerson, notório individualista, fundou o transcendentalismo, movimento cultural, filosófico e literário surgido na Nova Inglaterra. Para os transcendentalistas, somente a autossuficiência e o individualismo seriam capazes de redimir o mundo. Carlyle, convicto de que a história é a biografia dos grandes heróis, considerava a economia uma ciência lúgubre.

[175] A Academia Gaia Ciência chama-se, atualmente, Academia dos Jogos Florais (*Académie des Jeux floraux/Acadèmia dels Jòcs Florals*). Na Antiga Roma, os Jogos Florais/Florália eram celebrados em homenagem à deusa Flora para homenagear a chegada da primavera com representações teatrais. A Academia premia os autores das melhores poesias em francês e occitano.

de d. Pedro I, o Justo, com a nobre galega Inês de Castro, rainha consorte póstuma de Portugal. Ao lado do seu irmão Henrique, o futuro Henrique II de Castela, o Fratricida, Sancho Afonso lutou contra Pedro I de Castela, o Cruel. Em recompensa por sua lealdade comprovada no campo de batalha, Henrique intitulou-o I conde de Albuquerque.

Graças a Leonor de Albuquerque, Inês de Castro teve descendentes notáveis. Na primeira geração, Afonso V de Aragão (1396-1458), Henrique de Aragão (1400-1445), João II de Aragão (1398-1479), Leonor de Aragão (1402-1445), Maria de Aragão (1403-1445) e Pedro de Aragão (1405-1438). Na segunda geração, d. Afonso V de Portugal, Henrique IV de Castela (1425-1474), a sacra imperatriz romano-germânica Leonor de Portugal (1434-1467) e Joana de Portugal (1439-1475), rainha de Castela. Na terceira geração, Joana de Trastâmara (1462-1530) e Maximiliano I de Habsburgo (1459-1519). Na quarta geração, Guilherme IV da Baviera (1493-1550) e Luís X da Baviera (1495-1545). Herdeira de grandes feudos em Castela, La Rioja e Estremadura, Leonor de Albuquerque era chamada de *ricahembra*,[176] rica-mulher. Leonor de Albuquerque tornou-se condessa em virtude da morte do seu irmão Fernando Sanches (1373-1385), II conde de Albuquerque, que lutou na Batalha de Aljubarrota contra d. João I de Portugal.

Para evitar uma crise política semelhante àquela provocada pelo assassinato de Pedro I de Castela por seu irmão Henrique II, as Cortes castelhanas decidiram, em seguida à morte do rei João I de Castela (1358-1390), que o filho mais velho deste, o futuro Henrique III, o Enfermiço, se casaria com Catarina de Lencastre, filha de João de Gante, I duque de Lencastre, e neta de Pedro I. Para o segundo filho de João I, o infante Fernando, mais tarde Fernando I de Aragão, não foi previsto o casamento com uma princesa inglesa, mas com a *ricahembra*.

Durante os quase quatro anos de reinado de Fernando, para pôr fim ao Grande Cisma do Ocidente, Leonor de Albuquerque pressionou o marido para que o antipapa Bento XIII renunciasse, à semelhança do que fizeram

---

[176] As *ricahembras* em Castela não somente eram ricas, como pertenciam à alta nobreza. Eram *ricohombres* os aristocratas castelhanos que detinham a *mayor nobleza*, por sangue ou por mérito. Com o passar do tempo, os termos *ricahembra* e *ricohombre* foram sendo substituídos por *nobre*. A origem dos *ricohombres* é anterior à Reconquista, remontando aos mais antigos senhorios ibéricos. Em Portugal, dos séculos XIII a XV, rico-homem foi o mais elevado grau de nobreza. Os ricos-homens detinham muitos bens, ocupavam os cargos públicos mais importantes e ostentavam o título de dom.

o antipapa João XXIII e o papa Gregório XII. Bento XIII, considerando ter sido eleito legitimamente, jamais cedeu. Abandonado por todos, ele refugiou-se no Castelo de Peníscola, em Valência, onde morreu em 1423.

Em seguida à morte de Fernando I de Aragão aos trinta e cinco anos de idade, Leonor, com quarenta e dois anos, voltou para Castela. Seus filhos tentaram transformar este reino ibérico num protetorado aragonês, mas não conseguiram. João II de Castela, com o apoio de Álvaro de Luna (ca. 1390-1453), seu homem de confiança, decretou o confisco das rendas que João II de Aragão[177] (1398-1479) auferira em Medina del Campo, local de nascimento de Fernando I e de seus filhos. Álvaro de Luna, condestável de Castela, representava os interesses da baixa nobreza, pronta a apoiar o projeto centralizador do rei João II. Os infantes de Aragão Henrique e Pedro, IV conde de Albuquerque, reuniam em torno de si a alta nobreza, contrária a perder com o projeto centralizador de João II suas fontes tradicionais de rendimento.[178]

Expropriada de boa parte dos seus feudos em benefício do seu arqui-inimigo Álvaro de Luna, a *ricahembra*, agora transformada em triste rainha (*triste reina*), depois de ser encarcerada no Convento de Santa Clara de Tordesilhas, morreu no Palácio Real de Medina del Campo, transformado no Convento de Santa María la Real depois de receber a notícia do desastre da Batalha Naval de Ponza, travada em 5 de agosto de 1435, na qual três dos filhos de Leonor de Albuquerque, João II de Navarra, Afonso V de Aragão e Henrique, foram feitos prisioneiros pelos genoveses. Leonor de Albuquerque foi punida pela ousadia dos seus filhos em desafiar Castela com o objetivo de conquistá-la. Na Batalha de Olmedo, ocorrida em 19 de maio de 1445, João II de Navarra e Afonso V de Aragão foram definitivamente derrotados por João II de Castela.

---

[177] João II, filho de Fernando I de Aragão e de Leonor de Albuquerque, foi rei de Navarra de 1425 a 1479. De 1458 a 1479, ele tornou-se rei de Aragão. Seu irmão Afonso V foi rei de Aragão de 1416 a 1458.
[178] Ao lado das tropas navarro-aragonesas, lutaram contra João II de Castela três casas castelhanas: os Enríquez, os Quiñones e os Pimentel. Os Enríquez e os Pimentel fazem parte tradicionalmente da *Grandeza de España*, a dignidade máxima da hierarquia nobiliária espanhola. Os *Grandes de España*, situados imediatamente abaixo dos infantes, juntamente com outros detentores de títulos nobiliárquicos, compõem hoje o órgão público *Diputación Permanente y Consejo de la Grandeza de España*.

A REGENTE AMÁLIA

A NORA INGLESA

Ao casar-se com o estatuder Guilherme II, Maria Henriqueta Stuart tornou-se princesa de Orange. Filha mais velha do rei Carlos I da Inglaterra, Escócia e Irlanda com Henriqueta Maria da França (1609-1669), Maria cresceu num ambiente turbulento.[179] Sua mãe Henriqueta, filha de Henrique IV, que abjurara o protestantismo para ser coroado rei da França, era uma católica devota. Embora tenha se casado com o rei Carlos I, ela, devido à resistência da Igreja Anglicana, nunca foi coroada rainha da Inglaterra. Não só a fé católica de Henriqueta como sua origem francesa tornaram-na um alvo fácil da repulsa popular. Em meio à Guerra Civil inglesa, ela fugiu para a França, aumentando as suspeitas entre seus súditos de que do outro lado do canal da Mancha a Igreja e o rei da França maquinavam juntos para destruir a Inglaterra. Tido como um monarca absolustista criptocatólico, Carlos I entrou em conflito com o Parlamento inglês e foi decapitado. Dois irmãos da princesa Maria foram coroados reis da Inglaterra, Escócia e Irlanda, Carlos II e Jaime II. Contra ambos, foram levantadas acusações similares àquelas que haviam sido feitas contra Carlos I.

Ao aliar-se com o rei francês Luís XIV contra os Países Baixos na Terceira Guerra Anglo-Holandesa, Carlos II teria prometido, em troca de uma pensão anual que lhe seria paga por Luís XIV, converter-se ao catolicismo. Com a Declaração de Indulgência de 15 de março de 1672, Carlos II tentou garantir liberdade religiosa para os protestantes não anglicanos, como

---

[179] Os rumores de que haveria uma conspiração católica para abolir o anglicanismo eram constantes (Cf. COTOLENDI, Charles. *La vie de très-haute et très-puissante princesse, Henriette-Marie de France, reyne de la Grand'Bretagne*. Paris: Michel Guerout, 1690, pp. 54-55).

os batistas, metodistas e presbiterianos, e para os católicos, uma iniciativa que foi muito mal recebida pela Igreja Anglicana. Como os católicos, os protestantes não anglicanos eram sujeitos a uma série de restrições; não podiam, por exemplo, ser funcionários públicos. A suspeita de existência de um complô papista levou, em meio à histeria anticatólica, à Crise da Exclusão (1679-1681), com o objetivo de impedir que o católico Jaime, duque de York e irmão de Carlos II, se tornasse rei da Inglaterra, Escócia e Irlanda. No Complô de Rye House (1683), tramou-se o assassinato dos dois filhos de Carlos I. Carlos II teria abraçado o catolicismo em seu leito de morte.

Acusado como seu pai e irmão de ser criptocatólico e a favor da França, Jaime II não começou bem seu reinado. Do outro lado do canal da Mancha, continuava vivendo seu primo e aliado Luís XIV. Em 1685, outra conspiração, a Rebelião Monmouth, tentou depor Jaime II, o último rei católico da Inglaterra. O Ato de Prova (1672), ao impor aos protestantes não anglicanos e aos católicos a obrigação de, para tornar-se funcionário público, converter-se à Igreja Anglicana, reforçou a repulsa popular contra Jaime II, que, com a Declaração de Indulgência, de 4 de abril de 1687, também conhecida como Declaração pela Liberdade de Consciência, tentou assegurar o respeito à liberdade de religião.[180] Insatisfeita com esta decisão, a monopolística Igreja Anglicana, juntando-se ao Parlamento inglês, acusou-o de querer tornar-se um monarca absoluto. Tão logo Jaime II tornou-se pai de um herdeiro católico, Jaime Francisco (1688-1766), a alta nobreza anglicana desencadeou a Revolução Gloriosa. Mediante um golpe de Estado, Jaime II foi substituído por seu sobrinho protestante e holandês, o estatuder Guilherme III, filho da princesa Maria. Pela primeira vez desde a invasão normanda liderada por Guilherme I (ca. 1028-1087), o Conquistador, a Inglaterra foi atacada e ocupada por tropas estrangeiras. Desta vez, provenientes dos Países Baixos.

Carlos I conferiu a Maria Henriqueta Stuart, sua filha mais velha, o título de Princesa Real. Carlos queria casá-la com um filho do rei espanhol Filipe IV. Se isto houvesse ocorrido, à suspeita de que Carlos I fazia parte de um complô franco-católico contra a Inglaterra, teria sido acrescentada a acusação de que ele encabeçava uma conspiração com o declinante Império espanhol contra o ascendente Império britânico para que a Igreja Católica Romana triunfasse

---

[180] HAAS, Michael. *International Human Rights. A Comprehensive Introduction*. 2ª ed. Londres/Nova York: Routledge, 2014, p. 48.

sobre a Igreja Anglicana. Acusado de ser papista, Carlos I casou Maria com o herdeiro do maior soberano protestante da sua época, Frederico Henrique, o estatuder calvinista dos Países Baixos, marido de Amália de Solms-Braunfels (1602-1675), alemã de nascimento. Para a Casa de Orange-Nassau, há menos de um século alçada ao rol das grandes dinastias reais europeias, com Guilherme I se tornando estatuder da Holanda, Zelândia e Utrecht, este casamento foi uma grande honra. Pelo lado paterno, Maria era uma Stuart; pelo lado materno, uma Bourbon. As aspirações monárquicas da Casa de Orange-Nassau dificilmente poderiam ter sido reconhecidas de forma mais explícita. Durante a Guerra Civil inglesa, o protestante Frederico Henrique foi um dos principais financiadores do católico Carlos I.

Ao morrer prematuramente em 6 de novembro de 1650, o estatuder Guilherme II deixou Maria Henriqueta Stuart numa situação delicada. Suspeita como seu pai Carlos I de ser criptocatólica, ela teve de assistir de longe ao desenrolar do conflito em seu país natal; um dos seus principais desfechos foi a anteriormente mencionada decapitação do pai da princesa consorte de Orange. Enfraquecida nos Países Baixos, a principal potência protestante da Europa, com esta tragédia, a viúva Maria teve de compartilhar a guarda de seu filho único Guilherme com a viúva de Frederico Henrique, Amália, avó do futuro Guilherme III, o estatuder-rei, e com um dos principais defensores da fé calvinista, Frederico Guilherme (1620-1688), eleitor do Brandemburgo e duque da Prússia, o Grande Eleitor. O fato de Maria fazer parte da Casa de Stuart, uma dinastia católica, contribuiu para que ela não fosse bem-aceita nos Países Baixos. Embora ela tenha querido que seu filho único fosse batizado com o mesmo prenome do seu pai, Carlos, terminou prevalecendo a decisão de chamá-lo Guilherme, tomada por Amália de Solms-Braunfels e Frederico Guilherme.

Ao contrário do que temia Oliver Cromwell, responsável pela instalação de uma ditadura militar com o Protetorado (1653-1659), a república da qual fizeram parte a Inglaterra, a Escócia e a Irlanda depois da abolição da monarquia com a decapitação de Carlos I, a estrangeira Maria nunca conseguiu mobilizar os Países Baixos em favor dos seus irmãos Carlos II e Jaime II. A presença de Maria na Haia chegou a atrair nobres ingleses simpáticos à causa dos filhos de Carlos I, transformando a capital dos Países Baixos num bastião de exilados realistas, mas sua influência não foi muito além disto. Em 7 de março de 1651, chegou à Haia uma delegação inglesa enviada por Cromwell com o objetivo de negociar uma aliança estratégica entre os Países Baixos e a Inglaterra. Esta aliança compreendia desde a incorporação dos Países Baixos à Inglaterra, à semelhança do que ocorrera com a Escócia, projeto que já fora acalentado pela rainha Isabel I, à divisão do mundo em duas esferas de influência, uma da Inglaterra, nas Américas, e outra dos Países Baixos, na África e na Ásia. Hostilizada pelos exilados realistas simpáticos à causa dos filhos de Carlos I e tratada com indiferença pelas autoridades neerlandesas, a delegação inglesa voltou a Londres sustentando que os Países Baixos jamais seriam aliados de Oliver Cromwell; isto foi um dos estopins da Primeira Guerra Anglo-Holandesa, travada entre duas promissoras potências protestantes. De um lado, o Protetorado; de outro, a República das Sete Províncias Unidas. A Restauração (1660) da monarquia inglesa com Carlos II à frente melhorou um pouco a situação da filha de Carlos I nos Países Baixos, mas não muito.

Maria nunca demonstrou muito interesse por seu filho, que foi cuidado por terceiros. No *Discurso sobre a educação do Exmo. Senhor Príncipe de Orange*,[181] consta que Guilherme III era predestinado a tornar-se um instrumento da Providência Divina, cumprindo o glorioso destino manifesto da Casa de Orange-Nassau. O republicano e antiorangista Johan de Witt e seu tio Cornelis de Graeff (1599-1664) convenceram os Estados da Holanda, o Parlamento desta província neerlandesa, a assumir a educação de Guilherme. A morte de Maria Henriqueta Stuart acirrou ainda mais a luta pelo controle da educação do futuro estatuder, travada entre os monarquistas, adeptos da Casa de Orange-Nassau, e os republicanos. Controlada diretamente por De Witt, a educação da "criança do Estado" não surtiu os efeitos desejados.[182] Guilherme não só se tornou estatuder dos Países Baixos, restaurando a República Coroada, como providenciou o assassinato do seu antigo preceptor, o republicano Johan de Witt.[183] Eliminados os últimos

---

[181] O *Discours sur la nourriture de S. H. Monseigneur le Prince d'Orange* não tem uma autoria precisa. Talvez ele tenha sido escrito por um dos preceptores de Guilherme II, o poeta, diplomata e erudito Constantijn Huygens (1596-1687). Homem de confiança da Casa de Orange-Nassau, ele foi secretário de dois estatuderes, Frederico Henrique e Guilherme II. Constantijn Huygens foi pai do cientista Christiaan Huygens (1629-1695), um dos maiores astrônomos, físicos e matemáticos do século XVII.

[182] Wout Troost, ob. cit., p. 60: "Nu Willem III 'Kind van Staat' was geworden, nam een nieuwe educatiecommisssie onder leiding van De Witt de taak op zich Willem III in 'Hollandse zin' op de voeden."

[183] Como criança do Estado (*kind van Staat*), Guilherme foi treinado para atender às expectativas de um país crescentemente republicano. Ele, no entanto, não se deixou convencer facilmente. Ao fim e ao cabo, tornou-se inimigo mortal do seu antigo preceptor.

focos de resistência, o agora estatuder Guilherme III instaurou nos Países Baixos uma ditadura semelhante àquela com a qual seu pai Guilherme II sonhara. Após invadir a Inglaterra, em meio à Revolução Gloriosa, Guilherme III contribuiu para a transformação da Inglaterra numa monarquia parlamentarista.

A PAZ TÃO ESPERADA

A Paz da Vestfália (1648) foi uma série de tratados de paz assinados nas cidades de Osnabrück e Münster, localizadas na região da Vestfália, atual Alemanha. Estes tratados, conforme pudemos ressaltar, puseram fim à Guerra dos Trinta, travada entre Estados católicos e protestantes do Sacro Império Romano-Germânico; e à Guerra dos Oitenta Anos, a guerra de independência dos Países Baixos contra o Império espanhol. Uma das maiores obras de engenharia diplomática da história europeia, 109 delegações participaram das negociações de paz, representando uma miríade de países do Velho Continente. Não só os ascendentes franceses e suecos compareceram, mas também os decadentes espanhóis. Representando um Sacro Império cada vez mais frágil e desconcertado, devastado por décadas de guerra fratricida, o imperador Fernando III (1608-1657) mandou seus representantes, bem como vários Estados imperiais, com representação e direito de voto na Dieta Imperial. Os dois principais tratados da Paz da Vestfália foram o Tratado de Osnabrück, dizendo respeito ao Sacro Império Romano-Germânico, e o Tratado de Münster, a Paz de Münster, entre os Países Baixos e o Império espanhol. Ao lado da França e da Suécia, Brandemburgo-Prússia e Inglaterra tornaram-se as novas potências europeias dominantes.

Embora a Guerra dos Trinta Anos tenha sido travada entre Estados católicos e protestantes do Sacro Império, nem sempre países católicos e protestantes aliaram-se, respectivamente, a Estados católicos e protestantes. A Guerra dos Trinta Anos, além de ter sido um conflito religioso, resultante da Reforma Protestante, iniciada por Martinho Lutero com a publicação de suas 95 teses em 31 de outubro de 1517 na porta da igreja do Castelo de Wittenberg, mediante as quais ele protestou contra diversos aspectos da doutrina da Igreja, propondo sua reforma, foi também uma luta contra o Império habsbúrgico, uma união pessoal com capital em Viena e territórios dentro e fora do Sacro Império. Contra o Império habsbúrgico, aliaram-se a católica França, os protestantes Inglatera, Brandemburgo-Prússia, Países Baixos, Suécia, o muçulmano Império otomano e a ortodoxa Rússia. A favor do Império habsbúrgico, ficaram o dilacerado Sacro Império Romano-Germânico e o Império espanhol. A protestante Dinamarca, durante a Guerra dos Trinta Anos, ficou ora a favor, ora contra o Império habsbúrgico.

Quase cem anos antes da Paz da Vestfália, a Paz de Augsburgo, um tratado assinado em 25 de setembro de 1555 entre Carlos V e a Liga de Esmalcalda, uma aliança de príncipes luteranos, consumou a divisão entre católicos e protestantes no Sacro Império ao aprovar a máxima *cuius regio, eius religio*, o que permitiu aos príncipes dos Estados do Sacro Império Romano-Germânico escolher o catolicismo ou o protestantismo como religião oficial dos territórios por eles controlados. A Paz de Augsburgo não pôs, no entanto, fim ao tumulto religioso. Diante deste fracassso, Carlos V, sacro imperador romano-germânico e rei da Espanha, soberano da primeira monarquia universal, abdicou, transferindo ao seu filho Filipe II o Império espanhol e ao seu irmão Fernando I (1503-1564) o Sacro Império.

Para evitar o surgimento de novos conflitos, a Paz da Vestfália reconheceu a validade da Paz de Augsburgo, em especial da máxima *cuius regio, eius religio*, admitida por Carlos V. A cada príncipe, o direito de determinar a religião de seu próprio principado – catolicismo ou luteranismo. Aos súditos vivendo em principados cuja religião oficial fosse diferente da sua, garantiu-se o direito de praticar sua fé em público em horários determinados. Indo ao encontro da liberdade de consciência, a Paz da Vestfália reconheceu ainda o direito dos súditos com fé diferente da dos seus respectivos príncipes de praticar, quando bem entendessem, sua religião no recesso doméstico. A máxima *cuius regio, eius religio* contribuiu para que fosse admitida a soberania exclusiva dos signatários da Paz da Vestfália em relação ao seu povo e território.

Os três principais inimigos do Império habsbúrgico expandiram seus territórios, reduzindo a influência deste no Sacro Império Romano-Germânico. A França, maior potência europeia, anexou parte da Alsácia-Lorena. O cardeal italiano Mazarin, primeiro ministro de Luís XIV, foi um dos principais responsáveis pela Paz da Vestfália. A Suécia anexou Bremen, Pomerânia Ocidental e Wismar, obtendo direito de voto na Dieta Imperial. Brandenbugo-Prússia ficou com a Pomerânia Oriental e bispados como Magdeburgo. A Baviera, principal representante da Liga Católica (1609-1635) e aliada incondicional do Império habsbúrgico, também saiu fortalecida. A independência da Suíça foi reconhecida oficialmente pela Paz da Vestfália, embora ela tenha existido *de facto* desde a Guerra dos Suabos (1499), na qual a Antiga Confederação Helvética (ca. 1300-1798) derrotou a Casa de Habsburgo. Na Guerra dos Trinta Anos, a Suíça adotou o princípio da neutralidade armada permanente, até hoje em vigor. A Casa de Habsburgo, também conhecida na Espanha como *Casa de Austria*, de onde provinham tradicionalmente os sacro imperadores romano-germânicos, além de ser obrigada a reconhecer a independência *de facto* da Suíça e dos Países Baixos, perdeu boa parte do controle que detinha sobre os príncipes alemães. Obrigada a tolerar a existência de príncipes e Estados luteranos no Sacro Império, bem como a reconhecer a secularização das propriedades eclesiásticas, ela atravessou sua primeira grande crise.

As consequências da Paz da Vestfália para o próprio funcionamento do Sacro Império Romano-Germânico também foram grandes. O poder do imperador foi reduzido, e a soberania das partes constitutivas do Império, expressamente reconhecida. Embora o Sacro Império fosse a maior potência militar e econômica do continente europeu, com uma grande e relativamente bem instruída população, a inexistência de uma autoridade central bem estabelecida em seu seio contribuiu não apenas para a eclosão da Guerra dos Trinta Anos, com cidades inteiras sendo arrasadas em meio a grandes massacres que não pouparam católicos nem protestantes, como para a ascensão de uma França e de uma Prússia crescentemente centralizadas. Somente no século XIX, com a fundação do Império alemão (1871-1918), unificando reinos, grão-ducados, ducados, principados e cidades livres hanseáticas do Sacro Império, com exceção dos territórios pertencentes ao Império Austro-Húngaro (1867-1918), a França deixou de ser a principal potência continental europeia em proveito da Prússia. O sacro imperador romano-germânico tornou-se um monarca sem recursos, sem poder, sem exército. Sua autoridade, como membro da Casa de Habsburgo, na prática, era exercida apenas nas regiões do Sacro Império pertencentes a esta dinastia. A luta travada pelo Império austríaco (1804-1867) e pelo Reino da Prússia (1701-1918) em prol da hegemonia alemã enfraqueceu ainda mais o imperador. Em meio às Guerras Napoleônicas, Francisco II (1768-1835), da Casa de Habsburgo, dissolveu o Sacro Império.[184]

---

[184] HODGE, Carl Cavanagh (ed.). *Encyclopedia of the Age of Imperialism, 1800-1914*. v. 1. Westport/Londres: Greenwood Press, 2008, p. 303.

Apesar de os conflitos terem continuado na Europa, o legado da Paz da Vestfália continua vivo até hoje. O princípio da não interferência em assuntos internos de outro país, um dos seus principais fundamentos, tornou-se essencial para a nova ordem política mundial surgida com o final da Guerra dos Trinta Anos. O universalismo, pedra de toque do Sacro Império Romano-Germânico, foi substituído pelo princípio do equilíbrio de poderes; para evitar que um país se torne hegemônico, nenhuma potência deve deter a supremacia militar em relação às demais. Com o princípio da não interferência em assuntos internos de outro país, a Paz da Vestfália criou a base para o princípio da autodeterminação dos povos.

Após a Paz de Münster, mediante a qual o Império espanhol reconheceu a independência dos Países Baixos, o comércio destes com a Península Ibérica e o Levante voltou a florescer. Os mercadores neerlandeses aproveitaram o fim das hostilidades recíprocas e os baixos custos para dominar mercados que haviam sido durante a Guerra dos Oitenta Anos controlados por mercadores ingleses. Em meio à Guerra Civil inglesa, os mercadores neerlandeses também aproveitaram a turbulência do outro lado do canal da Mancha para substituir os mercadores ingleses no comércio com as colônias americanas. Isto contribuiu para que, menos de cinco anos depois de a Paz de Münster ter sido assinada, a Inglaterra, com a Primeira Guerra Anglo-Holandesa, se convertesse na principal inimiga dos Países Baixos, seu antigo aliado. A regente Amália de Solms-Braunfels contribuiu para que a Paz de Münster fosse adotada.

A HÁBIL CASAMENTEIRA

Amália de Solms-Braunfels, filha de João Alberto I (1563-1623), conde de Solms-Braunfels, e de Agnes (1568-1617), condessa de Sayn-Wittgenstein, casou-se na Haia em 4 de abril de 1625 com Frederico Henrique, príncipe de Orange. Deste casamento, nasceram sete filhas e dois filhos; quatro filhas e um filho chegaram à vida adulta. A condessa Amália nasceu no castelo da família em Braunfels, como terceira filha do primeiro casamento de João Alberto. Recentemente nomeado aio (*hofmeister*), seu pai, quando ela veio ao mundo, estava em Heidelberg, na Corte do príncipe-eleitor do Palatinato. Os aios, nas cortes dos imperadores, reis e príncipes alemães, dirigiam os afazeres domésticos, sendo subordinados diretamente ao monarca; a partir do século XV, o cargo de aio tornou-se equivalente ao de conselheiro ou ministro. João Alberto era o conselheiro político mais importante do príncipe-eleitor do Palatinato, bem como seu principal funcionário. Amália recebeu este nome em homenagem a Amália de Neuenahr (ca. 1539-1602), casada em primeiras núpcias com Henrique de Brederode (1531-1568), da Casa de Brederode, uma das mais antigas famílias aristocráticas holandesas, cujas origens remontam ao século XIII. Durante a Guerra dos Oitenta Anos, Henrique, convertido ao calvinismo, apoiou Guilherme I, príncipe de Orange, contra o Império espanhol. Amália cresceu em Heidelberg. Escolhido para ser rei da Boêmia, Amália acompanhou o príncipe-eleitor do Palatinato Frederico V (1596-1632) até Praga.

Filho de Frederico IV (1574-1610) e de Luísa Juliana de Orange-Nassau (1576-1644), a primogênita do estatuder Guilherme I, calvinista, intelectual e místico, Frederico V tornou-se rei da Boêmia, um dos estados mais ricos e prósperos do Sacro Império Romano-Germânico, berço de Jan Hus, o primeiro reformador religioso e predecessor do protestantismo, em meio a um grande tumulto. Durante a Revolta da Boêmia (1618-1620), houve uma rebelião contra a Casa de Habsburgo. Na Segunda Defenestração de Praga, ocorrida em 23 de maio de 1618, teve início a Guerra dos Trinta Anos. Com o Palatinato invadido e ocupado pelas tropas imperiais, Frederico fugiu para os Países Baixos em busca da ajuda do seu tio, o estaúter Maurício, levando consigo as joias da Coroa da Boêmia. Tendo passado o resto da sua existência no exílio, a maior parte do tempo na Haia, Frederico V não viveu o bastante para ver sua filha Sofia do Palatinato (1630-1714) tornar-se, com o Decreto de Estabelecimento de 1701, herdeira do trono do Reino da Grã-Bretanha (1707-1800) e fundadora da Casa de Hanôver, da qual a atual rainha inglesa Isabel II faz parte.

Na fuga de Frederico V, Amália também o acompanhou. Grávida, a rainha deposta da Boêmia, Isabel Stuart (1596-1662), deu à luz pelo caminho, ajudada por Amália. As andanças de Frederico V terminaram quando na Haia, em 1621, o estatuder Maurício concedeu-lhe asilo político. Mesmo sem ter muito dinheiro à disposição, Frederico viveu nos Países Baixos em grande estilo, tornando-se uma das principais personalidades da vida mundana da Haia. Entrementes, Amália passou a ser conhecida como dama de companhia da Rainha Inverno, Isabel Stuart. Acompanhando-a, Amália comparecia com frequência à corte de Maurício, onde ela conheceu o irmão mais jovem deste, Frederico Henrique. Em seus últimos anos, o solteirão Maurício pressionou seu meio-irmão Frederico Henrique para que ele se casasse. A escolhida foi Amália, com quem este mantinha uma relação amorosa desde 1622. Embora a família de Amália, mergulhada na Guerra dos Trinta Anos, vivesse acima dos seus meios, as Casas de Solms-Braunfels (1258-1806) e de Sayn-Wittgenstein (1384-1607), sob o ponto de vista nobiliárquico, equivaliam à de Orange-Nassau. Isabel de Nassau-Dilemburgo (1542-1603), avó de Amália, era irmã de Guilherme I, príncipe de Orange.

Pouco depois do casamento de Amália com Frederico Henrique, Maurício morreu. Frederico tornou-se, assim, estatuder. Para ser aceito pelos outros reinos e principados europeus, Frederico recorreu, como seus predecessores, ao título "príncipe de Orange". A posse de tal principado no sul da França deu aos estatuderes uma natureza monárquica, embora eles fossem soberanos de uma República, a República das Sete Províncias Unidas dos Países Baixos, a República Coroada. A vida na Haia assumiu características cada vez mais semelhantes às das outras capitais reais e principescas europeias, tendo como modelo as cortes do Palatinato e da Boêmia. Neste processo de transformação de uma capital nominalmente republicana em uma capital autenticamente monárquica, Amália desempenhou um papel fundamental. Frederico Henrique e Amália eram adeptos entusiastas do classicismo francês. Os Palácios ten Nieuwburg e ten Bosch, construídos por iniciativa deste casal, foram inspirados no Palácio do Luxemburgo e no Palácio de Versalhes, de iniciativa, respectivamente, dos reis franceses Luís XIII (1601-1643) e Luís XIV.[185] Em 1620, Frederico contratou um arquiteto francês para construir o Palácio Honselaarsdijk. Os interiores de tais palácios, bem como do próprio Binnenhof, sede até hoje de ambas as casas dos Estados Gerais dos Países Baixos, o Parlamento neerlandês, foram adaptados ao estilo francês.

Apaixonada por peças de porcelana, laca, marfim, bem como joias, Amália também colecionava quadros. Seu gosto diferenciava-se do da burguesia holandesa. Nos palácios, não havia tantas obras dos grandes mestres do Século de Ouro dos Países Baixos. Amália preferia pintores fla-

---

[185] As três residências da família real dos Países Baixos são o Palácio ten Bosch (*Huis ten Bosch*), o Palácio Noordeinde (Paleis Noordeinde) e o Palácio Real (Koninklijk Paleis). Os dois primeiros localizam-se na Haia, o segundo em Amsterdã. Enquanto o Palácio ten Bosch foi construído a mando de Frederico Henrique e de Amália de Solms-Braunfels, e o Palácio Noordeinde, reformado e ampliado a mando destes, o Palácio Real, a antiga prefeitura de Amsterdã, foi construído a mando do regente e prefeito de Amsterdã Cornelis de Graeff (1599-1664). Luís Bonaparte (1778-1846), rei da Holanda (1806-1810), converteu para uso próprio a antiga prefeitura de Amsterdã num palácio real.

mengos como Antoon van Dyck (1599-1641) e Peter Paul Rubens (1577-1640), bem como pintores de Haarlem e Utrecht, que seguiam um estilo acadêmico internacional. A única exceção foi o holandês Rembrandt van Rijn; de 1625 a 1633, treze de suas obras foram adquiridas por Frederico e Amália. Por volta de 1650, a coleção de Amália atingiu cerca de quinhentos quadros, a metade composta por retratos. Neles, destacavam-se as mais relevantes relações políticas e dinásticas de Frederico Henrique e de sua esposa.

O Palácio ten Bosch, cuja construção foi iniciada em 2 de setembro de 1645, a exemplo do Palácio de Versalhes, era o ponto de encontro da Corte com suas festas, apresentações musicais e teatrais. Erguido num terreno que Amália conseguira dos Estados da Holanda, o Palácio ten Bosch foi concebido pelos arquitetos católicos Pieter Post (1608-1669), irmão mais velho do pintor Frans Post (1612-1680), e Jacob van Campen (1596-1657), criadores do classicismo holandês e autores do projeto da *Mauritshuis*, a Casa de Maurício/Casa Maurícia, de João Maurício de Nassau-Siegen (1604-1669), governador-geral do Brasil Holandês. Os interiores do Palácio ten Bosch foram decorados por artistas católicos, muitos dos quais com estudos na Itália. A lista é longa, indo desde Jacob Jordaens (1593-1678) a Salomon de Bray (1597-1664), passando por Adriaen Hanneman (ca. 1603-1671) e Gonzales Coques (ca. 1614-1684). Morto Frederico Henrique, Amália decidiu dedicar o salão central, o Salão Orange, à sua memória; construído de 1648 a 1651 por Jacob van Campen, Amália selecionou pintores dos Países Baixos, em sua maioria católicos, fiéis ao estilo de Rubens, e não de Rembrandt, para decorá-lo. Do chão ao teto, pinturas cheias de simbolismo e alegorias lembram a vida de Frederico Henrique.

Amália e Frederico tiveram um casamento feliz. Tido como simpático e *bon vivant*, ele, durante os meses de verão, participava de campanhas militares. Nos acampamentos do Exército, Frederico não admitia a presença de mulheres, o que contribuiu para sua reputação de homem fiel.

Todos os cinco filhos de Amália e Frederico que chegaram à idade adulta fizeram bons casamentos, graças às ambições dinásticas da mãe. Guilherme II, ao casar-se com a princesa inglesa Maria Henriqueta Stuart, selou a supostamente promissora aliança anglo-holandesa. Confrontada com o fato de sua filha mais velha Luísa Henriqueta de Orange-Nassau estar apaixonada por Henri Charles de La Trémoille (1620-1672), bisneto de Guilherme I, Amália deixou-lhe claro seu descontentamento.[186] Luísa, contra sua vontade, casou-se com Frederico Guilherme, eleitor do Brandemburgo e duque da Prússia, soberano do Brandemburgo-Prússia, o Grande Eleitor, tornando-se, assim, a matriarca dos posteriores reis da Prússia e imperadores da Alemanha; Frederico I, filho de Luísa, foi o primeiro rei da Prússia. Durante o Primeiro Período sem Estatuder, em que os Países Baixos foram governados por regentes como Andries Bicker (1586-1652) e Cornelis de Graeff, inspirados por um ideário republicano, a Casa de Orange-Nassau foi desprestigiada, mas mesmo assim Amália conseguiu que suas três filhas mais novas encontrassem maridos à altura de suas aspirações. Albertina Inês (1634-1696), ao casar-se com o estatuder frísio Guilherme Frederico de Nassau-Dietz (1613-1664), tornou-se a ancestral da atual família real dos Países Baixos. Henriqueta Catarina (1637-1708) e sua irmã Maria (1642-1688) tiveram como maridos, respectivamente, João Jorge II (1627-1693), príncipe de Anhalt-Dessau, e Luís Henrique (1640-1674), conde palatino de Simmern.

Quando Frederico Henrique vivia, Amália era sua principal conselheira. Sua influência cresceu a partir de 1640, quando ele passou a sofrer de artrite e de uma doença semelhante ao mal de Alzheimer. Incapacitado de tomar decisões, Amália passou a participar regularmente de deliberações políticas e diplomáticas, sendo cortejada por embaixadores que lhe enviavam presentes com o objetivo de influenciá-la. Nestas circunstâncias, Amália convenceu Frederico a participar das negociações de paz que resultaram na Paz da Vestfália, pondo fim à Guerra dos Oitenta Anos. Por seus esforços bem-sucedidos, Amália foi recompensada pelo Império espanhol com o castelo dos duques do Brabante, em Turnhout, próximo a Antuérpia, em Flandres, restaurado por Pieter Post. De 1650 a 1672, depois da morte do seu filho Guilherme II, Amália tornou-se a principal guardiã do neto Guilherme III, príncipe de Orange, futuro estatuder dos Países Baixos (1672-1702) e rei da Inglaterra, Irlanda e Escócia (1689-1702).

Foi em pleno Primeiro Período sem Estatuder, desencadeado pela morte de Guilherme II, tendo o cargo de estatuder ficado vacante nos Países Baixos, com a exceção das províncias da Frísia e Groninga, que Amália

---

[186] Para Amália, os casamentos de seus filhos eram decididos em função da razão de Estado (Cf. KLOEK, E.M. De Vrouw. In: *Gestalten van de Goude Eeuw. Een Hollands groepsportret*. H.M. Beliën, A.Th. Van Deursen e G.J. van Setten (eds.), Amsterdã: Uitgeverij Bert Bakker, 1995, p. 263).

assumiu a guarda do neto. Oito dias após a morte de Guilherme II, a viúva Maria Henriqueta Stuart deu à luz o estatuder-rei Guilherme III. Amália e Maria lutaram na Justiça pela guarda da criança, até que a Suprema Corte da Holanda e Zelândia decidisse finalmente atribuí-la conjuntamente a Maria, a Amália e a Frederico Guilherme, o Grande Eleitor. Após a morte de Maria em 24 de dezembro de 1660, aos vinte e nove anos de idade, foi Amália que assumiu praticamente sozinha a guarda de Guilherme III. Embora Amália tenha sempre lutado pelos interesses da Casa de Orange-Nassau, ela soube evitar rotas de colisão com o grande pensionário Johan de Witt, primeiro-ministro *de facto* da República das Sete Províncias Unidas dos Países Baixos. A aprovação da Lei de Seclusão, em 4 de maio de 1654, excluindo Guilherme III do cargo de estatuder, e do Édito Perpétuo, em 5 de agosto de 1657, a resolução dos Estados da Holanda que aboliu o cargo de estatuder nesta província neerlandesa, ambos com o beneplácito de Johan de Witt, não impediu que Amália continuasse a manter contato com a alta aristocracia europeia, colocando-a a par das vicissitudes republicanas dos Países Baixos. Sua habilidade política contribuiu para que seu neto Guilherme III fosse nomeado em 1672 estatuder da Holanda, Zelândia, Utrecht, Gueldres e Oversijssel, bem como capitão-general do Exército dos Estados Gerais.

O CONQUISTADOR AFONSO DE ALBUQUERQUE

Primeiras expedições

O rei português d. Manuel I, o Afortunado, deu continuidade ao projeto de expansão ultramarina do seu antecessor, d. João II, o Príncipe Perfeito. D. João II, deu, por sua vez, prosseguimento ao projeto do seu tio-avô, o infante Henrique, o Navegador, um dos principais responsáveis por convencer seu pai, d. João I, fundador da Casa de Avis, a conquistar Ceuta em 21 de agosto de 1415. De Ceuta, haviam partido as tropas do Califado Omíada (661-750), lideradas pelo general Tariq Ibn Ziyad (?-722), que, ao adentrar na Península Ibérica, derrotaram Rodrigo (?-714), o último soberano do Reino Visigótico (418-711). À época do infante Henrique, as rotas do comércio transaariano começavam e terminavam em Ceuta, perto do estreito de Gibraltar. Tendo como objetivo chegar à Índia por via marítima, livrando-se da intermediação árabe, otomana e veneziana no comércio das especiarias, d. João II financiou a expedição de Bartolomeu Dias (ca. 1451-1500), que, ao alcançar o oceano Índico a partir do Atlântico, provou que não era possível chegar à Índia a partir da Europa apenas por via terrestre. Com d. Manuel I, surgiu o Império português; em seu reino, Vasco da Gama (ca. 1460-1524) descobriu o caminho marítimo para a Índia, ligando o Ocidente ao Oriente. Uma das principais fontes de renda do Califado Abássida (750-1258/1261-1517), o comércio das especiarias via oceano Índico e golfo Pérsico passou a ser controlado por Portugal.

Afonso de Albuquerque foi conquistador, estadista, um dos principais responsáveis pela construção do Império português. Afonso viveu durante os reinos de d. Afonso V, d. João II e d. Manuel I, tendo prestado serviços aos três. Primeiro europeu a chegar ao golfo Pérsico e ao mar Vermelho, um gênio militar, administrativo e político, Afonso lançou e consolidou as bases do Império português do Oriente Médio à Oceania, passando pelo subcontinente indiano e pelo arquipélago indonésio. Para que o comércio das especiarias fosse controlado por Portugal, Afonso de Albuquerque, o maior almirante da sua época, *o César do Oriente, o Grande, o Leão dos Mares, o Terrível*, fechou todos os acessos do oceano Índico para o oceano Atlântico, o golfo Pérsico e o mar Vermelho, bem como para o oceano Pacífico. Ao transformar o oceano Índico num *mare clausum*, com acesso vedado ao Império otomano, senhor de Constantinopla desde 29 de maio de 1453, principal entreposto do comércio das especiarias vindas do subcontinente indiano e do arquipélago indonésio rumo à Europa, Afonso também contribuiu para o declínio do Império safávida (1501-1722), centrado na Pérsia.

Afonso de Albuquerque participou da Guerra Luso-Turca (1481-1718), uma longa sucessão de conflitos em que o Império otomano lutou ao lado da República de Veneza (697-1797) e da República de Ragusa (1358-1808), duas das principais repúblicas marítimas italianas, contra Portugal pelo controle das rotas marítimas que atravessavam o oceano Índico rumo ao subcontinente indiano. Com sua genialidade tática e estratégica, Afonso de Albuquerque derrotou em inferioridade numérica otomanos e persas, transformando-se em vida numa lenda. Almirante do primeiro império global da história mundial, Afonso conquistou em 1507 Ormuz, na entrada do golfo Pérsico, derrotando o xá Ismail I (1487-1524), fundador do Império safávida. Conquistador ainda de Goa em 1510 e de Malaca em 1511, ele tornou-se, ao ser nobilitado por d. Manuel I com o título duque de Goa, o primeiro duque não pertencente à família real. Depois de Alexandre, o Grande, fonte de inspiração para Afonso de Albuquerque, este tornou-se o segundo europeu a fundar uma cidade na Ásia.[187]

Descendente do primeiro rei de Portugal, d. Afonso I, o Grande, Afonso de Albuquerque foi educado na Corte de d. Afonso V, na qual teve a oportunidade de conhecer o futuro rei d. João II. Antes de chegar ao golfo Pérsico e ao mar Vermelho, ele prestou serviço militar por uma década na África do Norte em campanhas militares contra árabes e turcos. Ao

---

[187] Afonso de Albuquerque, ob. cit., p. 211: "Do Mar Roxo, que é porto de Suez, ao mar de levante é muito curto caminho: a voz dos mouros é que Alexandre, quando conquistou a terra, quisera romper êste mar no outro: e vai ter êste caminho por desertos de areais entre Jerusalém e o Cairo, e chamam-lhe os mouros à terra dêste caminho Samila."

lado de d. Afonso V, Afonso participou da conquista de Arzila em 24 de agosto de 1471 e de Tânger em 28 de agosto de 1471, cidades situadas no litoral atlântico marroquino, até então sob controle do Sultanato Wattassida (1472-1554), um reino berbere magrebino. Afonso de Albuquerque também esteve ao lado de d. Afonso V na Batalha de Toro, travada em 1º de março de 1476, parte da Guerra de Sucessão de Castela, contra os Reis Católicos Isabel I de Castela e Fernando II de Aragão. Em 14 de agosto de 1480, o Império otomano, seguindo as ordens do sultão Mehmed II (1432-1481), o Conquistador, tomou Otranto, uma localidade italiana situada diante do estreito que separa a Itália da Albânia. Depois da batalha, oitocentos moradores de Otranto, *os Mártires de Otranto*, que se recusaram a abjurar a fé católica, foram decapitados. Vinte e sete anos depois da Queda de Constantinopla, temeu-se que Roma teria o mesmo destino. Afonso de Albuquerque juntou-se então às tropas do rei Fernando I de Nápoles (1423-1494), ajudando a expulsar o Império otomano da Itália. Seguindo os passos do pai, Gonçalo de Albuquerque (ca. 1420-?), conselheiro de d. Afonso V, Afonso de Albuquerque foi membro da guarda pessoal de d. João II e de d. Manuel I.

Desde a descoberta do caminho marítimo para o subcontinente indiano por Vasco da Gama, Portugal passou a organizar anualmente as Armadas da Índia, frotas de navios tendo Goa como destino. A Carreira da Índia, esta ligação marítima entre Lisboa e Goa, conforme salientamos acima, seguia a Rota do Cabo, passando pelo cabo da Boa Esperança, no extremo sul da África; ela durou quase meio milênio, de 8 de julho de 1497, data em que Vasco da Gama zarpou de Lisboa, até a abertura do canal de Suez, em 17 de novembro de 1869. Com a Rota do Cabo, Portugal emancipou-se da intermediação otomana e veneziana na aquisição de especiarias asiáticas.

Em 1503, o rei d. Manuel I determinou que a Quinta Armada da Índia fosse comandada por Afonso de Albuquerque. Sem nunca antes ter colocado os pés no subcontinente indiano, Afonso partiu de Portugal para resolver um problema criado por Pedro Álvares Cabral. Depois de ter passado pelo Brasil, comandando a Segunda Armada das Índias, Cabral chegou em 13 de setembro de 1500 a Calicute. Nesta cidade do sudoeste do subcontinente indiano, no atual estado de Kerala, ele obteve do samorim, rajá hindu, de Calicute, autorização para fundar uma feitoria e um armazém. Pouco tempo depois, em 16 de dezembro de 1500, árabes muçulmanos e indianos hindus mataram mais de cinquenta portugueses num ataque-surpresa. A reação de Pedro Álvares Cabral foi imediata e brutal. Dez navios mercantes árabes foram atacados; seiscentos tripulantes foram mortos, e a carga, confiscada. Pedro Álvares Cabral ordenou ainda que Calicute fosse bombardeada.[188] Reproduzindo a inimizade que existiu por sete séculos entre cristãos e muçulmanos na Península Ibérica durante a Reconquista, este duplo massacre foi a certidão de nascimento de uma animosidade renovada. Portugal queria controlar o comércio das especiarias asiáticas. Para tanto, ele tinha de suprimir *manu militari* o monopólio árabo-otomano. De início, Portugal contentou-se com a obtenção de um tratamento preferencial, mas não tardou para que fosse exigida a exclusão dos muçulmanos. Afonso de Albuquerque chegou ao subcontinente indiano para fincar as raízes de Portugal na Ásia.

Antes de ter despachado Afonso rumo à Ásia, d. Manuel I colocou em 1502 a Quarta Armada da Índia sob o comando de Vasco da Gama. Na sua segunda viagem ao subcontinente indiano, este teve como principal objetivo atacar e subjugar Calicute, criando condições para o estabelecimento de um monopólio comercial português da costa do Concão, de Bombaim a Karnataka, passando por Goa, até o Cabo Comorim, a localidade mais ao sul da Índia, englobando toda a costa do Malabar. Ao chegar a Calicute, Vasco da Gama comportou-se de forma semelhante a Pedro Álvares Cabral. Além de bombardear Calicute, ele interceptou um navio com mais de quatrocentos peregrinos, incluindo cinquenta mulheres, que ia desta cidade para Meca. Depois de saqueá-lo, Vasco da Gama queimou vivos todos os passageiros, embora estes tenham se oferecido para pagar um resgate. Durante a carnificina, mulheres segurando bebês imploraram por misericórdia.[189] Tendo exigido a expulsão dos muçulmanos de Calicute, o samorim enviou ao encontro de Vasco da Gama um nambudiri, alto sacerdorte brâmane, para reverter esta decisão. Vasco da Gama tomou-o por um espião e mandou que seus lábios e ouvidos fossem arrancados. Com um par de orelhas caninas costuradas em sua cabeça, o alto sacerdorte brâmane foi enviado de volta sem mais explicações. Ao zarpar de Lisboa rumo a Calicute com a Quinta

---

[188] MARKOVITS, Claude (ed.). *A History of Modern India 1480-1950*. Londres: Anthem Press, 2004, p. 62.
[189] CALVERT, Patricia. *Vasco da Gama. So Strong a Spirit*. Nova York: Benchmark Books, 2005, p. 67.

Armada das Índias, Afonso de Albuquerque sabia que estava pisando em terreno minado.

Em 6 de abril de 1503, Afonso de Albuquerque zarpou rumou à Índia acompanhado de Duarte Pacheco Pereira (ca. 1460-1533), o Aquiles Lusitano, e Nicolau Coelho (ca. 1460-1502). Além de continuar a guerra contra o samorim de Calicute, Afonso transformou o Reino de Cochim (séc. VI-1949) num estado satélite português e estabeleceu vínculos comerciais com o Reino de Coulão (séc. XII-1729), também na costa do Malabar, centro do comércio de especiarias desde a época dos fenícios e dos antigos romanos, um dos primeiros grandes entrepostos marítimos mundiais, junto com Alexandria, a chinesa Quanzhou e Malaca. Dois anos depois da partida de Afonso de Albuquerque de Lisboa, foi fundado o Estado da Índia, a Índia Portuguesa, com capital em Cochim e depois em Goa, exercendo jurisdição desde o cabo da Boa Esperança a Nagasaki. De volta a Portugal, d. Manuel I confiou ao capitão-mor da costa da Arábia Afonso de Albuquerque uma segunda expedição à India. Em 6 de abril de 1506, ele voltou a zarpar de Lisboa com a Oitava Armada das Índias. Para d. Manuel I, o arquipélago de Socotorá, diante do mar Vermelho, tinha de ser conquistado. Assim, um dos principais caminhos marítimos utilizados pelos mercadores árabes para levar especiarias do subcontinente indiano ao Cairo e a Alexandria seria suprimido. Em Socotorá, os portugueses construíram, após conquistá-la sob o comando de Tristão da Cunha (ca. 1460-ca. 1540) e Afonso de Albuquerque, tendo ambos, anteriormente, atacado uma série de cidades árabes situadas no litoral índico africano, o Forte de São Miguel, para impedir que o Sultanato mameluco do Egito (1250-1517) lançasse expedições militares contra o embrionário Estado da Índia.

Vasco da Gama chegou à costa do Malabar com a ajuda de pilotos recrutados em Zanzibar. Ao atacar frotas que levavam mercadorias e peregrinos da Índia ao mar Vermelho, os portugueses disseminaram o pânico no oceano Índico. Assustados, os soberanos locais, do samorim de Calicute ao sultão do Yêmen, passando pelo do Gujarate, solicitaram ajuda ao Egito. Para o sultão mameluco Al-Ashraf Qansuh al-Ghawri (1446-1516), os portugueses deviam ser sumariamente expulsos do oceano Índico. Assumindo-se como protetor dos peregrinos que se dirigiam à Meca, ele escolheu como almirante Amir Husain Al-Kurdi (?-?), governador da cidade de Jidá, parte do Sultanato mameluco do Egito e principal porto de acesso à cidade santa.[190] Para evitar que os portugueses chegassem à Meca, Jidá[191] foi fortificada, transformando-se numa praça-forte.[192]

A Guerra Luso-Mameluca (1505-1517) durou mais de dez anos. O bombardeio de Calicute em 1500-1501 pela Segunda Armada das Índias, sob o comando de Pedro Álvares Cabral, prejudicou a exportação de especiarias da Índia ao Egito e, de lá, a Veneza, provocando um forte aumento de preços.

Antes da chegada dos portugueses, o comércio no oceano Índico, de Java a Zanzibar, era controlado por muçulmanos, que traziam produtos como especiarias das ilhas Molucas e seda da China para vendê-los no Egito e na Pérsia. Ao chegar ao oceano Índico, o Império português desafiou os interesses do Sultanato mameluco do Egito e da República de Veneza, já que era capaz de vender especiarias na Europa com preços inferiores aos dos seus concorrentes. No Cairo e em Alexandria, o preço das especiarias asiáticas disparou com a brusca diminuição da oferta. Aliando-se ao Sultanato mameluco do Egito, a República de Veneza ajudou este a vencer o Império português na Batalha de Chaul (1508). Em paz com o Império otomano desde o final da Guerra Turco-Veneziana (1463-1479), a República estimulou os turcos a juntarem-se ao Sultanato mameluco do Egito contra o Império português.

Francisco de Almeida vingou-se da morte do seu único filho homem na Batalha de Diu (1509). Sozinha, a força naval portuguesa enfrentou e derrotou uma coalizão formada por – o sultão mameluco do Egito Al-Ashraf Qansuh al-Ghawri, o sultão otomano Bayezid II (1447-1512), o samorim de Calicute, o sultão de Guzarate, a República de Veneza e a República de Ragusa. Com efeito semelhante à Batalha de Lepanto, travada em 7 de outubro de 1571, em que a Liga Santa, formada por países católicos mediterrâneos, derrotou o Império otomano, a Batalha de Diu marcou o início

---

[190] Afonso de Albuquerque, ob. cit., pp. 196-197: "O porto de Dgedah é abrigado de todos os ventos, cercado de arrecifes de pedra à maneira de ilhotas, aparcelado um pouco para o lugar, em tal maneira que tôdas as náos estão um bom pedaço afastadas do lugar: de Dgedah a Meca há um dia de caminho de um homem a cavalo; e a pé e de camelos de carga é jornada de um dia e meio."
[191] Jidá continua a ser a porta para a Meca. Naquela, está localizado o maior farol do mundo, o Farol de Jidá. Capital econômica da Arábia Saudita, Jidá continua a ser hoje o maior porto do mar Vermelho.
[192] Afonso de Albuquerque, ob. cit., p 191: "(...) tomámos muitas náos de mantimentos, que iam para Dgedah e Meca."

da incontestada supremacia do Império português no oceano Índico até a Batalha de Suvali (1612), em que a Companhia das Índias Orientais inglesa (1600-1874) derrotou os portugueses.

Depois da conquista de Socotorá, Afonso de Albuquerque foi para o Reino de Ormuz (séc. X-séc. XVII), à entrada do golfo Pérsico. Por Ormuz, em direção a Baçorá e Alepo, cidades localizadas atualmente no Iraque e na Síria, rumo ao mar Mediterrâneo e à Europa, passavam especiarias asiáticas vindas do subcontinente indiano. O Reino de Ormuz, antes de tornar-se um estado satélite do Império português, era tributário da Pérsia. À frente de uma frota de seis navios e uma tripulação de quinhentos homens, em seu percurso rumo a Ormuz, Afonso de Albuquerque conquistou as cidades de Curiate e Mascate, situadas no atual Sultanato de Omã, e Corfacão, nos Emirados Árabes Unidos, as três próximas da entrada do golfo Pérsico. Em 25 de setembro de 1507, Afonso chegou ao Reino de Ormuz para dele apossar-se. O Reino de Ormuz não foi pego desprevenido. Cerca de vinte mil homens estavam prontos para defendê-lo. Indiferente a esta demonstração de força, Afonso intimou-os a tornarem-se vassalos do rei de Portugal. Depois de esperar três dias por uma resposta que não veio, Afonso de Albuquerque ordenou que a artilharia destruísse a frota do Reino de Ormuz. Assustado, o soberano do Reino de Ormuz cedeu e tornou-se tributário do rei de Portugal. Poucos dias depois desta nova conquista, lá chegou o emissário do xá Ismail I da Pérsia para coletar o tributo devido pelo Reino de Ormuz. Afonso de Albuquerque despachou-o de volta com a mensagem de que o único tributo a ser pago seriam armas e balas de canhão, dando início a uma relação tumultuosa entre ele e o xá da Pérsia. Descontentes com as dificuldades com as quais se defrontaram, vários portugueses desertaram rumo à Índia. Sem mantimentos e com a frota reduzida a dois navios, Afonso abandonou Ormuz temporariamente.

Desde o início, d. Manuel I tinha um plano para bloquear o comércio de especiarias asiáticas com o Sultanato mameluco do Egito, o Império otomano e a China. Com a conquista de Adém e de Socotorá, elas não iriam mais ao Cairo e a Alexandria. A captura de Ormuz impediria sua chegada ao Império otomano. Com a conquista de Malaca, seria a vez de a China ser excluída deste lucrativo comércio. O plano de d. Manuel I foi seguido à risca por Afonso de Albuquerque.

Governador-Geral da Índia Portuguesa

Em 11 de setembro de 1509, Diogo Lopes de Sequeira (1465-1530) chegou a Malaca para que o sultão Mahmud Shah (?-1528) autorizasse o estabelecimento de uma feitoria portuguesa; para os mercadores muçulmanos guzarates, isto representou uma intromissão do Império português no estreito que separava as atuais Malásia e Indonésia. Para não ser assassinado, aquele fugiu às pressas, deixando para trás vários portugueses que foram feitos prisioneiros. Menos de dois meses depois da chegada de Diogo Lopes de Sequeira a Malaca, Afonso de Albuquerque tornou-se, em 4 de novembro de 1509, o segundo governador (1509-1515) do Estado da Índia, que ia da África austral ao Sudeste Asiático. Seguindo o plano traçado por d. Manuel I, para controlar o comércio de especiarias, Afonso acreditava ser necessário submeter a *Umma*, a comunidade supranacional formada por muçulmanos, ao Império português. O tratamento recebido por Diogo Lopes de Sequeira foi encarado por Afonso de Albuquerque como um *casus belli* que não podia ser resolvido por meios pacíficos. Embora houvesse recebido ordens do rei d. Manuel I para conquistar Adém, Ormuz e Malaca, Afonso de Albuquerque decidiu atacar Goa.

Desde o século XIV, o Decão, o centro-sul do subcontinente indiano, fora dividido entre duas grandes entidades soberanas inimigas entre si, o muçulmano Sultanato de Bijapur (1490-1686) e o hindu Império Vijayanagara (1336-1646). Uma das cidades mais prósperas do mar Arábico, Goa, que durante muito tempo esteve sob a jurisdição de Jidá,[193] pertencia ao Sultanato de Bijapur. Em 1496, ela fora conquistada pelo sultão Yusuf Adil Shah (1450-1511).

Interessado em lutar contra o Sultanato mameluco do Egito, Afonso de Albuquerque foi convencido pelo pirata e corsário Timoji (?-?), a serviço do Império Vijayanagara, a conquistar Goa, cuja população hindu queria ver-se livre do controle muçulmano. Em Goa, refugiara-se a frota do Sultanato mameluco do Egito depois de Batalha de Diu. Hindu, Timoji teria fugido de Goa, na qual nascera, depois de sua conquista pelo sultão Yusuf Adil Shah. Ao lado de Timoji, Afonso de Albuquerque atacou Goa duas vezes até con-

---

[193] SHOKOHY, Mehrdad. *Muslim Architecture of South India*. Londres/Nova York: Routledge, 2003: p. 254: "Zain al-Din records that Goa was once amongst the ports under the jurisdiction of Jedda in Arabia. His account indicates the Independence of the Muslim settlers from the local rulers – as was commonly the case with the Muslim settlements of Malabar."

quistá-la. Tendo à sua disposição uma frota de 23 navios e 1.200 homens, ele chegou a Goa em 17 de fevereiro de 1510. Depois de o sultão Ismail Adil Shah (1498-1534), filho de Yusuf Adil Shah, ter resistido à invasão, Afonso de Albuquerque bateu em retirada em 30 de maio de 1510. Seis meses mais tarde, em 25 de novembro de 1510, Afonso voltou à frente de uma frota de 34 navios, 1.500 portugueses e 300 malaialas; mais uma vez, Timoji juntou-se a ele. Para o Império português, o maior risco continuou a ser sempre a formação de uma aliança entre o Sultanato de Bijapur, o Sultanato mameluco do Egito, o Império otomano, o Sultanato de Guzarate (1407-1573) e o samorim de Calicute. Em menos de um dia, Afonso conquistou Goa do sultão Ismail Adil Shah, o qual capitulou em 10 de dezembro de 1510. A população muçulmana de Goa, homens, mulheres e crianças, foi executada. Nos *Lusíadas*, Luís de Camões, no Canto X, estrofes 40-49, louva os feitos de Afonso de Albuquerque, embora não deixe de criticar seus excessos.[194]

Embora Afonso tenha conquistado Goa sem a expressa autorização de d. Manuel I, não tardou para que esta superasse Calicute como o principal centro do comércio de especiarias do oceano Índico. Durante quase meio milênio (1510-1961), Goa foi o principal território sob controle português no subcontinente indiano. Cochim tornou-se capital do Estado da Índia por um curto espaço de tempo (1505-1530), ao contrário de Goa (1530-1961).[195] Em seu estágio inicial, o Estado da Índia drenou atenção e recur-

---

[194] *Os Lusíadas*, Canto X: "45 – "Mais estanças cantara esta Sirena/Em louvor do ilustríssimo Albuquerque,/Mas alembrou-lhe uma ira que o condena,/Posto que a fama sua o mundo cerque,/O grande Capitão, que o fado ordena/Que com trabalhos glória eterna merque,/Mais há-de ser um brando companheiro/Pera os seus, que juiz cruel e inteiro. 46 – Mas em tempo que fomes e asperezas,/ Doenças, frechas e trovões ardentes,/A sazão e o lugar, fazem cruezas/Nos soldados a tudo obedientes,/Parece de selváticas brutezas,/De peitos inumanos e insolentes,/Dar extremo suplício pela culpa/Que a fraca humanidade e Amor desculpa. 47 – Não será a culpa abominoso incesto/Nem violento estupro em virgem pura,/Nem menos adultério desonesto,/Mas com uma escrava vil, lasciva e escura./Se o peito, ou de cioso, ou de modesto,/Ou de usado a crueza fera e dura,/Cos seus uma ira insana não refreia,/Põe, na fama alva noda negra e feia. 48 - Viu Alexandre Apeles namorado/Da sua Campaspe, e deu-lha alegremente,/Não sendo seu soldado exprimentado,/Nem vendo-se num cerco duro e urgente./Sentiu Ciro que andava já abrasado/Araspas, de Panteia, em fogo ardente,/Que ele tomara em guarda, e prometia/Que nenhum mau desejo o venceria. 49 – Mas, vendo o ilustre Persa que vencido/Fora de Amor, que, enfim, não tem defensa,/Levemente o perdoa, e foi servido/Dele num caso grande, em recompensa./Per força, de Judita foi marido/O férreo Balduíno; mas dispensa/Carlos, pai dela, posto em cousas grandes,/Que viva e povoador seja de Frandes."
[195] Goa foi capital do Estado da Índia de 1530 a 1843. Nova Goa, Pangim, sucedeu-a de 1843 a 1961. Depois de Pangim ter se tornado capital do Estado da Índia, Goa tornou-se conhecida como "Velha Goa".

sos do Império português, inviabilizando a conquista do Marrocos. A conquista de Goa não teria sido possível sem a colaboração hindu. Afonso de Albuquerque recompensou Timoji, tornando o pirata e corsário representante da população local perante o Estado da Índia. O Sultanato de Guzarate e o samorim de Calicute reconheceram a conquista de Goa, enviando-lhe embaixadas. Quase tão rica quanto Lisboa durante séculos, um dos principais centros administrativos, políticos e religiosos do Império português, Goa tornou-se o principal entreposto do comércio de especiarias. Em Goa, Afonso de Albuquerque fundou a primeira casa da moeda portuguesa no Oriente, na qual foram cunhadas moedas de cobre, prata e ouro; na Goa do século XVI, circularam cruzados e manuéis, são tomés e patacões, bazarucos e xerafins. Noventa e cinco anos depois da conquista de Ceuta (1415), o Império português incorporou o primeiro território asiático.

Goa era um importante centro de venda de cavalos árabes e persas. Com o subcontinente indiano quase sempre em estado de guerra permanente, a cavalaria dos vários sultanatos precisava estar sempre pronta para qualquer eventualidade. Originários da Península Arábica e da Pérsia, eles passavam pelo Reino de Ormuz antes de chegar ao subcontinente. Os sultões indianos compravam estes animais a peso de ouro.

No ano seguinte à conquista de Goa, foi a vez de o Sultanato de Malaca (1400-1511) ser atacado por Afonso de Albuquerque. Sua capital, a cidade portuária de Malaca, controlava a passagem pelo estreito de Malaca, entre a Malásia Peninsular e a ilha indonésia de Sumatra, por meio do qual circulavam navios entre a China e a Índia. Para não serem tratados da mesma forma que os muçulmanos em Goa, o sultão de Malaca, Mahmud Shah, depois de ter expulso Diogo Lopes de Sequeira, preparou-se para uma luta de vida ou morte contra o Império português. O almirante Afonso de Albuquerque rumou ao Sultanato de Malaca em abril de 1511, com uma frota de 18 navios e 1.200 homens, dentre os quais duzentos mercenários hindus, prontos para dar o golpe de misericórdia naquele que era tido como um dos sultões mais ricos e poderosos do mundo. Além de passar a controlar a circulação de navios entre a China e a Índia, Afonso também queria punir os venezianos por sua colaboração com o Sultanato mameluco do Egito, impedindo que especiarias das ilhas Molucas e seda da China chegassem à República Sereníssima; com Malaca sob o controle do Império português, tanto o Sultanato mameluco do Egito quanto a República de Veneza teriam de buscar em Lisboa estes produtos. Em 25 de julho de 1511, Afonso de Albuquerque atacou o Sultanato de

Malaca, mas teve de recuar. Ao voltar a atacá-lo, ele conquistou em agosto um dos maiores entrepostos comerciais do mundo, apesar do intenso fogo de artilharia.[196] Os moradores muçulmanos de Malaca foram massacrados ou vendidos como escravos pelos portugueses. Os hindus foram poupados.

Em Malaca, Afonso de Albuquerque tomou conhecimento das Ilhas das Especiarias, as ilhas Molucas, localizadas entre as ilhas Celebes e a Nova Guiné.[197] Nas Ilhas das Especiarias, ocupadas por muçulmanos, havia guarnições do Império otomano, controlando o comércio de especiarias como o cravo-da-índia e a noz-moscada. Até então, a localização das Ilhas das Especiarias fora mantida em segredo pelos mercadores árabes. No mesmo ano da conquista de Malaca, Afonso de Albuquerque enviou uma expedição comandada por Antônio de Abreu (ca. 1480-ca. 1514) às Ilhas das Especiarias. Lá, os portugueses, os primeiros europeus a chegar às ilhas Molucas, passaram cerca de um mês, comprando lotes dos lucrativos cravo-da-índia e noz-moscada. A *Suma Oriental*, escrita em Malaca pelo farmacêutico Tomé Pires (ca. 1465-ca. 1540), foi, como tivemos a oportunidade de salientar anteriormente, a primeira obra europeia sobre a Malásia.

Em Malaca, havia mercadores chineses. Alguns deles, contrários ao sultão Mahmud Shah, deram juncos, embarcações tradicionais chinesas, aos portugueses para ajudá-los na conquista do Sultanato de Malaca; os bens dos cinco mercadores que deram tais embarcações não foram confiscados por Afonso de Albuquerque. Mahmud Shah enviou ao imperador chinês Zhengde (1491-1521), da Dinastia Ming (1368-1644), um pedido de socorro. O Sultanato de Malaca era um estado tributário da China. Em retaliação à conquista efetuada pelo almirante Afonso de Albuquerque, os chineses prenderam, torturaram e executaram vários portugueses que se encontravam em seu território. O sultão, ao pedir ajuda ao imperador Zhengde, colocou-o a par dos massacres ocorridos em Malaca. Nesta,

---

[196] Pouco mais tarde, Tristão da Cunha, embaixador de d. Manuel I junto ao papa Leão X (1475-1521), filho este de Lourenço, o Magnífico, soberano *de facto* da República Florentina (1115-1532), conduziu em 12 de março de 1514 uma luxuosa embaixada em Roma, com a presença do elefante Hanno, na qual esta sequência ininterrupta de conquistas do Império português foi homenageada.

[197] Fernão de Magalhães (ca. 1480-1521) lutou nas Batalhas de Cananore (1506) e de Diu (1509). Com Diogo Lopes de Sequeira, ele foi membro da primeira embaixada portuguesa a Malaca. Ao lado de Afonso de Albuquerque, Fernão de Magalhães participou em 1511 da conquista desta cidade. Ao voltar a Portugal, ele desentendeu-se com o rei d. Manuel I, que se negou a financiar sua viagem às Ilhas das Especiarias a partir do leste, circunavegando o continente americano, e não o africano, como fizera Vasco da Gama rumo à Índia.

Zheng He (1371-1433), o almirante chinês que comandou expedições ao Oriente Médio e à África Oriental, estabelecera uma base. Durante três décadas, portugueses foram perseguidos na China. A embaixada chefiada por Tomé Pires em 1516, na qual ele representou d. Manuel I junto ao imperador chinês Zhengde, a primeira embaixada europeia enviada ao Império do Meio desde a de Giovanni de' Marignolli (?-1359), a cargo do papa Bento XII (ca. 1280-1342), foi desbaratada; tudo o que foi trazido por ela foi confiscado. Reféns foram feitos na esperança de poderem ser utilizados como moeda de troca para exigir a volta ao trono do sultão Mahmud Shah. Em Cantão, portugueses foram executados em praça pública. O Reino do Sião (1351-1767), que recebera em 1511, mesmo ano da conquista de Malaca, uma embaixada portuguesa chefiada por Duarte Fernandes (?-?), não ajudou o sultão Mahmud Shah contra o Império português. A China derrotou o Império português nas Batalhas de Tunmen (1521) e de Xicaowan (1522), impedindo-o de conquistá-la. Para enfraquecê-lo, ela boicotou Malaca, preferindo manter relações comerciais com Java. Em 1557, a China, apesar de tanta animosidade, cedeu Macau a Portugal como retribuição à ajuda recebida contra piratas japoneses.[198]

    Durante décadas, Malaca foi alvo de várias tentativas de reconquista. Sultões malaios fizeram tudo o que estava ao seu alcance para expulsar dali o Império português. Além de solicitar a intervenção da China no conflito, o sultão Mahmud Shah tentou retomar várias vezes a capital por conta própria. Os ataques contra Malaca eram lançados a partir da ilha de Bintão, ao sul do estreito de Singapura, onde o sultão fora refugiar-se.

    Ao contrário do que esperavam d. Manuel I e Afonso de Albuquerque, o comércio de especiarias asiáticas não foi completamente controlado pelo Império português a partir de Malaca. Desde 1530, um caminho alternativo para o comércio de especiarias surgiu do Sultanato de Achém (1496-1903) rumo ao mar Vermelho. Evitando aproximar-se de Goa e de Malaca, esta rota foi bem acolhida pelo Império otomano. Antes da conquista portugue-

---

[198] Além de Tomé Pires, Fernão Pires de Andrade (?-1552), Jorge Álvares (?-1521) e Rafael Perestrello (?-?) também foram à China depois da conquista de Malaca. Jorge Álvares foi o primeiro europeu a chegar à China por via marítima, à ilha de Lintin, no estuário do rio das Pérolas, e Rafael Perestrello, o primeiro europeu a chegar por via marítima à China continental, enviado por Afonso de Albuquerque para melhorar as relações do Império português com a Dinastia Ming. A expedição de Tomé Pires e Fernão Pires de Andrade, em seguida às de Jorge Álvares e Rafael Perestrello, a primeira embaixada europeia enviada à China, governada pelo imperador Zhengde, foi autorizada por d. Manuel I.

sa, encontravam-se em Malaca mercadores árabes, chineses, japoneses e persas. Os Sultanatos de Achém, Johor e Bantém (1527-1813) logo passaram a comprar cravo-da-índia e noz-moscada das ilhas Molucas e pimenta de Sumatra, vendendo tais produtos a mercadores árabes e otomanos. Malaca nunca atingiu o apogeu de Goa.

Para superar o isolamento provocado pela repercussão do massacre e fuga dos mercadores muçulmanos, Afonso iniciou, após a conquista de Goa e de Malaca, uma ofensiva comercial e diplomática no Sudeste Asiático. Uma embaixada foi enviada ao Reino Hanthawaddy (1287-1552), atual Myanmar. Lá, do reinado de Binnya Ran I (1393-1446) ao de Binnya Ran II (1469-1526), especiarias e seda eram vendidas a mercadores vindos de todo o oceano Índico em troca de ouro e prata, criando um círculo virtuoso que ajudou a transformá-lo num dos centros do budismo teravada. Do outro lado do estreito de Malaca, ficava a ilha de Sumatra, no caminho marítimo entre a Índia e a China. Para evitar que os sultanatos muçulmanos se unissem para atacar a mais nova aquisição do Império português, o almirante Afonso de Albuquerque recorreu à máxima *divide et impera*, com o objetivo de transformar os sultanatos mais fracos e próximos em estados clientes do Império português, à semelhança do que a China costumava fazer na região. O rei siamês Ramathibodi II (1473-1529), antes de Afonso de Albuquerque, tentara conquistar pela força das armas o Sultanato de Malaca. Embora tenha fracassado, ele passou a exigir o pagamento de tributos. A ida de Duarte Fernandes ao Reino do Sião, majoritariamente budista, citada acima, foi bem-sucedida. Em vez de queixar-se da perda do Sultanato de Malaca, temendo uma invasão portuguesa, o rei siamês concedeu ao Império português liberdade comercial, bem como o direito de enviar missões religiosas e construir igrejas.[199] Esta abertura comercial perante o Ocidente foi mantida por todos os soberanos que sucederam Ramathibodi II, o que contribuiu para fazer do Reino do Sião um dos poucos países asiáticos que jamais se transformaram numa colônia europeia.

Em 20 de novembro de 1511, Afonso de Albuquerque partiu a bordo do galeão *Flor do Mar* de Malaca rumo à costa do Malabar. Antigo, com uma longa ficha de serviços prestados ao Império português, tendo participado das conquistas de Ormuz, Goa e Malaca, esta embarcação não

---

[199] SHIWARAKUEL, Warayuth. Christianity and Thai Culture. In: *Relations between Religions and Cultures in Southeast Asia*. Gadis Arivia e Donny Gahral Adian (eds.). Washington: The Council for Reasearch in Values and Philosophy, 2009, p. 91.

era considerada segura. Afonso usou esta nau para transportar o tesouro obtido com a conquista de Malaca, o maior centro comercial do Oriente à época. No *Flor do Mar*, o conquistador de Goa e Malaca também colocou presentes dados pelo rei siamês Ramathibodi II a d. Manuel I, bem como tudo o que Afonso de Albuquerque conseguira amealhar para sua própria fortuna pessoal. Durante a viagem, *Flor do Mar* foi atingido por uma violenta tempestade e naufragou. Afonso de Albuquerque escapou da morte certa numa jangada feita às pressas. O tesouro obtido com a conquista de Malaca, os presentes recebidos do rei siamês Ramathibodi II para d. Manuel I e os bens de Afonso de Albuquerque foram para o fundo do mar. Malásia e Indonésia disputam até hoje os despojos do *Flor do Mar*, bem como tudo o que ele transportava. Não se sabe até hoje em que trecho do estreito de Malaca jaz este galeão.

O sultão de Bijapur, Ismail Adil Shah, não se conformou com a derrota perante o Império português. Um de seus principais generais, Rasul Khan (?-?), enquanto Afonso de Albuquerque estava em Malaca, sublevou Goa. Ao conseguir finalmente retornar ao subcontinente indiano, Afonso de Albuquerque não rumou em direção em Goa, mas a Cochim. Durante sua ausência, os portugueses que estavam em Goa haviam capitulado por escrito perante Ismail Adil Shah. Bloqueado pela chegada da monção, Afonso de Albuquerque partiu em 10 de setembro de 1512 de Cochim para Goa com 14 navios e 1.700 soldados. Intimidado, Rasul Khan capitulou. O general de Ismail Adil Shah entregou os desertores portugueses com a condição de que suas vidas fossem poupadas. Afonso de Albuquerque concordou com esta condição. Cumprindo com sua palavra, os desertores permaneceram vivos, mas foram mutilados.

Dentre os desertores, estava o soldado Fernão Lopes (?-1545). Em Goa, Afonso de Albuquerque deixara-o como chefe da guarnição, encarregado de manter a ordem. Ao retomar a Goa, Afonso constatou que alguns desertores, incluindo Fernão Lopes, haviam se convertido à religião muçulmana e se casado com nativas; as tropas de Fernão Lopes também se haviam aliado às do general Rasul Khan contra as do Império português. Líder dos desertores, Fernão Lopes foi seviciado; seu nariz, ouvidos, braço direito e polegar esquerdo foram arrancados. Metade dos desertores sobreviveram ao suplício, tendo buscado em seguida refúgio na selva que circundava Goa. Depois da morte de Afonso de Albuquerque em 1515, Fernão Lopes voltou a Lisboa. O navio parou na ilha de Santa Helena, descoberta em 21 de maio de 1502 pelo galego João da Nova (1460-1509) a serviço do Império português. Dispondo de muitas fontes de água doce, esta ilha tornara-se um centro de reabastecimento das Armadas da Índia, que faziam a ligação marítima anual entre Lisboa e Goa pelo cabo da Boa Esperança. Fernão Lopes não continuou a viagem rumo a Lisboa. Ficou sozinho em Santa Helena, duzentos anos antes de Robinson Crusoé no romance de Daniel Defoe (ca. 1660-1731). Nesta ilha vulcânica açoitada pelos ventos alísios, entre a Bahia e Angola, onde Napoleão Bonaparte (1769-1821) morreu em 5 de maio de 1821, Fernão Lopes viveu por três décadas na mais absoluta solidão, com a exceção de um galo que lhe fazia companhia. Tido como uma espécie de santo por sua abnegação e deformidades por quem passava pela ilha de Santa Helena, Fernão Lopes tornou-se agricultor, plantando e colhendo frutas. Depois de dez anos na ilha, ele voltou a Portugal. Após visitar sua família e ser recebido por d. João III, o Piedoso, ele foi para Roma. Impressionado, o papa Clemente VII (1478-1534) absolveu-o da apostasia praticada quando de sua conversão à religião muçulmana. Ao papa, Fernão Lopes pediu para voltar à ilha de Santa Helena. De volta a Portugal e de posse de uma carta do papa Clemente VII solicitando seu retorno à ilha a João III, Fernão Lopes lá viveu vinte anos a mais na mais absoluta solidão até morrer.[200]

As Ilhas das Especiarias eram dominadas pelo Sultanto de Ternate (1257-1914) e pelo Sultanato de Tidore (1450-1904). Contra estes dois sultanatos, o Império português concentrou suas ofensivas durante décadas. Deposto e enviado para Goa, o sultão Tabariji (1521-1542) de Ternate converteu-se ao catolicismo e doou a ilha de Amboina, em pleno coração das Ilhas das Especiarias, ao Império português. Para evitar mais dissabores, o Sultanato de Tidore estabeleceu uma aliança política e comercial com o Império português, abandonada mais tarde em favor dos Países Baixos. Para lutar contra o Império português, o sultão Alauddin Ri'ayat Syah al-Kahar (?-1571), de Achém, enviou a Solimão (1494-1566), o Magnífico, um pedido de socorro, no qual o chamou de califa. O almirante otomano Kurtoğlu Hızır Reis (?-?) comandou (1568-1569) uma das expedições navais do Império otomano a Sumatra. Esta aliança entre o Sultanato de Achém e o Império otomano contribuiu para impedir que o Império português consolidasse a transformação do oceano Índico num *mare clausum*.

---

[200] FARIA, Manoel Severim de. *Vida de João de Barros e indice geral das quatro decadas da sua Asia*. Lisboa: Regia Officina Typographica, 1778, p. 125.

Aconselhada por Pero da Covilhã (ca. 1460-ca. 1526), a imperatriz regente da Etiópia Helena (?-1522) enviou Mateus (?-1520) como embaixador do negus a d. Manuel I. Do Império português, Helena esperava apoio contra o Império otomano. Ao chegar a Goa em 1512, Mateus foi recebido em grande estilo por Afonso de Albuquerque. Há tempos, os portugueses haviam tentado estabelecer uma aliança com o Preste João, o lendário rei cristão da Etiópia, o negus, cercado por muçulmanos. Apesar de terem surgido suspeitas de que ele era um espião muçulmano disfarçado, Afonso remeteu-o a Lisboa, onde ele chegou em 1514. Embora d. Manuel I tenha enviado Mateus de volta à Etiópia acompanhado de uma embaixada portuguesa, a aliança entre o imperador Dawitt II (ca. 1496-1540) e d. Manuel I contra o Império otomano nunca se concretizou. O humanista Damião de Góis (1502-1574) divulgou em sua obra a embaixada etíope de Mateus.

Sabendo que o Sultanato mameluco do Egito estava preparando uma segunda frota em Suez, Afonso de Albuquerque decidiu cumprir o que fora prescrito por d. Manuel I, conquistar Adém, à entrada do mar Vermelho. De posse de Adém, qualquer frota do Sultanato mameluco do Egito vinda de Suez rumo a Goa ou Malaca poderia ser facilmente interceptada. Em 26 de março de 1513, Afonso de Albuquerque sitiou Adém. À frente da primeira frota europeia a passar pelo estreito de Bab-el-Mandeb, que separa a Ásia da África, conectando o mar Vermelho ao oceano Índico, ele tentou chegar a Jidá, porta de entrada para a Meca. Para destruir o Sultanato mameluco do Egito, Afonso de Albuquerque cogitou desviar o curso do rio Nilo. Dentre seus planos, estava apoderar-se do corpo do profeta Muhammad (ca. 570-632), que jaz na mesquita Al-Masjid an-Nabawi, em Medina.[201]

Desde a Batalha de Diu (1509), Afonso fez o que pôde para eliminar a ameaça muçulmana vinda do Sultanato mameluco do Egito e do Império otomano. Ao partir de Goa em 7 de fevereiro de 1513 para deter a segunda frota do Sultanato mameluco do Egito, ele seguiu à frente de 24 navios, 1.700 portugueses e 1.000 indianos. Depois de ter tentado chegar a Jidá, ele voltou à Índia após ter bombardeado Adém mais uma vez. Para os muçulmanos, esta campanha naval de Afonso de Albuquerque foi interpretada como um sinal de fraqueza. Ele não conseguiu bloquear o comércio de especiarias no mar Vermelho, nem tampouco assegurar o tão ansiado

---

[201] PETERS, F.E. *Mecca. A Literary History of the Muslim Holy Land*. Princeton University Press, 1994, p. 189.

monopólio comercial português no comércio de especiarias entre a Índia e a Europa. A tentativa de Afonso de Albuquerque de chegar ao porto de Suez e às cidades santas de Meca e Medina alarmou o Sultanato mameluco do Egito e o Império otomano, que formaram uma aliança de 1514 a 1517 contra o inimigo comum. Ao concentrar suas forças na guerra contra o Império português, o Sultanato mameluco do Egito enfraqueceu-se perante o seu antigo rival. Tendo perdido a Guerra Otomano-Mameluca (1516-1517), o Sultanato mameluco do Egito deixou de existir, sendo anexado pelo Império otomano. O almirante otomano Selman Reis (?-?) partiu de Suez em 30 de setembro de 1515 à frente de dezenove navios do Sultanato mameluco do Egito, com 3.000 homens, dos quais 1.300 soldados turcos. Embora tenha conseguido defender Jidá dos portugueses em 1517, esta frota conjunta perdeu o sentido com o início da Guerra Otomano-Mameluca. Durante este conflito, o Império português aproveitou para consolidar suas posições no oceano Índico e no subcontinente indiano. Com o sultão Selim I, o Implacável, o Império otomano conquistou o Cairo em 26 de janeiro de 1517, o golpe de misericórdia definitivo contra o Sultanato mameluco do Egito.

Afonso de Albuquerque voltou em 1515 ao Reino de Ormuz, comandando uma frota de 27 navios e 2.200 soldados. Depois da retirada portuguesa em 1507, o rei de Ormuz governava sob a estrita vigilância de um vizir persa, o temido e odiado Reis Hamed (?-?). Perante o rei de Ormuz, a mando de Afonso de Albuquerque, Reis Hamed foi morto a facadas. Pondo de lado o projeto de uma aliança entre o Império português e a Pérsia, o Reino de Ormuz tornou-se um estado satélite do Império português. Em 1622, ao final da centenária Guerra Luso-Persa (1507-1622), o xá Abas I (1571-1629) da Pérsia, com ajuda da Companhia das Índias Orientais inglesa, reconquistou Ormuz.

Nos portos controlados pelos portugueses, Afonso de Albuquerque colocou em prática o sistema do cartaz, a licença portuguesa exigida dos navios mercantes que pretendiam navegar pelo oceano Índico. As autoridades do Império português expediam cartazes para navios de países aliados ou tributários. Aos navios mercantes hindus, malaios e muçulmanos que circulavam pelo oceano Índico com o cartaz, o Império português oferecia proteção contra belonaves de países inimigos e piratas. Os navios com cartaz pagavam impostos nos entrepostos de Goa, Malaca e Ormuz, em obediência à política do *mare clausum* no oceano Índico. O navio desprovido de cartaz podia ser atacado, afundado ou ter sua mercadoria confiscada pelo Império português.

O legado de uma vida

Afonso de Albuquerque escreveu muitas cartas a d. Manuel I. Nelas, o Terrível pôs o rei a par de suas proezas, bem como do dia a dia do Estado da Índia. Seu filho Brás de Albuquerque (ca. 1501-1581) publicou em 1557 a coletânea de tais cartas na obra *Comentários de Afonso de Albuquerque*.[202] Este título alude a duas obras de Júlio César (100 a.C,-44 a.C.), *Comentário sobre a Guerra Civil* e *Comentário sobre a Guerra das Gálias*. Os *Comentários de Afonso de Albuquerque* são considerados um clássico da história do Império português.

Não apenas Camões louvou Afonso de Albuquerque nos *Lusíadas*, Canto X, estrofes 40-49, mas também Fernando Pessoa (1888-1935). Em *Brasão*, primeira parte da *Mensagem*, este homenageia o Terrível à sua maneira. A cabeça do grifo, do Império português, é o infante d. Henrique, o Navegador, que convenceu seu pai d. João I, o de Boa Memória, a conquistar Ceuta, dando início ao Império português. Uma das asas do Grifo, na *Mensagem*, é d. João II, o Príncipe Perfeito, que alinhavou o projeto de busca do caminho marítimo para a Índia. A outra asa do grifo, do Império português, é Afonso de Albuquerque.[203]

No tratado *Geografia*, Cláudio Ptolomeu (ca. 100-ca. 170) demonstrou saber onde se localizava a Malásia, a Península Dourada, uma terra onde haveria abundância não de especiarias, mas de ouro. Durante a Antiguidade Clássica, acreditou-se que o oceano Índico não se comunicava com

---

[202] O título da primeira edição da obra de 1557 chamou-se *Commentarios de Afonso Dalboquerque capitão geral e gouernador da India, colligidos por seu filho Afonso Dalboquerque das proprias cartas que elle escreuia ao muyto poderoso Rey dõ Manuel o primeyro deste nome, em cujo tempo gouernou a India*. A segunda edição de 1576 intitulou-se *Commentarios do grande Afonso Dalboquerque, capitam geral que foy das Indias Orientaes, em tempo do muito poderoso Rey dom Manuel, o primeiro deste nome: nouamente emendados & acrescentados pelo mesmo auctor, conforme às informações mais certas que agora teue: vão repartidos em quatro partes segundo o tempo dos acontecimentos de seus trabalhos*. Ambas as edições foram publicadas por Brás de Albuquerque.
[203] *Mensagem*, Primeira Parte, "Brasão", V. "O Timbre", "A outra asa do Grifo": Afonso de Albuquerque: "De pé, sobre os países conquistados/Desce os olhos cansados/De ver o mundo e a injustiça e a sorte./Não pensa em vida ou morte,/Tão poderoso que não quer o quanto/Pode, que o querer tanto/Calcara mais do que o submisso mundo/Sob o seu passo fundo./Três impérios do chão lhe a Sorte apanha./Criou-os como quem desdenha."

o oceano Pacífico. O geógrafo árabe Muhammad ibn Musa al-Khwarizmi (ca. 780-ca. 850) corrigiu esta distorção em sua obra *Livro da descrição da terra*; um dos pais da álgebra, a palavra algoritmo vem de al-Khwarizmi. No *Livro da descrição da terra*, há uma passagem entre o oceano Índico e o oceano Pacífico. Nesta passagem, ficava o arquipélago Malaio, a Insulíndia. Árabes, indianos e chineses frequentavam as Ilhas das Especiarias de longa data, mas os portugueses, sob as ordens de Afonso de Albuquerque, foram os primeiros europeus a chegar lá. O comandante Antônio de Abreu alcançou o arquipélago das Molucas antes de qualquer outro ocidental. Afonso de Albuquerque não só chegou à Ásia, como a conquistou. Fazendo o trajeto inverso do Terrível, o navegador português Fernão de Magalhães (1480-1521) chegou às Filipinas, do outro lado das Ilhas das Especiarias. As regiões de influência portuguesa e espanhola foram delimitadas pelo Tratado de Saragoça, de 22 de abril de 1529, assinado por d. João III e pelo imperador Carlos V. O arquipélago das Molucas ficou com o Império português até passar para os Países Baixos.

Com Afonso de Albuquerque, pela primeira vez, um país europeu, Portugal, entrou em contato oficial e regular com o Império do Meio. Jorge Álvares (?-1521), a mando de Jorge de Albuquerque (?-?), governador de Malaca e sobrinho do Terrível, num navio cheio de pimenta originária de Sumatra, descobriu Hong Kong. A despeito das hostilidades iniciais, o Império português, o mais longevo da história, com Macau, tornou-se o primeiro país europeu a estabelecer-se em caráter permanente no Império do Meio.

Em Goa e Malaca, Afonso de Albuquerque estimulou o casamento de portugueses com nativas. No século XVI, os netos já eram luso-asiáticos, dando origem a uma sociedade diferente da existente em Portugal, no subcontinente indiano e na Malásia. Bilíngues, os luso-asiáticos eram cristãos ou sincréticos, tinham uma compleição única e circulavam sem muita dificuldade pelas culturas dos seus antepassados, às vezes com mais facilidade do que os portugueses e asiáticos com as suas. No comércio, os luso-asiáticos destacaram-se; as mentalidades de além-mar e local não lhes eram estranhas. Por Goa e Malaca, transitavam mercadores vindos da Península Arábica, Pérsia, Índia, Insulíndia e China, transformando estes dois enclaves do Império português em centros cosmopolitas, a exemplo do que ocorreu mais tarde com Macau. Para ter a mão na garganta de Veneza, segundo Tomé Pires na *Suma Oriental*, aos portugueses foi necessário conquistar

Malaca. Os luso-asiáticos surgidos durante o reinado de d. Manuel I sob os auspícios de Afonso de Albuquerque foram protagonistas da expansão ultramarina portuguesa numa região cobiçada, entre outros, pelo Sultaunato mameluco do Egito, pelo Império otomano e pela China. Os luso-asiáticos viam Goa e Malaca como sua pátria, e não Portugal. Goa Dourada, *a Roma do Oriente*, no século XVII estava à altura das maiores cidades do mundo, com igrejas e palácios que lhe valeram o provérbio "*Quem viu Goa, dispensa de ver Lisboa*". Em Malaca e nas Ilhas das Especiarias, surgiram idiomas locais a partir da língua portuguesa, respectivamente o *papia kristang* e o *portugis*. Nas embarcações portuguesas, havia tripulantes da Península Arábica, subcontinente indiano, Insulíndia, os quais se comunicavam num português de ocasião, a língua franca do oceano Índico.

Apesar das várias tentativas, o Império português nunca conseguiu controlar Adém. Embora os portugueses costumassem enviar frotas para bloquear o Bab-el-Mandeb, eles não conseguiram impedir que navios provenientes do Sultanato de Guzarate transportassem pimenta proveniente de Sumatra desde o Sultanato de Achém até Jidá e Alexandria. Desta cidade, a partir da segunda metade do século XVI, o Império otomano vendia pimenta e demais especiarias à República de Veneza, numa quantidade que não era inferior àquela de antes da descoberta da Rota do Cabo em direção ao subcontinente indiano. Embora o oceano Índico não tenha se transformado completamente num *mare clausum* do Império português, a relação comercial que existia entre a Cristandade e o Islã, baseada em termos fixados pelos muçulmanos, nunca mais voltou a ser a mesma. Quando Vasco da Gama partiu de Lisboa em 8 de julho de 1497 em direção à Índia, o Sultanato mameluco do Egito controlava o Oriente Médio, desde o mar Vermelho a Beirute, incluindo o acesso a Meca. A descoberta do caminho marítimo para a Ásia foi o prenúncio não apenas da decadência do Sultanato mameluco do Egito, mas também da República de Veneza. Enquanto os portugueses estavam consolidando o Estado da Índia, os espanhóis Hernán Cortés (1485-1547) e Francisco Pizarro (ca. 1471-1541) conquistavam os Impérios asteca (1325-1521) e inca (1438-1533).

OS DEZ ANOS DO PRIMEIRO
MAURÍCIO DE NASSAU

Os primeiros embates

No século XVII, a Casa de Orange-Nassau gerou alguns dos mais brilhantes generais da Europa, incluindo dois dos mais importantes estrategistas daquela época, o estatuder Maurício de Nassau (1567-1625) e Henri de la Tour d'Auvergne, visconde de Turenne, marechal da França, neto do príncipe de Orange Gulherme I, o Taciturno. Em plena Guerra dos Oitenta Anos, a guerra de libertação nacional dos Países Baixos contra o Império espanhol, durante dez anos (1588-1598), Maurício, junto com seu primo Guilherme Luís (1560-1620), conde de Nassau-Dilemburgo, manteve uma duradoura contraofensiva em relação ao Império espanhol, inviabilizando seu projeto de conquista da República das Sete Províncias Unidas. Nestes dez anos (1588-1598) de luta encarniçada, Maurício de Nassau ganhou várias batalhas contra o Exército de Flandres, as tropas do Império espanhol baseadas nos Países Baixos dos séculos XVI-XVIII, anexando vários territórios, ao norte e leste dos Países Baixos espanhóis, à República. Maurício de Nassau conquistou com suas novas técnicas de guerra cidades fortificadas que eram tidas como inexpugnáveis, tornando-se ainda em vida famoso em toda a Europa. Para os seus contemporâneos, Maurício de Nassau era o Davi holandês capaz de vencer o Golias espanhol.

A maior parte do contingente do Exército dos Estados Gerais era composta por mercenários, pagos de acordo com as contribuições efetuadas pelas províncias. O número de soldados do Exército dos Estados Gerais durante a Guerra dos Oitenta Anos variou de acordo com os ataques sofridos ou praticados. Todo ano, as províncias aprovavam o projeto de lei orçamentária do Conselho de Estado, o órgão executivo dos Estados Gerais, o qual determinava quanto cada uma delas tinha de pagar para a defesa da República Coroada. A guerra de libertação nacional dos Países Baixos contra o Império espanhol era sua maior fonte de despesas.

A despeito de tudo, o primeiro Maurício de Nassau nunca foi um ditador militar. Para pôr em prática seus planos, ele precisava entrar em acordo com os Estados Gerais e o Conselho de Estado. Com frequência, representantes tanto dos Estados Gerais como do Conselho de Estado visitavam os cercos às cidades fortificadas para analisar e avaliar *in loco* o desenrolar dos acontecimentos. Antes de Maurício de Nassau tornar-se em 1587 capitão-general, generalíssimo, o Exército dos Estados Gerais não era conhecido por sua boa organização. Em vez de um grande contingente de mercenários subpagos, optou-se por um exército mais enxuto e mais bem remunerado. Maurício de Nassau supervisionava o treinamento das tropas, aumentando sua agilidade e aptidão para o ataque. Depois do retorno à Inglaterra de Robert Dudley, governador-geral das Províncias Unidas a serviço da rainha Isabel I, surgiu uma fundição que fabricava nos Países Baixos canhões que lançavam projéteis capazes de destruir as muralhas das cidades controladas pelo Império espanhol. Diante do poder de fogo destes canhões, algumas delas rendiam-se antes de qualquer bala ter sido disparada. As mais resistentes, depois de terem seus muros destruídos, eram invadidas por soldados armados com facas, lanças, mosquetes e rapieiras, uma espécie de espada comprida e estreita. O Exército de Flandres, comandado pelo governador-geral dos Países Baixos espanhóis, também ficou conhecido por seu caráter inovador. Bem antes da maior parte dos seus congêneres europeus, ele dotou-se de casernas, hospitais militares e regimentos permanentes, os terços, unidades de infantaria que eram a elite das tropas do Império espanhol.

Durante os dez anos deste Maurício de Nassau, ele teve de enfrentar o duque de Parma, Alexandre Farnese, então governador-geral dos Países Baixos espanhóis. Alexandre deslocava-se com frequência de Bruxelas, capital dos Países Baixos espanhóis, à República das Sete Províncias Unidas, para dar o golpe de misericórdia a cidades sitiadas. A estratégia militar do Exército de Flandres era em última instância determinada por Filipe II. Ao contrário do estatuder dos Países Baixos, escolhido pelos respectivos Estados provinciais da República Coroada, o governador-geral dos Países Baixos espanhóis era nomeado diretamente pelo rei da Espanha. Filipe II determinava contra quem e quando o Exército de Flandres devia agir. Alexandre Farnese atacou mais de uma vez com suas tropas o rei da França Henrique IV. O assassinato de Henrique I (1550-1588), duque de Guise, fundador da Liga Católica francesa (1576-1594), cujo principal objetivo era impedir que o huguenote Henrique de Navarra, o futuro Henrique IV, ascendesse ao trono, envenerara as relações franco-espanholas.

Antes de Maurício de Nassau assumir o comando, a situação do Exército dos Estados Gerais não era promissora. Na Batalha de Gembloux (1578), João da Áustria (1547-1578), então governador-geral dos Países Baixos espanhóis, com seu sobrinho Alexandre Farnese à frente da cavalaria do Exército de Flandres, derrotara as tropas rebeldes comandadas por Maximilien de Hénin-Liétard (1542-1578), conde de Boussu.[204] A vitória acachapante do Império espanhol na Batalha de Gembloux, com milhares de mortos entre as tropas do Exército dos Estados Gerais e pouco mais de uma dezena entre as do Exército de Flandres, resultou no fim da União de Bruxelas, assinada em 9 de janeiro de 1577, uma tentativa de evitar a desintegração dos Países Baixos. Com a União de Atrecht, assinada pouco depois da Batalha de Gembloux, em 6 de janeiro de 1579, várias províncias católicas do sul dos Países Baixos aliaram-se a Filipe II. A União de Utrecht, de 23 de janeiro de 1579, unificou as províncias do norte dos Países Baixos, sob o comando da Holanda e da Zelândia. Contra estas províncias consideradas rebeldes pelo Império espanhol, o governador-geral dos Países Baixos espanhóis Alexandre Farnese deu início a uma longa ofensiva militar, durante o que ficou conhecido como os nove anos de Parma (1579-1588). Depois da Queda de Antuérpia em 1585, os Países Baixos do Sul, católicos, ficaram sob o controle da Casa de Habsburgo, formando os Países Baixos espanhóis. Principal centro cultural, econômico e financeiro não apenas das Dezessete Províncias, que, antes da secessão da República Coroada, compreendiam os territórios dos atuais Bélgica, Luxemburgo, Países Baixos, trechos do norte da França e do oeste da Alemanha, unificadas pelo imperador Carlos V, bem como de toda a Europa Ocidental, Antuérpia precedeu Amsterdã em importância e influência.

Com quase todos os Países Baixos tendo sido conquistados pelo Império espanhol, a República das Sete Províncias Unidas reganhou fôlego com a derrota da Invencível Armada na Batalha de Grevelingen (1588). Situado em território flamengo, este porto era o território espanhol mais próximo da Inglaterra. A partir de Grevelingen, Alonso Pérez de Guzmán

---

[204] JAQUES, Tony. *Dictionary of Battles and Sieges. A Guide to 8,500 Battles from Antiquity through the Twenty-First Century*. v. 2: F-O.Westport/Londres: Greenwood Press, 2007, p. 388.

(1550-1615), VII duque de Medina-Sidônia, comandante em chefe da Armada espanhola, pretendia invadir a Inglaterra depois de juntar forças com o Exército de Flandres de Alexandre Farnese. A República e a Inglaterra uniram-se e derrotaram este projeto do Império espanhol, com o almirante Justino de Nassau (1559-1631), filho de Guilherme I, e o capitão, corsário e traficante de escravos Francis Drake (1540-1596) à frente.

Promovido a almirante-general em 1588, o primeiro Maurício de Nassau planejou, com Guilherme Luís de Nassau-Dilemburgo, a retomada das cidades que Alexandre Farnese conquistara. À época, a República Coroada controlava um território que não ia muito além das províncias da Holanda, Frísia, Utrecht e Zelândia. Com exceção do Principado Episcopal de Liège, um dos estados eclesitásticos do Sacro Império Romano-Germânico, que manteve sua neutralidade durante a Guerra dos Oitenta Anos, o restante dos Países Baixos estava sob o controle do Império espanhol. Navios mercantes neerlandeses que atravessavam o canal da Mancha rumo ao mar Mediterrâneo, Novo Mundo e Ásia eram atacados pelos piratas e corsários de Dunkerque, enquanto aqueles que se dirigiam ao mar Báltico eram a presa favorita dos piratas e corsários de Delfzijl, um porto dos Países Baixos próximo à fronteira com a atual Alemanha. Ocupada pelo Império espanhol em 1580, Delfzijl foi reconquistada por Maurício de Nassau em 1591.

Em 1589, os Países Baixos foram ameaçados não apenas pelo Império espanhol, como também por guarnições amotinadas do Exército dos Estados Gerais. Embora elas houvessem sido aquarteladas em praças-fortes com o objetivo de protegê-las, não foram poucas as que se rebelaram. Provenientes de vários países estrangeiros, sobretudo da Inglaterra, da França huguenote e de Flandres, os mercenários do Exército dos Estados Gerais não eram fáceis de serem controlados. Em 1º de setembro de 1575, pela segunda vez, Filipe II recorreu à moratória para salvar o Império espanhol do colapso. No Saque de Antuérpia, ocorrido em 4 de novembro de 1576, os terços espanhóis, que há dois anos não recebiam seus soldos, tendo de roubar a população local para sobreviver, rebelaram-se.[205] De forma semelhante, a guarnição inglesa que ocupava Geertruidenberg rendeu-se em 10 de abril de 1589 sem que um tiro fosse disparado ao Exército de Flandres.

---

[205] NUYENS, W.J.F. *Algemeene geschiedenis des nederlandschen volks.* v. 5. Amsterdã: C.L. van Langenhuysen, 1873, p. 107.

John Wingfield (?-1596), comandante desta guarnição inglesa, era até então considerado um fiel aliado dos Países Baixos.

Este Maurício de Nassau ocupou Breda em 1590, tradicional residência da Casa de Orange-Nassau, utilizando uma estratégia semelhante à do cavalo de Troia. Setenta soldados neerlandeses entraram nesta cidade escondidos numa embarcação, derrotando seiscentos soldados espanhóis sem sofrer nenhuma baixa. A conquista de Breda desmoralizou o Império espanhol. A partir desta cidade do Brabante do Norte, Maurício de Nassau lançou vários outros ataques bem-sucedidos contra o Exército de Flandres.

A continuação do conflito

Sucedendo seu pai Guilherme I, o primeiro Maurício de Nassau tornou-se em 1586, aos dezoito anos de idade, estatuder da Holanda e da Zelândia. Dois anos mais tarde, foi nomeado almirante-general da República. Em 1587, ele foi promovido ao cargo de capitão-general do Exército dos Estados Gerais. Esta carreira meteórica ilustra bem a situação desesperadora dos Países Baixos durante o início da Guerra dos Oitenta Anos.

O aniquilamento da Invencível Armada modificou para melhor a situação dos Países Baixos perante o Império espanhol, mas não completamente. Ao zarpar da Corunha, o duque de Medina-Sidônia tinha como objetivo escoltar o Exército de Flandres para invadir a Inglaterra. Deposta a rainha Isabel I, cessaria a intervenção inglesa nos Países Baixos. Sem o apoio de Isabel, Filipe II também esperava que os piratas e corsários ingleses parassem seus ataques contra as embarcações espanholas. Graças à participação decisiva da República Coroada ao lado da Inglaterra na acima mencionada Batalha de Grevelingen, a Invencível Armada não se juntou ao Exército de Flandres comandado por Alexandre Farnese. Perseguida pela frota inglesa, boa parte da Invencível Armada, fustigada por tempestades, naufragou em 8 de agosto de 1588 diante do litoral da Escócia e da Irlanda. No ano seguinte, Isabel despachou a Armada inglesa, a Contra-Armada, à Península Ibérica para dar o golpe de misericórdia contra Filipe. A Armada inglesa, comandada por Francis Drake, tinha como objetivos incendiar o que sobrara da Invencível Armada; invadir Lisboa e atiçar a população local numa rebelião contra a União Ibérica; estabelecer uma base inglesa permanente nos Açores; e capturar a Frota do Tesouro espanhol. Finda a União Ibérica, a Aliança luso-britânica, em vigor desde 1373, seria restabelecida, pondo termo ao embargo comercial imposto à Inglaterra em todo o Império português, do Brasil à China. A vitória da Armada inglesa também significaria o declínio definitivo do Império espanhol controlado pela Casa de Habsburgo. Da mesma forma que a Invencível Armada, a Armada inglesa foi fragorosamente derrotada. A destruição da frota atlântica espanhola, estacionada na Corunha, San Sebastián e Santander, ordenada por Isabel I, não ocorreu. Financiada pela Inglaterra e pelos Países Baixos, a Armada inglesa foi aniquilada em 1589 pela União Ibérica. Do lado inglês, quinze mil morreram no conflito; do lado ibérico, não mais de mil. A derrota da Armada inglesa, parte da Guerra Anglo-Espanhola (1585-1604), reanimou Filipe II.[206]

A partir de 1591, Maurício de Nassau, apesar da confiança readquirida pelo Império espanhol com a derrota da Armada inglesa, deu uma reviravolta definitiva na Guerra dos Oitenta Anos, conquistando várias cidades. Sua reputação crescera com a conquista de Breda em 1590, popularizada em todos os Países Baixos pelo fato de ele ter recorrido a um estratagema semelhante ao da Guerra de Troia. Ainda em 1590, ele tomou Steenbergen, localizada, como Breda, no Brabante do Norte. Depois destas duas vitórias, Maurício concentrou sua atenção no leste e oeste dos Países Baixos, tendo como meta criar fronteiras seguras para a República Coroada. Os Estados Gerais discutiram durante semanas a respeito de que cidades deveriam ser atacadas. Nímega, próxima à fronteira com a atual Alemanha, foi escolhida como o alvo prioriário da campanha de Maurício de Nassau em 1591, que contava com dez mil soldados, mas não o único.

Para conquistar Zutphen, um cidade hanseática situada no leste da República, Maurício de Nassau recorreu mais uma vez a um estratagema, digno da *Ilíada* e *Odisseia* de Homero. Depois de terem chegado às suas vizinhanças em 19 de maio de 1591, nove de seus soldados disfarçaram-se de camponeses e fingiram estar sendo perseguidos por cavaleiros dos Estados Gerais. Depois de terem sido admitidos no fortim, estes soldados

---

[206] LOCKYER, Roger. *Tudor and Stuart Britain, 1485-1714*. 3ª. ed. Londres/Nova York: Routledge, 2005, p. 227: "In the end Drake's plan was adopted, and in April 1589 a fleet carrying twenty thousand men set sail for Portugal. But the expedition was a total failure. Land and sea operations were not co-ordinanted, and more damage was done to the English forces by incompetence, drunkenness and sickness than by Spanish defenders. Vigo was sacked, but apart from that nothing was accomplished. American bullion continued to flow to Spain, Portugal remained part of Philip II's empire, and the half of the Armada that had returned to port was left to refit in security."

disfarçados de camponeses, mais uma vez à semelhança do que ocorreu com o cavalo de Troia, permitiram que as tropas de Maurício de Nassau e do seu aliado inglês Francis Vere (ca. 1560-1609) entrassem. Em 30 de maio de 1591, Zutphen caiu diante do Exército dos Estados Gerais. Depois de conquistá-la, Maurício de Nassau foi para Deventer, um pouco mais ao norte de Zuthpen, sempre próximo à fronteira com a atual Alemanha. Para Francis Vere, reconquistar Zutphen e Deventer era uma questão de honra para a Inglaterra. O inglês Rowland York (?-1588), comandate do fortim de Zutphen, entregara-o voluntariamente ao Império espanhol, tendo o também inglês William Stanley (1548-1630) feito o mesmo com Deventer. Dez dias depois da chegada de Maurício de Nassau, Herman van den Bergh (1558-1611) capitulou em 10 de junho de 1591 sem oferecer grande resistência. A reconquista de Zutphen e Deventer colocou toda a bacia do rio Issel, um braço do rio Reno que deságua no lago Issel, nas mãos da República Coroada.

 Embora quisesse atacar Groninga, controlada por Francisco Verdugo (1537-1595), Maurício de Nassau foi informado de que Alexandre Farnese estava preparando o envio de um reforço de vinte mil homens. Em inferioridade numérica, ele marchou para a já citada Delfzijl. Dois anos antes, em 9 de outubro de 1589, Guilherme Luís de Nassau-Dilemburgo conquistara o fortim de Zoutkamp, nas proximidades de Delfzijl. Comandado por Maurício de Nassau e seu primo Guilherme Luís, o Exército dos Estados Gerais tomou Delfzijl sem precisar lutar. Cercada pela queda do fortim de Zoutkamp e de Delfzijl, a situação de Groninga, um dos principais bastiões do Império espanhol no norte dos Países Baixos, tornou-se periclitante. Delfzijl era o porto de Groninga. Sem ela, Groninga passou a sofrer uma séria crise de abastecimento de itens de primeira necessidade. Da mesma forma que Zutphen e Deventer, para os Estados Gerais, Groninga fora ocupada pelo Império espanhol devido a uma traição. George de Lalaing (1536-1581), conde de Rennenberg, apoiou de início Guilherme I durante a Guerra dos Oitenta Anos, mas depois, católico convicto, voltou-se em 3 de março de 1580 para Filipe II. Retomar Groninga para a República Coroada também era uma questão de honra.

 Desde o começo de 1591, os Estados Gerais haviam decidido atacar Nímega. Antes de dirigir-se a esta cidade fronteiriça, no extremo leste dos Países Baixos, Maurício de Nassau salvou em 25 de julho de 1591 o fortim de Knodsenburg do ataque de Alexandre Farnese. Com este fortim sob o controle da República, Nímega foi praticamente cercada, à semelhança de Groninga. Com estas duas cidades aguardando o golpe de misericórdia do Exército dos Estados Gerais, Maurício, em mais uma manobra militar cujo objetivo era ocultar suas reais intenções, deslocou-se para Flandres, uma região ocupada pelo Império espanhol, diante da França. A cidade de Hulst, na foz do rio Escalda, rendeu-se em 24 de setembro de 1591. Retomada em seguida pelos espanhóis, ela foi reconquistada pelo estatuder Frederico Henrique em 4 de novembro de 1645. Entrementes, Alexandre Farnese foi enviado à França para lutar contra Henrique IV nas Guerras Religiosas francesas que contrapunham católicos e protestantes em tal país. Protegida por menos soldados do que há alguns meses, Nímega sucumbiu perante Maurício de Nassau em 21 de outubro de 1591 depois de ter resistido ao sítio do Exército dos Estados Gerais por uma semana. A tomada da cidade de Hulst, uma manobra dispersiva, fez com que os espanhóis acreditassem que o próximo alvo de Maurício era Geertruidenberg, também próxima à foz do rio Escalda, no Brabante do Norte, para vingar a anteriormente mencionada traição, sua rendição em 10 de abril de 1589 ao Exércio de Flandres, na pessoa de Alexandre Farnese. Assim, depois do rio Issel, os rios Reno e Waal, principal braço do rio Reno no centro dos Países Baixos, seriam liberados para o transporte de tropas e mercadorias da República. Estas conquistas transformariam os Países Baixos numa potência militar.

Embora a Zelândia tenha, após o ataque bem-sucedido a Hulst, pressionado por uma campanha militar contra Flandres, os Estados Gerais junto com Maurício de Nassau optaram por um alvo diferente, as cidades de Steenwijk e Coevorden, no nordeste do país, com o objetivo de cercar ainda mais Groninga. Steenwijk, tida como inexpugnável, rendeu-se a Maurício de Nassau em 5 de julho de 1592. Sem Steenwijk, as tropas espanholas perderam o acesso ao Zuiderzee, uma antiga baía do mar do norte localizada no noroeste dos Países Baixos, entre a Holanda e a Frísia. Reconquistado o Zuiderzee, mercadores destas duas províncias logo passaram a utilizá-lo para carga e descarga de mercadorias. Coervorden entregou-se em 2 de setembro de 1592, bloqueando as ligações terrestres de Groninga com Twente, uma região ao leste dos Países Baixos. Alexandre Farnese morreu em 3 de dezembro de 1592.

A Frísia pressionou para que Groninga fosse atacada e tomada o mais rápido possível, mas os Estados Gerais enviaram Maurício de Nassau a Geertruidenberg. Para confundir os espanhóis, Maurício despachou Filipe de

Nassau (1566-1595) com três mil soldados ao Luxemburgo. O novo governador-geral dos Países Baixos espanhóis, Pedro Ernesto de Mansfeld (1517-1604), levou a ameaça a sério e foi para o Luxemburgo com suas tropas. Entrementes, Maurício aproveitou esta ocasião para cercar Geertruidenberg com fortins. Quando Pedro Ernesto de Mansfeld para lá se dirigiu depois de verificar que a ida de Filipe de Nassau ao Luxemburgo se tratava de mais uma manobra dispersiva, ele encontrou-a cercada pelo Exército dos Estados Gerais. Após um sítio de três meses, Geertruidenberg entregou-se em 24 de junho de 1593 a Maurício de Nassau.[207] Com esta vitória, todos os grandes rios que atravessam a Holanda e a Zelândia, o Mosa, o Escalda e o Reno, como temia o Império espanhol, passaram a ser controlados pelos Estados Gerais.

No começo de 1594, surgiram planos para atacar Bolduque (*Den Bosch*) e Maastricht, mas eles foram deixados de lado. Na primavera, Maurício de Nassau rumou a Groninga para sitiá-la, juntando-se às tropas de Guilherme Luís. Depois de um cerco que não durou mais de um mês, Groninga rendeu-se em 22 de julho de 1594. Para a República Coroada, a tomada de Groninga foi uma grande vitória; nenhum trecho do norte dos Países Baixos ficou sob o controle do Império espanhol. A cidade de Groninga formou, junto com Ommelanden, a região que circunda a cidade de Groninga, a mais nova província da República. As negociações de paz iniciadas com o novo governador-geral dos Países Baixos espanhóis, o arquiduque Ernesto da Áutria (1553-1595), fracassaram devido ao fato de os Estados Gerais terem se recusado a conceder liberdade religiosa aos católicos das cidades recentemente conquistadas.

Nos Estados Gerais, acentuou-se o debate entre as províncias a respeito de que locais deveriam ser atacados. Para Gueldres e Overijssel, a prioridade deviam ser as regiões remanescentes de Zutphen e Twente ainda sob o controle do Império espanhol. Na Zelândia, o objetivo principal continuava sendo Flandres. Ambos os pontos de vista levavam em consideração interesses locais. O condado de Zutphen e Twente eram limítrofes a Gueldres e Overijssel, e Flandres, à Zelândia. Satisfeita com as vitórias de Maurício de Nassau, a Holanda foi contra a anexação da Frísia Oriental, atualmente uma região do estado federado alemão da Baixa Saxônia, como oitava província, embora em sua principal cidade, Emden, houvesse uma

---

[207] BROEK, Jan van den. *Voor god en mijn koning*. Koninklijke Van Gorcum, 2009, p. 248, nota de rodapé n. 35.

grande quantidade de imigrantes vindos dos Países Baixos, responsáveis pela primeira tradução da Bíblia para o neerlandês; se a Frísia Ocidental e a Frísia Oriental houvessem se unificado, no seio da República Coroada, a Holanda teria encontrado um rival de peso à sua hegemonia. Sob a proteção da República, a calvinista Emden, em conflito com a luterana Frísia Oriental, tornou-se *de facto* uma cidade imperial livre. Em meio a pressões, o Conselho de Estado e Maurício de Nassau decidiram que todas cidades ao nordeste do rio Reno controladas pelos espanhóis deviam ser atacadas e conquistadas. Este plano não teve um bom começo. No Sítio de Groenlo, Maurício de Nassau foi derrotado em 24 de julho de 1595 pelo general espanhol Cristóbal de Mondragón (1514-1596), cujo talento como estrategista reverteu o declínio do Império espanhol na Guerra dos Oitenta Anos.

Os últimos embates

De 1590 a 1594, o primeiro Maurício de Nassau ampliou o território da República com a conquista de várias regiões. A partir de 1595, ele deu início ao ataque de todas as cidades ao nordeste do rio Reno ainda sob controle espanhol. A derrota no Sítio de Groenlo, às mãos do acima mencionado general espanhol Cristóbal de Mondragón, foi o prenúncio de que nem tudo sairia como planejado.

Mesmo lutando em várias frentes, nas Guerra Franco-Espanhola (1595-1598), Guerra Anglo-Espanhola e Guerra dos Oitenta Anos, o Império espanhol conquistou Calais em 24 de abril de 1596. A guarnição francesa rendeu-se depois de duas semanas de combate ao Exército de Flandres comandado pelo arquiduque Alberto da Áustria (1559-1621), novo governador-geral dos Países Baixos espanhóis, e pelo general Luís de Velasco y Velasco (1559-1625). Em seguida, Alberto da Áustria foi para Hulst, junto à foz do rio Escalda. Quem controlasse Hulst poderia bloquear a entrada e saída de navios rumo a, ou vindos de Antuérpia, asfixiando-a. Desde 1591, Hulst fora capturada por Maurício de Orange. Alberto da Áustria ordenou então que fosse cavado um túnel embaixo da muralha que protegia a cidade. Tomados pelo pânico, diante da destruição iminente, Hulst rendeu-se em 18 de agosto de 1596. Embora Maurício de Nassau tenha tentado livrar Hulst do cerco imposto por Alberto da Áustria, ele teve de retirar-se devido à superioridade do inimigo. Huslt pertenceu ao Império espanhol até ser reconquistada em 4 de novembro de 1645 pelo estatuder Frederico Henrique.

Pouco depois da conquista de Calais, a República das Sete Províncias Unidas dos Países Baixos e a Inglaterra tentaram transferir o conflito para o território espanhol peninsular. De 30 de junho a 15 de julho de 1596, Cádiz foi atacada e saqueada por uma frota anglo-neerlandesa. A frota espanhola ancorada nesta cidade foi destruída; Cádiz foi incendiada; e vários de seus mais ilustres cidadãos foram sequestrados e levados à Inglaterra para serem mais tarde devolvidos em troca do pagamento de resgaste em espécie. Embora a República Coroada e a Inglaterra, com este ataque, não tenham conseguido incluir o território espanhol peninsular no teatro de operações da Guerra Anglo-Espanhola e da Guerra dos Oitenta Anos, o Império espanhol faliu no ano seguinte. Com a Tríplice Aliança (1596), entre a República das Sete Províncias Unidas, a Inglaterra e a França, o Império espanhol tornou-se o inimigo comum das três principais potências da Europa Ocidental. A Inglaterra e a França, ao assinar este tratado, foram os primeiros países do mundo a reconhecer a República Coroada como um país independente. A Tríplice Aliança não teve vida longa. A Paz de Vervins, de 2 de maio de 1598, selou o fim das hostilidades entre o rei francês Henrique IV e Filipe II.

Na campanha de 1597, a mais bem-sucedida de Maurício de Nassau, superando a de 1591, várias cidades localizadas ao leste da República foram conquistadas, de agosto a novembro. Até então, a campanha militar de 1591 fora a de maior sucesso, com Maurício atacando e ocupando cinco cidades fortificadas, estrategicamente situadas nas bacias dos rios Issel e Waal. Entre 1591 e 1597, Maurício de Nassau venceu ao sul e ao norte dos Países Baixos, tendo sido a conquista de Groninga em 1594 seu maior triunfo.[208]

Em 24 de janeiro de 1597, Maurício atacou e conquistou Turnhout, uma cidade próxima à fronteira dos atuais Países Baixos e Bélgica, derrotando o Exército de Flandres, cada vez mais depauperado pela falência do Império espanhol. Depois de Turnhout, foi a vez de Rijnberk, Rheinberg, uma cidade hoje pertencente ao estado alemão da Renânia do Norte-Vestfália, junto à fronteira com os Países Baixos, capitular em 20 de agosto. Em seguida, Maurício seguiu para Meurs, Moeurs, também situada atualmente no estado alemão da Renânia do Norte-Vestfália, conquistada em 3 de setembro. Pouco tempo depois, foi a vez de a cidade fortificada de Groenlo sucumbir

---

[208] EMMIUS, Ubbo. *Willem Lodewijk, graaf van Nassau (1560-1620). Stadhouder van Friesland, Groningen en Drenthe.* Hilversum: Verloren, 1994, p. 11.

em 28 de setembro. Logo em seguida, chegou a vez de Bredevoort, também situada, como Groenlo, diante da atual Alemanha. Incendiada e saqueada, Bredevoort foi ocupada em 10 de outubro por Maurício de Nassau. Para não ter o mesmo fim de Groenlo e Bredevoort, ambas lançadas às chamas, a fronteiriça Enschede capitulou em 19 de outubro. Fiel ao seu objetivo de expulsar os espanhóis do extremo leste dos Países Baixos, Maurício seguiu para Ootmarsum, submetendo-a a um cerco bem-sucedido que durou de 19 a 21 de outubro. Ato contínuo, ele tomou em 23 de outubro Oldenzaal e em 12 de novembro Lingen, cidade contemporaneamente parte do estado alemão da Baixa Saxônia. Com a expulsão dos espanhóis de sua fronteira leste, a República das Sete Províncias Unidas sentiu-se mais segura. Ao lado de Maurício de Nassau, lutaram comandantes militares ingleses como Horace Vere (1565-1635).

Os anos seguintes não foram de paz. Os Países Baixos e o Império espanhol continuaram a lutar várias vezes. Na Batalha de Nieuwpoort, travada em 2 de julho de 1600, na atual Bélgica, embora Maurício de Nassau tenha vencido o arquiduque Alberto da Áustria, ele não conseguiu extrair desta vitória nenhum benefício para a República. A população local, flamenga e católica, não o apoiou em seu intento de tomar Dunkerque. Nos anos seguintes, os piratas e corsários sediados nesta cidade continuaram a atacar navios mercantes provenientes dos Países Baixos. Para piorar a situação, Oostende, a última cidade rebelada do Sul, foi ocupada pelos espanhóis em 20 de setembro de 1604, depois de um sítio que durou três anos. Três anos mais tarde, o Império espanhol faliu de novo. Exauridos, os Países Baixos e o Império espanhol suspenderam as hostilidades com a Trégua dos Doze Anos, assinada em 9 de abril de 1609. O Sítio de Oostende (1601-1604) foi um dos mais longos e sangrentos da história mundial, tendo custado cem mil vidas. Os habitantes das cidades conquistadas por Maurício de Nassau nem sempre o viram como libertador, preferindo por convicção política e religiosa ficar do lado dos espanhóis; algumas dessas cidades foram mais tarde reconquistadas pelo inimigo.

Reformado, o exército espanhol consolidou-se como o mais poderoso do mundo. Mais bem armado e com mais tropas, não tardou para que ele voltasse a desafiar o Exército dos Estados Gerais. O general genovês Ambrogio Spinola (1569-1630), um dos maiores comandantes militares da história, venceu Maurício de Nassau em várias ocasiões, tendo sido responsável, à frente dos terços espanhóis, pela reconquista de Breda em 5 de junho de 1625. No Sítio de Breda, Ambrogio Spinola derrotou Maurício de Nassau, Justino de Nassau e Frederico Henrique. A Guerra dos Oitenta Anos foi uma guerra de cercos; a cavalaria e a infantaria desempenharam um papel secundário. No livro *Ordem nas armas* (*Ordre op de wapeninge*), publicado pelos Estados Gerais em 1599, Maurício de Nassau expôs suas ideias para a modernização do Exército, consideradas revolucionárias à época.

Os dez anos do primeiro Maurício de Nassau, o período de 1588 a 1598 da Guerra dos Oitenta Anos, sucederam, conforme tivemos a oportunidade de salientar acima, os nove anos de Alexandre Farnese, duque de Parma, decorridos de 1579 a 1588. Durante estes nove anos, Alexandre Farnese reconquistou o Brabante e Flandres, colocando o sul dos Países Baixos sob o controle do Império espanhol. Às cidades sitiadas, o duque de Parma garantia, além de uma anistia ampla, geral e irrestrita, que não haveria massacres nem saques. Em seus dez anos, Maurício de Nassau colocou o norte e o leste dos Países Baixos sob o controle dos Estados Gerais.

A CAPITOA BRITES DE ALBUQUERQUE

O inventor da América portuguesa

Rei de Portugal e dos Algarves, d. João III, o Colonizador, reinou de 13 de dezembro de 1521 a 11 de junho de 1557. Filho do rei d. Manuel I, o Afortunado, e de d. Maria de Aragão e Castela, tendo sucedido seu pai com apenas dezenove anos de idade, ele era neto dos Reis Católicos Isabel I de Castela e Fernando II de Aragão. Durante o seu reinado, o Império português expandiu-se ainda mais pela Ásia, bem como se deu início à colonização do Brasil. Dando prosseguimento à política de expansão ultramarina de d. Manuel I, com o objetivo de transformar o oceano Índico num *mare clausum* e o comércio de especiarias asiáticas como cravo-da-índia e noz moscada num monopólio português, d. João III reforçou as duas principais colônias do Império português na Ásia, em Goa e em Malaca.

Isabel de Portugal (1503-1539), irmã de d. João III, ao casar-se com Carlos V, tornou-se sacra imperatriz romano-germânica, tendo sido mãe do rei espanhol Filipe II e de Maria da Espanha (1528-1603), esposa do imperador Maximiliano II de Habsburgo. Os casamentos de Isabel de Portugal com Carlos V e de d. João III com d. Catarina da Áustria, irmã de Carlos V, estreitaram os vínculos luso-espanhóis. Na Crise de Sucessão de 1580, com a morte do rei d. Sebastião I, o Desejado, na Batalha de Alcácer-Quibir, em 4 de agosto de 1578, sem deixar herdeiros, Filipe II, sobrinho de d. João III, unificou, após a Guerra da Sucessão Portuguesa, Portugal e Espanha com a União Ibérica.

Resultado de uma ambição desmesurada, a expansão ultramarina não foi tão lucrativa quanto esperado. Acossado por uma crescente dívida externa e por déficits comerciais cada vez mais significativos, d. João III logo descobriu que alguns dos maiores inimigos do Império português não eram estrangeiros. Governadores cúpidos, incompetentes e sediciosos quase colocaram tudo a perder. No Estado da Índia, alguns governadores não passaram mais de um ano no poder. Para que um novo governador assumisse, ele podia ter de recorrer às armas para destituir o anterior. Substituído por Nuno da Cunha (1487-1539), Lopo Vaz de Sampaio (ca. 1480-1534) voltou como prisioneiro a Portugal. A turbulência no Estado da Índia, a cornucópia do Império, contribuiu para o declínio gradual e inexorável da transformação do oceano Índico num *mare clausum* e do comércio de especiarias asiáticas num monopólio português.

Na África do Norte e no oceano Índico, em especial no subcontinente indiano, o Império português foi constantemente ameaçado pelo Império otomano. No oceano Atlântico, corsários a serviço do rei francês Francisco I (1494-1547), inimigo da Casa de Habsburgo, à qual pertencia Catarina da Áustria, com a qual d. João III se casara, fustigavam embarcações portuguesas; a mando de Francisco I, em Pernambuco, os franceses tentaram se estabelecer definitivamente. Com a queda da Fortaleza de Santa Cruz do cabo de Gué em 1541, no sul do Marrocos, várias fortalezas e praças-fortes lusitanas na África do Norte terminaram sendo perdidas, como Alcácer-Ceguer (1549), Arzila (1550), Azamor (1541) e Safim (1542). Apenas Ceuta, Mazagão e Tânger foram mantidas, em meio a um Marrocos unificado pelo sultão Mohammed ech-Cheikh (ca. 1490-1557). Diante destes reveses, d. João III teve de abandonar o sonho acalentado por seus sucessores, o de, ao levar a Reconquista à África do Norte, transformar o Magrebe num protetorado português. Para não piorar a situação, o Tratado de Saragoça, assinado em 22 de abril de 1529 por d. João III e pelo imperador Carlos V, assegurou para Portugal o controle das Ilhas das Especiarias. Fazendo frente às adversidades, d. João III tornou obrigatório em 7 de agosto de 1549 o serviço militar para homens entre vinte e sessenta e cinco anos de idade.

Um dos monarcas mais cultos da Europa, d. João III foi educado pelos mais relevantes humanistas do Renascimento português, dentre os quais o teólogo e astrônomo Diogo Ortiz de Vilhegas (ca. 1457-1519), o astrólogo Tomás de Torres (?-?) e Luís Teixeira Lobo (?-?), professor da Universidade de Ferrara. Como mecenas, d. João III apoiou os escritores Bernardim Ribeiro (ca. 1482-ca. 1552), Fernando Mendes Pinto (ca. 1510-1583), Garcia de Resende (1470-1536), Gil Vicente (ca. 1465-ca. 1536), João de Barros (ca. 1496-1570) e Sá de Miranda (1481-1558), bem como o médico Garcia de Horta (ca. 1501-1568) e o matemático e cosmógrafo Pedro Nunes

(1502-1578). O teólogo Diogo de Gouveia (ca. 1471-1557), que chegou a ser reitor da Universidade de Paris, aconselhou d. João III a criar capitanias no Brasil, bem como a promover a ida de missionários jesuítas como São Francisco Xavier (1506-1552) à Ásia, África e Novo Mundo; Francisco Xavier fora aluno de Diogo de Gouveia no Collège Sainte-Barbe. Pelo padroado real, instituído por d. João III, cabia ao monarca português organizar e financiar todas as atividades religiosas nos territórios conquistados.

Depois de transferir em 1537 a universidade de Lisboa para Coimbra, colocando-a sob sua direta proteção, d. João III criou em 1542 o Real Colégio das Artes e Humanidades, uma das mais renomadas instituições de ensino humanístico da Europa. Com André de Gouveia (1497-1548) como primeiro diretor, no Real Colégio das Artes, cujo principal objetivo era preparar candidatos para o ingresso na Universidade de Coimbra, ensinaram vários intelectuais europeus, como o escocês George Buchanan (1506-1582) e os franceses Élie Vinet (1509-1587), Guillaume Guérante (1494-1574) e Nicolas de Grouchy (1510-1572), além do português Diogo de Teive (ca. 1514-1569). Em homenagem ao mecenato humanista de d. João III, talvez esperando se tornar um dos agraciados, Erasmo de Roterdã dedicou-lhe em 1527 a tradução para o latim do manuscrito *Homilias de Crisóstomo* (*Chrysostomi Lucubrationes*), a respeito de São João Crisóstomo (ca. 349-407), um dos quatro Grandes Doutores da Igreja Ortodoxa, ao lado de São Basílio Magno (329-379), Santo Atanásio de Alexandria (ca. 295-373) e São Gregório de Nazianzo (329-390), reconhecidos pelo papa São Pio V, que também declarou São Tomás de Aquino doutor da Igreja.[209]

Adepto do centralismo absolutista, d. João III convocou as Cortes, a assembleia de representantes dos três estados, a nobreza, o clero e a burguesia, apenas três vezes. As Cortes de Torres Novas, em 1525; as Cortes de Évora, em 1535; e as Cortes de Almeirim, em 1544. Com d. João I, o de Boa Memória, houve 29 Cortes.

Uma década antes de d. João III ter chegado ao poder, Portugal conquistara Goa (1510) e Malaca (1511), tendo ainda chegado ao Sião (1511), às ilhas Molucas (1512), ao litoral chinês (1513), ao Timor (1515) e a Cantão (1517). Atacado com frequência por muçulmanos, originários tanto do Sultanato mameluco do Egito, do Império otomano, quanto de sulta-

---

[209] MARCOCCI, Giuseppe. *A consciência de um império; Portugal e o seu mundo (sécs. XV-XVII)*. Imprensa da Editora de Coimbra, 2012, p. 119.

natos locais, d. João III continuou a nomear vice-reis e governadores para o Estado da Índia. De início, haviam sido criadas feitorias em Cananore (1502), Cochim (1503), Coulão (1505) e Cranganor (1507), todas situadas na costa do Malabar, tendo em mente assegurar o controle desta região do subcontinente indiano pelo Império português. Sultões locais e samorins hindus aliaram-se para expulsar os portugueses, tornando necessária a transformação de feitorias em praças-fortes.A capital do Estado da Índia, de acordo com o mencionado, deixou de ser Cochim em 1530 em favor de Goa até 1961, data de sua anexação à República da Índia (1950-).

A Lisboa, chegava uma miríade de cobiçados produtos asiáticos que eram exportados para o resto da Europa. De Goa, vinham calaim, especiarias, tecidos de algodão; de Malaca, benjoim, cânfora, cravos-da-índia, marzipã, sândalo. De Alexandria e do Cairo, chegavam açafrão, água de rosas, barras e moedas de ouro e prata, brocados, cinábrio, cobre, tafetá, tapetes, veludo; da China, almíscar, porcelana, ruibarbo e seda; da Península Arábica e Pérsia, bordados, cavalos, enxofre, pérolas, sal, tâmaras, uvas-passas. Apesar do seu fastígio, d. João III não se contentou com Goa e Malaca. Durante o seu reinado, os portugueses foram os primeiros europeus a entrar em contato oficial tanto com a China, durante a Dinastia Ming, quanto com o Japão, no período Muromachi (1336-1573). Nos países do norte da Europa, desde o mar Báltico a Flandres, passando pela atual Alemanha, os portugueses tornaram-se intermediários da venda de produtos asiáticos.

Com a incorporação do Ceilão (1505), Baçaim (1533), Bombaim (1534), Diu (1546), e Macau (1557) ao Império português, a rede comercial asiática lusitana ficou quase completa, só lhe faltando acrescentar a Terra do Sol Nascente. Os primeiros portugueses desembarcaram na ilha de Kyushu em 1543. Desde o mercador veneziano Marco Polo (1254-1324), os europeus sabiam da existência do Japão, Cipango, uma ilha, arquipélago, ao leste da China.

A chegada dos portugueses ao Japão deu início ao período do comércio Nanban (1543-1614), "com os bárbaros do Sul". Durante o período Nanban, os portugueses intermediaram as relações comerciais e políticas entre o Japão e a China, rompidas devido à pirataria japonesa no mar da China Meridional, diante de Cantão. Num Japão fragmentado, os poderosos senhores feudais (*daimyo*) foram os grandes beneficiários da chegada do Império português à Terra do Sol Nascente. O missionário jesuíta São

Francisco Xavier, Apóstolo das Índias e Apóstolo do Japão, um dos maiores desde São Paulo (ca. 5-ca. 67), chegou a Kagoshima, ao sul da ilha de Kyushu, em 1549, começando a campanha de cristianização do Japão. Seus seguidores converteram vários *daimyo*. Omura Sumitada (1533-1587), um destes poderosos senhores feudais cristianizados, autorizou em 1570 a abertura do porto de Nagasaki, um dos principais da ilha de Kyushu, aos portugueses, cedido, em 9 de junho de 1580, em caráter perpértuo, à Companhia de Jesus (1540-). O Império português foi perdendo aos poucos o monopólio do comércio do Japão com o resto do mundo, realizado por meio de carracas, embarcações bem maiores do que galeões. Primeiro, foram os "navios de selo vermelho", navios mercantes japoneses que, a partir de 1660, municiados de cartas-patente expedidas pelo Xogunato Tokugawa (1600-1868), passaram a trafegar pelo Sudeste Asiático. Depois, foi a vez do Império espanhol, a partir de Manila, chegar em 1600 ao Japão. Em seguida, a República das Sete Províncias Unidas dos Países Baixos, a partir de 1609, e a Inglaterra, de 1613, adentraram na Terra do Sol Nascente. A exemplo dos portugueses, espanhóis, neerlandeses e ingleses compareciam ao Japão com cerca de um navio ao ano.

O período do comércio Nanban foi interrompido por Tokugawa Ieyasu (1543-1616), fundador e primeiro xogum do Xogunato Tokugawa (1603-1867), que governou a Terra do Sol Nascente até o advento da Restauração Meiji (1868-1912). Com a exceção da feitoria dos Países Baixos em Dejima (1641-1854), uma ilha artificial na baía de Nagasaki, durante o período Sakoku (1633-1853), de isolamento nacional, encerrado com a chegada do comodoro americano Matthew Calbraith Perry (1794-1858), que forçou a abertura do Japão ao comércio com os Estados Unidos mediante o Tratado de Kanagawa, assinado em 31 de março de 1854, nenhum estrangeiro podia entrar, e nenhum japonês sair do Japão, sob pena de morte. Perseguidos e ameaçados de morte por Tokugawa Ieyasu, os cristãos passaram a viver sua fé na clandestinidade. Em 5 de fevereiro de 1597, os 26 mártires do Japão, canonizados pelo papa Pio IX (1792-1878), foram crucificados em Nagasaki.

Foi durante o reinado de d. João III que o Império português se estabeleceu no Brasil[210] com a fundação de capitanias a partir de 1534. Antes desta

---

[210] O apogeu do Império português no século XVI, como assinalado acima, não foi no Brasil, mas na África e na Ásia. Nenhuma cidade brasileira à época atingiu o esplendor e a riqueza de Goa nem de Malaca. Nos *Lusíadas*, há poucas referências ao Brasil. No Canto X, consta:

iniciativa joanina, d. Manuel I resumira-se a transformar em 16 de fevereiro de 1504 o arquipélago de Fernando de Noronha numa capitania hereditária. Para capitão-donatário da capitania de Pernambuco, de Igarassu à foz do rio São Francisco, foi escolhido Duarte Coelho Pereira, casado com Brites de Albuquerque. Em seguida ao estabelecimento das capitanias, d. João III criou em 17 de dezembro de 1548 o cargo de governador-geral do Estado do Brasil (1549-1815), estendendo-se entre os atuais estados do Rio Grande do Norte e Rio Grande do Sul, com capital em Salvador, na capitania da Bahia de Todos os Santos. O rei espanhol Filipe IV, o Grande, o Rei Planeta, suspendeu esta unidade territorial com a criação em 13 de junho de 1621, durante a União Ibérica, do Estado do Maranhão (1621-1654), com capital em São Luís, convertido mais tarde em Estado do Grão-Pará e Maranhão (1654-1751), com capital em Belém. O cultivo da cana-de-açúcar no Brasil compensou o declínio do Império português na Ásia, provocado pela ascensão dos Países Baixos.

A AMEAÇA FRANCESA

Com a bula *Inter Caetera*, de 4 de maio de 1493, o papa Alexandre VI (1431-1503), dividiu o mundo entre Portugal e Espanha. Ao transporem o conteúdo para o Tratado de Tordesilhas, assinado em 7 de junho de 1494, o rei português d. João II, o Príncipe Perfeito, e os Reis Católicos Isabel I de Castela e Fernando II de Aragão excluíram os outros países europeus do comércio e da colonização das Américas, África e Ásia. Quem violasse o previsto na bula *Inter Caetera* e no Tratado de Tordesilhas, era tratado como se houvesse invadido uma propriedade privada. Embora a França no século XVI, a despeito de seu acesso direto ao mar do norte e ao mar Mediterrâneo, fosse uma potência naval de segunda categoria, o rei francês Francisco I contestou a hegemonia ibérica. Adão não deixara o mundo para portugueses e espanhóis, e o Novo Mundo não pertencia aos seus descobridores, mas a quem exercesse controle político e militar sobre esta região. Contra a Casa de Habsburgo, Francisco I aliou-se ao conde Filipe I do Hesse (1504-1567), o Magnânimo, um dos principais defensores da Reforma Protestante no Sacro Império Romano-Germânico, e ao sultão Solimão, o Magnífico, do Império otomano.

"63 – Das mãos do teu Estêvão vem tomar/As rédeas um, que já será ilustrado/No Brasil, com vencer e castigar/O pirata Francês, ao mar usado."

Durante o reinado de Carlos VIII (1470-1498), o Afável, de acordo com Ch. Desmarquets (?- ?), autor de *Memórias cronológicas para servir a história de Dieppe e as navegações francesas*, publicadas em 1785, o francês Jean Cousin (?- ?) teria descoberto as Américas antes do genovês Cristóvão Colombo e o Brasil antes de Pedro Álvares Cabral.[211] A serviço de armadores normandos, ele teria partido em 1488 da cidade de Dieppe, o grande porto comercial e militar da França do século XV, rumo à África Ocidental. Com Jean Cousin, teriam ido os irmãos andaluzes Martín Alonso Pinzón (1441-1493), mais tarde capitão da caravela *La Pinta* na primeira viagem de Cristóvão Colombo, e Vicente Yáñez Pinzón (ca. 1462-1514), capitão da caravela *La Niña*, que teria chegado ao Brasil três meses antes de Pedro Álvares Cabral, em 26 de janeiro de 1500, diante do cabo de Santo Agostinho, litoral sul de Penambuco. Ventos teriam desviado Jean Cousin do seu caminho, levando-o a um grande rio que teria sido batizado por ele de Maranhão. Não há outras fontes a respeito desta viagem de Jean Cousin além da obra de Ch. Desmarquets. Sua relação de viagem, entregue ao Almirantado de Dieppe, foi destruída junto com esta cidade de 22 a 23 de julho de 1694 durante o bombardeio da frota anglo-neerlandesa.

Da possível passagem do capitão Jean Cousin pelo Brasil à vinda do lugar-tenente Daniel de La Touche (1570-1631), senhor de La Ravardière, fundador de São Luís, capital da França Equinocial, houve várias outras incursões francesas ao Brasil. Da mesma forma que a anterior, a fidedignidade delas não é pacífica. A primeira viagem em seguida à de Jean Cousin rumo ao Brasil teria sido a de Binot Paulmier de Gonneville (?-?).[212] Em ambos os casos, a chegada ao litoral brasileiro teria sido causada por tempestades. Jean Cousin e Binot Paulmier de Gonneville, depois de margearem a África, teriam sido levados pelas forças natureza ao Brasil, como se estivessem buscando a Passagem do Sudoeste rumo à Ásia, a exemplo do português Fernão de Magalhães. Em busca da Passagem do Noroeste, sem ter de passar pelo oceano Índico, controlado pelo Império português, Francisco I, apesar do seu envolvimento nas Guerras da Itália (1515-1546),

---

[211] GOODMAN, Edward J. *The Explorers of South America*. University of Oklahoma Press, 1971, p. 15: "Who, then, discovered Brazil? (...) One of the earliest candidates was Jean Cousin, whom Gaffarel has hailed as the discover of America."

[212] A viagem de Binot Paulmier de Gonneville teria ocorrido de 1503 a 1505 (Cf. PERRONE-MOISÉS, Leyla. *Le voyage de Gonneville (1503-1505) & la découverte de la Normandie par les Indiens du Brésil*. Paris: Librairie Chandeigne, 1995).

enviou dois navegadores à América do Norte. O toscano Giovanni da Verrazzano (ca. 1485-1528), em sua tentativa infrutífera, passou em 1524 pela baía de Nova York. Dez anos mais tarde, em 1534, Jacques Cartier (1491-1557), sempre a serviço de Francisco I, chegou ao golfo do rio São Lourenço, diante do Quebec. Não há registro de que Jean Cousin nem Binot Paulmier de Gonneville tenham tentado chegar à Ásia pela Passagem do Sudoeste.

A bordo do navio *Esperança*, o capitão normando Binot Paulmier de Gonneville teria partido do porto de Honfleur em 24 de junho de 1503 rumo à Ásia, durante o reinado de Luís XII (1462-1515), o Pai do Povo. De forma semelhante a Jean Cousin, antes de dobrar o cabo da Boa Esperança ele teria sido impelido por ventos à *Terra Australis*, de novo talvez o Brasil. Um parente distante de Binot Paulmier de Gonneville, o abade da Catedral de Lisieux Jean Paulmier de Courtonne[213] (1620-1673), publicou em 1667, um século e meio depois da alegada viagem de Gonneville ao Brasil, a obra *Memórias relativas ao estabelecimento de uma missão cristã no terceiro mundo*. Autodeclarado bisneto de um carijó levado à França por Binot Paulmier de Gonneville, o relato de Jean Paulmier de Courtonne a respeito das façanhas do seu antepassado inspirou as expedições de Jean-Baptiste Bouvet (1705-1786) e Luois-Antoine de Bougainville (1729-1811), bem como romances utópicos escritos por Gabriel de Foigny (1630-1692), Denis Vairasse (ca. 1630-1672) e Simon Tyssot de Patot (1655-1738) a respeito da *Terra Australis*, o Brasil.

A obra de Jean Paulmier de Courtonne foi publicada pouco depois de Luís XIV ter sido coroado rei da França, em 7 de junho de 1654. De 1604 a 1699, foram assentadas as bases do Império colonial francês (1534-1980). A cidade de Quebec, capital da Nova França (1534-1763), um vice-reino que ia da Terra Nova ao golfo do México, foi fundada em 3 de julho de 1608. A Companhia francesa das Índias Orientais (1664-1795) foi criada por Jean-Baptiste Colbert (1619-1683) em 1664, três anos depois da publicação de *Memórias relativas ao estabelecimento de uma missão cristã no terceiro mundo*. René-Robert Cavelier (1643-1687), senhor de La Salle, tomou posse em 1682 em nome de Luís XIV da Luisiana (1682-1762). A divulgação das proezas de Jean Cousin e Binot Paulmier de Gonneville

---

[213] SUTHREN, Victor. *The Sea Has No End. The Life of Louis-Antoine de Bougainville*. Toronto: Dundurn 2004, p. 127.

pode ter sido um estratagema para legitimar a criação do Império colonial francês.

Em 1527, o português Cristóvão Jacques (ca. 1480-ca. 1530) atacou a tiros de canhão o *Leynon de Saint-Pol-de-Léon* e mais dois galeões bretões. Os marinheiros franceses sobreviventes deste que é tido como o primeiro combate naval em território brasileiro de toda a história, entre o Portugal de d. João III e a França de Francisco I, foram enforcados ou enterrados até o pescoço para servir de alvo a atiradores portugueses. Pouco mais tarde, em 1531, o almirante Bertrand d'Ornézan (?-?), barão de Saint-Blancard, sempre a serviço de Francisco I,[214] despachou o galeão *La Pélèrine* para Pernambuco.[215] Depois de destruírem a feitoria de Igarassu, os franceses ergueram um fortim na ilha de Itamaracá,[216] a ilha de Santo Aleixo (*île de Saint Alexis*) dos súditos de Francisco I.[217] Enviado ao Brasil por d. João III, o navegador Pero Lopes de Sousa (1497-1539) atacou e destruiu em 1532 este fortim. Pouco antes de tornar-se em 10 de março de 1534 capitão-donatário de Pernambuco, a Nova Lusitânia, Duarte Coelho Pereira recebeu em 1532 de d. João III o comando da frota encarregada de expulsar os franceses do Brasil.

Uma mulher abandonada e determinada

Duarte Coelho Pereira, o primeiro capitão-donatário de Pernambuco e fundador de Olinda, chegou em 9 de março de 1535 ao Brasil acompanhado por sua esposa, Brites de Albuquerque, e seu cunhado, Jerônimo de Albuquerque. Duarte Coelho permaneceu cerca de vinte anos no Brasil. Em 1554, ele voltou doente a Portugal, para lá morrer. Seus dois filhos Duarte Coelho de Albuquerque, o primogênito, e Jorge de Albuquerque Coelho

---

[214] Durante o reinado de Francisco I, Marselha tornou-se o principal entreposto de comercialização de pau-brasil no Mediterrâneo (Cf. BONNICHON, Philippe. Les découvreurs et les traitants. In: *Présences françaises outre-mer (XVIe-XXIe siècles)*. v. 1: *Histoire: périodes et continents*. Philiippe Bonnichon et alii (eds.). Paris: Karthala, 2012, p. 50).
[215] Francisco Augusto Pereira da Costa, ob. cit., p. 127: "A nau **La Pelerine** aportou em Itamaracá em dias de março do ano seguinte, e a sua gente apossou-se da feitoria real aí estabelecida."
[216] Ao longo da história, Itamaracá foi objeto de várias invasões. Após os franceses no século XVI, os neerlandeses no século XVII. Para que os portugueses se estabelecessem nesta ilha, houve muita luta.
[217] Francisco Augusto Pereira da Costa, ob. cit., p. 127: "Parte do Pôrto de Marselha, com destino a Pernambuco, a nau francêsa *La Pelerine*, sob o comando do capitão João Duperret. O navio pertencia ao Barão de S. Blancard, general das armadas reais de França (...)".

acompanharam-no a Lisboa, não tendo regressado de imediato a Olinda após a morte do pai. Ambos permaneceram em Portugal para completar seus estudos, voltando em 1560, mas não definitivamente. Em 1565, Jorge de Albuquerque Coelho voltou para Portugal. Cinco anos mais tarde, em 1572, foi a vez de Duarte Coelho de Albuquerque regressar a Lisboa. Dez anos antes, em 1562, ele expulsara os franceses que haviam invadido o Recife, uma vila de pescadores e marinheiros. À época, o rei era d. Sebastião, neto de d. João III. Na Batalha de Alcácer-Quibir, os dois filhos de Duarte Coelho Pereira foram gravemente feridos. Duarte Coelho de Albuquerque morreu em consequência das lesões sofridas. Embora Jorge de Albuquerque Coelho tenha sobrevivido, ele nunca mais voltou ao Brasil. A distância, do outro lado do oceano Atlântico, com o beneplácito de Filipe II, durante a União Ibérica, ele tornou-se o terceiro capitão-donatário de Pernambuco. Durante estas ausências, a viúva Brites de Albuquerque assumiu o cargo de capitão-donatário de Pernambuco, tornando-se a primeira governadora das Américas.

Beatriz Brites de Albuquerque era filha de Lopo de Albuquerque (1460-?) e Joana de Bulhão (ca. 1470-?). Dama da Corte, criada nos palácios portugueses, sabendo ler e escrever, ela conheceu no Paço Real Duarte Coelho Pereira, um dos braços direitos de d. João III em seu projeto de expansão ultramarina, famoso por suas expedições à Ásia.[218] Os dois casaram-se por volta de 1533. Foi em retribuição aos serviços prestados ao Império português que Duarte Coelho Pereira se tornou o primeiro capitão-donatário de Pernambuco, tendo recebido uma carta de doação acompanhada de uma carta de foral, esta explicitando seus direitos e deveres. O casal desembarcou em 9 de março de 1535 em Igarassu, no porto do Sítio dos Marcos, diante da ilha de Itamaracá. Vinte anos antes, em 1516, Cristóvão Jaques fundara justamente no porto do Sítio dos Marcos a primeira feitoria de Pernambuco. Junto com Brites de Albuquerque e Duarte Coelho Pereira, vieram parentes, amigos, artesãos, marinheiros, soldados. Ao chegar ao Brasil, Brites era muito jovem, mal tendo completado dezessete anos de idade. Duarte Coelho Pereira e Brites de Albuquerque foram o único casal dentre todos os donatários das capitanias no Brasil que conseguiu manter sob seu controle o território confiado por d. João III, tendo-o transmitido aos seus descendentes, dando início a uma dinastia. Brites assumiu o cargo de capitoa-donatária de Pernambuco com a morte do marido em 1554 e em

---

[218] José Victoriano Borges da Fonseca, ob. cit., v. 2. p. 349.

1572, com a volta do primogênito Duarte Coelho de Albuquerque a Portugal;[219] em 1560, ela transferira a este o governo da capitania, em virtude do seu retorno ao Brasil. Morto Duarte Coelho de Albuquerque em Alcácer-Quibir, o cargo de capitão-donatário foi transmitido a seu irmão mais novo Jorge de Albuquerque Coelho.

Mãe dos Pernambucanos, Brites de Albuquerque viveu em Olinda por cerca de cinquenta anos, tendo sido testemunha de sua fundação em 12 de março de 1535 por Duarte Coelho Pereira. Auxiliada por seu irmão Jerônimo de Albuquerque, Brites governou a capitania de Pernambuco em momentos difíceis, tendo de enfrentar revoltas de colonos. Apesar de tudo, ela continuou a enviar a Lisboa dinheiro para o Tesouro Real e para seus filhos. Durante seu governo, Brites de Albuquerque não só manteve a paz em Pernambuco, como continuou a construção de Olinda. Uma vez que Jorge de Albuquerque Coelho, depois do sucedido em Alcácer-Quibir, nunca mais voltou ao Brasil, Brites continuou a governar Pernambuco até morrer. Como capitoa-donatária, ela desenvolveu-o economicamente; legislou; fez valer a Justiça: defendeu-o de inimigos internos e externos; povoou-o. Não tardou para que Olinda rivalizasse com Lisboa, Goa e Malaca, despertando a curiosidade logo transformada em cobiça dos Países Baixos. Transformado durante o governo de Brites de Albuquerque, prima em segundo grau de Afonso de Albuquerque,[220] um dos barões assinalados nos *Lusíadas*,[221] na capitania mais desenvolvida e opulenta do Brasil, a Pernambuco chegavam mercadorias vindas de todo o Império português. Porto brasileiro mais próximo da Europa, no caminho das Armadas da Índia, Olinda importava produtos de luxo vindos do além-mar.

---

[219] Francisco Augusto Pereira da Costa, ob. cit., p. 501: "D. Brites de Albuquerque, viúva do referido donatário, na sua qualidade de – Capitoa e governadora desta capitania de Pernambuco na vila de Olinda da Nova Luzitânea, partes do Brasil, por El Rei nosso senhor."
[220] Cândido Pinheiro Koren de Lima, ob. cit., p. 32: "Em Portugal casou com Brites de Albuquerque, prima segunda de Afonso de Albuquerque, o maior nome português na expansão para África, Índia e Ásia."
[221] *Os Lusíadas*, Canto I: "14 - Nem deixarão meus versos esquecidos/Aqueles que nos Reinos lá da Aurora/Fizeram, só por armas tão subidos,/Vossa bandeira sempre vencedora:/Um Pacheco fortíssimo, e os temidos/Almeidas, por quem sempre o Tejo chora;/Albuquerque terríbil, Castro forte,/E outros em quem poder não teve a morte."

A REGENTE MARIA LUÍSA

A ORIGEM DE UMA NOVA DINASTIA

A alemã Maria Luísa de Hessse-Cassel, filha do conde Carlos I de Hesse-Kassel (1654-1730) e da duquesa Maria Amália da Curlândia (1653-1711), tornou-se princesa de Orange ao casar-se em 26 de abril de 1709 com João Guilherme Friso, príncipe de Orange, descendente indireto dos estatuderes Guilherme I, o Taciturno, e Frederico Henrique. João Guilherme herdou o título príncipe de Orange em 1702 com a morte sem deixar descendência do seu primo em segundo grau, o estatuder dos Países Baixos e rei da Inglaterra, Irlanda e Escócia Guilherme III. Vinda de uma família numerosa, com dezesseis irmãos, décima primeira filha de Carlos I e Maria Amália, Maria Luísa teve apenas um filho e uma filha.

Após a Guerra dos Trinta Anos, Carlos I adotou em 18 de abril de 1685 a Concessão de Liberdade, permitindo o estabelecimento no Landgraviato de Hesse-Kassel (1567-1866), um estado do Sacro Império Romano-Germânico, de huguenotes e valdenses, protestantes perseguidos em seu país de origem, a França. No castelo dos seus pais, Maria Luísa foi educada como calvinista. Carlos I era bem conhecido como antifrancês. Homem de confiança de John Churchill (1650-1722), I duque de Marlborough, ele era sobrinho de Frederico Guilherme, o Grande Eleitor, um dos principais pilares do calvinismo, príncipe do Sacro Império, eleitor do Brandemburgo, duque da Prússia. Inspirando-se na República das Sete Províncias Unidas dos Países Baixos, Frederico Guilherme, da Casa de Hohenzollern (séc. XI-), adotou uma série de reformas que permitiram a transformação da Prússia numa grande potência europeia, rival da França. Defensor do mercantilismo, Frederico Guilherme promulgou o Édito de Potsdam, de 29 de outubro de 1685, uma resposta prussiana à revogação por Luís XIV do

Édito de Nantes, que concedia liberdade religiosa aos calvinistas franceses. Com o Édito de Potsdam, à semelhança do seu sobrinho Carlos I, Frederico Guilherme atraiu huguenotes e valdenses. Estas origens calvinistas castiças fizeram de Maria Luísa, aos olhos de sua futura sogra, a também alemã Henriqueta Amália de Anhalt-Nassau, a candidata ideal para casar-se com João Guilherme Friso, estatuder da Frísia e de Groninga. Os dois casaram-se na Alemanha, em Kassel. Um mês depois, ele partiu, como general do exército anglo-neerlandês, para participar da Guerra da Sucessão Espanhola. O primeiro filho do casal, a princesa Amália de Nassau-Dietz (1710-1777), foi mãe de Carlos Frederico de Baden (1728-1811), modelo de déspota esclarecido.

O avô materno de Maria Luísa, o duque Jacob Kettler (1610-1682), contratou holandeses para trabalhar na construção de navios em sua Curlândia, atualmente uma região histórica da Letônia. Com ele, a Curlândia, posto avançado da Prússia, conquistou colônias nas Américas e na Ásia, mais especificamente a ilha de Tobago e a ilha James, no rio Gâmbia. Estas colônias, a exemplo do que ocorria com as dos Países Baixos, exportavam para a Europa açúcar, algodão, cacau, café, cascos de tartaruga, pássaros tropicais, rum, tabaco. Um dos irmãos de Maria Luísa tornou-se o rei da Suécia Frederico I (1676-1751), sucedendo Carlos XII (1682-1718), cuja derrota na Batalha de Poltava, em 27 de junho de 1709, perante Pedro, o Grande, da Rússia (1672-1725) significou o fim do Império sueco (1611-1721).

Morto o estatuder e príncipe de Orange Guilherme III sem deixar descendentes, surgiu com João Guilherme Friso e Maria Luísa, como pudemos ressaltar anteriormente, a segunda Casa de Orange-Nassau. Além da princesa Amália de Nassau-Dietz, o casal foi pai de Guilherme IV, o primeiro estatuder hereditário dos Países Baixos. João Guilherme e Maria Luísa são antepassados de todos os monarcas europeus contemporâneos, bem como da maioria das casas reais em países que aboliram a monarquia. Isabel II do Reino Unido (1926-) pertence à oitava geração após João Guilherme Friso. Carlos XVI Gustavo da Suécia (1946-), Guilherme Alexandre dos Países Baixos (1967-), Haroldo V da Noruega (1937-), Henrique do Luxemburgo (1955-) e Margarida II da Dinamarca (1940-), à nona. Alberto II de Mônaco (1958-), Filipe da Bélgica (1960-) e Filipe VI da Espanha (1968-), à décima. Ao contrário da rainha Vitória do Reino Unido (1819-1901), a Avó da Europa, que teve nove filhos, e do rei Cristiano IX da Dinamarca (1818-1906), o Sogro da Europa, com seis filhos, conhecidos por serem antepassados de vários monarcas europeus, João Guilherme não foi longevo; ele morreu com apenas vinte e quatro anos de idade. Guilherme IV nasceu após sua morte.

Regências

Depois de um casamento de apenas dois anos, Maria Luísa ficou viúva. Desde 1702, João Guilherme Friso envolveu-se numa disputa testamentária, provocada pelo falecimento sem herdeiros de Guilherme III. Vitorioso *post mortem* nesta contenda, o marido de Maria Luísa tornou-se herdeiro universal do estatuder-rei. Nem todos ficaram contentes, conformou pudemos ressaltar, com o previsto no testamento de Guilherme III. Entre outros, o avô de Frederico II da Prússia, o Grande, Frederico I, o primeiro rei *na* Prússia, sobrinho de Guilherme III, discordou da última manifestação de vontade do estatuder-rei. Depois de vários anos de negociações infrutíferas, em 1711 pareceu surgir uma solução para a questão, mas com a morte súbita de João Guilherme Friso, afogado no Hollands Diep, um estuário dos rios Reno e Mosa, entre Roterdã e Antuérpia, a situação complicou-se. Ele estava indo à Haia para as últimas negociações com Frederico I.

Apenas sete dias depois da morte do marido, Maria Luísa, em 1º de setembro de 1711, deu a luz a um filho, Guilherme Carlos Henrique Friso, o futuro Guilherme IV. No mesmo ano em que João Guilherme Friso morreu, faleceu a mãe de Maria Luísa, a duquesa Maria Amália da Curlândia, à qual ela era muito ligada. Debilitada por estas duas perdas, a saúde de Maria Luísa desceu ladeira abaixo. Para piorar tudo, a sogra, Henriqueta Amália de Anhalt-Nassau, tornou-se regente e guardiã *de facto* do neto recém-nascido. Na iminência de ser reduzida a um papel político e familiar decorativo, Maria Luísa foi salva pelos Estados da Frísia, o Parlamento desta província da República Coroada, que a nomeou regente do filho.

Esta decisão foi acolhida por Maria Luísa com alívio e apreensão. De uma jovem estrangeira que chegara a Leeuwarden, capital da Frísia, há menos de um ano, que não compreendia muito bem o que estava acontecendo nos Países Baixos, que sem falar com proficiência nem neerlandês nem frísio mal percebia o que acontecia em sua própria casa, não se podia esperar grande coisa. Maria Luísa não só teve de continuar a lidar com a disputa testamentária, tendo como eterno rival Frederico I, rei de um país em plena ascensão política, econômica e militar, a Prússia, como precisou enfrentar invernos rigorosos, más colheitas e o grande endividamento da Frísia, o que reduzia as receitas disponíveis tanto para a paz como para a guerra. Contra todas as expectativas, Maria Luísa, com a ajuda do seu pai, conseguiu colocar em ordem as finanças da Frísia. Não só as despesas foram drasticamente reduzidas, como quadros herdados de Guilherme III foram leiloados em Amsterdã. A sogra de Maria Luísa voltou para a Alemanha. Depois de seu filho Guilherme Carlos Henrique Friso tornar-se maior de idade em 1731, prestando juramento para estatuder como Guilherme IV, Maria Luísa retirou-se da vida política ao deixar de ser regente, mas não totalmente. Em 1732, chegou-se a um acordo com os parentes prussianos a respeito da herança de Guilherme III. Dois anos mais tarde, em 1734, Maria Luísa conseguiu que seu filho se casasse com a princesa inglesa Ana (1709-1759), filha do rei Jorge II da Grã-Bretanha (1683-1760), e não com uma alemã, numa clara tentativa de aproximação com a Inglaterra, a despeito da Prússia. A opção inglesa de Maria Luísa foi correta. A princesa inglesa Ana lutou para que, à semelhança do que ocorria com o rei na sua Grã-Bretanha natal, o cargo de estatuder adquirisse uma natureza centralizada, sendo transmitido obrigatoriamente de pai para filho, sem necessidade de manifestação para tanto nem dos Estados Gerais nem dos Estados provinciais. Em 1747, Guilherme IV tornou-se o primeiro estatuder hereditário em todas as províncias dos Países Baixos.

Depois da morte de Guilherme IV em 1751 e de sua mulher em 1759, os Estados da Frísia escolherem novamente Maria Luísa como regente, desta vez do seu neto, o futuro Guilherme V. Esta regência também foi atribulada, semeada de conflitos com a princesa Carolina de Orange-Nassau (1743-1787), filha de Guilherme IV e da princesa inglesa Ana (1709-1759). Em 1747, fora decidido que mulheres podiam ser estatuderes, fazendo da princesa Carolina a herdeira presuntiva. Embora o nascimento posterior, em 1748, de Guilherme V a tenha impedido de assumir este cargo, a rainha Isabel II do Reino Unido; os reis Carlos XVI Gustavo da Suécia, Guilherme Alexandre dos Países Baixos, Haroldo V da Noruega, Filipe da Bélgica e Filipe VI da Espanha; e o grão-duque Henrique do Luxemburgo descendem da princesa Carolina. Último estatuder dos Países Baixos, Guilherme V, em função da Revolução Francesa e das Guerras Napoleônicas, morreu abandonado no exílio.

Reputação

Maria Luísa foi uma princesa e regente popular nos Países Baixos. Conhecida por sua sensibilidade social e inteligência política, na Frísia ela era chamada de Tia Maria.[222] Ela não só se correspondia com o teólogo e bispo da Igreja Morávia Nikolaus von Zinzendorf (1700-1760), como abriu as portas dos Países Baixos a protestantes perseguidos pela Casa de Habsburgo. Maria Luísa vivia de forma simples, doando uma grande parte de suas rendas em benefício dos mais pobres, o que lhe angariou forte simpatia popular.

Durante a segunda regência de Maria Luísa, de 1759 a 1765, os Países Baixos permaneceram neutros na Guerra dos Sete Anos (1754-1763). Uma das primeiras guerras mundiais, este conflito teve combates travados na Europa, África, Américas e Ásia. A Grã-Bretanha foi a grande vencedora. Derrotada, a França perdeu o Canadá. A Guerra dos Sete Anos contribuiu para a ascensão da Inglaterra como grande potência marítima mundial, e da Prússia como grande potência continental europeia, em detrimento, respectivamente, do Império espanhol e da França. Ao contrário da Guerra dos Oitenta Anos, caracterizada por sítios e incêndios de cidades, na Guerra dos Sete Anos foram travadas batalhas com grandes perdas humanas. A ascensão da Inglaerra como grande potência marítima mundial significou o declínio não apenas do Império espanhol, como dos próprios Países Baixos.

---

[222] EIJNATTEN, Joris. *Liberty and Concord in the United Provinces*. Leiden/Boston: Koninklijke Brill, 2003, p. 50.

D. AFONSO SANCHES DE ALBUQUERQUE, O INFANTE TROVADOR

Cantigas de amigo

As obras dos trovadores ibéricos foram escritas em sua maioria em galego-português, o idioma utilizado à época em praticamente toda a Península Ibérica para a lírica, em oposição à épica. Os trovadores ibéricos seguiram o exemplo dos trovadores occitanos, os *trobadors*, poetas cantores de língua d'oc do amor cortês que viveram durante a Baixa Idade Média, criadores da primeira literatura europeia. Desde cedo, a França foi dividida em duas esferas linguísticas e literárias. O Sul, da língua d'oc, tornou-se a pátria da lírica, e o Norte, da língua d'oil, da épica. O duque da Aquitânia Guilherme IX (1071-1127), o Trovador, é o primeiro grande poeta conhecido em occitano. *A Canção de Rolando*, escrita provavelmente entre 1040 e 1115, uma canção de gesta, a primeira das grandes obras literárias em francês, remete não ao amor cortês, mas à Batalha de Roncesvales, ocorrida em 15 de agosto de 778, na qual o exército de Carlos Magno foi atacado por guerreiros vascões. Ao sul, a cortesia, o sentimento, a exaltação da mulher; ao norte, a força, o heroísmo, a glorificação do homem.

Surgidos no século XI, o apogeu dos trovadores galego-portugueses foi do século XII ao século XIV. Estes poetas cantores começaram a sumir no século XIV, com a Peste Negra. Ao rei Afonso X de Leão e Castela (1221-1284), o Sábio, são atribuídas as *Cantigas de Santa Maria*, poemas com notação musical; em cada um destes cânticos de louvor, faz-se menção a milagres da Virgem. Primeira manifestação literária galego-portuguesa, as cantigas dos trovadores ibéricos pertencem a três categorias: cantigas de amigo; de amor; de escárnio e maldizer. Os trovadores galego-portugueses desapareceram em finais do século XV, com a separação da poesia da música.

Em plena Reconquista, a composição das primeiras cantigas coincidiu com o nascimento de Portugal. Após vencer o sultão Ali Ibn Yusuf (1084-1143) na Batalha de Ourique, em 25 de julho de 1139, d. Afonso Henriques foi proclamado o primeiro rei de Portugal. A *Cantiga da Ribeirinha*,[223] a primeira obra literária galego-portuguesa, escrita provavelmente pelo trovador Paio Soares de Taveirós (?-?), remonta a cerca de 1198.[224]

Nas cantigas occitanas, o amor impossível, pela mulher comprometida ou casada, foi a grande fonte de inspiração. Submisso e suplicante, o homem, carente de atenção, louva quem nunca será sua. A partir do século XI, não apenas os trovadores ibéricos foram influenciados pelas canções (*cansos*) dos trovadores occitanos, mas também os *Minnesänger* alemães, os cantores (*Sänger*) do amor cortês (*Minne*). O maior trovador alemão, Walther von der Vogelweide (ca. 1170-1230), seguindo o exemplo de Guilherme IX, o Trovador, também cantou o amor impossível. Presente no Festival dos Menestréis (*Sängerkrieg*) do Castelo de Wartburg, ocorrido em 1206, Walther von der Vogelweide consta como personagem de *Tannhäuser*, uma das principais óperas de Richard Wagner (1813-1883).

Na Península Ibérica, os trovadores vicejaram também em Aragão, Castela, Catalunha e Leão. O fato de um trovador escrever em galego-português não queria dizer necessariamente que ele fossse galego nem português. Bilíngues, alguns podiam transitar com desenvoltura do galego-português para o castelhano e vice-versa. O apogeu dos trovadores ibéricos coincidiu com a consolidação como Estados nacionais tanto de Portugal, com o rei d. Dinis, quanto de Leão e Castela, com os reis Afonso

---

[223] Na *Cantiga da Ribeirinha* ("No mundo non me sei parelha,/mentre me for' como me vai,/ ca ja moiro por vós – e ai!/mia senhor branca e vermelha,/Queredes que vos retraia/quando vos eu vi em saia!/Mao dia me levantei,/que vos enton non vi fea!/E, mia senhor, dês aquel di', ai!/Me foi a mim mui mal,/E vós, filha de don Paai/Moniz, e bem vos semelha/D'haver eu por vós guarvaia,/Pois, eu, mia senhor, d'alfaia/Nunca de vós houve nen hei Valia d'ua Correa"), um homem relata numa canção de amor seu sofrimento (Cf. LAPA, Manuel Rodrigues. *Miscelânea de língua e literatura portuguesa medieval*. Imprensa da Universidade de Coimbra, 1982, p. 241). Plebeu, ele apaixonou-se por uma nobre. Desalentado, ele relata este amor impossível.

[224] MOISÉS, Massaud. *A literatura portuguesa através dos textos*. 29ª ed. São Paulo: Editora Cultrix, 2010, p. 19: "A primeira época da história da Literatura Portuguesa inicia-se em 1198 (ou 1189), quando o trovador Paio Soares de Taveirós dedica uma cantiga de amor e escárnio a Maria Pais Ribeiro, cognominada *A Ribeirinha*, favorita de D. Sancho I – e finda em 1418, quando D. Duarte nomeia Fernão Lopes para o cargo de Guarda-Mor da Torre do Tombo, ou seja, conservador do arquivo do Reino."

X e seu filho Sancho IV, o Bravo. A obra dos trovadores galego-portugueses foi preservada no *Cancioneiro da Ajuda* (ca. 1250), *Cancioneiro Geral* (1516), *Cancioneiro da Vaticana* (ca. 1525) e no *Cancioneiro da Biblioteca Nacional* (1525).

Para os trovadores galego-portugueses, as cantigas de amigo eram breves e pungentes. Nelas, mulheres apaixonadas sofriam com a ausência temporária ou definitiva do amado. Tristes, enciumadas, ansiosas ou vingativas, elas relatam suas desventuras amorosas a amigas ou parentes próximos. Numa peregrinação, ao irem buscar água numa fonte, em meio ao campo, mulheres apaixonadas fazem confidências sem nutrir muitas ilusões.

Filho de d. Dinis, o Rei Poeta, d. Afonso Sanches, V senhor de Albuquerque, uma das principais figuras da Corte portuguesa de sua época, escreveu as cantigas de amigo *Dizia la fremosinha*; e *Quand', amiga, meu amigo veer*.

Em *Dizia la fremosinha*,[225] uma jovem, a *fremosinha*, formosinha em galego-português, "d'amor ferida", lamenta sua desventura amorosa, que pode não ter sido a primeira nem a última. Em várias estrofes, sem ter a quem recorrer, tendo abandonado todas as suas esperanças há tempo, ela repete: "ai Deus val!", "ai, valha-me Deus". Elegante e bonita, "bem talhada", ela não entende por que foi abandonada pelo homem de sua vida. Apesar de suplicar pela intervenção divina várias vezes, a *fremosinha*, "d'amor coitada", desditosa e infeliz, sofre com a ansiedade da espera – "nom vem o que bem queria", "nom vem o que muito amava". A canção de amigo *Dizia la fremosinha* é um hino ao desespero e ao desalento.

Bem mais curta, com apenas uma estrofe, em *Quand', amiga, meu amigo veer*,[226] não há nenhuma mulher abandonada que aguarda debalde a

---

[225] *Dizia la fremosinha*: "Dizia la fremosinha:/- Ai Deus val/ com'estou d'amor ferida/ ai Deus val!/Dizia la bem talhada:/- Ai Deus val,/ com'estou d'amor coitada,/ ai Deus val!/ Com'estou d'amor ferida/ ai Deus val,/ nom vem o que bem queria,/ai Deus val!/Com'estou d'amor coitada,/ai Deus val,/nom vem o que muito amava,/ai Deus val!" (Cf. LOPES, Graça Videira; FERREIRA, Manuel Pedro et al. *Cantigas medievais galego portuguesas*. Dizia la fremosinha. Lisboa: Instituto de Estudos Medievais, FCSH/NOVA, 2011; ALDEA, Mariña Arbor. *O cancioneiro de don Afonso Sanchez. Edición e estudio*. Universidade de Santiago de Compostela, 2001, p. 279).

[226] *Quand', amiga, meu amigo veer*: "Quand', amiga, meu amigo veer,/ enquanto lh'eu preguntar u tardou,/ falade vós nas donzelas entom,/ e no sembrant', amiga, que fezer/ veeremos bem se tem no coraçom/ a donzela por que sempre trobou." (Cf. LOPES, Graça Videira; FERREIRA, Manuel Pedro et al. *Cantigas medievais galego portuguesas*. Quand', amiga,

volta do homem de sua vida. Ao contrário da *fremosinha*, a protagonista de *Quand', amiga, meu amigo veer* é astuciosa. Para descobrir se é traída por seu "amigo", ela propõe um estratagema a uma amiga íntima sua, que não é identificada. Quando o homem de sua vida chegasse, enquanto ela lhe inquirisse as razões de sua demora, a amiga falaria de outras mulheres. "Quand', amiga, meu amigo veer,/ enquanto lh'eu preguntar u tardou,/ falade vós nas donzelas entom". Donzelas conhecidas pelos três, disponíveis e aptas a conquistar o coração do *"amigo"*, um trovador. De acordo com a reação deste jovem conquistador, manifestada em seu semblante, a protagonista, objeto de suas trovas, descobriria cara a cara, no calor dos acontecimentos, suas reais intenções – "e no sembrant', amiga, que fezer/ veeremos bem se tem no coraçom/a donzela por que sempre trobou". Se o homem de sua vida a estivesse traindo com a "amiga", a situação poderia complicar-se. A protagonista de *Dizia la fremosinha* sofre com o abandono, e a de *Quand', amiga, meu amigo veer*, com a dúvida.

Cantigas de amor

Nas cantigas de amor, o homem apaixonado dirige-se a uma mulher idealizada, distante e inalcançável. Vassalo deste amor impossível, ele jamais conseguirá conquistá-la, já que pertence a um diferente estrato social. Sofredor incurável, o homem apaixonado louva as qualidades reais e imaginárias da sua amada, pertencente a um nível hierárquico superior ao seu. A coita, o sofrimento causado pela ausência de reciprocidade amorosa, arrasa a vítima, que se prontifica a prestar toda espécie de serviço à sua amada, numa relação de vassalagem amorosa, amor cortês, à espera de um pouco de reconhecimento. Convicto de que o amor enobrece, o homem apaixonado mantém a identidade da donzela em segredo. Sofrendo, ele entra em êxtase, cantando sua amada num misto de arrebatamento e mágoa insaciável. À semelhança de *Dizia la fremosinha*, ele pode queixar-se a Deus, lamentando em vão seu fado.

D. Afonso Sanches escreveu as canções de amor *De vos servir, mia senhor, nom me val*; *Muitos me dizem que servi doado*; *Pero eu dixe, mia senhor*; *Sempre vos eu doutra rem mais amei*; *Tam grave dia que vos*

---

meu amigo veer. Lisboa: Instituto de Estudos Medievais, FCSH/NOVA, 2011; ALDEA, Mariña Arbor. *O cancioneiro de don Afonso Sanchez. Edición e estudio*. Universidade de Santiago de Compostela, 2001, p. 274).

conhoci; *Vedes, amigos, que de perdas hei*; e *Estes que m'ora tolhem mia senhor*.

Em *De vos servir, mia senhor, nom me val*,[227] o trovador, desolado, chega à conclusão de que não tem adiantado de nada servir a sua amada, seu "senhor."[228] Sem esperar mais absolutamente nada, "rem e al", ele conclui que sua Dulcineia não é capaz de fazer-lhe nem mal nem bem, ou seja – coisa alguma ("sei eu de vós: que vos ar fez Deus tal/que nunca m'al faredes; e por en, / quer me queirades, senhor, bem, quer mal,/ pois me de vós nom veer mal nem bem"). Perante uma mulher que, mesmo amando, não será capaz de entregar-se, só lhe resta dar a conhecer a todos seu amor desinteressado, "pois de vos servir hei mui gram sabor", e não correspondido, "nom atendo bem do grande amor/que vos hei". O trovador assume que serve à sua amada de livre e espontânea vontade, "pois de vos servir é meu coraçom", sem esperar nada em troca, "e nom atendo por en galardom". Tanto desprendimento, que beira o autoaniquilamento, gera um sentimento de culpa. Depois de pedir perdão a Deus, "assi Deus me perdom", o trovador conclui que não adianta lutar contra a natureza indiferente de sua amada, que lhe foi dada por este mesmo Deus ao qual ele pede perdão, já que dela não se pode esperar nem mal nem bem.

Seguindo os passos desta última cantiga de amor, d. Afonso Sanches, em *Muitos me dizem que servi doado*,[229] retoma o tema do amor desinteressado

---

[227] *De vos servir, mia senhor, nom me val*: "De vos servir, mia senhor, nom me val/pois nom atendo de vós rem e al/sei eu de vós: que vos ar fez Deus tal/que nunca m'al faredes; e por en/quer me queirades, senhor, bem, quer mal,/pois me de vós nom veer mal nem bem,/pois de vos servir hei mui gram sabor,/nom atendo bem do grande amor/que vos eu hei, ar sõo sabedor/que nunca m'al havedes de fazer,/quer me queirades bem, quer mal, senhor,/pois mal nem bem de vós nom hei d'haver,/pois de vos servir é meu coraçom/e nom atendo por en galardom/de vós; ar sei, assi Deus me perdom,/que nom faredes-m'al, por en, senher,/ quer me queirades bem, quer mal,/quer nom,/pois eu de vós mal nem bem nom houver." (Cf. LOPES, Graça Videira; FERREIRA, Manuel Pedro et al. *Cantigas medievais galego portuguesas*. De vos servir, mia senhor, nom me val. Lisboa: Instituto de Estudos Medievais, FCSH/NOVA, 2011; ALDEA, Mariña Arbor. *O cancioneiro de don Afonso Sanchez. Edición e estudio*. Universidade de Santiago de Compostela, 2001, p. 128).
[228] Em galego-português, não havia a palavra *senhora*.
[229] *Muitos me dizem que servi doado*: "Muitos me dizem que servi doado/ a donzela que hei por senhor;/ dizê-lo podem, mais, a Deus loado,/ poss'eu fazer quem quiser sabedor/ que nom é 'ssi, ca, se me venha bem,/ nom é doado, pois me deu por em/ mui grand'afã e desej'e cuidado,/que houvi dela, poila vi, levado,/per que viv'eu, amigos, na maior/ coita do mundo, ca, mao pecado!,/ sempr'eu houve por amar desamor;/ de mia senhor tod'este mal me vem,/ [e] al me fez peior, ca me fez quem/ servo servir e nom seer amado/por en; mais eu, que mal dia fui nado,/ houvi a levar aquesto da melhor/ das que Deus fezo, ca nom outro grado;/ al

e não correspondido. Embora amigos e colegas digam que ele serviu, amou, debalde, "servi doado", uma donzela, o trovador discorda. O amor não foi em vão. Dele, o trovador recebeu ansiedade, "afã", desejo, "desej'e", e preocupação, "cuidado". Esta ansiedade, desejo e preocupação advêm do fato de ele tê-la visto sofrendo, "poila vi, levado", na maior aflição do mundo, "na maior coita do mundo". Sem saber direito o que esta aflição significa, amor ou desamor, atração ou repulsa, o trovador afirma desconsolado que a ansiedade, o desejo e a preocupação, "tod'este mal", são o resultado de servir e não ser amado, "servir e nom ser amado". Depois de imprecar contra o dia em que nasceu, "que mal dia fui nado", ele reconhece, em total desamparo e com certa dose de autocrítica, ter perdido o juízo, "perdi o sem". Este mal, o amor desinteressado e não correspondido, que lhe fora dado por Deus, "Deus nunca deu mal per rem/foi dar a mim", ele deseja que seja transmitido a outros, talvez aos amigos e colegas zombadores. Depois de cantar sua dor, o trovador lança então uma maldição. Quem conhecer a donzela, "quen'a donzela vir", ficará aflito e triste, "de gram coita coitado".

Na cantiga *Pero eu dixe, mia senhor*,[230] d. Afonso Sanches deixa margem a dúvidas. Embora não espere nada, "nom atendia per rem", da sua Dulcineia em troca do seu grande amor, "polo grand'amor", ao invés de fazer-lhe mal, "per que sempr'houvi por vós mal", ela fez-lhe bem, "per esso me fezestes bem". Este bem é a ansiedade, "afã", sofrida, pois, certamente, "de pram", nada de melhor poderia surgir desta paixão. Zeloso, o trovador cuida da sua dor, "daqueste bem cuid›eu de mi", para que ela não o prive

---

m'er avém, de que me vem peior:/ senhor u Deus nunca deu mal per rem/ foi dar a mim, per que perdi o sem/ e por que moir'assi desemparado/de bem; que, par Deus, que m'em poder tem,/quen'a donzela vir ficará en,/com'eu fiquei, de gram coita coitado." (Cf. LOPES, Graça Videira; FERREIRA, Manuel Pedro et al. *Cantigas medievais galego portuguesas*. Muitos me dizem que servi doado. Lisboa: Instituto de Estudos Medievais, FCSH/NOVA, 2011; ALDEA, Mariña Arbor. *O cancioneiro de don Afonso Sanchez. Edición e estudio*. Universidade de Santiago de Compostela, 2001, p. 107).

[230] *Pero eu dixe, mia senhor*: "Pero eu dixe, mia senhor,/que nom atendia per rem/de vós bem polo grand'amor/que vos sempr'houvi, al m'end'avém:/u vej'est', ar cuido no al/- per que sempr'houvi por vós mal,/per esso me fezestes bem/ sempre levar assaz d'afã/ por vós, mia senhor, e por en,/ pois outro bem de vós, de pram,/ nom houve, senhor, a meu sem,/ sequer por quanto vos servi,/ daqueste bem cuid'eu de mi/que me nom tolhades vós em/ nada, senhor, mentr'eu viver;/ e se vos conveer d'alguém/ dissesse com'eu já perder/ tal bem nom posso, que me vem/ de vós, terredes, ben'[o] sei,/ que nom devia, poilo hei/ por vós, a tee-l'em desdém." (Cf. LOPES, Graça Videira; FERREIRA, Manuel Pedro et al. *Cantigas Medievais Galego Portuguesas*. Pero eu dixe, mia senhor. Lisboa: Instituto de Estudos Medievais, FCSH/NOVA, 2011; ALDEA, Mariña Arbor. *O cancioneiro de don Afonso Sanchez. Edición e estudio*. Universidade de Santiago de Compostela, 2001, p. 140).

desta ansiedade, "que me nom tolhades vós em". Disposto a não perder seu bem maior, a aflição, resultado do desprezo de sua amada, ele submete-se enquanto viver, "mentr'eu viver".

Em *Sempre vos eu doutra rem mais amei,*²³¹ d. Afonso Sanches retoma o dilema de amar sem ser amado. Embora o trovador a deseje ardentemente, dela ele só tem recebido mal-estar e desamor, "gram mal e desamor". Desta vez, o trovador admite que esta paixão desenfreada pode ser o resultado não do amor que ele sente por ela, "porque vos quero bem", mas do sofrimento que ele sente ao ser rejeitado, "por quanto mal me vem". Prisioneiro deste tormento, sem saber direito se está apaixonado porque realmente ama uma mulher impossível ou porque sente prazer em ser desprezado, o trovador reconhece que este amor está acima de tudo, "vos am'eu mais que al", embora viva atormentado por uma grande aflição, "m'eu grand'afã e mal".

Na cantiga de amor *Tam grave* dia que vos conhoci,²³² ele continua desesperado, sem saber o que fazer para conquistar um pouco de atenção.

---

[231] *Sempre vos eu doutra rem mais amei:* "Sempre vos eu doutra rem mais amei,/ por quanto bem Deus em vós pôs, senhor,/ des i ar hei gram mal e desamor/ de vós; e por en, mia senhor, nom sei/ se me praza porque vos quero bem,/ se mi ar pês en por quanto mal me vem./ Por quanto bem, por vos eu nom mentir,/ Deus en vós pôs, vos am'eu mais que al,/ des i ar hei m'eu grand'afã e mal/ de vós; e por en nom sei bem partir/ se me praza porque vos quero bem,/ se mi ar pês en por quanto mal me/ vem./ Por quanto bem Deus em vós foi põer/ vos am'eu mais de quantas cousas som/ hoje no mund'e nom hei se mal nom/ de vós; e por en nom sei escolher/ se me praza por que vos quero bem,/ se mi ar pês en por quanto mal me/ vem./ Pero, senhor, pois m'escolher convém,/ escolh'eu d'ambas que mi praza en." (Cf. LOPES, Graça Videira; FERREIRA, Manuel Pedro et al. *Cantigas medievais galego portuguesas*. Sempre vos eu doutra rem mais amei. Lisboa: Instituto de Estudos Medievais, FCSH/NOVA, 2011; ALDEA, Mariña Arbor. *O cancioneiro de don Afonso Sanchez. Edición e estudio*. Universidade de Santiago de Compostela, 2001, p. 152).

[232] *Tam grave dia que vos conhoci*: "Tam grave dia que vos conhoci,/ por quanto mal me vem per vós, senhor!/ Ca me vem coita, nunca vi maior,/ sem outro bem, por vós, senhor, des i,/ por este mal que mi a mim por vós vem,/ come se fosse bem, querer-me por em/ gram mal, a quem nunca [o] mereci./ Ca tem, senhor, porque vos eu serv'i/[e] sempre digo que sôde'la milhor/ do mund'e trobo polo voss'amor/que me fazedes gram bem; e assi/ veed'ora, mia senhor do bom sem/este bem tal, se compre [em] mim rem,/ senom se valedes vós mais per i./ Mais eu, senhor, em mal dia naci:/del, que nom tem, nem é conhecedor/ do vosso bem, a que nom fez valor,/ Deus de lho dar, que lhi fezo bem i;/ pero, senhor, assi me venha bem,/ deste gram bem, que el por bem nom tem,/ mui pouco del seria grand'a mi./Pois, mia senhor, razom é, quand'alguém/ serve [e] nom pede, já que lhi dem/- eu servi sempr'e nunca vos pedi." (Cf. LOPES, Graça Videira; FERREIRA, Manuel Pedro et al. *Cantigas medievais galego portuguesas*. Tam grave dia que vos conhoci. Lisboa: Instituto de Estudos Medievais, FCSH/NOVA, 2011; ALDEA, Mariña Arbor. *O cancioneiro de don Afonso Sanchez. Edición e estudio*. Universidade de Santiago de Compostela, 2001, p. 181).

Depois de maldizer o dia em que conheceu a mulher pela qual está apaixonado, "tam grave dia que vos conhoci", ele rebela-se brevemente contra o mal que ela o faz sentir, "por quanto mal me vem per vós", uma aflição jamais vista, "ca me vem coita, nunca vi maior". Seu grande bem é justamente este mal, "sem outro bem, por vós, senhor, des i,/por este mal que mi a mim por vós vem". Do amor impossível, provém este sofrimento, transformado em prazer. Mesmo rejeitado, o trovador não só reconhece que ela é a melhor mulher do mundo, como continua a louvá-la – "[e] sempre digo que sôde-la milhor/do mund'e trobo polo voss'amor". Pela primeira vez, d. Afonso Sanches reconhece que a donzela, ou talvez uma mulher casada, que não mereceu nem dá o valor necessário a este amor, está apaixonada por outro homem, "del, que nom tem, nem é conhecedor/ do vosso bem, a que nom fez valor". Um pouco deste amor já seria mais do que suficiente para fazer a felicidade do trovador, "deste gram bem, que el por bem nom tem,/ mui pouco del seria grand'a mi". Desesperado, ele sustenta que seu amor desinteressado merece ser correspondido – "Pois, mia senhor, razom é, quand'alguém/ serve [e] nom pede, já que lhi dem/ – eu servi sempr'e nunca vos pedi."

Depois de tanta dor, em *Vedes, amigos, que de perdas hei*,[233] d. Afonso Sanches entrega os pontos. Por sua própria culpa, "por meu mal", o troavador perdeu o amor de sua vida, o maior bem já criado por Deus, "perdi ela, que foi a rem milhor/das que Deus fez". D. Afonso Sanches não consegue mais rir, "perdi o riir", perdeu o juízo, "perdi o sem", não consegue mais dormir, "perdi o dormir".

O desespero do trovador fica ainda mais patente na satírica cantiga de amor *Estes que m'ora tolhem mia senhor*.[234] Sem acreditar mais na pos-

---

[233] *Vedes, amigos, que de perdas hei*: "Vedes, amigos, que de perdas hei,/ des que perdi por meu mal mia senhor:/ perdi ela, que foi a rem milhor/ das que Deus fez, e quanto servid'hei/ perdi por en, e perdi o riir,/ perdi o sem e perdi o dormir,/ perdi seu bem, que nom atenderei." (Cf. LOPES, Graça Videira; FERREIRA, Manuel Pedro et al. *Cantigas Medievais galego portuguesas* Vedes, amigos, que de perdas hei. Lisboa: Instituto de Estudos medievais, FCSH/NOVA, 2011; ALDEA, Mariña Arbor. *O cancioneiro de don Afonso Sanchez*. Edición e estudio. Universidade de Santiago de Compostela, 2001, p. 162).

[234] *Estes que m'ora tolhem mia senhor*: "Estes que m'ora tolhem mia senhor/ que a nom poss'aqui per rem veer,/ mal que lhes pês, nom mi a podem tolher/ que a nom veja sem nêum pavor:/ ca morrerei e tal tempo verrá/ que mia senhor fremosa morrerá/- entom a verei; des i sabedor/ sõo d'atanto, por Nostro Senhor:/ que, se lá vir o seu bem parecer,/ coita nem mal outro nom poss'haver/ eno inferno, se com ela for;/des i sei que os que jazem alá/ nêum deles já mal nom sentirá/ tant'haverám de a catar sabor!" (Cf. LOPES, Graça Videira; FERREIRA, Manuel Pedro et al. *Cantigas medievais galego portuguesas*. Estes que m'ora to-

sibilidade de conquistá-la, ele desabafa que um dia não só ele, como ela também morrerá – "ca morrerei e tal tempo verrá/ que mia senhor fremosa morrerá". Aqueles que o impedem agora de vê-la, "[e]stes que m'ora tolhem mia senhor/que a nom poss'aqui per rem veer", não poderão mais fazer nada contra ele. D. Afonso Sanches, então, poderá contemplá-la entre os danados – "entom a verei; des i sabedor". Lá, no inferno, ele sentirá a mesma aflição e tristeza por não poder tê-la, "que, se lá vir o seu bem parecer/ coita nem mal outro nom poss'haver/eno inferno, se com ela for". Os demais condenados também a contemplarão com um prazer agridoce, "des i sei que os que jazem alá/ nẽum deles já mal nom sentirá/ tant'haverám de a catar sabor".

Cantigas de escárnio e maldizer

Nas cantigas de escárnio e maldizer, redigidas, como as canções de amigo e de amor, em galego-português, do século XII ao século XIV, há sátiras literárias, morais e políticas, bem como difamações maledicentes. Também originárias da Occitânia, nas cantigas de escárnio e maldizer o trovador critica uma pessoa que lhe é próxima. Vícios dos próprios trovadores ou de terceiros são postos em xeque, como a avareza, o alcoolismo ou o mau gosto. Ao levá-los no ridículo, com o objetivo de provocar o riso, tenta-se moralizar uma sociedade que, como qualquer outra, era cheia de dubiedades. Nas cantigas de escárnio, ao contrário das de maldizer, o trovador recorre à ambiguidade, sem nomear o alvo de sua ira. A ambição de quem quer nobilitar-se a todo custo; a covardia de quem abandona o campo de batalha; o descaramento de quem descumpre suas promessas são temas recorrentes. Nas cantigas de escárnio e maldizer, o trovador pode voltar-se contra o seu próprio mundo, o da vida boêmia, amiúde criticado por seu caráter marginal e imprevisível.

De D. Afonso Sanches, chegaram-nos as seguintes cantigas de escárnio e maldizer *Afons'Afonses, batiçar queredes*; *Conhocedes a donzela*; *Pois que vós per i mais valer cuidades*; *Um ric'home a que um trobador*; *Mia senhor, quem me vos guarda*; e *Vaasco Martins, pois vós trabalhades*.

lhem mia senhor. Lisboa: Instituto de Estudos Medievais, FCSH/NOVA, 2011; ALDEA, Mariña Arbor. *O cancioneiro de don Afonso Sanchez. Edición e estudio*. Universidade de Santiago de Compostela, 2001, p. 169).

Em *Afons'Afonses, batiçar queredes*,[235] na única estrofe conservada até hoje, d. Afonso Sanches ridiculariza um tal Afons'Afonses, interessado em batizar seu criado. Sem padre disposto a celebrar este sacramento, que abre as portas da vida cristã ao batizado, incorporando-o à comunidade católica, Afons'Afonses está em maus lençóis, "vosso criad'e cura nom havedes/ que chamem clérig'; en'esto fazedes". O trovador termina revelando que Afons'Afonses nunca foi batizado, lançando-o na ignomínia, "aquant'eu cuido, mui maao recado:/ ca sem clérigo, como haveredes,/Afons'Afonses, nunca batiçado?". Exilado em Castela, a cantiga *Afons'Afonses, batiçar queredes* pode ser um contra-ataque a quem colocara em dúvida as origens de d. Afonso Sanches.

Na cantiga *Conhocedes a donzela*,[236] o trovador alude à mulher que ele quer levar no ridículo com um jogo de palavras satírico. Ora ele a chama de "Dona Biringela", ora de "Dona Charia", "Dona Ousenda", "Dona Gondrode", "Dona Gontinha". Estas alusões não devem ter passado despercebidas aos seus contemporâneos, permitindo a identificação da desditosa. "Dona Biringela", ao casar-se, passou a chamar-se "Dona Charia", o que d. Afonso Sanches acredita ser um grande absurdo, "e cousa tam desguisada". Ao assumir ter composto e cantado trovas para esta mulher, ele deixa implícito em *Conhocedes a donzela* que já esteve apaixonado por ela. Esta cantiga de escárnio foi elaborada por um

---

[235] *Afons'Afonses, batiçar queredes*: "Afons'Afonses, batiçar queredes/ vosso criad'e cura nom havedes/ que chamem clérig'; en'esto fazedes,/aquant'eu cuido, mui maao recado:/ ca sem clérigo, como haveredes,/Afons'Afonses, nunca batiçado?" (Cf. LOPES, Graça Videira; FERREIRA, Manuel Pedro et al. *Cantigas medievais galego portuguesas*. Afons'Afonses, batiçar queredes. Lisboa: Instituto de Estudos Medievais, FCSH/NOVA, 2011; ALDEA, Mariña Arbor. *O cancioneiro de don Afonso Sanchez. Edición e estudio*. Universidade de Santiago de Compostela, 2001, p. 267).

[236] *Conhocedes a donzela*: "Conhocedes a donzela/por que trobei, que havia/nome Dona Biringela?/ Vedes camanha perfilha/e cousa tam desguisada:/des que ora foi casada/ chamam-lhe Dona Charia./ D'al and'ora mais nojado,/ se Deus me de mal defenda:/estand'ora segurado,/um, que maa morte prenda/e o Demo cedo tome,/quis-la chamar per seu nome/ e chamou-lhe Dona Ousenda./Pero se tem per fremosa,/mais que s'ela poder pode,/pola Virgem gloriosa,/um homem que fede a bode/e cedo seja na forca,/estand'a cerrar-lhe a lorca,/chamou-lhe Dona Gondrode./ E par Deus, o poderoso,/ que fez esta senhor minha,/ d'al and'ora mais nojoso:/do demo d'ũa meninha,/ d'acolá bem de Zamora,/u lhe quis chamar senhora,/chamou-lhe Dona Gontinha." (Cf. LOPES, Graça Videira; FERREIRA, Manuel Pedro et al. *Cantigas medievais galego portuguesas*. Conhocedes a donzela. Lisboa: Instituto de Estudos Medievais, FCSH/NOVA, 2011; ALDEA, Mariña Arbor. *O cancioneiro de don Afonso Sanchez. Edición e estudio*. Universidade de Santiago de Compostela, 2001, p. 220).

d. Afonso Sanches magoado e traído. Aborrecido e desgostoso, "[d]al and'ora mais nojado", ele roga uma praga à mulher que um dia amou – "um, que maa morte prenda/ e o Demo cedo tome". É o próprio "demo", na segunda, terceira e quarta estrofes, que a chama de "Dona Ousenda", "Dona Gondrode", "Dona Gontinha". Vaidosa e soberba, "[p]ero se tem per fremosa,/mais que s'ela poder pode,/pola Virgem gloriosa", o "demo" levou-a ao patíbulo, "um homem que fede a bode/e cedo seja na forca,/ estand'a cerrar-lhe a lorca". Nativa ou residente em Zamora, cidade atualmente localizada na comunidade autônoma de Castilla-León, próxima à cidade portuguesa de Bragança, foi o demo, apaixonado, "do demo d'ũa meninha,/ d'acolá bem de Zamora,/u lhe quis chamar senhora", que lhe deu o nome de "Dona Gontinha"

Ferido, d. Afonso Sanches tampouco poupa em *Pois que vós per i mais valer cuidades*[237] sua amada. Indignado por ter sido deixado para trás, ele dispõe-se a guiá-la rumo à perdição, "mal vos quer'eu conselhar, mia senhor;/ pera sempre fazerde'lo peior". Para começo de conversa, ela deve amar quem a despreza, abandonando-o, o único homem que lhe quer bem, "amad'aquel que vos tem em desdém/ e leixad'a mim, que vos quero bem". Em seguida, o trovador recomenda-lhe fazer o bem a quem lhe faz mal, "fazede bem sempr'a quem vos mal faz", bem como matá-lo, já que ele a ama, "e matade-mi, senhor, pois vos praz". Sofrendo sem parar, "[c]a nom sei homem que se mal nom queixe/ do que m'eu queixo - d'haver sempre mal", mortalmente aflito, "com gram coita mortal", d. Afonso Sanches não vê outra solução senão deixar este mundo para livrar-se deste tormento, "e moira eu por vós".

---

[237] *Pois que vós per i mais valer cuidades*: "Pois que vós per i mais valer cuidades,/ mal vos quer'eu conselhar, mia senhor;/ pera sempre fazerde'lo peior/ quero-vos eu dizer como façades:/ amad'aquel que vos tem em desdém/ e leixad'a mim, que vos quero bem,/[e] nunca vós melhor [en]fus'enchades./ Al vos er quero dizer que faredes,/ pois que vos já mal hei de conselhar;/ pois per i mais cuidades acabar,/ assi fazede como vós fazedes:/ fazede bem sempr'a quem vos mal faz,/ e matade-mi, senhor, pois vos praz,/ e nunca vós melhor mouro matedes./Ca nom sei homem que se mal nom queixe/ do que m'eu queixo - d'haver sempre mal;/ por en dig'eu, com gram coita mortal:/ aquel que vos filhou nunca vos leixe/ e moira eu por vós, com'é razom,/e pois ficardes com el, des entom/ coçar-vos-edes com a mão do peixe./ Do que dirám pois, se Deus vos perdom,/por vós, senhor, quantos no mundo som,/ atade todo e fazed'end'um feixe." (Cf. LOPES, Graça Videira; FERREIRA, Manuel Pedro et al. *Cantigas medievais galego portuguesas*. Pois que vós per i mais valer cuidades. Lisboa: Instituto de Estudos Medievais, FCSH/NOVA, 2011; ALDEA, Mariña Arbor. *O cancioneiro de don Afonso Sanchez. Edición e estudio*. Universidade de Santiago de Compostela, 2001, p. 206).

Na cantiga *Um ric'home a que um trobador*,²³⁸ d. Afonso Sanches queixa-se amargamente do desprezo com que foi tratado por um rico-homem, o grau mais elevado da nobreza. Em pleno palácio real, ele depara-se com o aristocrata. Um colega de profissão, um trovador, já lhe dedicara cantigas, "[u]m ric'home a que um trobador/trobou organ'aqui em cas d'el rei", conferindo-lhe alguma notoriedade na Corte. Ao sentar-se, d. Afonso Sanches olha para trás e o vê alojado num lugar pior do que o seu, mais distante do foco geral das atenções, o rei – "asseentando-m'eu, trás mim catei,/ vi-o seer em um logar peior". Filho de d. Dinis, rei de Portugal, d. Afonso Sanches levanta-se e convida-o para sentar-se ao seu lado, "Ergi-m'e dixi: – Viind'acá pousar". Para sua surpresa, o rico-homem recusa este convite, permanece onde está e afirma não querer sentar-se num lugar melhor do que o seu. "E disse-m'el: - Seed'em vosso logar,/ bem sej'acá, nom quero seer melhor". Ofendido em público por esta recusa, d. Afonso Sanches senta-se e lamenta não ter sido capaz de prever esta descompostura – "[q]uando me assentei, assi veja prazer,/nom me guardava eu de tal cajom". O trovador levanta-se mais uma vez e repete o convite, "e quando o vi, ergi-me log'entom./– Passad'acá! – lhe fui logo dizer", para que ele abandonasse os patifes ("cochões") que o acompanhavam. Recalcitrante, o aristocrata agradece o convite, afirma que não poderia estar sentado num lugar melhor e prefere continuar na companhia daqueles que d. Afonso Sanches chama de "cochões seus".

Jocosa, *Mia senhor, quem me vos guarda*,²³⁹ difícil de ser classificada dentre os vários gêneros de cantiga existentes, repete várias vezes, com di-

---

²³⁸ *Um ric'home a que um trobador:* "Um ric'home a que um trobador/ trobou ogan'aqui em cas d'el-rei,/ asseentando-m'eu, trás mim catei,/ vi-o seer em um logar peior./ Ergi-m'e dixi: – Viind'acá pousar./E disse-m'el: – Seed'em vosso logar,/ bem sej'acá, nom quero seer melhor./ Quando mi assentei, assi veja prazer, nom me guardava eu de tal cajom;/ e quando o vi, ergi-me log'entom./ – Passad'acá! – lhe fui logo dizer,/ que s'ergesse d'antre os cochões seus./ E disse-m'el: – Gradesca-vo-lo Deus,/nom me comprira de melhor seer." (Cf. LOPES, Graça Videira; FERREIRA, Manuel Pedro et al. *Cantigas Medievais Galego Portuguesas*. Um ric'home a que um trobador. Lisboa: Instituto de Estudos Medievais, FCSH/NOVA, 2011; ALDEA, Mariña Arbor. *O cancioneiro de don Afonso Sanchez. Edición e estudio*. Universidade de Santiago de Compostela, 2001, p. 257).
²³⁹ *Mia senhor, quem me vos guarda*: "Mia senhor, quem me vos guarda/ guard'a mim – e faz pecado –/ d'haver bem, e nem dá guarda/ como faz desaguisado;/ mais o que vos da[m] por guarda/ em tam bom dia foi nado,/ se dos seus olhos bem guarda/ o vosso cós bem talhado./ Se foss'eu o que vos leva/ levar-m'-ia em bom dia,/ ca nom fari'a mal leva/ doutros, e mais vos diria:/ pois que vós levades leva/ das outras em melhoria/ por en som eu o que leva/ por vós coitas noit'e dia./ Mia senhor, quem m'hoje manda/a vós, m'anda fiz, sem falha,/ porque vós por mia demanda/nunca destes ũ palha;/ mais [d]aquele que vos manda/ sei tanto, se Deus me valha,/ que, pero convosco, m'anda/ por vós pouc'ou nemigalha." (Cf. LOPES,

ferentes sentidos, as palavras "guarda", "leva" e "manda", nas, respectivamente, primeira, segunda e terceira estrofes. Dirigindo-se à sua amada, d. Afonso Sanches afirma que quem a mantém longe dele o impede de conquistá-la, "[m]ia senhor, quem me vos guarda",/guard'a mim", o que constituiria um grande pecado, "– e faz pecado –". Ao agir assim, o guardião da mulher pela qual o trovador está apaixonado sequer percebe este despautério, "e nem dá guarda/ como faz desaguisado". Mesmo assim, ele reconhece que quem lhe dá guarida nasceu num dia alvissareiro, "mais o que vos da[m] por guarda/ em tam bom dia foi nado", já que pode contemplar de perto o belo corpo da amada, "se dos seus olhos bem guarda/o vosso cós bem talhado". Se d. Afonso Sanches cuidasse dela, ele se levantaria cedo, "[s]e foss'eu o que vos leva/ levar-m'-ia em bom dia", já que ela é melhor do que as outras, "pois que vós levades leva/ das outras em melhoria". Como isto não ocorre, ele sofre, aflito, sem parar, "por en som eu o que leva/ por vós coitas noit'e dia". Sentindo-se rejeitado, d. Afonso Sanches revela que quem manda nela, "[m]ia senhor, quem m'hoje manda/a vós", anda seguro, não tem razão para temer, "m'anda fiz, sem falha", porque a amada nunca deu a mínima atenção aos seus pedidos, "porque vós por mia demanda/ nunca destes a palha". Magoado, o trovador sustenta que quem manda nela, "aquele que vos manda", não lhe dá valor algum. D. Afonso Sanches assume uma atitude humilde frente a esta mulher, que parece ser solteira.

Vaasco Martins, pois vós trabalhades[240] é uma cantiga de tenção, uma das espécies do gênero cantiga de escárnio e maldizer, em que há um diá-

---

Graça Videira; FERREIRA, Manuel Pedro et al. *Cantigas medievais galego portuguesas.* Mia senhor, quem me vos guarda. Lisboa: Instituto de Estudos Medievais, FCSH/NOVA, 2011; ALDEA, Mariña Arbor. *O cancioneiro de don Afonso Sanchez. Edición e estudio.* Universidade de Santiago de Compostela, 2001, p. 192).

[240] *Vaasco Martins, pois vós trabalhades*: "– Vaasco Martins, pois vós trabalhades/ e trabalhastes de trobar d'amor,/do que agora, par Nostro Senhor,/ quero saber de vós, que mi o digades,/ dizede-mi-o, ca bem vos estará:/ pois vos esta, por que trobastes, já/ morreu, par Deus, [senhor], por que/ trobades?/ - Afonso Sanches, vós [me] preguntades/ e quero-vos eu fazer sabedor:/eu trobo e trobei pola melhor/ das que Deus fez – esto ben'o creades;/ esta do coraçom nom me salrá,/ e atenderei seu bem, se mi o fará;/ e vós al de mim saber nom queirades./ – Vaasco Martins, vós nom respondedes,/ nem er entendo, assi veja prazer,/ por que trobades – que ouvi dizer/ que aquela por que trobad'havedes,/ e que amastes vós mais doutra rem,/que vos morreu há gram temp', e por en/ pola morta a trobar nom devedes./ - Afonso Sanches, pois nom entendedes/ em qual guisa vos eu fui responder,/ a mim en culpa nom devem poer,/ mais a vós, se o saber nom podedes:/ eu trobo pola que m'em poder tem/ e vence todas de parecer bem,/ pois viva é, ca nom como dizedes/- Vaasco Martins, pois vos morreu por quem/ sempre trobastes, maravilho-m'em,/ pois vos morreu, como nom morredes/- Afonso Sanches, vós sabede bem/ que viva é e comprida de sem/ a por que eu

logo em tom de desafio entre dois trovadores. Vasco Martins de Resende (ca. 1300- ca. 1350) foi um nobre que ficou do lado de d. Dinis na guerra civil entre este e seu filho, o futuro d. Afonso IV, o Bravo. Nesta cantiga, d. Afonso Sanches pergunta-lhe várias vezes por que ele continua a louvar sua esposa, se ela já está morta. Vasco Martins responde, meio sem jeito, que ela goza de boa saúde. Vasco Martins casou-se três vezes, num curto período de tempo. Intrigado com tanto zelo, d. Afonso Sanches indaga: "[D]ize-de-mi-o, ca bem vos estará:/ pois vos esta, por que trobastes, já/morreu, par Deus, [senhor], por que/ trobades?". Em vez de responder a esta pergunta, Vasco Martins prefere tecer loas à esposa, "eu trobo e trobei pola melhor/ das que Deus fez – esto ben'o creades;/esta do coraçom nom me salrá,/ e atenderei seu bem, se mi o fará". Irritado com esta resposta vazia, d. Afonso Sanches afirma que não se deve cantar trovas para uma mulher que já morreu faz tempo: "por que trobades – que ouvi dizer/que aquela por que trobad'havedes,/e que amastes vós mais doutra rem,/ que vos morreu há gram temp', e por em/ pola morta a trobar nom devedes". Vasco Martins não cede e reafirma que sua esposa continua viva, "eu trobo pola que m'em poder tem/ e vence todas de parecer bem,/pois viva é, ca nom como dize-des". Embora d. Afonso Sanches continue a sustentar o contrário, "pois vos morreu, como nom morredes", Vasco Martins insiste que ela está viva. Os sucessivos casamentos deste nobre podem ter suscitado dúvidas quanto às circunstâncias nas quais suas esposas morreram. Para dissipá-las, Vasco Martins de Resende, apresentando-se como bom marido, pode ter escrito esta cantiga de tenção, e não d. Afonso Sanches.

D. Dinis, pai de d. Afonso Sanches, ao escrever cantigas, contribuiu para o sucesso deste gênero na Península Ibérica. D. Dinis, o Rei Poeta, o Pai da Pátria, o Rei Trovador, consta da *Divina comédia*[241] de Dante Alighieri (1265-1321) e da *Mensagem*[242] de Fernando Pessoa. Baseando-se

---

trob'; e sabê-lo-edes." (Cf. LOPES, Graça Videira; FERREIRA, Manuel Pedro et al. *Cantigas medievais galego portuguesas*. Vaasco Martins, pois vós trabalhades. Lisboa: Instituto de Estudos Medievais, FCSH/NOVA, 2011; ALDEA, Mariña Arbor. *O cancioneiro de don Afonso Sanchez. Edición e estudio*. Universidade de Santiago de Compostela, 2001, p. 236).
[241] *Divina comédia*, Paraíso, Canto XIX, versos 139-140: "O Rei de Portugal será notado/E o Rei de Noruega e mais aquele."
[242] *Mensagem*, Primeira Parte, "Brasão II". "Os Castelos", D. Dinis: "Na noite escreve um seu Cantar de Amigo/O plantador de naus a haver,/E ouve um silêncio múrmuro consigo:/É o rumor dos pinhais que, como um trigo/De Império, ondulam sem se poder ver./Arroio, esse cantar, jovem e puro,/Busca o oceano por achar;/E a fala dos pinhais, marulho obscuro,/É o som presente desse mar futuro,/É a voz da terra ansiando pelo mar."

no libreto *Dionisio, Re di Portogallo* (1707), de autoria do toscano Antonio Salvi (1664-1724), poeta do grão-príncipe Fernando de Médici (1663-1713), Georg Friedrich Händel (1685-1759) escreveu a ópera *Sosarme, Re di Media*, ambientada na Ásia Menor. *Sosarme* é o rei castelhano Fernando IV de Leão e Castela (1285-1312), inimigo de d. Dinis, *Haliate*. Também chamado de Rei Lavrador, responsável, conforme assinalamos antes, pelo plantio dos pinhais de Leiria, cuja madeira mais tarde foi utilizada para construir caravelas, d. Dinis, neto de d. Afonso X de Leão e Castela, o Sábio, escreveu várias cantigas de amigo, de amor e de escárnio e maldizer, conservadas no *Cancioneiro de d. Dinis*. A obra de d. Afonso Sanches, V senhor de Albuquerque, consta do *Cancioneiro da Vaticana* e do *Cancioneiro da Biblioteca Nacional*. Não tendo sido feitas para serem lidas em silêncio, as cantigas, às vezes conservadas sem a respectiva notação musical, foram amiúde prejudicadas pelo trabalho dos copistas.

JOÃO MAURÍCIO DE NASSAU-SIEGEN, O BRASILEIRO

A ascensão da Prússia

Para expandir o território sob seu controle, o duque polonês Conrado I (ca. 1187-1247) tentou conquistar a Prússia, uma região habitada por povos bálticos pagãos que ia da baía da atual cidade de Gdansk, a Danzig alemã, até a Letônia. Derrotado pelos prussianos nas Cruzadas de 1209, 1219 e 1222, Conrado convidou a Ordem dos Cavaleiros Teutônicos (ca. 1190-), uma ordem religiosa militar católica fundada em Acre, capital do Reino de Jerusalém, para atacá-los. Depois de setenta anos de guerra, de 1230 a 1300, a Ordem conquistou a Prússia. Cristianizados e germanizados, os prussianos tornaram-se súditos do Estado da Ordem Teutônica (1230-1525) e tributários da Liga Hanseática (1358-1853), uma aliança de cidades mercantis alemãs com sede em Lübeck, que dominou do século XII ao século XVII o comércio no mar Báltico.

Subordinada apenas ao papa e ao sacro imperador romano-germânico, a Ordem foi derrotada pelo Reino da Polônia (1385-1569) e pelo Grão-Ducado da Lituânia (ca. 1236-1795), na Batalha de Grunwald, a Primeira Batalha de Tannenberg, travada em 15 de julho de 1410. Pouco tempo depois, na Guerra dos Treze Anos (1454-1466), a Ordem sofreu nova derrota, desta vez perante a Confederação Prussiana (1440-1454), uma coalizão de cidades hanseáticas liderada por Danzig e Königsberg, e a Coroa do Reino da Polônia (1385-1791). Com a Segunda Paz de Thorn, de 19 de outubro de 1466, a Ordem perdeu a Prússia Ocidental, a Prússia Real (1466-1772), para a Coroa do Reino da Polônia.

Em 1525, a Ordem dos Cavaleiros Teutônicos foi expulsa da Prússia Oriental por seu grão-mestre Alberto do Brandemburgo-Ansbach (1490-1568). Primeiro governante europeu a adotar o luteranismo, o protestantismo, como religião oficial, Alberto, depois da dissolução do Estado da Ordem Teutônica, fundou o Ducado da Prússia (1525-1701), feudo da Coroa do Reino da Polônia. Com isto, ele passou a ser conhecido como Alberto da Prússia. Com a renúncia à Ordem, Alberto, membro da Casa de Hohenzollern, pôde casar-se e gerar herdeiros. Do outro lado do rio Oder, atual fronteira entre Alemanha e Polônia, a Marca do Brandemburgo (1157-1806), um principado do Sacro Império Romano-Germânico com capital em Berlim desde 1417, passou a ser governada pela Casa de Hohenzollern (séc. XI-), responsável pela posterior unificação da Alemanha, com Frederico (1371-1440), burgrave de Nuremberg como Frederico IV e eleitor do Brandemburgo como Frederico I. Prússia e Brandemburgo unificaram-se duas gerações após Alberto ter fundado o Ducado da Prússia, mediante o casamento de sua neta Ana da Prússia (1576-1625) com João Segismundo (1572-1619), príncipe-eleitor da Marca do Brandemburgo, já que o pai dela, Alberto Frederico (1553-1618), duque da Prússia, morreu sem deixar herdeiros homens. O estado resultante desta união pessoal, Brandemburgo-Prússia (1618-1701), com Berlim sempre como capital, incluía os territórios renanos do Ducado de Cleves (1092-1795), Condado da Mark (ca. 1198-1807) e Condado de Ravensberg (1140-1807).

Durante a Segunda Guerra do Norte (1655-1660), do Império sueco contra a Comunidade Polaco-Lituana (1569-1795), a República das Duas Nações, o calvinista Frederico Guilherme (1620-1688), eleitor do Brandemburgo e duque da Prússia, o Grande Eleitor, adepto do absolutismo, da burocracia meritocrática e aliado convicto da classe mercantil, foi obrigado pelo rei Carlos X Gustavo da Suécia (1622-1660), sucessor da rainha Cristina (1626-1689), a aceitar a transformação da Prússia, com o Tratado de Königsberg, assinado em 17 de janeiro de 1656, num feudo do Império sueco. Depois de Frederico Guilherme ter abandonado a Suécia à sua própria sorte na Segunda Guerra do Norte, o rei polonês João II Casimiro Vasa (1609-1672) concedeu com o Tratado de Bromberg, de 6 de novembro de 1657, soberania hereditária à Casa de Hohenzollern no Ducado da Prússia, que deixou assim de ser um feudo.

Frederico III (1657-1713), eleitor do Brandemburgo e duque da Prússia, transformou em 18 de janeiro de 1701 Brandemburgo-Prússia, a união pessoal entre a Marca do Brandemburgo e o Ducado da Prússia, no Reino da Prússia, tornando-se assim o primeiro rei prussiano, como Frederico I da Prússia. Para não ferir suscetibilidades polonesas, o sacro imperador romano-germânico Leopoldo I concedeu a Frederico I o título de rei *na* Prússia, e não de rei *da* Prússia. Frederico Guilherme I (1688-1740), o Rei Soldado, filho e sucessor de Frederico I, além de continuar a promover o desenvolvimento da burocracia meritocrática, dotou o Reino da Prússia de um exército profissional. Seu filho Frederico II (1712-1786), o Grande, o primeiro rei prussiano a autointitular-se rei *da* Prússia, transformou esta numa grande potência continental europeia, rival da Áustria e da França.

FREDERICO GUILHERME E OS PAÍSES BAIXOS

Jorge Guilherme (1595-1640), pai de Frederico Guilherme, tentou sem sucesso permanecer neutro nas lutas entre seu cunhado protestante Gustavo II Adolfo da Suécia (1594-1632) e o sacro imperador romano-germânico, o católico Fernando II (1578-1637). Luterano e depois calvinista, Jorge Guilherme, príncipe-eleitor do Brandemburgo e duque da Prússia, teve de prestar homenagem ao rei da Polônia Sigismundo III Vasa (1566-1632), já que à época a Prússia não passava de um feudo polonês. Depois da derrota do Império sueco frente ao Sacro Império Romano-Germânico na Batalha de Nördlingen, ocorrida em 6 de setembro de 1634, Jorge Guilherme aderiu à Paz de Praga com o imperador Fernando II, assinada em 30 de maio de 1635.

Deixando para trás um Brandemburgo arruinado por saques e massacres praticados por protestantes e católicos, em virtude dos quais metade da população local morreu, Jorge Guilherme fugiu para Königsberg, capital do Ducado da Prússia, menos afetado pela Guerra dos Trinta Anos do que a Marca do Brandembugo, onde veio a falecer. Com a morte de Jorge Guilherme em 1º de dezembro de 1640, Frederico Guilherme herdou um Brandemburgo-Prússia devastado. Depois da experiência traumática que seu pai teve com o Império sueco e com o Sacro Império Romano-Germânico, Frederico Guilherme voltou-se para o Ocidente. De 1634 a 1638, ele, nascido em Berlim, esteve nos Países Baixos, em Leiden e Haia, sede da Corte do príncipe de Orange e estatuder Frederico Henrique. Frederico Guilherme residiu várias vezes no Castelo de Schwanenburg, no Condado de Cleves, próximo à fronteira com os Países Baixos, transformando-o, ao lado de Berlim e Königsberg, na residência real do Brandemburgo-Prússia.

Frederico Guilherme casou-se em 7 de dezembro de 1646 com uma holandesa, Luísa Henriqueta de Orange-Nassau, filha mais velha de um dos casais mais poderosos da Europa, Frederico Henrique e Amália de Solms-Braunfels. Durante sua juventude, Luísa Henriqueta vivenciou nos Países Baixos a conturbada Guerra dos Oitenta Anos em seus estágios finais, a qual coincidiu com o apogeu da cultura holandesa, o Século de Ouro.

Embora nem Luísa Henriqueta nem Frederico Guilherme estivessem apaixonados um pelo outro ao casarem-se, eles foram felizes juntos. Pragmática e realista, Luísa Henriqueta acompanhava-o ao campo de batalha. Conquistada a confiança e a admiração do marido, ela tornou-se seu principal conselheiro político. A esperança que Frederico Guilherme nutria de, ao casar-se com Luísa Henriqueta, passar a contar com o apoio político dos Países Baixos realizou-se parcialmente. Morto o estatuder Guilherme II (1626-1650), teve início o Primeiro Período sem Estatuder, uma era de ostracismo para a Casa de Orange-Nassau nos Países Baixos.

A Paz da Vestfália confirmou a hegemonia do Império sueco no mar Báltico. Contra ele, foram travadas várias guerras, que levaram à ascensão do Reino da Prússia e do Império russo (1721-1917). Em seguida à Segunda Guerra do Norte, veio a Guerra da Escânia (1675-1679). De um lado, o Reino da Dinamarca-Noruega (1524-1814), Brandemburgo-Prússia (1618-1701), a República das Sete Províncias Unidas dos Países Baixos (1581-1795), protestantes, e o Sacro Império Romano-Germânico (800-1806), católico, contra o Império sueco, protestante, e o Reino da França (987-1791), católico.

Frederico Guilherme nomeou o arquiteto e mestre de obras Johann Gregor Memhardt (1607-1678), que já tinha prestado serviços a seu pai, para o cargo de engenheiro da Corte. De origem austríaca, nativo de Linz, Memhardt emigrara para os Países Baixos durante a Guerra dos Trinta Anos, onde aprendeu o ofício que o notabilizou. Seus projetos para o Palácio da Cidade de Berlim, o Palácio de Oranienburg e o Palácio da Cidade de Potsdam foram adotados. Ciente da ameaça que o Império sueco continuava a constituir para Brandemburgo-Prússia, Frederico Guilherme mordernizou o Exército do seu país, de acordo com o modelo neerlandês. Para administrá-lo, surgiu o primeiro órgão público centralizado do Brandemburgo-Prússia, o Comissariado Geral da Guerra, com sede em Berlim, prenúncio de uma estrutura absolutista. Para não ser obrigado, como seu pai, a fugir diante da ameaça de um exército estrangeiro, Frederico Guilherme começou em 1658 a fortificar Berlim, transformando-a numa fortaleza com a ajuda de Memhardt.

Em resposta ao Édito de Fontainebleau, de 22 de outubro de 1685, adotado pelo rei francês Luís XIV, que revogou o Édito de Nantes (1598), o qual concedera liberdade religiosa aos huguenotes, Frederico Guilherme, em consonância com o citado anteriormente, proclamou em 29 de outubro de 1685 o Édito de Potsdam, concedendo a estes protestantes franceses refúgio em Brandemburgo-Prússia. Autor do livro *História do estabelecimento dos franceses refugiados nos Estados de Sua Alteza Eleitoral do Brandemburgo*, o historiador, diplomata e jurista Charles Ancillon (1659-1715), como tantos outros huguenotes, teve sucesso em Berlim, tendo cooperado com o filósofo Gottfried Wilhelm von Leibiniz (1646-1716) para a fundação da Academia de Ciências da Prússia.[243] Ao transferirem-se para Brandemburgo-Prússia, artistas, artesãos, comerciantes, eruditos de origem huguenote ajudaram a transformar Berlim numa metrópole cosmopolita.

Frederico Guilherme não promoveu a vinda apenas de neerlandeses e franceses a Brandemburgo-Prússia. Nomeado historiador da Corte, o barão Samuel von Pufendorf (1632-1694), anteriormente a serviço do arqui-inimigo rei da Suécia Carlos X Gustavo, buscou um ponto de equilíbrio entre a razão de Estado absolutista e a dignidade humana. Pufendorf, responsável por trazer o Iluminismo a Brandemburgo-Prússia, escreveu a obra *Comentários a respeito da vida e feitos do grande príncipe-eleitor do Brandemburgo Frederico Guilherme*.[244] Influenciado pela teoria do direito natural secularizado de Hugo Grócio e Thomas Hobbes (1588-1679), adepto da separação da filosofia da teologia, Pufendorf, acusado de heresia tanto por católicos como por protestantes, influenciou Alexander Hamilton (ca. 1755-1804), James Madison (1751-1836) e Thomas Jefferson (1743-1826), os patriarcas da Revolução Americana.

A relação de Frederico Guilherme com os Países Baixos foi o fundamento cultural e econômico para a reconstrução da Marca do Brandemburgo e do Ducado da Prússia depois da devastação provocada pela Guerra dos

---

[243] Filho do teólogo David Ancillon (1617-1692) e sobrinho do jurista Joseph Ancillon (1626-1719), Charles Ancillon escreveu várias obras em favor dos huguenotes. *Histoire de l'établissement des François réfugiez dans les États de Son Altesse Électorale de Brandebourg* foi publicado em Berlim em 1690. Charles Ancillon fugiu de Metz rumo a Berlim junto com seu pai e vários outros protestantes franceses.

[244] *De rebus gestis Friderici Wilhelmi magni electoris brandenburgici commentariorum* foi publicado em 1695. Em 1696, foi a vez da obra sobre Carlos X Gustavo, *De rebus a Carolo Gustavo Sueciae rege gestis commentariorum*. Estes dois livros tornaram o filósofo Samuel von Pufendorf conhecido também como historiador.

Trinta Anos. Antes mesmo de casar-se com a holandesa Luísa Henriqueta de Orange-Nassau, o Grande Eleitor, pelo lado materno, era bisneto do príncipe de Orange Guilherme I, o Taciturno, principal líder da Guerra dos Oitenta Anos, que resultou na independência da República das Sete Províncias Unidas dos Países Baixos do Império espanhol. A conexão renana, com a incorporação a Brandemburgo-Prússia do Ducado de Cleves, do Condado da Mark e do Condado de Ravensberg, facilitou ainda mais a adoção de inovações artísticas e técnicas vindas dos vizinhos Países Baixos, em especial de Amsterdã, a cidade mais rica e próspera da Europa do século XVII. Para reerguer a Marca do Brandemburgo e o Ducado da Prússia da ruína, era necessário construir eclusas, estradas, fortalezas, moinhos. Berlim, à semelhança das cidades holandesas, situada em meio a pântanos, precisava ter seu solo drenado. Colonos neerlandeses foram instalados em áreas encharcadas próximas aos rios Elba, Havel e Oder, em regiões que precisavam da construção de canais para secar a terra e escoar a produção agrícola. Estes colonos trouxeram a Brandemburgo-Prússia os métodos mais modernos existentes à época para o cultivo de frutas e verduras e a produção de laticínios. Mestres de obra, engenheiros e artistas neerlandeses foram trazidos em massa para moldar a Marca do Brandemburgo à imagem dos Países Baixos. Lá, Frederico Guilherme, o organizador do Estado prussiano, encontrou um aliado. A República Coroada também era inimiga do Império sueco e do Império habsbúrgico.

Frederico Guilherme e Luísa Henriqueta contratatram vários pintores do Século de Ouro da pintura neerlandesa, como Adriaen Hanneman, Gerrit van Honthorst (1592-1656), Govert Flinck (1615-1660), nascido em Cleves, Johannes Mijtens (ca. 1614-1670) e Pieter Nason (ca. 1612-ca. 1688). Willem van Honthorst (1594-1666), irmão de Gerrit van Honthorst, mudou-se para Berlim, onde se tornou pintor oficial da Corte. A localidade de Bötzow, ao norte de Berlim, doada por Frederico Guilherme a Luísa Henriqueta, foi batizada de Oranienburg, Castelo dos Orange, a dinastia reinante até hoje nos Países Baixos, a Casa de Orange-Nassau. Lá, de acordo com os planos de Johann Gregor Memhardt, surgiu o Palácio de Oranienburg, um modelo de construção para uma Marca do Brandemburgo que queria deixar para trás as péssimas recordações da Guerra dos Trinta Anos. O Palácio de Oranienburg, o Palácio de Oranienbaum, o Palácio de Oranienstein e o Palácio de Oranienhof são considerados até hoje os quatro castelos-mãe da Casa de Orange-Nassau. Durante uma estada prolongada de Frederico Guilherme e Luísa Henriqueta no Ducado de Cleves, o Palácio da Cidade de Berlim foi reformado.

Inspirando-se no fato de que a riqueza e o poder dos Países Baixos no século XVII se baseavam no comércio marítimo e na posse de colônias, Frederico Guilherme e seus sucessores promoveram a fundação, entre 1647 e 1772, de 21 companhias de comércio, nem sempre bem-sucedidas, que seguiram o modelo neerlandês da Companhia das Índias Orientais (1602-1799) e da Companhia das Índias Ocidentais (1621-1792).[245] Em 1647, foi criada a primeira Companhia das Índias Orientais do Brandemburgo, e, em 1682, a Companhia Africana do Brandemburgo. A modernização da Armada do Brandemburgo-Prússia, levada a cabo pelo armador zelandês Benjamin Raule (1634-1707), diretor-geral da Marinha prussiana, permitiu que Frederico Guilherme vencesse o Império sueco em várias batalhas durante a Guerra da Escânia. Livre do seu arqui-inimigo hereditário, o Grande Eleitor promoveu a fundação na atual Gana da colônia da Costa do Ouro Brandemburguesa (1682-1701), depois rebatizada de Costa do Ouro Prussiana (1701-1721). Com a ajuda de construtores navais neerlandeses, Frederico Guilherme financiou a construção de navios de grande porte em Berlim e em Havelberg, ambas próximas ao rio Elba, que foram utilizados para a guerra de corso, o comércio marítimo e a conquista de colônias.

Depois de Luísa Henriqueta, o principal intermediário entre Brandemburgo-Prússia e os Países Baixos foi João Maurício de Nassau-Siegen (1604-1679), sobrinho em segundo grau do príncipe de Orange Guilherme I. Ao chegar aos Países Baixos, vindo do Brasil, João Maurício, dito o Brasileiro, foi tratado como um herói, tendo sido nomeado por Frederico Henrique comandante da cavalaria do Exército dos Estados Gerais. Antes de terminada a Guerra dos Oitenta Anos com a Paz de Münster, assinada em 30 de janeiro de 1648, o prussiano Frederico Guilherme nomeou, em 19 de outubro de 1647, João Maurício de Nassau, o Brasileiro, estatuder, governador, do Ducado de Cleves, do Condado da Mark e do Condado de

---

[245] Do século XVII ao XVIII, Brandemburgo-Prússia lançou-se ao mar. Este projeto, inspirado pela experiência exitosa dos Países Baixos, não prosperou. Na Guerra dos Sete Anos (1756-1763), em que a França liderou uma coalizão malsucedida para impedir que a Grã- Bretanha se transformasse na potência marítima hegemônica mundial, a Prússia precisou fazer sua opção continental, não oceânica. (Cf. MAYWALD, Torsten. *Preussische Seefahrt 1605-1772. Intentionen und Hintergründe*. Dissertação de Mestrado. Universidade de Zurique, 2011. JAHNTZ, Katharina. *Privilegierte Handelscompagnien in Brandenburg und Preußen. Ein Beitrag zur Geschichte des Gesellschaftsrechts*. Berlim: Duncker & Humblot, 2006).

Ravensberg, bem como, mais tarde, em 1658, do Principado de Minden (1180-1814). Na Renânia, a exemplo do Brasil, João Maurício deixou um legado que sobreviveu à passagem do tempo. Como comandante neerlandês das fortalezas situadas à margem direita do rio Reno, homem de confiança de Frederico Guilherme, ele tornou-se o principal garantidor da paz entre Brandemburgo-Prússia e os Países Baixos.

Os príncipes de Orange Guilherme I e o primeiro Maurício de Nassau, antecessores de Frederico Henrique, foram grandes líderes políticos e militares na Guerra dos Oitenta Anos, mas não foram mecenas à altura de João Maurício de Nassau-Siegen. Eles não estavam acostumados a grandes palácios suntuosos, mas a lugares simples como a Corte do Príncipe, edifício surgido em Delft no que antes da Reforma Protestante foi o Convento de Santa Ágata. Em volta de Guilherme I e de Maurício de Nassau, viviam engenheiros militares como Adriaan Anthonisz (1541-1620) e Simon Stevin (1548-1620), mas poucos artistas. Arquitetos como Hendrick de Keyser (1565-1621) e Lieven de Key (1560-1627) foram predecessores ainda rudimentares do classicismo holandês (1625-1665), o apogeu arquitetônico do Século de Ouro dos Países Baixos, inspirado na obra do arquiteto veneziano Andrea Palladio (1508-1580), cujos maiores expoentes foram Jacob van Campen e Pieter Post, que projetaram a Casa de Maurício, na Haia. Quando Frederico Guilherme chegou aos Países Baixos, o classicismo holandês já tinha fincado raízes, com a construção de palácios monumentais que não existiam em Brandemburgo-Prússia.

Na Guerra Franco-Holandesa, em que, como já pudemos salientar, Luís XIV, ajudado por Henri de la Tour d'Auvergne, visconde de Turenne, marechal da França, e Luís II de Bourbon-Condé, o general francês conhecido como o Grande Condé, atacaram os Países Baixos, Frederico Guilherme, assessorado por João Maurício, amigo do poeta, diplomata e erudito Constantijn Huygens (1596-1687), tomou as dores da Holanda. No mesmo ano, 1652, em que o sacro imperador romano-germânico Fernando III (1608-1657) elevou a linhagem católica da Casa de Nassau-Siegen à categoria de príncipes imperiais, Frederico Henrique fez de João Maurício de Nassau-Siegen mestre dos cavaleiros da Ordem de São João do Bailiado do Brandemburgo (1099-), o ramo protestante da Ordem Soberana e Militar de Malta (1099-), ambas até hoje existentes. Adepto convicto dos Países Baixos, Frederico Guilherme, o Grande Eleitor, cuja última palavra em seu leito de morte foi "*Amsterdã!*", afirmou: "A navegação e os negócios são os principais pilares de um Estado, e a riqueza e o sustento mais seguros de um país provêm do comércio."[246]

O LEGADO NASSOVIANO DO BRASILEIRO NA PRÚSSIA

Os sete anos de João Maurício de Nassau-Siegen, como governador-geral da Nova Holanda, o Brasil Holandês, tornaram-no célebre na Europa. Mecenas das artes e das ciências e pioneiro do paisagismo, intermediário entre os Países Baixos e Brandemburgo-Prússia, o Brasileiro foi estatuder do Ducado de Cleves e do Condado da Mark, com o beneplácito de Frederico Guilherme e de seu filho e sucessor Frederico I por trinta e dois anos (1647-1679). Durante este período, no qual a Universidade de Duisburgo[247] foi fundada, em 14 de outubro de 1655, João Maurício também foi estatuder do Condado de Ravensberg e do Principado de Minden. Amigo pessoal do *Grande Eleitor*, João Maurício representou-o em 1658 na eleição do sacro imperador romano-germânico Leopoldo I. Como estatuder, João Maurício de Nassau era responsável pela manutenção da ordem em Cleves, Mark, Ravensberg e Minden, bem como de sua defesa perante os países vizinhos. Como autoridade máxima da administração pública prussiana, o Brasileiro dirimia conflitos entre os estamentos.

A amizade pessoal com Frederico Guilherme, que João Maurício conheceu em 1635, fortaleceu-se quando este se casou em 1646 com Luísa Henriqueta. A experiência, capacidade de negociação e excelentes contatos nos Países Baixos fizeram com que o Brasileiro se tornasse o homem ideal para chefiar as mais importantes missões diplomáticas do Brandemburgo-Prússia. Mestre dos cavaleiros da Ordem de São João do Bailiado do Brandemburgo, ele deu a esta um novo impulso cultural e econômico. O Castelo da Ordem Sonnenburg, sede da Ordem de São João, fora destruído na Guerra dos Trinta Anos. A mando de João Maurício, o engenheiro neerlandês Cornelis Ryckwaert (ca. 1652-1693) construiu de 1662 a 1667

---

[246] GALLAND, Georg. *Der Grosse Kurfürst und Moritz von Nassau der Brasilianer*. Frankfurt am Main: Verlag von Heinrich Keller, 1893, p. 2 e p. 7.
[247] Maurício participou das iniciativas que levaram à sua fundação em 14 de outubro de 1655 (Cf. HANTSCHE, Irmgard. Johann Moritz und die Gründung der Universität Duisburg. In: *Johann Moritz von Nassau-Siegen (1604-1679) als Vermittler. Politik und Kultur am Niederrhein im 17. Jahrhundert*. Irmgard Hantsche (ed.). Münster: Waxmann, 2005, p. 131; e DRIESEN, Ludwig. *Leben des fürsten Johann Moritz von Nassau-Siegen*. Berlim: Verlag der Deckerschen Geheimen Ober-Hofbuchdruckerei, 1849, p. 183).

um novo castelo, de acordo com o projeto de Pieter Post. Por meio de João Maurício, Cornelis Ryckwaert chegou a Frederico Guilherme e Luísa Henriqueta, tendo, em seguida, sido responsável pela construção, dentre outras obras, do Palácio Oranienbaum.

A João Maurício de Nassau-Siegen, o Brasileiro, deve-se a adoção do estilo de Andrea Palladio ao norte dos Alpes. A construção da *Mauritshuis*, a Casa de Maurício/Casa Maurícia, na Haia, projetada por Pieter Post e Jacob van Campen, trouxe pela primeira vez aos Países Baixos o classicismo arquitetônico italiano, fazendo escola. Graças a João Maurício, surgiu, assim, o classicismo holandês, tanto arquitetônico como paisagístico, rapidamente adotado em Brandemburgo-Prússia. Neste espírito, a antiga residência ducal de Cleves foi modernizada e ampliada. Colinas e florestas foram transformadas por um sistema de alamedas, canais e belvederes, ligando jardins verdejantes a pequenos castelos. Esta obra do Brasileiro, os Jardins de Cleves, construídos a partir de 1647 seguindo o projeto elaborado por Jacob van Campen, o arquiteto responsável pelo projeto da Prefeitura de Amsterdã, tida no século XVII como a oitava maravilha do mundo, serviu de modelo para os jardins do Palácio da Cidade de Potsdam, segunda residência oficial dos príncipes-eleitores do Brandemburgo, reis da Prússia e imperadores da Alemanha, construídos a mando do Grande Eleitor. Quando Frederico Guilherme tinha dúvidas arquitetônicas, paisagísticas ou urbanísticas, ele recorria ao Brasileiro, que lhe recomendava arquitetos, construtores, engenheiros, mestres de obra, pintores, escultores e artesãos provenientes dos Países Baixos, como o escultor holandês Bartholomeus Eggers (1637-1692) e o arquiteto brabantino Michael Mathias Smids (1626-1692). Em 1664, João Maurício recomendou ao seu amigo Frederico Guilherme que Potsdam, atualmente capital do estado alemão do Brandemburgo, fosse transformada num paraíso.[248] Com o Édito de Potsdam, ela tornara-se um dos principais centros europeus de atração de refugiados protestantes. Em meio aos Jardins de Cleves, em Bergendal, ficam o sarcófago e a êxedra ornada com artefatos romanos encontrados nas redondezas. Embora tenha sido sepultado em Bergendal, o corpo do Brasileiro foi transferido em 1680 para a Cripta dos Príncipes, em Siegen. Graças a

---

[248] Na borda da moeda da República Federal da Alemanha de DM 10,00 em homenagem aos 1000 anos de Potsdam (993-1993), consta o conselho de João Maurício de Nassau. "*Das ganze Eiland muß ein Paradies werden.*" ("A ilha inteira tem de tornar-se um paraíso".) Frederico Guilherme seguiu-o à risca.

João Maurício, a arquitetura de Berlim e do Brandemburgo ficou marcada pela infuência dos Países Baixos. O bom gosto, em Brandemburgo-Prússia, era holandês, e não francês, do arqui-inimigo católico Luís XIV.[249]

Seguindo a tradição holandesa, Frederico Guilherme preferia a pintura entre todas as artes. Quadros com cenas históricas, cenas de caça, marinhas, naturezas-mortas e retratos de membros da sua própria família vinham em primeiro lugar. Como os pintores prussianos eram uma raridade, o Grande Eleitor, com a intermediação de João Maurício de Nassau-Siegen, recorreu ao pintor holandês Jan de Baen (1633-1702) para dar vida a seus palácios.

O Palácio da Cidade de Berlim não apenas foi reformado por Johann Gregor Memhardt e Johann Arnold Nering (1659-1695), arquiteto e mestre de obras alemão, nativo de Cleves, também educado na Holanda, como teve seu interior ornado por estátuas criadas por Bartholomeus Eggers. Junto ao Palácio da Cidade de Berlim, Frederico Guilherme, seguindo o paradigma dos jardins holandeses, ergueu o Jardim das Delícias (*Lustgarten*). No Plano Memhardt de 1652, o Plano de Construção de Berlim, previu-se a presença, no Jardim das Delícias, de um arboreto, aviário, casa de verão, cercas vivas, esculturas, estátuas, fontes, gruta, terraços. Na estufa (*Orangerie*) do Jardim das Delícias, foram plantadas batatas, as primeiras da Prússia, vindas da Holanda. Por ordem de Frederico Guilherme, surgiu ainda a *Unter den Linden,* Sob as Tílias, a principal avenida de Berlim, o primeiro bulevar europeu, construída duzentos anos antes dos bulevares parisienses de Georges-Eugène Haussmann (1809-1891), ligando o Palácio da Cidade de Berlim ao Tiergarten, antigo local de caça dos eleitores do Brandemburgo, principal parque público da capital, cujo modelo foi o Tiergarten de Cleves, criado por João Maurício de Nassau.[250]

João Maurício, o Brasileiro, levou em 1658 o engenheiro Henrick Ruse (1624-1679), principal fundador da técnica de construção de defesas militares nos Países Baixos, a Brandemburgo-Prússia. Com a intermediação do Brasileiro, Ruse concebeu as cidadelas de Kalkar e Lippstadt, com o objetivo

---

[249] O intercâmbio cultural com os Países Baixos foi determinante para o Brandemburgo (Cf. BECHLER, Katharina. Aspekte zu Johann Moritz als Übermittler von Kunst und Landschaftsgestaltung nach Brandenburg. In: *Johann Moritz von Nassau-Siegen (1604-1679) als Vermittler. Politik und Kultur am Niederrhein im 17. Jahrhundert.* Irmgard Hantsche (ed.). Münster: Waxmann, 2005, p. 227).

[250] Ludwig Driesen, ob. cit., pp. 280-294.

de protegê-las de uma invasão francesa. Membro de uma família huguenote, Ruse, com o livro *Fortaleza reforçada (Versterckte Vesting)*,[251] publicado em 1654, tornou-se uma referência da engenharia militar europeia.

Antes de Frederico Guilherme, Brandemburgo-Prússia não era, ao contrário da Áustria, conhecido por seus monumentos. Alamedas, canais, casas de campo, castelos, cidadelas, colinas, diques, eclusas, fortalezas, palácios, parques, pontes foram construídos a mando do Grande Eleitor numa terra que fora devastada pela Guerra dos Trinta Anos, para protegê-la e embelezá-la. Frederico Guilherme I, o Rei Soldado, seguiu à risca os passos do seu avô Frederico Guilherme, em sua preferência pela cultura holandesa. De 1704 a 1705, seguindo o exemplo do Grande Eleitor, ele também fez uma viagem de formação, como príncipe herdeiro, à Holanda, reforçando com sua visita a Amsterdã e à Haia os tradicionais vínculos existentes entre a dinastia prussiana, a Casa de Hohenzollern, e a neerlandesa, a Casa de Orange-Nassau. Para o Rei Soldado, os Países Baixos continuaram a ser o exemplo de sucesso e bom gosto a ser seguido, tanto sob o ponto de vista econômico como artístico. Todas as igrejas construídas em Potsdam por Frederico Guilherme I têm traços holandeses. O único castelo construído pelo Rei Soldado, de 1730 a 1732, o Castelo Stern, de caça, próximo a Potsdam, segue o estilo de uma típica casa burguesa holandesa. Ansioso por atrair profissionais qualificados provenientes dos Países Baixos à Prússia, Frederico Guilherme I fez construir, no centro de Potsdam, de 1733 a 1740, sob a direção do arquiteto de Amsterdã Jan Bouman (1706-1776), o Bairro Holandês, ainda hoje o maior conjunto de casas na Europa em estilo holandês fora dos Países Baixos.

A Ordem da Águia Negra, a condecoração mais importante do Reino da Prússia, criada em 17 de janeiro de 1701 por Frederico I, filho de Frederico Guilherme e Luísa Henriqueta, um dia antes de sua autocoroação como rei *na* Prússia em 18 de janeiro de 1701, exemplo seguido cem anos mais tarde por Napoleão Bonaparte, tinha uma fita cuja cor era laranja, em homenagem à Casa de Orange-Nassau.

---

[251] O título completo desta obra é: *Versterckte Vesting, uitgevonden in velerley voorvallen, en geobserveert in dese laeste oorloogen, soo in de Vereenigde Nederlanden als in Vranckryck, Duyts-land, Italiën, Dalmatiën, Albaniën en die daar aengelegen landen* (Fortalezas reforçadas: inventadas em várias situações, e observadas nas últimas guerras, tanto nos Países Baixos como na França, Alemanha, Itália, Dalmácia, Albânia e nos países vizinhos). Este livro foi publicado por Joan Blaeu (ca. 1598-1673). Além de cartógrafo, Blaeu também era editor e impressor.

A PROEZA DE MATIAS
DE ALBUQUERQUE

Os Quarenta Conjurados

Morto d. Sebastião, o Desejado, na Batalha de Alcácer-Quibir, sem deixar herdeiros, surgiu, em conformidade com o que foi mencionado, apesar de ele ter sido sucedido pelo cardeal d. Henrique I, o Casto, uma crise dinástica. Após a Guerra da Sucessão Portuguesa, vencida pelo rei espanhol Filipe II, contra d. Antônio I, prior do Crato, Portugal deixou de existir como país independente, passando a fazer parte da União Ibérica[252] (1580-1640). Com esta união dinástica da Coroa portuguesa e da Coroa espanhola, a Península Ibérica foi governada pelos reis habsbúrgicos espanhóis Filipe II, o Prudente, Filipe III, o Piedoso, e Filipe IV, o Grande.[253] Antes de Filipe II, outros soberanos ibéricos, como os reis Sancho Garcês III de Pamplona (ca. 990-1305) e Afonso VII de Leão e Castela (1105-1157), haviam, na Idade

---

[252] A União Ibérica coincidiu com a *Pax Hispanica* (1598-1621). Durante a Trégua dos Treze Anos (1609-1621), a Guerra dos Oitenta Anos com os Países Baixos, iniciada durante o reinado de Filipe II, foi congelada. Em paz com seus dois outros principais inimigos, França e Inglaterra, o Império espanhol, a maior potência cultural, econômica e política do mundo, assegurou a paz na Europa, a *Pax Hispanica*.

[253] Diante da grandeza de Carlos V (1500-1558) e Filipe II, Filipe III, Filipe IV e Carlos II (1661-1700) são chamados de Áustrias Menores. Ao criar o Estado do Maranhão em 1621, Filipe III dividiu o Brasil em duas unidades territoriais. Com capital em São Luís, o Estado do Maranhão (1621-1751) englobava as capitanias do Ceará, Maranhão e Grão-Pará. O Estado do Brasil (1549-1815) tinha Salvador como capital. Responsável pela expulsão dos mouriscos (1609-1613) da Espanha, Filipe III entrou na Guerra dos Trinta Anos (1618-1648). Com Filipe IV, mecenas do pintor Diego Velázquez (1599-1660), chegou ao fim o Século de Ouro (1492-1659), tendo início a decadência espanhola. Durante seu reinado (1621-1665), vicejou o Brasil Holandês (1630-1654), extinto após o final da União Ibérica, graças a d. João IV (1604-1656). As Ordenações Filipinas, código jurídico que vigorou no Império português mesmo após a dissolução da União Ibérica, criadas no reinado de Filipe II, entraram em vigor com Filipe III.

Média, assumido o título de *Imperador de toda a Espanha* (*Imperator totius Hispaniae*) com o objetivo de equipararem-se ao imperador bizantino e ao sacro imperador romano-germânico, embora nenhum deles tenha conseguido unificar a Península Ibérica; Miguel da Paz, príncipe de Portugal e Astúrias, filho de d. Manuel I, o Afortunado, e Isabel de Aragão e Castela, morto muito jovem, tampouco conseguiu realizar este objetivo. Nas Cortes de Tomar de 1581, Filipe II, após vencer, com a ajuda de Fernando Álvarez de Toledo y Pimentel, grão-duque de Alba, o prior do Crato, foi aclamado rei depois de jurar respeitar a autonomia política e administrativa de Portugal.

Primeiro-ministro de Filipe IV, Gaspar de Guzmán (1587-1645), conde-duque de Olivares, favoreceu a Coroa espanhola, intensificou a participação de Madri na Guerra dos Oitenta Anos, tendo como meta vencer a República das Sete Províncias Unidas dos Países Baixos, e tentou centralizar a União Ibérica. Revogada a autonomia política e administrativa de Portugal, o Brasil tornar-se-ia parte da Espanha. Na Revolta do Manuelinho, iniciada em 21 de agosto de 1637, prenúncio do que estava por vir, o povo português rebelou-se contra a criação de impostos sem a autorização das Cortes; iniciada em Évora, ela espalhou-se pelo resto do país. Ao fazer parte da União Ibérica, Portugal herdou a inimizade espanhola contra ingleses e neerlandeses. Atacado na África (Castelo de São Jorge da Mina, 1637), (Angola, 1641); Ásia (Ormuz, 1622); e Brasil (Bahia, 1624; Pernambuco, 1630), o Império português entrou numa crise sem precedentes. Transformado *de facto* numa província castelhana, Portugal, empobrecido, sofria as consequências de guerras que não lhe diziam respeito. Contra a política centralizadora do conde-duque de Olivares, que nunca foi favorável a uma monarquia dual na Península Ibérica, eclodiu a Revolta da Catalunha/ Guerra dos Segadores, na qual Pau Claris (1586-1641) proclamou a República Catalã (1641) sob a proteção do rei francês Luís XIII. Embora Filipe IV tenha convocado nobres portugueses para acompanhá-lo na repressão à Catalunha, muitos recusaram-se a obedecê-lo. Dentre estes, estava o VIII duque de Bragança, um dos homens mais ricos da Península Ibérica, o futuro d. João IV (1604-1656), o Restaurador. Para o conde-duque de Olivares, a descentralização política e administrativa da Península Ibérica era um dos principais fatores responsáveis pela decadência do Império espanhol. Nesta tentativa de transformar Portugal numa província castelhana, os mercadores portugueses empobreceram com o aumento de impostos; a nobreza portuguesa perdeu sua influência nas Cortes espanholas; e os principais cargos públicos em Portugal passaram a ser ocupados por espanhóis.

Em linha com a Revolta da Catalunha/Guerra dos Segadores, iniciada em 7 de junho de 1640, os Quarenta Conjurados, em 1º de dezembro de 1640, um grupo patriótico clandestino português, com o jurista João Pinto Ribeiro (1590-1649) como um dos seus principais pilares, deram início à restauração da independência portuguesa. Entre outros, filhos e netos órfãos de nobres que haviam morrido na Batalha de Alcácer-Quibir invadiram o Paço da Ribeira, palácio real e residência oficial dos reis portugueses até sua destruição pelo Terremoto de Lisboa de 1755, e mataram Miguel de Vasconcelos (ca. 1590-1640), primeiro-ministro de Margarida de Saboia (1589-1655), duquesa de Mântua e vice-rainha de Portugal. Defenestrado, o corpo de Miguel de Vasconcelos foi profanado pela multidão e por cães. Ato contínuo, o VIII duque de Bragança, descendente de d. João I, o de Boa Memória, fundador da Casa de Avis, a segunda dinastia a reinar em Portugal, foi proclamado rei d. João IV, tendo início a longa Guerra da Restauração. D. João IV lutou pela independência de Portugal, e Filipe IV, pela dissolução deste.

A Crise de 1640 foi a mais grave vivida pela *Casa de Austria*, o braço espanhol da Casa de Habsburgo. Contra o projeto centralizador do conde-duque de Olivares, incluindo a União de Armas, de acordo com a qual todos os reinos, estados e senhorios da Monarquia Hispânica[254] (1479-1716) teriam de contribuir na proporção de sua população e riqueza com homens e recursos para a defesa do Império espanhol, imerso na Guerra dos Trinta Anos e na Guerra dos Oitenta Anos, insurgiram-se, em meio à decadência de Castela, não apenas Portugal e Catalunha, mas também a Andaluzia, Aragão, Nápoles, Navarra e Sicília. Em 1641, Gaspar Alfonso Pérez de Guzmán (ca. 1602-1664), IX duque de Medina Sidônia, com o apoio da França e dos Países Baixos, encabeçou a Conspiração Independentista An-

---

[254] A Monarquia Hispânica (1479-1716) incluía a Coroa Castelhana (1230-1715) com o Reino de Navarra (1162-1841) e o Império espanhol; a Coroa de Aragão (1164-1707) com o Reino da Sicília (1130-1816), Reino de Nápoles (1282-1799), Reino da Sardenha (1324-1861) e o Estado dos Presídios da Toscana (1557-1801); o Reino de Portugal (1139-1910) e o Império português; Países Baixos espanhóis (1581-1714); Estado da Borgonha (1363-1678); Ducado de Milão (1395-1796) e outros territórios europeus. Iniciada com os Reis Católicos Isabel I de Castela (1451-1504) e Fernando II de Aragão (1452-1516), a Monarquia Hispânica foi extinta pela Guerra da Sucessão Espanhola (1702-1715), sendo sucedida pelo Reino da Espanha (1715-), centralizado e sem territórios europeus não peninsulares.

daluza, e a República Napolitana foi proclamada em 1647 com Henrique de Guise (1614-1664) à frente. Dentre todos estes territórios peninsulares da Monarquia Hispânica, apenas Portugal conseguiu ficar independente. A Crise de 1640 fez parte da Crise do Século XVII, em que Lisboa e Sevilha, depois de terem substituído no século XVI Gênova e Veneza como os principais centros mercantis europeus, foram sucedidas pelas nórdicas Amsterdã e Londres.

A Guerra da Restauração

A Guerra da Restauração (1640-1668) durou quase três décadas. Durante este período, d. João IV e d. Afonso VI (1643-1683), o Vitorioso, venceram as várias tentativas de invasão de Filipe IV e Carlos II, o Enfeitiçado.[255] Ao lutar por sua liberdade, Portugal, aliado inglês, contribuiu para enfraquecer o Império espanhol, principal beligerante católico durante a Guerra dos Trinta Anos, o que favoreceu a independência neerlandesa. De 1640 a 1668, embora os espanhóis tenham tentado isolar os portugueses diplomática e militarmente, estes conseguiram forjar alianças com as duas principais potências marítimas ascendentes da Europa, a Inglaterra e os Países Baixos. D. João IV, logo após começar a reinar, instituiu, em 11 de dezembro de 1640, o Conselho de Guerra,[256] do qual Matias de Albuquerque (ca. 1580-1647) era membro. Para garantir a defesa de Portugal contra invasões do Império espanhol, foi criada ainda a Junta das Fronteiras. Além de restabelecer as principais leis militares de d. Sebastião, a Lei das Armas de 1569, o Regimento das Ordenanças de 1570 e a Provisão sobre as Ordenanças de 1574, d. João IV criou o primeiro Exército permanente de Portugal, sustentado por um imposto extraordinário para as despesas de

---

[255] Apesar de ter contribuído decisivamente para a derrota da Espanha na Guerra da Restauração, d. Afonso VI (1643-1683), o Vitorioso, foi deposto depois de ser submetido a um processo controverso. Declarado incapaz, seu sucessor d. Pedro II (1648-1706), o Pacífico, governou como regente de 1668 a 1683. Carlos II (1661-1700), o Enfeitiçado, o último monarca da Casa de Habsburgo na Espanha, vítima de doenças genéticas causadas por endogamia, também morreu como d. Afonso VI sem deixar herdeiros.
[256] O Conselho de Guerra dividiu Portugal em seis regiões: Minho, Trás-os-Montes, Beira, Estremadura, Alentejo e Algarve, de norte para sul. Comandada por Matias de Albuquerque, a praça-forre de Elvas, a somente 15 km de Badajoz, ainda hoje a maior fortificação abalaustrada do mundo, era a primeira linha de defesa do Alto Alentejo, além das praças-fortes de Campo Maior, Juromenha, Olivença e Ouguela, protegendo Lisboa de uma invasão.

guerra.[257] A Guerra da Restauração terminou apenas durante o reinado de d. Afonso VI, na regência do seu irmão Pedro de Bragança, mais tarde d. Pedro II (1648-1706), o Pacífico.

Inimiga do Império espanhol, a França aliou-se na Guerra dos Trinta Anos aos beligerantes protestantes, dos Países Baixos a Brandemburgo-Prússia, passando pelo Reino da Inglaterra (séc. X-1707) e Império sueco. Em 1640, o cardeal Richelieu, primeiro-ministro de Luís XIII, defrontou-se com um cenário desfavorável diante do conde-duque de Olivares. Em guerra permanente contra o Império espanhol, procurando transformar-se na potência hegemônica continental europeia, a França, embora fosse aliada das principais potências protestantes, apesar do Édito de Nantes, assinado em 30 de abril de 1598 pelo rei Henrique IV, assegurando a liberdade religiosa, reprimia internamente os protestantes, que tentavam formar um Estado dentro do Estado. Com Filipe IV presente ao sul, do outro lado dos Pirineus, ao norte, em Flandres, e a leste, no Franco-Condado, a França estava praticamente cercada pelo Império espanhol. Durante 65 anos, nas Guerras Italianas (1494-1559), a França lutou sem sucesso contra a Casa de Habsburgo. Com Milão e Nápoles sob o controle do Império espanhol, a França mergulhou numa crise sem precedentes que culminou em suas Guerras de Religião (1562-1598). Para enfraquecer o conde-duque de Olivares, com o objetivo de minar o cerco do Império espanhol à França, o cardeal Richelieu apoiou d. João IV durante a Guerra da Restauração. O sucessor de Richelieu, o cardeal Mazarin, abandonou Portugal e a Catalunha à própria sorte, preferindo fazer as pazes com Madri. Com o Tratado dos Pirineus, assinado em 7 de novembro de 1659, pôs-se fim à Guerra Franco-Espanhola. Luís XIV, o Rei Sol, não só reconheceu Filipe IV como rei de Portugal, como anexou a Catalunha do Norte.

Quando a Guerra da Restauração começou, a Guerra Luso-Holandesa (1601-1661) já tinha quase meio século. Ao fazer parte da União Ibérica, Portugal, governado pelos reis espanhóis Filipe II, Filipe III e Filipe IV, também se tornou, à semelhança do Império espanhol, arqui-inimigo dos Países Baixos na Guerra dos Oitenta Anos, rival dos neerlandeses. Travada no além-mar, a Guerra Luso-Holandesa, conduzida pela Companhia das Índias Orientais e a Companhia das Índias Ocidentais, *longa manus* mer-

---

[257] MELLO, Christiane Figueiredo Pagano de. *Forças militares no Brasil colonial: Corpos de auxiliares e de ordenanças na segunda metade do século XVIII*. Rio de Janeiro: E-Papers, 2009, pp. 44-45.

cantil e militar dos Estados Gerais, o Parlamento federal dos Países Baixos, debilitou o Império português, que nem sempre contou com a ajuda de Castela para defender-se. Após a ascensão do VIII duque de Bragança ao trono lusitano, a Guerra Luso-Holandesa continuou após a expulsão dos neerlandeses de Pernambuco em 1654. Vitorioso no Brasil e na África, com a Reconquista de Angola em 1648, graças à frota comandada por Salvador Correia de Sá e Benevides (1602-1688), governador da capitania do Rio de Janeiro, Portugal perdeu para os Países Baixos na Ásia, incluindo Malaca, um das principais joias da Coroa, capturada pelos neerlandeses em 14 de janeiro de 1641. Terminada a Guerra Luso-Holandesa, Portugal e os Países Baixos tornaram-se novamente parceiros comerciais, mas o Império português nunca mais voltou ao seu apogeu.

Apesar da Aliança Luso-Britânica, a mais antiga do mundo ainda em vigor, a Inglaterra não apoiou Portugal de forma consistente na Guerra da Restauração. Em plena Guerra Civil, com um rei, Carlos I, decapitado em 30 de janeiro de 1649, sucedido por um governo republicano, o Protetorado, liderado por Oliver Cromwell, a Inglaterra tinha problemas demais. Restaurada a monarquia inglesa em 29 de maio de 1660, com a volta da Casa de Stuart, com Carlos II, rei da Inglaterra, Escócia e Irlanda, Portugal buscou em Londres o apoio que lhe faltava em Paris. O casamento de Carlos II com a infanta portuguesa Catarina de Bragança (1638-1705), filha de d. João IV, tentou reavivar a Aliança Luso-Britânica, embora a Inglaterra tivesse seus próprios planos – tornar-se a potência marítima hegemônica europeia. O apoio inglês, ao contrário do esgotamento sofrido pelo Império espanhol com a Guerra dos Trinta Anos, não foi determinante para a vitória de Portugal.

Na Guerra da Restauração, várias cidades fronteiriças portuguesas foram saqueadas, com frequência, por tropas locais. Vizinhos atacaram vizinhos com requintes de crueldade, embora se conhecessem de longa data, se considerassem amigos e não tivessem em princípio muito a temer um do outro. Mercenários foram contratados, aumentando o número de atrocidades. Os portugueses queriam vingar-se das humilhações sofridas durante décadas de dominação castelhana, e os espanhóis, das traições praticadas pelos portuguees, que não hesitaram em recorrer aos arqui-inimigos de Madri, franceses, neerlandeses e ingleses, para ficarem independentes. Nesta perspectiva, tudo se tornou possível no campo de batalha. No teatro de operações, houve dois fronts, um entre o Minho, Trás-os-Montes e Galiza, e outro entre o Alentejo e a Estremadura espanhola. Em ataques de cavalaria, campos eram incendiados, cidades, vandalizadas, gado e ovelhas, roubados. Para evitar o calor do verão e o frio do inverno, a maior parte das campanhas militares ocorria no outono e na primavera. Já que a Coroa espanhola não tinha mais recursos para pagar seus efetivos, ela liberou as arruaças, o contrabando e a desordem. Na Estremadura, havia vinte mil soldados espanhóis, enquanto em Flandres, principal bastião de Madri na Guerra dos Oitenta Anos, havia vinte e sete mil.

Portugal financiou a Guerra da Restauração[258] com a receita auferida por impostos incidentes sobre o açúcar brasileiro, novamente disponível após a expulsão dos neerlandeses do Brasil (1654), e o declinante comercio de especiarias asiáticas, cada vez mais controlado por estes mesmos neerlandeses. Enquanto lutava por sua independência, Lisboa foi ignorada pela Paz da Vestfália, que pôs fim à Guerra dos Trinta Anos. Terminada a Guerra dos Oitenta Anos, com a Paz de Münster (1648), e a Revolta da Catalunha em 1653, a Coroa espanhola concentrou seus esforços contra Lisboa. De 1661 a 1662, o general espanhol João José da Áustria (1629-1679) atacou o Alentejo, para ser derrotado na Batalha do Ameixial em 8 de junho de 1663 pelo comandante Sancho Manuel de Vilhena (1610-1677), que lutara no Brasil contra os Países Baixos. Na Batalha de Montes Claros, perto de Vila Viçosa, travada em 17 de junho de 1665, Antônio Luís de Menezes (1603-1675), I marquês de Marialva, à frente de vinte mil homens, derrotou Luís de Benavides Carrillo (1608-1668), marquês de Caracena, com vinte e três mil. O Tratado de Lisboa (1667), uma aliança militar franco-portuguesa contra a Coroa espanhola, impulsionado pelo casamento da princesa francesa Maria Francisca de Saboia (1646-1683) em 1666 com d. Afonso VI, contribuiu para que a Coroa espanhola reconhecesse em 13 de fevereiro de 1668, com o Tratado de Lisboa (1668), a independência de Portugal, tendo, em troca, anexado Ceuta e a ilha de Perejil, em território marroquino.

Com o objetivo de conquistar os Países Baixos espanhóis, a França deu início à Guerra de Devolução (1667-1668), deslocando o principal front da Coroa espanhola da Península Ibérica a Flandres. O Reino da Inglaterra, o

---

[258] As principais batalhas da Guerra da Restauração foram: Batalha de Montijo (26 de maio de 1644), Batalha das Linhas de Elvas (14 de janeiro de 1659), Batalha do Ameixial (8 de junho de 1663), Batalha de Castelo Rodrigo (7 de julho de 1664) e Batalha de Montes Claros (17 de junho de 1665).

Império sueco e os próprios Países Baixos, recém-saídos da Guerra dos Oitenta Anos, aliaram-se à Monarquia Hispânica, em franca decadência, mas não conseguiram salvá-la de uma derrota que contribuiu para a transformação da França na potência continental hegemônica europeia. Vitorioso, Luís XIV decidiu então eliminar, na Guerra Franco-Holandesa, os principais rivais da Marinha e do comércio francês, os Países Baixos.

Durante a União Ibérica, Portugal foi visitado apenas duas vezes por monarcas espanhóis, em 1581 por Filipe II e em 1619 por Filipe III. A centralização promovida pelo conde-duque de Olivares enfraqueceu ainda mais a administração pública, o comérico marítimo e a defesa do Império português. Aclamado rei de Portugal em 15 de dezembro de 1640 no Terreiro do Paço, atual praça do Comérico, em Lisboa, o VIII duque de Bragança convocou, com a participação da nobreza, clero e burguesia, as Cortes para 28 de janeiro de 1641.[259] Engajado na Guerra da Restauração, d. João IV percorreu em momentos críticos a Raia, a região fronteiriça luso-espanhola, para dar ânimo à população local e aos soldados. Perante praças-fortes estreladas, protegidas por fortificações abalaustradas criadas na Itália no século XV, o traçado italiano, em função do uso cada vez mais disseminado do fogo de artilharia dos canhões, a Guerra da Restauração foi em grande medida caracterizada por cercos. O general alemão Friedrich von Schomberg (1615-1690), generalíssimo de Frederico Guilherme, eleitor do Brandemburgo e duque da Prússia, o Grande Eleitor, comandante de todas as tropas do Brandemburgo-Prússia, além de ter participado ativamente da Guerra da Restauração, tanto na Batalha do Ameixial como na de Montes Claros, contribuiu para transformar o Exército de Portugal num rival à altura do da Monarquia Hispânica.

A Batalha de Montijo

Primeira grande luta travada na Guerra da Restauração, a Batalha de Montijo, ocorrida em 26 de maio de 1644, é envolta em polêmicas. Até hoje, quase meio milênio depois, Portugal considera ter sido seu vencedor, enquanto a Espanha é da mesma opinião. Apologias, crônicas, folhetos,

---

[259] Prestes a ser coroado, d. João IV colocou sua coroa aos pés de uma imagem de Nossa Senhora da Imaculada Conceição, declarando-a rainha de Portugal. A partir deste momento, os reis de Portugal passaram a ser aclamados, e não coroados. Desde a restauração da Casa de Bragança (1640), Nossa Senhora da Imaculada Conceição é a padroeira de Portugal.

poemas, relações foram publicados nos dois países ibéricos para celebrar o sucesso no combate, já que a versão, a narrativa, dos fatos pode ser muito mais importante do que a própria realidade. Em plena Guerra dos Trinta Anos, da qual participou durante a União Ibérica, Portugal tinha o interesse de apresentar-se aos inimigos de Madri como um forte aliado em potencial, enquanto para a Monarquia Hispânica lhe convinha mostrar ao resto da Europa que era capaz de subjugar facilmente seus inimigos, internos e externos.

Montijo não ficava em Portugal, mas próximo a Badajoz, na Estremadura espanhola. Com Matias de Albuquerque à frente, tropas portuguesas invadiram o território do país mais poderoso do mundo à época, onde o sol nunca se punha, antecipando-se a um ataque vindo do outro lado da fronteira. Comandando as tropas da Monarquia Hispânica, o experiente napolitano Girolamo Maria Caracciolo (1617-1682), marquês de Torrecuso. Lutando na Península Ibérica em dois fronts, a Revolta da Catalunha e a Guerra da Restauração, Madri logo se autoproclamou vitoriosa na Batalha de Montijo, como se quisesse espantar o fantasma de mais um conflito que duraria décadas sem fim, enfraquecendo-a e arrastando-a à decadência inexorável. Com a baixa nobreza, o clero e a burguesia do seu lado, d. João IV não tinha muito o que temer, exceto a chegada em Lisboa das tropas de Filipe IV, que não perderiam a oportunidade de defenestrá-lo, destino anteriormente reservado a Miguel de Vasconcelos.

Embora o Brasil Holandês continuasse a existir, Portugal contou com tropas dos Países Baixos na Batalha de Montijo, ansiosos por desestabilizar da forma que pudessem a Monarquia Hispânica. Ao invadi-la, os portugueses tinham como meta ocupar e anexar a praça-forte raiana de Albuquerque, um dos vários pontos de apoio espanhóis numa ofensiva militar lançada contra Portugal. Os portugueses, na Batalha de Montijo, em ataques de cavalaria, da mesma forma como os espanhóis, tanto na Península Ibérica como nos Países Baixos, arrasaram a região.

Em *Successos militares das armas portuguesas em suas fronteiras depois da real acclamação contra Castella*,[260] o abade João Salgado de Araújo (?-?) relata a Batalha de Montijo como o pilar da Guerra da Restauração, a al-

---

[260] ARAÚJO, João Salgado de. *Successos militares das armas portuguesas em suas fronteiras depois da real acclamação contra Castella. Com a geografia das provincias, & nobreza delas*. Lisboa: Paulo Craesbeeck, 1644, Livro IV. Guerras da Provincia de Alentejo, na jornada do exército, cap. 23. Entra Mathias de Albuquerque em Castella: lugares, que saquea, e abrasa; e cap. 24. Batalha de Montijo.

vorada da conquista da liberdade contra a Monarquia Hispânica, exemplo seguido por Luís de Meneses (1632-1690), III conde da Ericeira, em sua *História de Portugal Restaurado*.[261] Os venezianos Giovanni Battista Birago Avogaro (1634-1699), em *Historia del Regno di Portogallo*,[262] e Alessandro Brandano (?-?), em *Historia delle Guerre di Portogallo*,[263] também enaltecem o *"Generale Matthia d'Albucherche"* no *"attacco di Montixo"*.

Na Batalha de Montijo, os portugueses foram vitoriosos, embora os espanhóis tenham encarado sua derrota como uma vitória estratégica, já que impediram Matias de Albuquerque de conquistar o berço de sua família, a cidade estremenha de Albuquerque, e Badajoz. Matias comandou 6 mil homens de infantaria e 1.100 cavaleiros, enquanto o marquês de Torrecuso contou com 6 mil homens de infantaria e 2.100 cavaleiros. Depois de invadir a Monarquia Hispânica, Matias atacou, saqueou e queimou localidades como Puebla, Roca de Mansanete e Villar del Rey, a meio caminho entre Albuquerque e Badajoz, antes de chegar à cidade de Montijo, quase a meio caminho entre Lisboa e Madri.

Sem ter encontrado os terços, a unidade militar do exército da *Casa de Austria*, fundamental na promoção da hegemonia terrestre da Monarquia Hispânica, Matias voltou ao Alentejo. Pelo caminho, ele deparou-se em 26 de maio de 1644 com as tropas do barão de Mollingen (?-?). Para atacar as tropas de Matias em vários flancos, Mollingen dispôs os terços em semicírculo. Embora se dirigisse a Portugal, ele preparou-se para um ataque na retaguarda ao colocar homens de infantaria na linha defensiva, e cavaleiros no meio da formação. Em vez de esperar que a Monarquia Hispânica tomasse a iniciativa, Matias mandou que os seis canhões de que dispunha disparassem. Ao contra-atacar, a cavalaria espanhola derrotou a neerlandesa comandada pelo capitão Piper (?-?), levando o pânico às tropas comandadas por Matias. Acreditando ter ganho a Batalha de Mon-

---

[261] MENESES, Luís de, conde da Ericeira. *Historia de Portugal Restaurado: Offerecida ao Serenissimo Principe Dom Pedro Nosso Senhor / Escritta por Dom Luis de Menezes Conde da Ericeyra, do Conselho de Estado de S. Alteza, seu Védor da Fazenda, & Governador das Armas da Provincia de Tras os Montes, &c*. v. 1. Lisboa: Officina de João Galrão, 1679, Livro Sétimo.
[262] AVOGARO, Giovanni Battista Birago. *Historia del Regno di Portogallo*. Genebra: Pietro Anbert, 1646, Livro Décimo.
[263] BRANDANO, Alessandro. *Historia delle Guerre di Portogallo succedute per l'occasione della separazione di quel Regno dalla Corona Cattolica, descritte e dedicate alla Sacra Reale Maestà di Pietro II re di Portogallo*. Veneza: Paolo Baglioni, 1689, Livro Oitavo.

tijo, as tropas da Monarquia Hispânica, preocupadas em tomar objetos de valor dos portugueses que jaziam mortos ou feridos no campo de batalha, dispersaram-se. Embora o cavalo de Matias houvesse morrido, ele continuou a lutar a pé. Percebendo que os terços haviam se desbaratado, Matias usou fogo de artilharia para impedir que eles se reagrupassem. Expulsos os espanhóis do campo de batalha, os portugueses retomaram o controle da situação.

De ambos os lados, houve ao menos seis mil mortos, uma carnificina que repercutiu em toda a Europa. Em represália ao saque e incêndio de Puebla, Roca de Mansanete e Villar del Rey, o barão de Mollingen saqueou as aldeias de Santo Aleixo e Sáfara, próximas à cidade raiana de Moura. Para a Batalha de Montijo, o primeiro grande conflito da Guerra da Restauração, depois do Sítio de São Filipe, de 27 de março de 1641 a 4 de março de 1642, em que os espanhóis foram expulsos do arquipélago dos Açores, Matias de Albuquerque, o futuro conde de Alegrete, partindo de Elvas, levou consigo quase todo o Exército do Alentejo.

Olindense de nascimento, Matias era filho de Jorge de Albuquerque Coelho e neto de Duarte Coelho Pereira e Brites de Albuquerque. Além de ter sido governador-geral do Brasil, o Herói dos Dois Continentes foi governador de Pernambuco. Não só ajudou a combater a primeira invasão neerlandesa (1624-1625), em Salvador da Bahia, como lutou na segunda (1630-1654), em Olinda e Recife.[264] Forçado a recuar do Arraial do Bom Jesus, onde se entricheirara para organizar a resistência luso-brasileira, Martias retirou-se rumo à capitania da Bahia. Em Porto Calvo, fez executar Domingos Fernandes Calabar (1609-1635). Deportado para Portugal, Martias, considerado culpado pela conquista de Pernambuco pelos Países Baixos e alvo de intrigas palacianas, foi preso a mando de Filipe IV no Castelo de São Jorge, em Lisboa. Libertado do cárcere com a Restauração da Independência (1640),[265]

---

[264] COSTA, Francisco Augusto Pereira da. *Anais pernambucanos 1493-1590*. v. 2. 2ª ed. Recife: Fundarpe, p. 302: "(...) e a segunda esta legenda, – 'Todas as fortificações que se mostram do lugar do Recife até a Vila de Olinda e ainda adiante até o rio tapado de trincheiras, redutos e plataformas que se estendem por mais de uma légua de terra se fizeram por mando e ordem do governador-geral Matias de Albuquerque na ocasião em que os holandeses tomaram a Bahia'."

[265] Leonor Freire Costa e Malfada Soares da Cunha, ob. cit., p. 39: "Tomaram de imediato posse do castelo, soltando Matias de Albuquerque, antigo combatente nas guerras do Brasil contra a ocupação holandesa, que aí estava encarcerado por dúvidas relativas a comportamento anterior na capitulação de Pernambuco, bem como um conselheiro da fazenda por bofetadas trocadas com um mercador."

Matias, governador das Armas do Alentejo,[266] conseguiu a proeza de, após comandar as tropas portuguesas na Batalha de Montijo, não só ser considerado vitorioso, como ser nobilitado por d. João IV.[267]

[266] Uma das raras regiões planas de Portugal, o Alentejo, diante da Andaluzia, era o trajeto ideal para uma invasão castelhana rumo a Lisboa. Sem grandes relevos escarpados, um verdadeiro passeio. Pelo Alentejo, adentrou Fernando Álvarez de Toledo y Pimentel, grão-duque de Alba, para assegurar *manu militari* as pretensões de Filipe II ao trono português.
[267] Leonor Freire Costa e Malfada Soares da Cunha, ob. cit., pp. 180-181: "Uma obra menor, em estilo de cantigas de maldizer, retratou a decisão política de o rei sair com a fidalguia para as frentes do Alentejo. A obra constrói-se em pequenas estrofes, parodiando a fidalguia em desfile, de partida para o Alentejo. No preâmbulo conta-se que os fidalgos se preparavam para acompanhar o rei, uns, sendo leais, para derramarem sangue em seu serviço; outros, que o não eram, 'para que vendo se melhorava o partido de Castela se passarem a ela'. Neste texto, nenhuma figura da Corte é poupada à maledicência, com a única excepção de Matias de Albuquerque."

JOÃO MAURÍCIO DE NASSAU-SIEGEN, O BRASILEIRO, UM PRÍNCIPE A SERVIÇO DA REFORMA PROTESTANTE

A Reforma Protestante na Alemanha

Os caminhos percorridos por Maurício de Nassau, o Brasileiro, também foram muito complexos.

Com a Reforma Protestante, acabou a unidade religiosa da Cristandade ocidental, fragmentada entre católicos, luteranos, calvinistas, presbiterianos, batistas. Na Alemanha, a Reforma foi liderada por Martinho Lutero, e na Suíça, por Ulrico Zwínglio e João Calvino. Embora se considere que Martinho Lutero tenha dado início à Reforma Protestante ao fixar em 1517 na porta da igreja do Castelo de Wittenberg suas 95 Teses contra a autoridade papal e as indulgências, suas raízes são mais profundas. Mais de um século antes, o inglês John Wycliffe (ca. 1320-1384) e o tcheco Jan Hus (ca. 1372-1415) rebelaram-se contra a Igreja. Nas Guerras Hussitas (1419-1434), predecessora da Guerra dos Trinta Anos, adeptos de Jan Hus lutaram debalde contra o Sacro Império Romano-Germânico, os Estados Pontifícios, a Ordem dos Cavaleiros Teutônicos e seus aliados. Lutero não queria criar uma nova Igreja, mas reformar a Igreja, interrompendo não só a concessão de indulgências, mas também a simonia, a venda de cargos eclesiásticos, fonte de corrupção.

Monge agostiniano, Lutero, influenciado pelas Epístolas paulinas, foi a partir de 1512 professor de teologia na Universidade de Wittenberg. Contrário à justiça distributiva, em que cada um receberia de Deus o que merece, Lutero defendeu o princípio da justiça passiva (Romanos 1:17: *"Porque nele se revela a justiça de Deus, que se obtém pela fé e conduz à fé, como está escrito: O justo viverá pela fé"*). O pecador não seria salvo por suas obras, mas por sua fé.

A trajetória de Alberto do Brandemburgo (1490-1545) foi uma das causas políticas da Reforma na Alemanha. Arcebispo de Magdeburgo (1513-

1545), ele quis tornar-se também arcebispo de Mogúncia (1514- 1545) e, assim, príncipe-eleitor do Sacro Império Romano-Germânico. Como esta acumulação de cargos era contra o direito canônico, ele precisou obter do papa Leão X (1475-1521), que necessitava de dinheiro para continuar a construção da Basílica de São Pedro iniciada pelo papa Júlio II (1443-1513), o Papa Guerreiro, uma dispensa que o isentasse do previsto na lei. Para comprar a dispensa, Alberto endividou-se junto aos Fugger, uma família alemã de banqueiros e mercadores originária de Augsburgo. Ao autorizar o monge dominicano Johann Tetzel (1465-1519) a vender indulgências em Magdeburgo, nas vizinhanças de Wittenberg, para pagar este empréstimo, Alberto indignou Lutero, levando-o a preparar suas 95 Teses.

Crítico da venda de indulgências, Lutero afirmava que somente Deus pode perdoar os pecados. Enviadas em 31 de outubro de 1517, Dia da Reforma, ao arcebispo de Mongúncia, as 95 Teses foram logo traduzidas para o alemão e amplamente divulgadas. Ao combater o dogma da infalibilidade papal, sustentar que os sacramentos não salvam o pecador da danação eterna e afirmar que Jan Hus foi condenado pelo Concílio de Constança apesar de ter sido um bom cristão, Lutero transformou-se, para a Igreja, num herege.

Em três obras de 1520, Lutero expôs as bases da Reforma. Em *À nobreza cristã da nação alemã (An den christlichen Adel deutscher Nation)*, ele, dirigindo-se à aristocracia, apresentou os três pilares da Reforma Protestante: 1) pelo batismo, todos se tornam sacerdotes; 2) todos podem interpretar a Bíblia; 3) todos podem convocar um concílio. Abolidos o celibato e os Estados Pontifícios, Lutero propôs um sistema educativo que transmitiria a Reforma Protestante às novas gerações. Em *Do cativeiro babilônico da Igreja (Von dem Babylonischen Gefängnis der Kirche)*, dirigida ao público acadêmico, ele reduziu os sacramentos a três – batismo, eucaristia e confissão; criticou o dogma da transubstanciação; e acusou o papa de ser o Anticristo, levando o humanista Erasmo de Roterdã, que até então o apoiara, a afastar-se definitivamente dele. Em *Da liberdade cristã (Von der Freyheith eines Christenmenschen)*, Lutero desenvolveu a doutrina da justificação pela fé (Romanos 3:28: *"Porque julgamos que o homem é justificado pela fé, sem as observâncias da lei"*). Somente a graça, a fé, a Bíblia, e não a tradição, e Cristo salvam.

Em 15 de junho de 1520, com a bula *Exsurge Domine*, o papa Leão X rejeitou 41 das 95 Teses. No 10 de dezembro seguinte, Lutero queimou publicamente esta bula e volumes do Código de Direito Canônico. Em 3 de janeiro de 1521, Leão X excomungou-o com a bula *Decet Romanum*

Pontificem (*Satisfaz o pontífice romano*). Simpático à Reforma, Frederico III (1463-1525), o Sábio, eleitor da Saxônia, consegiu que Lutero fosse ouvido pela Dieta de Worms (1521), uma assembleia geral do Sacro Império Romano-Germânico, presidida pelo imperador Carlos V. Ao dizer perante o imperador, de acordo com a tradição, "*Cá estou eu. Deus me ajude. Não posso agir de outra maneira*", Lutero passou à posteridade como o fundador da liberdade de consciência. Condenado pelo Édito de Worms, de 8 de maio de 1521, Lutero foi levado por soldados a mando de Frederico III para o Castelo de Wartburg. Adepto da virgindade perpétua de Maria e das imagens, Lutero traduziu a Bíblia para o alemão, ajudando no desenvolvimento deste idioma. A Dieta de Speyer (1526) suspendeu o Édito de Worms, abrindo caminho para a adoção da máxima *cuius regio, eius religio*, de acordo com a qual, como tivemos a oportunidade de salientar anteriormente, os súditos seguem a religião do seu soberano. Consagrada pela Paz de Augsburgo, assinada em 25 de setembro de 1555, entre o imperador Carlos V e a Liga de Esmalcalda, uma aliança de príncipes protestantes, a colocação em prática desta máxima formalizou a divisão da Cristandade ocidental. De acordo com suas convicções pessoais, cada príncipe passou a adotar como religião oficial o que lhe aprouvia.

O teólogo protestante Thomas Münzer (ca. 1489-1525), agitador e teólogo da Guerra dos Camponeses (1524-1525), contrário à autoridade constituída, que, além de querer reformar a Igreja, pretendia modificar a sociedade, estabelecendo pela força seu ideal de irmandade cristã, com comunismo de bens, e o pregador radical Nikolaus Storch (ca. 1500-1536), precursor dos anabatistas, logo se transformaram em inimigos do fundador da Reforma Protestante na Alemanha. Contrário à utilização da Bíblia com o objetivo de promover uma revolução social, Lutero defendeu em 1525 na obra *Contra as hordas de camponeses ladrões e assassinos* (*Wider die Mordischen und Reubischen Rotten der Bawren*) a tortura e a execução tanto de Thomas Münzer como de seus seguidores. "Quem puder deve abatê-los, assassiná-los, esfaqueá-los, em segredo ou em público, pois não há nada de mais venenoso, nocivo ou demoníaco do que um rebelde, como quando se tem de matar um cachorro louco, já que se você não o atacar, ele atacará você e o país inteiro."[268] Ele também defendeu a pena de morte para os

---

[268] LUTHER, Martin. *Wider die Mordischen und Reubischen Rotten der Bawren*. 1525, p. 2: "Drumb sol hie zuschmeyssen, wurgen und stechen heymlich odder offentlich, wer da kan, und gedencken, das nicht gifftigers, schedlichers, teuffelischers seyn kan, denn eyn auf-

anabatistas, os antepassados dos atuais batistas, que não passariam de um bando de blasfemadores.²⁶⁹

Martinho Lutero também se insurgiu contra os judeus, defendendo virulentamente sua pronta eliminação em obras como *Dos judeus e suas mentiras* (*Von den Juden und ihren Lügen*), de 1543. Ele descreveu as crianças deficientes como uma massa de carne sem alma, recomendando que elas fossem jogadas num rio para morrerem afogadas.²⁷⁰ Quanto aos muçulmanos, Martinho Lutero desconsiderou o profeta Muhammad.²⁷¹

A Guerra dos Trinta Anos

Travada sobretudo no Sacro Império Romano-Germânico, a Guerra dos Trinta Anos (1618-1648) foi uma guerra religiosa e uma luta pela hegemonia política. À época, havia na Europa três grandes áreas em conflito permanente: a Europa Ocidental, a Itália do norte e o mar Báltico. Na Europa Ocidental e na Itália do norte, o Império espanhol, o Reino da França

---

frurischer mensch, gleich als wenn man eynen tollen hund todschlahen mus, schlegstu nicht, so schlegt er dich und eyn gantz land mit dyr."
²⁶⁹ OYER, John S. *Lutheran Reformers against Anabaptists. Luther, Melanchton and Menius and the Anabaptists of Central Germany*. Haia: Martinus Nijhoff, 1964, pp. 137-138: "By 1530 with his Exposition of the Eighty-Second Psalm Luther's position had hardened. Here he declared that the Anabaptists were to be condemned by the state for sedition and blasphemy. Luther's opinion on sedition we have examined. Blasphemy for him meant public teaching or preaching against an article of the creed plainly found on Scripture. It might well be argued that the Anabaptists accepted the historic creeds of the church. Luther did not so analyze the sect. On this occasion he specified the Anabaptists and the Turks as people who taught that Christ was not God, but only a man like other prophets. Hence the Anabaptists warranted the sternest penalty from the state. (...) Luther apparently decided the Anabaptists must be stopped before they became openly revolutionary. He probably accepted Melanchthon's view that Anabaptist types were but stages in their development: all would eventually preach revolution."
²⁷⁰ BERGDOLT, Klaus. *Das Gewissen der Medizin. Ärztliche Moral von der Antike bis Heute*. Munique: C.H. Beck, 2004, p. 110: "Luther plädiert dafür, einen geistig schwer behinderten 'Wechselbalg' – es handelt sich um den konkreten Fall eines zwölfjährigen Kindes aus Dessau – zu ertränken. Er hielt das Kind 'für ein Stück Fleisch, eine Masse carnis..., da keine Seele innen ist'."
²⁷¹ FRANCISCO, Adam S. *Martin Luther and Islam. A Study in Sixteenth-Century Polemics and Apologetics*. Leiden/Boston: Koninklijke Brill, 2007, p. 184: "Based on the assumption that God's revelation in history was like a chain whereby the prophets formed a continuous linkage by foretelling the ministry of future prophets all culminating in the incarnation, Luther drew the immediate conclusion that since the Scriptures did not foretell Muhammad's arrival and he did not perform any miracles to support his claims, 'He cannot be from God' and his claim to be a prophet – 'the prophet of the world' – was therefore a lie."

e a República das Sete Províncias Unidas dos Países Baixos estavam quase sempre em guerra, enquanto no mar Báltico se debatiam constantemente o Império dinamarquês (1536-1945) e o Império sueco (1611-1721).

Grande potência mundial, o Império espanhol controlava territórios tanto ao norte como ao sul da Itália, bem como nos Países Baixos. Não havia uma guerra na Europa que não ferisse os interesses de Madri. Cercada ao sudeste, norte e sudoeste pelo Império espanhol, a França sofria de claustrofobia. Imersa na Guerra dos Oitenta Anos contra os Países Baixos, Madri teve de conviver a partir de 1609 com a independênia *de facto* destes.

A Guerra de Sucessão de Jülich-Cleves (1609-1614), em pleno Sacro Império Romano-Germânico, logo se transformou num dos primeiros grandes conflitos europeus. Morto o duque João Guilherme de Jülich-Cleves (1562-1609) sem deixar filhos, sua sucessão foi violentamente disputada pelos herdeiros de suas duas irmãs mais velhas, Maria Leonor de Cleves (1550-1608) e Ana de Cleves (1552-1632), respectivamente a duquesa Ana da Prússia, protestante, e o conde Wolfgang Guilherme (1578-1653), católico. Na Guerra de Sucessão de Jülich-Cleves, um dos antecedentes da Guerra dos Trinta Anos, a França, os Países Baixos, o Reino da Inglaterra e a União Protestante (1608-1621) apoiaram Ana da Prússia, enquanto o Império espanhol e a Liga Católica ficaram do lado de Wolfgang Guilherme.

Na Itália do norte, havia vários principados; alguns destes territórios pertenciam ao Império espanhol, dentre eles o Ducado de Milão (1395-1796). Na Península Itálica, além de Madri, havia duas potências europeias, os Estados Pontifícios, dominadas por cardeais alemães, espanhóis e franceses, e a declinante República de Veneza. Para enfraquecer o Império espanhol, o Reino da França lutou para tirar da órbita de Madri principados da Itália do norte, em especial o Ducado de Saboia (1416-1860), por cujo território passavam tropas espanholas vindas do Ducado de Milão rumo aos Países Baixos durante a Guerra dos Oitenta Anos.

Além da máxima *cuius regio, eius religio*, com a qual os príncipes passaram a ter o direito de determinar a religião dos seus súditos, e do *jus emigrandi*, que permitiu aos descontentes com a religião do seu príncipe buscar outras paragens, a Paz de Augbsburgo consagrou ainda o princípio da reserva eclesiástica (*reservatum ecclesiasticum*). Para evitar que com a conversão de um príncipe-bispo ao luteranismo o respectivo principado se convertesse ao protestantismo, o príncipe-bispo que abandonasse o catolicismo teria de renunciar, e um novo bispo seria escolhido pelo papa. O princípio da reserva eclesiástica não impediu a eclosão da Guerra de Colônia (1583-1588). Convertido ao calvinismo, que não fora incluído na Paz de Augsburgo, Gebhard Truchsess von Waldburg (1547-1601), arcebispo-eleitor de Colônia, tentou transformar em seu proveito o Eleitorado de Colônia (953-1803) num ducado dinástico. O Império espanhol e os Países Baixos intervieram. Ao transferir para Colônia o campo de batalha da Guerra dos Oitenta Anos, ambos contribuíram para devastá-la. Pela Declaração de Fernando (*Declaratio Ferdinandei*), uma cláusula da Paz de Augbsburgo, cidades sob a jurisdição de um príncipe-bispo que já houvessem se convertido ao luteranismo foram excluídas da máxima *cuius regio, eius religio*, não precisando retornar ao catolicismo. A revogação da Declaração de Fernando pelo Édito da Restituição, em 6 de março de 1629, acirrou a Guerra dos Trinta Anos. O colégio eleitoral do Sacro Império Romano-Germânico, que elegia o imperador, era formado por quatro príncipes-eleitores católicos e três protestantes. Embora a Paz de Augsburgo tenha adiado por sessenta anos a Guerra dos Trinta Anos, constantes confrontos aceleraram a ruína da frágil ordem política vigente. Apoiados na máxima *cuius regio, eius religio*, os príncipes promoveram a uniformização religiosa, estabelecendo em seus respectivos principados sua religião pessoal como religião oficial. Para colocar em prática este processo de uniformização religiosa, os príncipes recorreram à vigilância policial dos seus súditos.

Na cidade suábia de Donauwörth, em 25 de abril de 1606, Dia de São Marcos, uma procissão católica foi atacada por protestantes. No ano seguinte, o tumulto repetiu-se. Ato contínuo, o príncipe-eleitor da Baviera Maximilano I (1573-1651) anexou a cidade livre de Donauwörth e proibiu o protestantismo. Alarmados, príncipes luteranos e calvinistas formaram a União Protestante em 14 de maio de 1608. Em 10 de julho de 1609, foi a vez de os príncipes católicos fundarem a Liga Católica. A Liga Protestante foi uma constante aliada do católico Reino da França contra o Império espanhol.

Primos, os príncipes-eleitores Frederico V do Palatinato, calvinista, e Maximiliano I, católico, contribuíram decisivamente para o início da Guerra dos Trinta Anos, desencadeada pela Revolta da Boêmia (1618-1623), em que nobres protestantes se rebelaram contra a Casa de Habsburgo. À Revolta da Boêmia, seguiram-se a Guerra Dano-Saxônica (1623-1629), a Guerra Sueca (1630-1635) e a Guerra Franco-Sueca (1635-1648), todas travadas em território alemão. Ao terminar, com a Paz da Vestfália (1648), a Guerra dos Trinta Anos legou um Sacro Império Romano-Germânico arrasado. Em regiões como Mecklemburgo, Palatinato, Pomerânia, Turíngia e Württemberg, especialmente atingidas pelo Exército sueco, 50% a 70% da população morreram.[272] Com a independência dos Países Baixos e a perda de boa parte do litoral para o Império sueco, as cidades alemãs foram praticamente desprovidas de acesso ao oceano Atlântico, prejudicando a criação de um Império ultramarino germânico. Depois da Paz da Vestfália, o Reino da França, o Reino da Inglaterra e os Países Baixos transformaram-se em Estados-nação, ao contrário do Sacro Império Romano-Germânico, que continuou a ser uma frágil união de principados até sua dissolução. Durante a Guerra dos Trinta Anos, foram travadas a Guerra dos Oitenta Anos, entre os Países Baixos e o Império espanhol, a Guerra Franco-Espanhola e a Guerra de Torstenson (1643-1645), entre o Império dinamarquês e o Império sueco.

Uma dinastia dividida

Tendo estudado na Universidade de Heidelberg, o conde João VII de Nassau-Siegen (1561-1623) dedicou-se a uma carreira militar. Amigo do primeiro Maurício de Nassau, príncipe de Orange, ele colocou em prática em seu principado, que fazia parte do Sacro Império Romano-Germânico, uma reforma militar, completamente inovadora à sua época. Dentre seus principais aspectos, o serviço militar obrigatório, uma nova estrutura de comando, uma nova ordem de batalha, novos armamentos e a total uniformização das tropas. Estes princípios foram sistematizados por João VII em seu *Livro de defesa para o Ducado de Nassau*,[273] publicado em 1594-1595. João VII fundou em 1616, em Siegen, a Escola de Guerra (*Kriegsschule*), a mais antiga academia militar do mundo. Das duas esposas com as quais se casou, ele teve 25 filhos. Morto João VII, o Principado de Nassau-Sie-

---

[272] ERBE, Michael. *Deutsche Geschichte, 1713-1790: Dualismus und Aufgeklärter Absolutismus.* Stuttgart: Kohlhammer, 1985, p. 14.
[273] No *Livro de defesa do Ducado de Nasau* (*Verteidigungsbuch für die Grafschaft Nassau*), João VII (1561-1623) reúne os princípios da defesa territorial (*Landesdefension*) desenvolvida por seu pai, o conde João VI (1536-1606), de Nassau-Dilemburgo. Além de dedicar-se à reforma administrativa do condado, João VI conduziu em 1577 a modificação de sua religião oficial, do luteranismo ao calvinismo. Em 1584, este fundou, a pedido do seu irmão Guilherme I (1533-1584), príncipe de Orange, a Academia de Nassau (*Academia Nassauensis*), *Hohe Schule Herborn*, uma instituição universitária.

gen (1606-1743), em plena Guerra dos Trinta Anos, foi dividido em duas partes, entre seu filho mais velho, João VIII (1583-1638), o Jovem, fruto do casamento com sua primeira esposa, a condessa Madalena de Waldeck (1558-1599), que se converteu ao catolicismo, e João Maurício de Nassau-Siegen, o Brasileiro, resultado do casamento de João VII com a princesa Margarida de Holstein (ca. 1583-1638). João VIII e João Maurício foram os fundadores, respectivamente, da linhagem católica e protestante da Casa de Nassau-Siegen (1623-1743).

Diferentemente de João Maurício, João VIII, na Guerra dos Trinta Anos, foi general do Sacro Império Romano-Germânico e do Império espanhol. Apesar de ter recebido, como seus outros irmãos, uma formação calvinista, tendo estudado na Academia de Nassau e no Colégio Mauriciano de Kassel, ele converteu-se publicamente ao catolicismo em 25 de dezembro de 1613. Em 1603, concluída sua formação acadêmica, João fez o *Grand Tour*, a viagem iniciática dos jovens europeus rumo às origens da civilização ocidental, pela Itália. Tido como irmão do estatuder Maurício de Nassau, ele foi preso em Nápoles. Salvo graças à intervenção do papa Clemente VIII (1536-1605), João VIII encontrou-o pessoalmente em sua viagem de volta. Embora sua conversão ao catolicismo houvesse ocorrido em 1608, ele preferiu mantê-la em segredo durante vários anos. Nomeado camareiro-mor pelo sacro imperador romano-germânico Matias (1557-1619), ele tornou-se íntimo da Corte deste. Deserdado por seu pai depois de admitir publicamente sua conversão ao catolicismo, João VIII tornou-se *persona non grata* nos Países Baixos.

Com a morte do seu irmão Henrique de Nasau-Siegen (1611-1652), herdeiro testamentário de João VII, depois de João VIII ter sido deserdado, este reivindicou o Principado de Nassau-Siegen, um dos estados do Sacro Império Romano-Germânico. Em 31 de dezembro de 1617, João VIII garantiu que respeitaria a religião calvinista ao tornar-se conde de Nassau-Siegen, embora, de acordo com a máxima *cuius regio, eius religio*, os súditos tivessem de seguir a religião do seu soberano.[274] Com apoio do imperador

---

[274] Com os Atos de Asseguramento (*Assekurationsakte*), soberanos católicos alemães dos séculos XVII-XVIII garantiram aos seus súditos que eles não precisariam mudar de religião com sua ascensão ao poder. Os Atos de Asseguramento foram colocados em prática em várias regiões da Alemanha, não apenas em Nassau-Siegen. Em virtude dos Atos de Asseguramento, a Saxônia permaneceu luterana, apesar de Augusto II da Polônia (1670-1733), o Forte, ser católico.

Matias, o testamento de João VII foi anulado. Acompanhado por tropas imperiais, João VIII ocupou Nassau-Siegen. Apesar do prometido, ele começou com a ajuda de jesuítas vindos do Eleitorado de Colônia a recatolicizar o principado. Casado com Ernestina Yolanda (1594-1663), filha de Lamoral (1563-1624), príncipe de Ligne, diplomata do Sacro Império, João VIII aproximou-se dos espanhóis, tornando-se em 1623 membro do Conselho de Guerra do Sacro Império Romano-Germânico. Junto com o aristocrata genovês Ambrogio Spinola, João VIII participou em 1625 da retomada de Breda, defendida debalde por seus primos em segundo grau Maurício de Nassau, príncipe de Orange, e Justino de Nassau. Bem Sucedido, João VIII foi marechal de campo imperial, cavaleiro da Ordem do Tosão de Ouro e general da cavalaria espanhola. Enquanto ele lutava nos Países Baixos e na França, o Exército sueco ocupou em 1632 o Principado de Nassau-Siegen. Aproveitando esta oportunidade, seu meio-irmão João Maurício de Nassau-Siegen, o Brasileiro, calvinista, com a ajuda de soldados neerlandeses, apresentou-se como legítimo herdeiro de João VII; ocupou o Principado militarmente; expulsou os jesuítas; recusou-se a firmar um Ato de Asseguramento; fez valer a máxima *cuius regio, eius religio*; e deu início à reprotestantização do Principado de Nassau-Siegen.[275]

Aos dez anos de idade, João Maurício de Nassau-Siegen, o Brasileiro, cujo padrinho de bastismo foi Maurício de Nassau, foi estudar na Universidade da Basileia. Um dos principais centros da Reforma, na cidade suíça da Basiléia, onde viveu e morreu o humanista católico Erasmo de Roterdã, fora publicada em 1536 a primeira edição da principal obra de João Calvino, *A instituição da religião cristã*.[276] De 1615 a 1617, João Maurício estudou na Escola de Cavalaria do Colégio Mauriciano de Kassel. Filho do segundo casamento de um conde pouco importante no Sacro Império Romano-Germânico e com expectativas reduzidas de tornar-se seu herdeiro, o Brasileiro optou por uma car-

---

[275] João Maurício dedicou-se também a divulgar a literatura calvinista (Cf. SCHMIDT, Sebastian. Johan Moritz, Landesherr in den konfessionellen Konflikten seiner Zeit – Kirchenregiment und Staatsbildungsprozess in Nassau-Siegen. In: *Sein Feld war die Welt. Johann Moritz von Nassau-Siegen (1604-1679). Von Siegen über die Niederlande und Brasilien nach Brandenburg.* Gerhard Brunn e Cornelius Neutsch (eds.). Münster: Waxmann, 2008, p. 376).
[276] Calvino, Ioanne. *Christianae religionis institutio, totam fere pietatis summam, & quicquid est in doctrina salutis cognitu necessarium: complectens: omnibus pietatis studiosis lectu dignissimum opus, ac recens editum: Praefatio ad Christianissimum regem Franciae, qua hic ei liber pro confessione fidei offertur*. Basileia: Thomam Platterû & Balthasarem Lasium, 1536.

reira militar nos prósperos Países Baixos, em plena Guerra dos Oitenta Anos contra o Império espanhol. Na República Coroada, vários de seus parentes ocupavam posições importantes. Além de ter sido padrinho de João Maurício, Maurício de Nassau, príncipe de Orange, era seu primo em segundo grau.

Com apenas dezesseis anos de idade, João Maurício entrou no Regimento de Cavalaria neerlandês, fazendo carreira como oficial. A serviço do seu primo, o estatuder Frederico Henrique (1584-1647), ele participou de campanhas militares contra o Império espanhol, como os Sítios de Groenlo (1627), Maastricht (1632), Bolduque (1629) e Schenkenschanz (1635-1636), antes de partir para o Brasil. Pouco depois de retornar à Europa, João Maurício de Nassau-Siegen foi nomeado em 1644 tenente-general da Cavalaria dos Países Baixos, assumindo o comando das guarnições neerlandesas junto à fronteiriça cidade de Wesel. No Ano da Catástrofe (1672), em que os Países Baixos foram atacados siumultaneamente pela Inglaterra, pela França e pelos príncipes-bispos Christoph Bernhard von Galen, bispo de Münster, e Maximilian Heinrich von Bayern, arcebispo-eleitor de Colônia, durante a Terceira Guerra Anglo-Holandesa e a Guerra Franco-Holandesa, João Maurício foi o principal conselheiro do estatuder Guilherme III, príncipe de Orange. Embora seu sucesso na Renânia tenha sido tão grande quanto no Brasil, ao aceitar o cargo de estatuder, governador, dos Condados de Cleves, Mark, Ravensberg e do Principado de Minden, a serviço de Frederico Guilherme, eleitor do Brandemburgo e duque da Prússia, o Grande Eleitor, João Maurício continuou sua carreira militar e política nos Países Baixos, tendo sido nomeado em 1668 marechal de campo[277] e em 1674 governador de Utrecht.[278]

Seu desempenho como governador-geral da Nova Holanda (1630-1654), denominação oficial do Brasil Holandês conferida pelos Países Baixos, foi descrito em pormenores, pela primeira vez, por Gaspar Barlaeus (1584-1648) em *História dos feitos recentemente praticados durante oito anos no Brasil e noutras partes sob o governo do ilustríssimo João Maurício, Conde de Nassau etc., ora governador de Wesel, tenente-general de cavalaria das Províncias Unidas sob o Príncipe de Orange.*[279]

---

[277] FRUIN, Robert. *De oorlog van 1672*. Groninga: Wolters Noordhoff, 1972, p. 76.
[278] RAA, F.J.G ten e BAS, François de. *Het Staatsche Leger, 1568-1795*. v. 6. Koninklijke Militaire Academie, 1940, p. 176.
[279] *Rerum per octennium in Brasilia et alibi nuper gestarum, sub praefectura illustrissimi Comitis I. Mauritii, Nassoviae, & C. Comitis, nunc versaliae Gubernatoris & Equitatus Foederatorum Belgii Ordd. Sub Avriaco Fuctoris, historia.*

Este livro foi impresso pela Edigráfica.